东吴史学文丛

书主编 王卫平 池子华

土地、赋役与秦汉农民命运

臧知非 ◎ 著

苏州大学出版社
Soochow University Press

图书在版编目(CIP)数据

土地、赋役与秦汉农民命运 / 臧知非著. —苏州：苏州大学出版社，2014.7

(东吴史学文丛 / 王卫平，池子华主编)

ISBN 978-7-5672-0800-1

Ⅰ.①土…　Ⅱ.①臧…　Ⅲ.①土地制度－经济史－中国－秦汉时代②赋税制度－经济史－中国－秦汉时代③农业经济史－中国－秦汉时代　Ⅳ.①F329.32

中国版本图书馆 CIP 数据核字(2014)第 154179 号

书　　名	**土地、赋役与秦汉农民命运**
著　　者	臧知非
责任编辑	巫　洁
出版发行	苏州大学出版社 (苏州市十梓街 1 号　215006)
印　　刷	苏州工业园区美柯乐制版印务有限责任公司
开　　本	700 mm×1 000 mm　1/16
印　　张	16
字　　数	313 千
版　　次	2014 年 7 月第 1 版 2014 年 7 月第 1 次印刷
书　　号	ISBN 978-7-5672-0800-1
定　　价	40.00 元

苏州大学版图书若有印装错误，本社负责调换

苏州大学出版社营销部　电话：0512－65225020

苏州大学出版社网址　http://www.sudapress.com

总 序

苏州大学是国家"211工程"重点建设高校和江苏省属重点综合性大学，其前身为创建于1900年的东吴大学。1952年全国院系调整时，东吴大学与苏南文化教育学院、江南大学数理系等合并为苏南师范学院，同年定名为江苏师范学院，在原东吴大学校址办学。1982年经国务院批准改名为苏州大学。迄今为止，苏州大学已是一所拥有6个校区、113年办学历史的著名高校。

历史学是苏州大学的传统学科之一，其源头可以追溯到东吴大学时期。1952年江苏师范学院成立之初，设历史专修科；1955年，原北京师范大学历史系主任、著名史学家柴德赓教授受命南下，创建了江苏师范学院历史系。

"文革"结束以后，历史系在学科建设、教学研究、人才培养、学术交流等方面均取得长足发展。在此期间，中国史中的太平天国史、江南社会经济史等逐步成为历史系的特色研究领域，出版了《太平天国在苏州》《左宗棠评传》《苏州手工业史》《六朝史》等颇具影响的学术著作；世界史教师也通力合作，先后编写了《世界古代史》《世界近代史》《世界现代史》《世界当代史》等系列教材，在高校历史学界产生了较大影响。

继1983年中国近现代史、世界史成功申报硕士点后，1991年中国近现代史专业开始招收博士研究生，并于1994年正式取得博士学位授予权。1993年以后，中国近现代史学科还被江苏省政府列为重点建设学科。1995年，结合苏州大学院系调整，历史系更名为社会学院。

现在的社会学院包含了5个系8个本科专业，而历史学系无疑居于龙头地位。进入21世纪以后，苏州大学历史学科的发展更为明显，学科建设和科研水平不断提高。2005年，历史学被评为一级学科硕士点；2007年，获评历史学博士后流动站；2008年，历史学专业成为江苏省品牌专业，中国古代史获评江苏省精品课程；2010年，历史学被评为一级学科博士点，后因一级学科的变化，调整为中国史一级学科博士点和世界史一级学科硕士点。与此相应，中国史成为江苏省一级学科重点学科。而历史学科教师承担的国家社科基金课题每年均有斩获，成为科研中的一个亮点。

从"九五"时期开始，历史学科即参与苏州大学"211工程"建设项目，并作出了积极贡献，先后出版了"苏南发展研究丛书"、"苏南历史与社会研究丛书”、“吴文化研究丛书”等系列研究成果。在此过程中，我们积极落实学校“服务社会”的办学宗旨，努力服务于地方经济与社会发展，为各级政府部门既提供了有效的决策咨询服务，又承担了多项大型文化工程的建设任务，如：《苏州通史》（编纂）、“苏州文献丛书”（古籍整理）等；还构建了“江苏省吴文化研究基地”、“江苏省红十字运动研究基地”等重要科研平台。所有这些，都为学科建设和人才培养打下了坚实的基础。

苏州大学历史学科的发展，源于长期办学的深厚积累，得益于学校领导及相关职能部门的大力关心和支持，更是与广大教师的辛勤耕耘、努力工作分不开的。为此，2012 年 9 月，经历史学科诸同仁的充分商讨并得到社会学院的同意，我们决定编辑出版“东吴史学文丛”。“东吴史学文丛”收录了我校历史学科多位在职教授的研究成果，每位教授的成果单独成集。它们在一定程度上反映了各位教授的成长历程和治学特色。

在“东吴史学文丛”的编辑出版过程中，王玉贵教授付出了大量的劳动，苏州大学出版社的领导和各书稿责任编辑给予了大力支持，在此一并表示感谢！

苏州大学社会学院院长

王卫平

前　言

本集是部分已刊论文的结集，集中讨论战国和秦汉时代的土地、赋役问题，兼及工商管理及其税收方式。共分三组：第一组讨论土地和田税问题，第二组讨论徭役问题，第三组讨论工商管理问题。有几篇谈的是春秋战国时代的事情，因系秦汉的历史基础，有其延续性，故一并收入。《汉唐土地、赋役制度与农民历史命运的变迁》，有总论性质，列在最后，作为收尾。因《王杖诏书与汉代养老制度》可窥汉代农民问题的一个方面，亦予收录而排于第三组。各篇文章均试图从国家力量、社会结构的视角，揭示农民命运变迁的历史逻辑，故为本名。

结集过程中，一是校对文字，纠正印刷错误；二是细化注释，补充以往注释所缺少的内容，如版本、页码等；三是调整个别文章篇名，以更贴切地反映名实关系，原名在页下注出以备查。至于观点思想，如某些提法，前后有所差异，则一如其旧，不做任何改动，以保留认识的变化过程。

在农业社会，农业人口是主体，农民是人口的绝大多数，农民的生存条件、农民劳动资料的占有状况及其产品分配决定着农业发展水平，直接决定着社会矛盾与社会冲突的发生与发展，决定着社会的稳定和王朝兴替。历朝历代的思想家、政治家苦思冥想的治国之道、理民之术的核心就是如何管理农民、稳定农业。深受现代学人推崇的所谓“民本”思想本质上就是把农民治理作为治国的根本，核心理念就是制民之产、使民有时、取民有度，把赋税徭役限制在一定的程度之内。只此之故，历朝历代的官僚学人无不从事着法律和制度的精细设计，控制人口，控制社会，实现人口和土地在既定秩序之内的有效结合，保证农业生产有序化和赋税徭役的实现。因而，研究传统中国农民的赋税徭役问题时，不能就赋税论赋税、就徭役论徭役，而是要联系地、整体地看问题：一方面要注意不同历史阶段制度上的关联和区别；另一方面要把这种联系和区别的发生、发展置于当时社会结构的整体变迁中分析其原因，把握其合理性和必然性；同时，还要充分注意制度设计与制度实践之间的距离。这个制度实践，不是指人们通常所理解的吏治败坏所导致的有法不依、渔利是为的破坏制度的种种行为，而是指制度设计本身就赋予了官吏渔利的制度空间，所体现的制度设计者的阶级利益。只有这样，才能在更深的层面把握传统中国社会的本质和农民的历史命运。只此之故，研究任何一个问题，都要纵、横考察和立体分析相统一，把握社会结构变动的内在逻辑，这样才能把握历史发展的因果关系。

在农业社会，土地问题是所有社会问题的核心，土地所有制的性质、土地分配方式是制度设计的出发点和归宿，是赋税徭役制度的基础，决定着农民的历史命运。而这些，和国家形态的发展密不可分。因而探讨土地所有制性质必须和国家形态、国家权力对社会的控制相联系。在传统的历史观念中，西周是大一统的时代，所谓“溥天之下，莫非王土；率土之滨，莫非王臣”可以视作这种观念的集中体现。但是，这种大一统仅仅是政治观念的历史表述，历史的存在并非如此。从国家形态、社会结构入手，西周并非统一王朝，而是宗族城邦组合体，其时之国家的外部形态是城邦式的，内部结构则以宗族血缘关系为基础，土地所有制的性质是宗族所有制，而非国有或者王有。这种组合体的稳定，以中央邦也就是周王直接治理之邦的经济军事实力为基础，当这个实力能够保持对诸侯之邦的优势和平衡时，这种组合体是稳定的，周王的共主地位也是稳定的。否则，这种组合体必然瓦解。因为各个诸侯国的自然环境、文化传统各不相同，治理方式各有千秋，都有着广阔的发展空间，彼此实力必然变化。所以当历史的车轮进入春秋时代以后，原来的宗族城邦组合体系就分崩离析了，各国贵族们以各种方式化家为国，权力运作逐步突破宗族血缘关系的束缚，宗族贵族政体逐步地向君主专制政体演变，官僚政治破土而出，城邦国家在兼并战争中向领土国家发展，至战国完成了这一历史大变局。

从春秋开始的这个历史大变局，无论是各国贵族之间，或者是“私门”与公室之间的兼并、刮削，还是各个诸侯国之间的军事攻伐，首先是围绕着人口的争夺展开的，土地则排在了第二位。胜利的一方，首先是把失败一方的人口或者迁离或者分散，置于自己治下，土地则被放在次要地位。因为人少地多，公卿大夫的采邑也好，各个诸侯国也好，彼此之间都是大片的荒地，各国缺少的是人口而不是土地。有了人，就有了土地，赋税徭役也就有了保障，所以各国首先重视人口，按人征缴赋役。这就需要将人与土地相结合，保障生产条件，这样才能实现赋税徭役，所以设计出种种制度，实现对人口的稳定控制，把人口束缚在土地上，保证人地合一，既防止逃亡或者被敌对势力争取，又保证赋税徭役的稳定。春秋时代各国改革就是这一历史过程的开端。也就是说，人口一旦置于国家的控制之下，其耕种的土地必须是官府授予或认可的，处于官府控制下才具有合法性，否则是不受官府保护的。因而，那些一直处于自然状态的荒地一旦纳入国家权力管理范围就成了国有土地，土地国有制逐步地代替了宗族土地所有制；原来为贵族所控制的农夫一经隶属于国家名籍，也就变成了国家的课役农。

战国时代，随着领土国家的形成，所有土地都纳入了国家控制之中，普遍采用授田制，尽管各国具体制度各有不同，但建立严密的户籍制度，把人口置于国家控制之下，制土分民，保证赋税徭役，各国则是一致的。在授田制之下，土地一经授予，无论耕种与否、收成如何，都要缴纳固定数量的田租（田税），承担各种徭役。其时之田租（田税）也好，徭役也罢，都是按照人头收取的。我国历史上的个体小农就是这样登上历史舞台的，他们是国家的课役农，和土地私有化之后的个体农民相去甚远。这是研究战国秦汉时代农民问题首先要明白的。

因为授田的目的是保证赋税徭役的稳定，土地一经授予不再收回，结果是必然走向私有化，发生土地兼并。农民丧失土地，国家征缴田税有困难，于是有了人口税等其他新税种，徭役则亦仍其旧。农民负担陷入恶性循环之中，农民不堪官府的重压，破产流亡，或者沦为奴隶，或者成为私人依附民。统治阶级无法自救，社会矛盾日益剧烈，最后导致统一王朝的覆亡。两汉覆亡的具体表现不同，根本原因则一。以后历代王朝也是如此。

基于上述的思考，笔者在探讨农民问题时，是以社会结构的变动作为原点，从社会控制的层面探讨国家与农民的关系的，除了关注赋税徭役制度的设计和实施之外，还注意国家对社会的控制方式、指导思想及其后果，制度、思想、社会相统一地思考问题，诸如户籍制度、基层组织及其功能、工商政策、兵役与兵制等，既有通论式的，也有字词句章之辨，看上去杂而不专，但都围绕着国家、社会、农民命运这个主轴展开，溯源清流，说明权力与社会发展的关系，揭示中国传统社会的内在逻辑。由于选集有字数限制，本集仅选录有代表性的直接论述赋税徭役方面的主要文章，大体上反映了笔者对赋税徭役与农民命运的思考过程和结果，希望有助于研究的深入。是耶非耶，不敢自是，望学界有以教之。至于其他方面的论著，附要目于后，以便有兴趣的读者检阅批评。

我辈为学，先天不足，后天营养不良。中小学时正逢"文化革命"，谈不上文化知识的系统学习，对历史的了解实在少得可怜。进入大学以后，出于历史使命和社会责任，读书虽然不舍昼夜，但是在滚滚红尘之中、各种思潮熏染之下，加上长期的知识焦渴，读书是生吞活剥，书读得不可谓不多，历史、哲学、政治、经济等，五花八门，结果满脑子是夹生饭。所幸的是，读本科时，有臧云浦先生亲授古代史；读硕士期间，在臧云浦先生和王云度先生的指导之下得以系统地阅读历史文献；后随田昌五先生攻读博士学位，进入新的学术境界，理论分析、逻辑思维、历史观察力获得大幅提升。但是，终究基础有限，加之工作生活的羁绊，尽管主观上力求淡泊宁静，在客观上终究难以真正地沉静，故拙见所及，实在有限，难报业师殷殷之期于万一。如今田先生、臧先生均驾鹤西去，谨此叩请两位先生在天之灵的原宥。

目 录

Contents

"初税亩"新探 *

"初税亩"是鲁宣公十五年鲁国实行的一项重要的经济改革措施，其意义关系到春秋时代社会变动的性质问题，历来为研究者所重视。但因记载简略，其具体内容不详，给后人的理解带来了许多不便。一般的论者都从字面上理解"初税亩"为"履亩而税"，至于其具体方法、施行范围、税亩之后鲁国田制有什么变化，则因对当时土地制度的理解不同而众说纷纭，误解甚多而致其本意不明，故仍需重新研究。

考诸载籍，最早对"初税亩"作解的是《春秋》三传，后人的种种解释大都由此而来。故欲论其本意仍需从《春秋》三传说起。《左传》云：

> "初税亩，非礼也。谷出不过藉，以丰财也。"

《谷梁传》云：

> "初者，始也。古者什一，藉而不税。初税亩，非正也。古者三百步为里，名曰井田，井者九百亩，公田居一；私田稼不善则非吏，公田稼不善则非民。初税亩者，非公之去公田而履亩，十取一也，以公之与民为已悉矣。"

《公羊传》云：

> "初者何？始也。税亩者何？履亩而税也。初税亩何以书？讥。何讥耳？讥始履亩而税也。何讥乎始履亩而税？古者什一而藉。古者何什一而藉？什一者天下之中正也，多乎什一，大桀小桀；寡乎什一，大貉小貉。什一者，天下之中正也。"

三传的解释可分两层：一是"初税亩"的含义；二是税亩之后的税率。现在先说第一点。对"初税亩"的含义，三家解释又分两种：左氏谓以往礼制"谷出不过藉"，税亩之后，谷出过"藉"了，其目的是"以丰财也"，增加财政收入。这儿的关键是对"藉"字的理解问题，这一点常为现代治史者所忽视。按"藉"有两解：一为藉田，就是井田制中的大田，又称圃田，也就是常说的"公田"；二是藉法，指剥削方式，即劳役地租。在这儿这两种含义都包含在内。税亩之前，只采用藉法剥削，无偿占有野人的劳动于藉田之上，后因藉田之入不足使用，又于野人的生活份地之上再征一份实物税，故谓之"过藉"，也就是藉法剥削和

---

* 原刊《学术界》1992年第2期。

实物剥削并存。杜预就是据此为之作注的，云："公田之法，什取其一，今又履其余亩，复什收其一。故哀公曰：'二吾犹不足'，遂以为常，故曰初。"杜预谓"又履其余亩"而税之是对的，至于说税率为"什取其一"则否，待下文再说。谷梁氏说"非公之去公田而履亩，十取一也，以公之与民为已悉矣"，和左氏解释相同，也谓税亩之前，谷物出之于"公"——藉田，此后既取之于"公"也取之于"民"——"民"的生活份地，也就是私田，亦谓税亩之后仍有藉田和私田之分、藉法和实物税之别，只是较左氏多出了十一税。公羊氏未云鲁国税亩之后是否还有藉田和私田之别，仅笼统地说"履亩而税"，改变了传统的"什一而藉"的制度。此后是放弃了大田的藉法剥削，全部采用实物税，还是在沿用大田的藉法剥削的同时再履亩而税？没有明确解释。今人则据"履亩而税"立论，谓初税亩之后，全部放弃了大田剥削，把大田分给个人耕种，国家按个人所耕土地征税，其原因是社会矛盾变动，农夫不愿在大田劳作，大田无人耕种，为了保证财政来源，只好放弃大田剥削；有的论者进一步认为，税亩之后，把大田分给个人，即归个人私有，封建的土地私有制因此登上了历史舞台。

今按，说初税亩系分大田予个人耕种，放弃大田剥削，一律按亩征税，是不能成立的。至于说因此产生了封建的土地私有制，更无史实依据，是将战国土地私有说作为既定前题所作的推论。一般认为，土地私有制是我国封建社会形成的标志之一，春秋时期是奴隶社会向封建社会的转变时期，当然也是土地私有制的形成时期，其实不然。战国虽是封建社会的开端，却并不是土地私有制时代，相反是土地国有的时代，实行的是国家授田制，由国家把土地分给个体农民耕种，统一收取定额租税，这是由西周的宗族土地所有制发展而来的。春秋则系宗族土地所有制向封建土地国有制的转变时期。这个过程是随着宗族城市国家转变为封建领土国家一起完成的，并无一个土地私有的中间环节。前提不成立，推论当然也就不成立。[1]这是第一点。

第二，众所周知，《春秋》三传的编撰主旨不同，所记也就各有侧重。左氏、谷梁氏以记事为主，公羊氏以宣扬周制传统义理、阐释《春秋》笔法为主旨。我们考索某项史实、某种制度时，必须注意区分其不同，不能孤立地取舍，以主观需要为准。《公羊传》释初税亩仅谓"履亩而税"，系取其异于周制者而讥评之，至于其沿用传统的内容，在当时人来说是很清楚的，又有左氏、谷梁氏补其缺如，无须叙记。明乎此，我们就不会孤立地抓往"履亩而税"大做文章，而置左氏、谷梁氏于不顾。事实上，只有据前者才能求得真解。

我们说"初税亩"没有废除传统的藉田剥削，依据不仅仅是《左传》和《谷梁传》，还有其他证据。《国语 · 鲁语下》云：

---

〔1〕 关于战国土地制度，参见田昌五先生《战国土地制度与社会经济结构》，刊氏著《中国古代社会发展史论》，齐鲁书社，1992 年。

> "季康子欲以田赋,使冉有访诸仲尼。仲尼不对,私与冉有曰:'求来,汝不闻乎? 先王制土,籍田以力,而砥其远迩;赋里以入,而量其有无;任力以夫,而议其老幼。于是鳏、寡、孤、疾,有军旅之出则征之,无则已。其岁,收田一井,出稯禾,秉刍,缶米,不是过也。先王以为足。若子季孙欲其法也,则有周公之籍矣;若欲犯法,则苟而赋,又何访焉!'"

这里记叙的是鲁哀公用田赋之前孔子与冉有的一段对话,《左传》哀公十一年也有记载,只是文字稍简。要正确把握这段话的意义,必须先区分当时税与赋的区别。在西周春秋时期,赋与税的性质不同,"税以足食,赋以足兵"。税取之于土,由野人提供;赋征之于人,由国人提供。二者反映了不同阶级的权利,国人是国家公民,有参政权,执兵作战就是其权利的体现,所谓"国之大事,在祀与戎"就是指国人说的。鲁国的"作丘甲",郑国的"作丘赋",都是施之于国人的,所以子产在郑作丘赋,国人首先反对,"谤之曰:其父死于路,已为虿尾"[1]。丘是国中的居民编制单位,是以井为基本征赋单位的。《司马法》云:"方里为井,四井为邑,四邑为丘,丘出马一匹,牛三头。"这就是所谓丘赋或丘甲之法。孔子说的先王之法有"赋里以入,而量其有无……其岁,收田一井,出稯禾,秉刍,缶米"云云,与此是一致的,也是国中军赋之法,"赋里以入"之"里"就是国人的居民行政编制,也是以井为基本单位的,而野人则不同。对野人不是收实物税,而是"籍田以力,而砥其远迩"。这说明当时依然存在着两种剥削制度,从行文上看,"赋里以入""籍田以力"似乎都是先王制度,与现实无涉,其实不然。这儿的"汝不闻乎"的"闻"不是指听说,而是知道的意思,因为国野居民身份有别,剥削方式和数量有别,是人所共知的客观存在,季孙氏欲改变传统,不再以井作为纳赋的基本单位,征赋不再局限于国中,而是以土地作依据,打破往日野人不纳赋不服兵役的传统,把野人也纳入征赋当兵的范围之内,这等于降低国人的社会地位,故遭到舆论的反对。他为了寻找理论依据、寻求支持而派冉有访于孔子。孔子以为这是矫情之举,若遵周制,就不应有这个想法,按传统办就行了;若不遵周制,大权在握,别人也无可若何,故避而不见。随后向冉有阐述了不见的理由,为我们揭示了此时鲁国依然存在藉田制度的事实。《论语·颜渊》云:"哀公问于有若曰:'年饥,用不足,如之何?'有若对曰:'盍彻乎?'曰:'二,吾犹不足,如之何其彻也?'对曰:'百姓足,君孰与不足? 百姓不足,君孰与足?'"把这一段话和孔子对冉有说的话联系起来看,其时之鲁国仍有藉田和藉法就更清楚了。哀公问有若生财之法,有若以彻对,所谓彻是指贡、助并用,也就是实物税(实际上也是租,先秦税租合一)和劳役地租并用。哀公以"二"对,即谓现在已经是实物

[1] 《左传》昭公四年,阮元校刻,《十三经注疏》,中华书局,1980年影印本,第2035—2036页。

税和劳役租并用了,已无从"彻"起,问是否有别的办法。有若趁机晓以百姓足则君足,百姓不足就不存在君足的道理,批评哀公聚敛。这儿的"二"就是指初税亩之后鲁国实行的双重税收。

现在来谈税率问题。杜预根据哀公的"二,吾犹不足",谓初税亩之后,在公田剥削(是十分之一)之外再收十一税于私田之上,此后行十分之二的税率。杜预虽然正确地看到了初税亩系在公田之外"履其余亩"而税之,但以此解"二,吾犹不足"为十分之二的税率,是错误的。这也是古今解经者的共同错误。其原因是误认为十一税是井田制的唯一税率。人们都依孟子和公羊氏对井田的解说,以为井田制就是实行十一税,实际上并非如此,井田制也不是如孟子、公羊氏所说的那样。按照孟子的井田说,无论从理论上还是从实践上都有许多无法克服的矛盾,根本无法实行。事实上,在西周春秋时期,田制、兵制和居民行政编制三位一体,井田既是计算土地和征税的单位,也是征军赋和户口编制单位。因为国人和野人存在阶级差别,井田制也就分为两种。对国人采用九夫为井的制度,因为国人系国之干城,都是国家战士,当时以车战为主,车上甲士系由国人充任,每车三名甲士,故用三九编制,执兵作战是国人基本任务,他们只把自己产品的十分之一交给国家,作为公共祭祀和军费。上举孔子说的"收田一井,出稯禾,秉刍,缶米"就是指此,所谓"田一井"也就是九个人,即九家,"稯禾,秉刍,缶米"就是这九家一年上交之实物,其数量是有限的。对野人则否。野人是宗族奴隶,系由被征服的殷人和其他异族发展而来,以殷人为主,他们唯一的任务是为主人耕作和提供徒役,上举孔子说的"籍田以力"就是指野人。殷人本是十进制民族,被征服以后,仍然保存这一传统,其任务是田作,耕种藉田。所以,对野人采用"十夫为沟"的编制,此即《周礼·逐人》说的沟恤系统"十夫有沟,沟上有畛,百夫有洫……"他们以十夫为一个基本劳动单位,耕种主人的藉田,这儿的藉田不是孟子所说的一百亩,而是一千亩,每夫要耕种百亩。[1]周宣王废藉田之礼,"不藉千亩",这千亩就是藉田的基本单位。《国语·周语》谓藉田礼毕"庶人终于千亩"亦然。千亩只是藉田的基本单位,藉田的实际面积要大得多,用大群野人耕种。《诗经·周颂·载芟》云"千耦其耘,徂隰徂畛",《诗径·周颂·噫嘻》云"亦服尔耕,十千维耦",等等,这"千耦""十千维耦"都是以十夫为基数的。若按孟子的井田制,八家共井,共耕百亩,每人十二亩半,八个人一个劳动组合,且不说不合十一税制,于此藉田也是无法安排的,与"千亩"与"十夫"以及由此决定的"千耦其耘"是无法合一共存的。这"千耦其耘""十千维耦"所耕之收获都归主人的粮仓,《诗经·小雅·圃田》说"倬彼甫田,岁取十千"就是

[1] 关于井田制问题,参阅田昌五先生《中国古代社会的土地问题》,刊田昌五先生主编《华夏文明》第二辑,北京大学出版社,1990年;又见氏著:《中国古代社会发展史论》,齐鲁书社,1992年。

指藉田之收入。此外,野人要自耕百亩养家糊口,维持劳动力的再生产,则剥削量最少是百分之五十,如野人自耕份地少于百亩,则剥削量远不止百分之五十。这直到春秋末期亦然。银雀山汉墓竹书《孙子兵法·吴问》云晋六卿专政,各改田亩:

"范,中行是(氏)制田,以八十步为婉(畹),以百六十步为畛,而伍税之……韩,巍(魏)制田,以百步为婉(畹),以二百步为畛,而伍税……赵是(氏)制田,以百廿步为婉(畹),二百(卌)步为畛,而伍税之……"

"伍税之"就是交纳十分之五的税,其剥削量是百分之五十。这是春秋末期事。这虽是后世托名之作,但反映了一定的史影。这和井田制下的耕种百亩份地的同时再耕百亩公田完全相同,显示历史传统在改变了的历史条件下的遗存。在诸国中,晋、鲁都是姬姓之国,都以周制治国,而以鲁国最为突出,早在伯禽受封至国之时,就以周人礼俗"变其俗,革其礼"[1],三年而后报政于周天子。土地制度是其基本制度之一,必以周制为本,行井田,对野人只能采取大规模的藉田剥削,行十分之五的剥削制度。初税亩的目的是丰财,增加财政收入,只能加重农夫负担,怎会由十分之五变成十分之二?再者,稍有历史唯物主义常识的人都清楚,阶级差别是以其经济权利的差别为基础的,上已指出,野人属于奴隶阶级,国人属于奴隶主阶级,尽管各个阶级内部还有不同的层次区别,但国人和野人是自由人与非自由人、国家公民与非公民的阶级对立,这种对立,也必然以其经济权利的差别为基础。若按以往的解释,野人和国人一样,只承受十分之一的剥削,区别只是形式不同,那么二者阶级差别的经济基础何在?在世界古代史上,有如此仁慈的奴隶主吗?显然,此说无论在史实上还是在逻辑上都是不通的。因此,我们可以肯定地说,虽然因史籍缺载,我们无法确定初税亩后鲁国地租(税)率是多少,但可以肯定地说远远超过以往所说的十分之二,起码超过十分之五。

还有对"初税亩"之"亩"字的理解问题。以往由于把初税亩作为我国土地私有制产生的标志,都把初税亩之"亩"理解为"多少步为亩"之"亩",以为税亩就是按实耕亩数征税,耕十亩征十亩税,耕二十亩征二十亩税。事实并非如此,在当时还不存在按亩纳税的概念,一亩不是一个纳税单位,一百亩才是一个纳税单位。所以初税亩之亩是百亩的简称,是相对于藉法剥削而言的。藉法剥削以每沟十夫为一个单位,现在于藉法之外再税之于每夫的生活份地,每夫百亩。这一百亩构成了一个纳税单位。

人们之所以认为税亩是按亩征税,也是把初税亩当作土地私有制产生的标志作为既定前题作出的推论,以为其时农夫不耕藉田,私自垦荒,初税亩之

---

〔1〕《史记》卷三十三《鲁周公世家》,中华书局,1959年,第1524页。

后，国家逐户登记实耕土地面积而税之。这是没有史实依据的。在当时，田制和户籍制合一，以户籍定土地，有人斯有土，人数是第一位的，标准都是一百亩，根本不存在逐户丈量土地这一问题。

这个传统直到战国时代还有保存。战国实行国家授田制，也是户籍在先，有人斯有土，每夫授予一百亩。这在文献和考古资料中有大量史实可证，原因是当时地广人稀，缺乏的是人口，而非土地。这一百亩并不一定是农民的实耕土地，而是国家征税的依据，国家定出百亩土地的标准亩产量，然后定出应交税额，农民耕也得交，不耕也得交，不管是高于标准产量还是低于标准产量都要交相同的税(租)。《汉书・食货志》谓李悝在魏作尽地力之教时就是如此，云“今一夫挟五口，治田百亩，岁收，亩一石半，为粟百五十石。除十一之税十五石，余百三十五石”。这是以百亩标准田的亩产总量作为征税依据的。云梦秦简《田律》规定：“入顷刍稿，以其受田之数，无豤(垦)不豤，顷入刍三石，稿二石。”[1]刍是饲草，稿是禾秆，均为田税的一部分，刍、稿以顷计征，粮食亦然。这是战国通制，不独秦国如此，不同的是战国亩积较春秋有所改变而已。这些笔者另有专文，这儿不再赘述。明乎此，我们把初税亩之亩理解为百亩之简称就没有什么疑问了。

最后，谈谈初税亩施行范围和税亩之后鲁国土地关系的变动问题。有的论者谓初税亩包括鲁国所有土地在内，因为初税亩是以国家法令的形式发布的，凡鲁国土地当然都要交税。这也是不对的，是以近代国家观和税务观去比附历史的结果。西周春秋时之国家结构是宗族城市国家，宗族关系是其主体，天子对诸侯实行宗族分封，诸侯国君再以宗族为单位分封卿大夫，土地和人民一经分封就归受封者所有。天子与诸侯如此，诸侯与卿大夫亦然，卿大夫与国君只有政治上和宗法上的隶属关系，其余封地内的一切政治、经济事务都由卿大夫支配，国君是无权过问的。封地的一切收入都归卿大夫所有，这就相当于后世的俸禄，国君是无权征之以税的，卿大夫们也没有向国君纳税的义务。正因为如此，各国和一些有远见的卿大夫为了在激烈的兼并斗争中生存和发展，都能在自己的封地内进行种种改革而不受干涉，前举晋六卿之改革亩制即其适例，鲁国之三桓也是如此。那么，税亩制怎能施之于这些卿大夫的封地？再者，当时鲁国公室势力衰微，卿族势力迅速上升，鲁宣公几乎成为卿族东门氏和季氏争权的工具，更谈不上向卿大夫的土地征税。因此，税亩之地仅限于公室之地，而非鲁国所有土地。

初税亩不是土地私有制产生的标志，并不等于说初税亩之后鲁国的土地关系没有变动。初税亩是一次税制改革，税制和田制是一个问题的两个方

---

〔1〕 睡虎地秦墓竹简整理小组：《睡虎地秦墓竹简》，文物出版社，1978年，第27—28页。

面，改变税制也必然引起田制的变动。它标志着国野之间田制和税制的差别开始改变，国人和野人之间的经济差别开始逐步缩小，最后融合为一个新的阶级。这是一个漫长的历史过程，直到鲁哀公十二年"用田赋"才告结束。这要从两个方面来说明。一方面是野人和国人在纳税方式上逐步一致。上已指出，野人和国人因阶级属性不同，在纳税方式上也不同。初税亩之后，野人在耕作于主人藉田的同时，也要交纳实物税，后者系历史发展的必然产物，前者是历史的衰落形态。因为采用税亩制是为了扩大财源，原有的藉田剥削不足使用。为什么不足使用？一方面是因为财政支出扩大，另一方面也是因为社会矛盾激化，野人不尽力于大田劳作。现在采取劳役地租与实物地租双轨制，农夫无疑把主要精力投在个人份地上，对大田劳作采取应付态度，时间既久，以十夫为一个基本单位的大田剥削必然无法维持，实物税必然取代劳役地租，野人从"十夫为沟"的编制下得到解放，成为个体生产者。

另一方面，国人的经济负担逐步加重，最后和野人无异。国人本来只纳少量实物，作为军赋。由于战争频繁和规模扩大，春秋时，其军赋和兵役负担不断加重，国家也不断把财政支出转嫁到他们头上。就在实行初税亩，加重对野人剥削之后的第四年，鲁国又采取了"作丘甲"的措施。丘是国人纳军赋的单位，系国人的军事（也是户籍）编制，这就加重了国人的军赋负担；随着时间的推移，国人的军赋额当然不会像《司马法》说的那样"丘出马一匹，牛三头"一成不变，即使是在执行之初，也不止是"丘出马一匹，牛三头"，还要准备铠甲等军事装备，原来的每井九家"出稯禾，秉刍，缶米"的制度并未因"作丘甲"而废除。这样，国人的军赋负担与日俱增，和野人在经济负担上日趋接近。正因为如此，国人才日益分化瓦解，大部分国人成员沦落进野人队伍中去，到春秋末期，国人作为一个政治集团已不存在了。与此同步的是野人因战争规模的扩大不断加入军队，当兵已不再是国人的权利，而逐步成为国人和野人的共同义务。至鲁哀公十二年"用田赋"，彻底放弃以九家为井为基础的丘赋法，统一按土地占有状况征赋，国人摆脱了九家为井的束缚，成为独立的个体生产者，国人和野人身份地位的差别消失了。要说明的是，这时的个体农民，都没有土地所有权，他们是战国时代国家授田民的前身，其性质的改变是随着奴隶制的宗族城市国家向封建领土国家转变的完成而完成的。

“相地而衰征”新探*

——兼谈春秋战国田税的征收方式

“相地而衰征”,是管仲相齐时社会改革的重要内容,揭开了我国田税制度的历史新篇章,影响深远,历来为治史者所重视。但是,其具体内容如何?究竟如何“衰征”?因史文不明,迄今不甚了了,古今注家误解颇多,故有深入探讨的必要。

笔者以为,“相地而衰征”是指在授田制之下以土地数量的多寡调节其质量的差别的制度,也就是好地按标准授予,劣地则增加授田数量,使农户的总产量大体一致,而后收取统一的定额租税(其时租税合一),“衰征”之“衰”即良田和恶田之间的数量差别。“相地而衰征”不仅仅是一次租税制度的改革,也是田制改革;不仅仅是齐制,也是春秋战国时代各国的普遍原则。传统解释是错误的。当否,望学界同仁正之。

一

“相地而衰征”语出《国语·齐语》,管仲有一段话论述其含义,其文云:

“桓公曰:‘伍鄙若何?’管子对曰:‘相地而衰征,则民不移;政不旅旧,则民不偷;山泽各致其时,则民不苟;陆、阜、陵、墐,井田畴均,则民不憾;无夺民时,则百姓富;牺牲不略,则牛羊遂。’”

韦昭注云:“相,视也。衰,差也。视土地之美恶及所生出,以差征赋之轻重也。”也就是说,各个农户的田税额是根据其土质优劣和产量制定的,并不相同,所谓“衰征”之“衰”是指农户田租数量的差别。这也是今人的普遍理解。孤立地看,此解似无不可,正说明了春秋时代生产关系的变革。但若联系地看,则大有问题。因为“相地而衰征”和“陆、阜、陵、墐,井田畴均”是同时施行的,都是新政的内容。按一般理解,井田制采取的是“藉”法剥削,即劳役地租,怎能和“相地而衰征”并举?此其一。

其二,《周礼·地官·大司徒》和《周礼·地官·遂人》曾记载了两种授田制度,其基本标准是一夫百亩,对于耕劣地者则以数量调节其质量的差异。如《大司徒》云:

---

* 原刊《人文杂志》1996年第1期。

"凡造都鄙,制其地域而封沟之,以其室数制之。不易之地家百亩,一易之地家二百亩,再易之地家三百亩。"

《遂人》云:

"以土均平政,辨其野之土,上地、中地、下地,以颁田里。上地夫一廛,田百亩,莱五十亩,余夫亦如之。中地夫一廛,田百亩,莱百亩,余夫亦如之。下地夫一廛,田百亩,莱二百亩,余夫亦如之。"

《周礼》成书于战国,其中有些是西周的史料,有些是春秋的记载,也有战国的事实,外加学者们的理想构建。但这种理想构建是以相应的史实和对社会的认识为依据的,也反映了时代的史影,故而这两段记载起码可以用来说明春秋时代的情况。银雀山汉墓竹书《田法》也有类似记载:

"岁收:中田小亩亩廿斗,中岁也。上田亩廿七斗,下田亩十三斗,大(太)上与大(太)下相復(覆)以为衛(率)……州、乡以地次受(授)田于野……"

"……循行立稼之状,而谨□□美亚(恶)之所在,以为地均之岁……□巧(考)参以为岁均计,二岁而均计定,三岁而一更赋田,十岁而民毕易田,令均受地美亚(恶)□均之数也。"

田分上、中、下三等,上田不易,中田一易,下田再易,故三年"更赋田"。赋,授也,以解决苦乐不均问题,九年上、中、下田各轮耕一遍,第十年再重新按原来的上、中、下田轮种,即"十岁而民毕易田"。这是齐国之物,系战国时为之,起码反映了战国以前的状况,和《周礼·地官·大司徒》所云完全一致;与《周礼·地官·遂人》所说虽有数量多寡的不同,但基本精神相符。这和"视土地之美恶及所生出,以差征赋之轻重也"是相矛盾的。既然土地质量不同,"征赋之轻重"也各不相等,耕好田者产量高而租税亦重,耕恶田者产量低而租税亦轻,其收入和租税负担的比例是一定的,就没有必要把土地分为上、中、下三等,而增加授中田、下田的授田数量。反之,则说明传统理解有误,增加授田数量就是要保证耕恶地的农户的总产量和耕好地者相等,以使租税负担平均;又因为耕种好田、恶田的劳动量不一样,故要轮番为之,根本不存在什么"以差征赋之轻重"的问题。

其三,西周曾普遍采取"藉"法的剥削方式,也称为"助"法,即劳役剥削,奴隶们集体耕种于"藉田"或"大田""甫田"之上,不管收成好坏,产量高低,所有收获都归主人所有。[1]降至春秋,实物剥削渐次取代了劳役剥削,也就是

〔1〕 西周,藉法剥削是主要的方式,但这种藉法剥削并非如孟子所言的井田制之下的"九一而助",而是大规模的藉田劳作。关于井田问题,参见田昌五先生《解井田之谜》(《历史研究》,1985年第3期),《中国古代社会的土地问题》(《中国古代社会发展史论》,齐鲁书社,1992年)。关于藉田问题,参见王贵民先生《周代的藉田——奴隶制田庄剖析》,田昌五先生主编《华夏文明》第二辑,北京大学出版社,1990年。

人们常说的实物地租代替劳役地租，个体生产亦随之代替集体劳作，其逻辑发展只能是定额租，即不管土地优劣、产量高低，农户都交纳相同数量的地租。《国语·鲁语下》所载孔子诸语说明了这一点：

“季康子欲以田赋，使冉有访诸仲尼。仲尼不对，私于冉有曰：‘求来，汝不闻乎？先王制土，藉田以力，而砥其远迩；赋里以入，而量其有无；任力以夫，而议其老幼……其岁，收田一井，出稯禾、秉刍、缶米，不是过也……”

按井田制，方里而井，一井九夫，每夫百亩；井田既是土地计量单位，又是户籍编制单位，同时也是征收军赋的单位。[1]季康子之“欲以田赋”，即想要按土地征军赋，而非按传统的以井为单位征赋，由此引出了孔子的这一番话。但孔子所说的“其岁，收田一井，出稯禾，秉刍，缶米”已非西周旧制，而是改劳役地租为实物地租以后的事了。早在一百余年以前，鲁国已“履亩而税”（“初税亩”），各国也先后放弃藉法剥削，其军赋也相应地改征谷物，只是计征单位是以“井”计算的。所谓“田一井”，不单指九百亩土地，也指九户农夫，是人地合一的计算方法。这依然是西周的传统。季氏之“欲以田赋”实际上是变动了土地关系，放弃原来的人地合一的计征方法，而按田征赋而已，将租、赋均统一于土地，当然也要增加赋额。要指出的是，此时人地合一，所谓“用田赋”仍然是按人计算，“用田赋”只是强调土地的重要性，避免在土地分配时出现人地分离所导致的征赋不均的现象。也就是说，孔子说的“收田一井，出稯禾，秉刍，缶米”只能是春秋时的制度，系孔子所“闻”而来，其计征以“田一井”为单位，征收一定数量的谷物和禾秆，即定额租。这正是西周从“藉”法剥削向实物地租转变的逻辑发展。故韦昭的解释为这是田税的发达形态，而非春秋初年之齐制，其说是不合田税发展的历史逻辑的。

除了特殊原因之外，历史的发展是有其内在的逻辑顺序的，在旧的社会中孕育着新社会的萌芽，在新的社会中保留着旧社会的成分，我们可以根据以往推测未来，也能根据后来的史实去探究以往。战国的社会结构和春秋已有本质的不同，但在战国时代依然实行定额田税（租）制。云梦秦简《田律》有云：

“入顷刍稿，以其受田之数，无豤（垦）不豤，顷入刍三石，稿二石。刍自黄䅭及藶束以上皆受之。”

这是商鞅变法以后所施行的制度，凡受田之民，不管种与不种，收获高或是低，都要交纳“刍三石，稿二石”。刍、稿都是庄稼的茎、叶，用作饲料。对刍、稿之收如此，对谷物也应如此，惜乎律文不全，不晓其详。这和孔子所说的

〔1〕 参见上揭田昌五先生文《中国古代社会的土地问题》。

“稯禾、秉刍、缶米”的精神完全相同，只是计征依据和数量有别而已。试想，战国时代尚且如此，春秋初期能有“视土地之美恶及所生出，以差征赋之轻重”的如此发达的赋税形态吗？显然，韦昭是以秦人之衣冠绘虞夏之图像。今人不审，仍从其说，其谬大矣。唯一合理的解释只能是：“相地而衰征”是“相地之美恶及所生出，以差农夫受田之多寡也”，“衰征”之“衰”不是赋税数量的差别，而是农夫受田量的差别。

我们作出上述的解释，并非出于逻辑的推论，而是有史实依据的。《管子·乘马》云：

“山之无木者，百而当一；涸泽，百而当一；地之无草木者，百而当一；樊棘杂处，民不得入焉，百而当一，薮，镰缠得入焉，九而当一；蔓山，其木可以为材，可以为轴，斤斧得入焉，九而当一；汎山，其木可以为棺，可以为车，斤斧得入焉，十而当一；流水，网罟得入焉，五而当一；林，其木可以为棺，可以为车，斤斧得入焉，五而当一；泽，网罟得入焉，五而当一。命之曰地均。”

银雀山汉墓竹书《田法》也有类似的记载：

“……大材之用焉，五而当一；山有木，无大材，然而斤斧得入焉，九而当一；秃……□□蒹（镰）缧得入焉，十而当一。秃尺（斥）津□……罔（网）得入焉，七而当一。小溪浴（谷），古（罟）罔（网）不得入焉，百而当一。美霡（沈）泽蒲苇……□□石，百而〔当一〕。”[1]

《田法》所云也就是《乘马》所说的“地均”之法，“地均”或“均地”一语在先秦文献中习见，不是指土地数量的平均，而是指总产量的平均。这儿的“百而当一”“十而当一”“九而当一”云云都是指劣地以及山林薮泽和平原良田的折算比例，也就是“相地而衰征”之“衰”。以往学者认为《管子》系后人编纂，成书甚晚，对《乘马》的史料价值不予重视，认为是稷下诸公的理想而已，其实不然。《乘马》和《田法》虽然不是齐国的法律制度，实际与此当然会有距离，但是设计的目的是供人君选择，指导实践，必以现实或历史为依据。所以，尽管我们不能说《乘马》和《田法》就是春秋时代齐国的现行制度，但我们完全有理由说春秋时齐国存在过类似的规定，其基本精神是可信的。《周礼·地官·大司徒》《周礼·地官·遂人》所说的授田标准正是这一精神的体现。实际上，不仅春秋时代如此，就是到了战国时代亦然，如《吕氏春秋·乐成》有云：“魏氏之行田也以百亩，邺独二百亩，是田恶也。”云梦秦简《魏户律》有“自今以来，叚（假）门逆吕（旅），赘壻后父，勿令为户，勿鼠（予）田宇”[2]的规定，说明魏国当时确实行受田制，“行田以百亩”就是按每夫百亩良田授予，恶田则

〔1〕 银雀山汉墓竹简整理小组：《银雀山汉墓竹简（壹）》，文物出版社，1985年，第146页。
〔2〕 睡虎地秦墓竹简整理小组，《睡虎地秦墓竹简》，文物出版社，1978年，第292—293页。

多授,至于多授多少则视情况而定。足证《周礼·地官·大司徒》等及《田法》《乘马》之不诬。对此,班固早已认识到了,《汉书·食货志上》述西周授田之法云:“民受田,上田夫百亩,中田夫二百亩,下田夫三百亩……农民户人已受田,其家众男为余夫,亦以口受田如比。士工商家受田,五口乃当农夫一人。此谓平土可以为法者也。若山林薮泽原陵淳卤之地,各以肥硗多少为差。”班固所述实为春秋战国时的制度而整齐之,所谓“士工商家受田,五口乃当农夫一人”是战国时代私营工商业活跃、政府抑商后的举措,在西周工商食官,是不存在受田问题的。当我们把“上田夫百亩”云云和“若山林薮泽原陵淳卤之地,各以肥硗多少为差”合并分析,就不难发现:这不正是“相地而衰征”的具体化吗?所谓“若山林薮泽原陵淳卤之地,各以肥硗多少为差”不正是对《管子·乘马》、竹书《田法》的理论概括吗?

说到这里,还有个“井田畴均”的问题需要解释。按《周礼》及战国史实,授田均以百亩(良田)为基本单位,征税依然,而井田是以一方里为单位的,井九百亩,那么“相地而衰征”和“井田畴均”的关系究竟怎样?这曾是个令人大感困惑的问题。以往学者或者只论前者而回避后者,或者抓住后者大做文章,说管仲在推行井田制,以此作为春秋时代是发达奴隶制形成时期的佐证。其实这是对井田制性质的误解。“井田畴均”之“井田”并非什么生产方式、土地制度,而是指土地的计量方法,即方里而井,一方里就是一个计量单位。所谓“陆、阜、陵、墐,井田畴均”就是以井为单位,分别测算陆、阜、陵、墐这四种土地的数量,再根据其产量及“所生出”,分别折合成良田,授予百姓。这样,那些耕种陆、阜、陵、墐之地的农夫就不会因其土地质量差、产量低而心生不满,其总产量和田租负担与平原沃野之民是一样的,故云“井田畴均”。古代地广人稀,对土地计算并非如我们想象的那样精密,不可能按步按尺去逐一测量。以方里为单位,简便易行而精确快捷。《左传》定公四年云周初大分封,封周公于鲁、康叔于卫、唐叔于晋,曾明确要求他们“皆启以商政,疆以周索”“疆以戎索”。这“疆以周索”“疆以戎索”,都是指《周礼·地官·小司徒》所说的“经土地而井牧其田野”的方法,所谓“索”即丈量土地的绳索(其字在金文中皆作绳索绕系状),其长度代有不同,所谓周索大约以一里为度,一索宽长即为一井。在丈量山川林泽沼泽荒滩时舍此则别无良方,上述《管子·乘马》及竹书《田法》所云之“百而当一”“九而当一”云云均以方里为单位,直到战国时代依然沿用此法。《礼记·王制》云:

> “方一里者为田九百亩,方十里者为方一里者百,为田九万亩;方百里者为方十里者百,为田九万亿亩(万当为十)……山陵林麓、川泽沟渎、城郭宫室涂巷三分去一,其余六十亿亩。”

按郑注,“亿,十万也”。九十亿亩即九万顷。这就是战国时通行的计算土地面积的方法,即提封田法。以方里为基本单位,以方百里为一个提封单位,先算出总面积,再除去非耕地,而后得出耕地(包括已耕和可垦而未垦)的土地数量。《汉书·食货志上》云李悝在魏行"尽地力之教",即用此法:

"以为地方百里,提封九万顷,除山泽邑居三分去一,为田六百万亩,治田勤谨则亩益三升(斗之误),不勤则损亦如之。地方百里之增减,辄为粟八十万石矣。"

这"地方百里,提封九万顷"就是以方里而井为单位的。班固就是以此为据叙述西周的国家结构及收取军赋之法的,《汉书·刑法志》云:

"地方一里为井,井十为通,通十为成,成方十里。成十为终,终十为同,同方百里。同十为封,封十为畿,畿方千里……一同百里,提封万井,除山川沈斥,城池邑居,园囿术路,三千六百井,定出赋六千四百井……"

班固所云非耕地的比例稍大于《礼记·王制》和李悝之法,其余相同。按西周历史,万邦林立,小国寡民,其时之国只是一些宗族城邦,尚无后世的领土观念,国与国之间都是大片的无主荒地,根本不存在班固所说的整齐划一的同、封、畿的国土划分,班固所云显系据春秋战国的史实去整齐西周制度,这也是汉儒的共同观念。但这正说明了提封田法的由来,说明了我们将"井田畴均"之"井田"解为计量土地的基本单位和方法之不诬。

二

楚国在公元前548年有"蒍掩治赋"之举,也是按"相地而衰征"的方法进行的。《左传》襄公二十五年述其事云:

"楚蒍掩为司马,子木使庀(治)赋,数甲兵。甲午,蒍掩书土田,度山林,鸠薮泽,辨京陵,表淳卤,数疆潦,规偃豬,町原防,牧隰皋,井衍沃;量入修赋,赋车籍马,赋车兵、徒兵、甲盾之数。既成,以授子木,礼也。"

司马主兵,《荀子·王制》云:"司马知师旅、甲兵、乘白(伯)之数。"蒍掩之举就是根据土地状况征之以赋,相当于鲁国季氏的"用田赋"。"书土田"即计量各种土地面积及其物产。其计算方法如何?注家则见仁见智,其中以杜预和贾逵为代表。试将杜注集录如下:

书土田:"书土地之所宜。"

度山林:"度量山林之材,以共国用。"

鸠薮泽:"鸠,聚也。聚成薮泽,使民不得焚燎坏之,欲以备田猎之处。"

辨京陵:"绝高曰京,大阜曰凌。别之以为冢墓之地。"

表淳卤:"淳卤,埆薄之地;表异,轻其赋税。"

数疆潦:"疆界有流潦者,计数减其租入。"

规偃豬:"堰豬,下湿之地,规度其受水多少。"

町原防:"堤防间地,不得方正如井田,别为小顷町。"

牧隰皋："水岸下湿，为刍牧之地。"

井衍沃："衍沃，平美之地。则如《周礼》制以为井田。"[1]

杜预把"书、度、鸠……"均解作动词是正确的，对某些名词的释义也有可取之处，但从总体上看，则背离了蒍掩治赋的原意，陷入了自相矛盾之中。一方面谓"量入修赋"是"量九土之所入而治理其赋税"，疆理这九种土地都是为了征赋；另一方面又说辨京陵为"别之以为冢墓之地"，鸠薮泽是"聚成薮泽，使民不得焚燎坏之，欲以备田猎之处"，和征赋了无干系；况且其时聚族而居，各个聚落里邑自有其宗族墓地，根本无须蒍掩这个司马去统一规划陵墓用地。显然，杜预未通蒍掩治赋之义理，其注不可从。

贾逵没有留意于各类土地的名称，而是着意于蒍掩"量入修赋"的计算方法，即如何根据不同的土地及物产计算赋额的多寡，其注云：

"山林之地，九夫为度，九度而当一井也；薮泽之地，九夫为鸠，八鸠而当一井也；京陵之地，九夫为辨，七辨而当一井也；淳卤之地，九夫为表，六表而当一井也；疆潦之地，九夫为数，五数而当一井也；偃猪之地，九夫为规，四规而当一井也；原防之地，九夫为町，三町而当一井也；隰皋之地，九夫为牧，二牧而当一井也；衍沃之地，百亩为夫，九夫为井。"[2]

谓"九夫为度""九夫为鸠"云云，不知何据，恐有穿凿之处；所谓"九度而当一井""八鸠而当一井"云云也不一定尽合实际。但是贾逵谓蒍掩"书土田"是把各类土地按一定的比率折合成良田而后征之以赋则是正确的，和齐国一样，都是以一方里即一井之田为基本计量单位，丈量出可垦之地的总面积，而后据其所生出折合成良田，按统一标准征赋。这正是"相地而衰征"的实践。

春秋时代，晋国是否按"相地而衰征"的原则征收租赋，史无明文。不过，我们可以从战国史实推知其一二。战国时期，李悝在魏行"尽地力之教"，曾计算百里之地农田产量的增减，谓方百里之地提封九万顷，除去三分之一非耕地，有六百万亩耕地，"治田勤谨则亩益三升（斗），不勤则损亦如之。地方百里之增减，辄为粟八十万石矣"[3]。按照"亩益三斗"和"地方百里之增减，辄为粟八十万石"推算，在这六百万亩耕地中只按二百七十万亩收取田税，还有三百三十万亩未计入纳税亩积，其原因就在于这六百万亩是良田恶田统算的总面积，而田税只以良田计算，这二百七十万亩就是折算后的百里之地的良田总数，其余三百三十万亩系恶田；授田时按每夫百亩良田计算，恶田则加倍或再倍授予。上举《吕氏春秋·乐成》说的"魏氏之行田以百亩，邺独二百亩，是田恶也"为其例证。加倍授予是针对邺地情况，在其他地区则不一定，

---

〔1〕《春秋左传正义》，阮元校刻《十三经注疏》，中华书局影印，1982 年，第 1985—1980 页。

〔2〕《春秋左传正文》，阮元校刻《十三经注疏》，中华书局影印，1980 年，第 1986 页。

〔3〕《汉书》卷二十四上《食货志上》，中华书局，1962 年，第 1124 页。

或不止于倍授,或不足此数。魏国系三晋之一,其制与春秋晋制有着直接的联系,以此逆推晋制去实际是不会太远的。其实上举《周礼·地官·大司徒》《周礼·地官·遂人》所云之授田制度,与其说是反映了西周、春秋的状况,不如说是反映了战国史实更为贴切,因为每夫受田百亩、二百亩、三百亩,或者是“夫一廛,田百亩,莱五十亩,余夫亦如之”云云,都是小农经济形成以后的事情。战国时代,这种五亩宅、百亩田(良田)以授田制为基础的个体小农才成为普遍的社会现实。

三

无论是井田、提封田,还是《周礼·地官·大司徒》《遂人》所说的授田制,以及先秦文献中所屡见的五口之家、百亩之地,其亩制都是西周的小亩,也就是六尺为步、百步为亩之亩。但在春秋战国的实际生产中已逐步采用了大亩制。如银雀山竹书本《孙子兵法·吴问》云晋国的“范,中行氏制田,以八十步为婉(畹),以百六十步为畛,而伍税之……韩,巍(魏)制田,以百步为婉(畹),以二百步为畛,而伍税之……赵是(氏)制田以百廿步为婉(畹),以二百卌步为畛”。畹和畛都是亩积单位,在简文中,畹相当于半亩,畛相当于后世的亩,则此时之晋国有三种亩积:一百六十步之亩,二百步之亩,二百四十步之亩。银雀山竹书《田法》有云“岁收,中田小亩亩廿斗,中岁也。上田亩廿七斗,下田亩十三斗,大(太)上与大(太)下相覆以为率”。又云“一人而田大亩廿四者王,一人而田十九亩者霸,一人而田十四亩者存,一人而田九亩者亡”。这里的二十四亩、十九亩云云都是指大亩。商鞅变法后的秦国也采用大亩制,青川秦牍所载秦武王二年之律文明确规定:“田广一步,袤八则为畛。亩二畛,一百(陌)道;百亩为顷,一千(阡)道。”〔1〕尽管田律律文简单,年代久远,今人对秦牍所载之用语、亩积、形制的理解还有很大的分歧,但这是改制后的广泛运用的大亩则没有问题。那么现在就有这样几个问题必须回答:既然在生产实践中人们已改变小亩制,采用大亩制,人们为什么还用小亩叙述当时的授田制?小亩的功能是什么?大小亩的关系怎样?回答这些问题将有助于我们对“相地而衰征”的理解。这要从当时的田税征收方式上寻找答案。

先谈大小亩关系问题。自春秋后期开始,在生产实践中大亩逐步取代了小亩,因为这种一步宽、百步长的长条亩再也不能适应新的耕作方式。但在国家经济生活中,小亩制仍有重要的功能,这就是作为国家计算田税的基本单位。上已指出,战国时期实行定额税制,不管农户耕种与否、收成高低,税收量是不变的,都必须如数交纳。其数量就是以小亩的标准产量为依据,按

〔1〕 四川省博物馆、青川县文化馆:《青川县出土秦更修为田律木牍》,《文物》,1982年第1期。

十一税率计算而来。如李悝谓“今一夫挟五口，治田百亩，岁收，亩一石半，为粟百五十石。除什一之税十五石，余百三十五石……”这亩收一石半之亩就是魏国的小亩的标准产量。银雀山竹书《田法》云：“岁收，中田小亩亩廿斗，中岁也。上田亩廿七斗，下田亩十三斗，大(太)上与大(太)下相覆以为率。”这二十斗就是从齐国的一小亩的平均亩产量推算出来的。而后按照通常所说的十一税制收取田税，一个五口之家百亩之地就要交纳二十石田税。《管子·治国》有云“常山之东，河汝之间，蚤生而晚杀，五谷之所蕃庸也，四种而五获，中年亩二石，一夫为粟二百石”。这“中年亩二石”也是河汝之间好地的小亩标准亩产量，这是国家向农民征税的依据。也就是说，小亩是国家征税亩积，大亩是农民的实耕亩积，二者并行不悖。前人曾谓小亩和大亩之分系地区不同所致，都是实耕亩积，是不合实际的。按战国时代，富国强兵是各国的共同目标，故各国都重农重战，采取种种方式把农民束缚于土地之上，而后“均地”“分田”，计口授予，不管耕种与否，对于国家来说，有名于上者即有田于下，都要纳税，其实质是以课促垦。

其时国家根据国土总面积，用提封田的办法计算出可耕地的总量，再据标准产量计算出全国的田税总额，作为财政收入的计划总指标，而后再根据各地土地状况把预算指标分摊下去，以县为单位具体落实。不管农民实际耕种的土地数量是多是少，是否为百亩(小亩)之地，其税收计划都要完成。按提封田法的计算结果，各县都有能力完成，实际上能否完成，就看县令、县长们的施政能力了，这也是考课县令、长政绩的重要依据。当时的上计制度就是指此而言。“计”就是计书，即国家预算的簿书，其基本内容是人口数和税收数。《商君书·境内》说：“强国知十三数，竟(境)内仓、口之数，壮男、壮女之数，老、弱之数，官、士之数，以言说取食者之数，利民之数，马、牛、刍、稿之数。不知国十三数，地虽利，民虽众，国愈弱致削。”这十三数即计书的主要内容，并合言之不过人口、田税两项而已。计书于年初制定，分左右两份，右券藏于密府，由国君掌握，作为考核县令、县长的依据。左券由臣下自持，至每年年终，县令、县长要将一县财政收入与支出等情况一一记录成册，而后述职于君前。这就是《商君书·禁使》说的“十二月而计书已定，事以一岁别记，而主以一听，见所疑焉”，也就是上计。上计时根据各县实际执行情况，评定优劣，予以赏罚。《韩非子·外储说右下》云：

“田婴相齐，人有说王者曰：‘终岁之计，王不一以数日之间自听之，则无以知吏之奸邪得失也。’王曰：‘善。’田婴闻之，即遽请于王而听其计。王将听之矣，田婴令官具押券斗石参升之计。王自听计，计不胜听，罢食后，复坐，不复暮食矣。田婴复谓曰：‘群臣所终岁日夜不敢偷怠之事也，王以一夕听之，则群臣有为劝勉矣。’王曰：‘诺。’俄而复王已睡矣，吏尽揄刀削其押券升石之计。”

上计一般由丞相主持，国君听丞相汇报即可。齐王听信别人劝言，想亲自考核臣下，“知吏之奸邪得失”，以防止大权旁落。田婴心有不快又不便阻拦，就主动请齐王听计，以示恭敬，同时更换上计程序，故意让齐王去听枯燥烦琐的“斗石参升之计”，迫使齐王主动放弃听计，同时表明自己为相辛苦，尽心尽力。这里，田婴“令官具押券斗石参升之计”，就是藏于齐王密府的计书右券，是过去一年中应完成的预算指标。群吏没有完成预算，害怕受罚，就趁齐王疲劳而睡之机，抽刀修改原来的计书，使之与实际执行情况相合，也就是使决算符合预算。像这种决算达不到预算指标的毕竟是少数，在一般情况下，官吏们自会想方设法完成之，并力争超出，邀功请赏以求升迁。如《韩非子·难二》云：“李兑治中山，苦陉令上计而入多。李兑曰：‘语言辨，听之说，不度于义，谓之窕言。无山林泽谷之利而入多者，谓之窕货。君子不听窕言，不受窕货，子姑免矣。’”这“上计而入多”就是相对于预算之券书而言的。税源没有增加，税收数量却增加了，显系盘剥而来，不合治民之道，故李兑斥之。《淮南子·人间训》云魏文侯时，“解扁为东封，上计而入三倍。有司请赏之。文侯曰：‘吾土地非益广也，人民非益众也，入何以三倍？’对曰：‘以冬伐木而积之，于春浮之河而鬻之。’文侯曰：‘民春以力耕，暑以强耘，秋以收敛。冬间无事以伐林而积之，负轭而浮之河，是用民不得休息也，民以敝矣。虽三倍之入，将焉用之？’”其时东封土地人口都没有增加，税收却增加三倍，尽管其生财有一定合理性，但因使民力困苦，也不予赏赐。这儿的“三倍之入”也是针对原计书而言。

至此，我们可以明白：小亩是国家征税亩积，农民实耕则用大亩。五口之家、百亩之地是国家预算赋税时所设定的征税依据，在实际生活中，绝非如此整齐划一，各家实际人口和所耕土地各不相同，所谓按十一税率制定的百亩之地、十五石之税等也只是预算数字，农民实际的田税负担则不受此限制，但最少不低于百亩之收的十分之一。因此之故，荀子才一再强调“王者之法，等赋，政事，财万物，所以养万民也。田野什一，关市讥而不征；山林泽梁，以时禁发而不税，相地而衰征”〔1〕。这儿的“王者之法”并非人们通常所理解的三王之法，而是指纠正时弊以称王之法，是荀子的理想；“等赋”正说明了现实赋税负担之不公平，包括田税在内；“田野什一”说明了农民的实际负担不止十分之一，尽管国家采取的是十一税制；“关市讥而不征”云云，正说明了现实关税市租山林之征苛重；“相地而衰征”正说明了现实不是按照农民的实际所耕来收税，而是不管耕种与否、收获若何，都要如数交纳一定数量的粮食和禾秆。在这里，荀子的“相地而衰征”和《齐语》的“相地而衰征”的历史含义是不

---

〔1〕《荀子·王制》，王先谦，《荀子集解》，中华书局，新编诸子集成，1988年，第160页。

的依据作出必要的说明。[1]

对律文"廿四年正月甲寅以来,吏行田赢□□……"的准确解读,关系到对统一以后秦朝土地制度的理解问题,看上去不过是字词之辩,但其意义非同一般。笔者以为,《云梦龙岗秦墓及出土简牍》以及刘信芳、梁柱先生的《云梦龙岗秦简》对"吏行田赢□□"的考释是不能成立的,将"田赢"连读,定为律名缺乏依据和必要的说明,将"赢"以下的两个字推定为"假法",于文意也不通。胡平生先生认为律文"吏行田赢□□"中的未释之字应为"律",将"行田"连读,较前者具有事实依据,在逻辑上也通顺得多。但是,谓"行田"是进行田猎活动则存在问题。从训诂的角度看,"田"确有田猎的意思,如《诗·郑风·叔于田》:"叔于田,巷无居人。"《周礼·秋官·士师》:"士师之职,掌国之五禁之法……四曰野禁,五曰军禁。"郑玄注:"野有田律,军有嚣讙夜行之禁。"《夏官·马质》云:"马质掌质马。马量三物:一曰戎马,二曰田马,三曰驽马。"这儿"叔于田""田律""田马"之"田"都是田猎的意思。"叔于田"意思是"叔前往田猎","田律"是关于田猎的法律,"田马"是田猎所用之马。但是,我们不能因为田有田猎的含义、对田猎活动有严格的时节规定而将"吏行田赢律"理解为"官员进行田猎超过法律规定次数或规模,需论罪处罚",这儿的"田"绝不是田猎之田。如龙岗秦简共出现"田"字二十六次,其中有一处指的是官名,即田典,可以略而不论,其余的"田"字除了"行田"二字以外,就是从字面上绝大多数都无法理解为田猎。如第108号简"盗田二町"、117号简"程田,田一町"、122号简"匿田"、125号简"徙其田"、142号简"田以其半"等,显然是指农田,否则,无论如何也是读不通的。其余诸简,虽然有的从字面上看可以理解为田猎,但同样可以理解为农田之田。如124号简"盗田"可以理解为盗猎,但也可理解为私占土地;163号简"田,不从令者……"之田可以理解为不按照规定田猎,也可以理解为不按照规定耕种土地。显然不能因为"田"有田猎之意而将这些"田"统统解释为田猎。笔者以为,除了"田典"之"田"以外,龙岗秦简中包括"行田"之"田"在内的所有"田"字都是田地之田,律文都是关于农田生产的规定,"行田"不是"进行田猎",而是授田的意思。

授田是战国通制,基本标准是每夫百亩良田,劣等土地则增加授田数量,增加多少,视土地质量状况而定,这就是当时的"制土分民"之法。[2]在将土地授予农民之前,要对全国土地状况进行调查丈量,确定不同地区、不同类别的土地的实际授予数量,是按照每夫百亩还是按照每夫二百亩、三百亩……的标准授予。这个调查统计、确定方案的过程称为"行田"。"行田"之"行"本

---

〔1〕 刘信芳、梁柱编:《云梦龙岗秦简》,科学出版社,1997年,第37页。

〔2〕 关于战国授田制度,参阅田昌五、臧知非《周秦社会结构研究》第二章的有关部分,西北大学出版社,1996年。

是巡视的意思,《左传》昭公十八年云郑国大火,子产使“商成公儆司宫,出旧宫人,置诸火所不及。司马、司寇列居火道,行火所焮”。这“行火所焮”就是巡视大火焚烧情况,随时救助,其“行”是巡视的意思。“行田”的目的是将田地授予农民,所以又将授田直接称为行田。《吕氏春秋・乐成》云“魏氏之行田也以百亩,邺独二百亩,是田恶也”。这儿的“行田”就是受田。魏国授田标准是人均一百亩,因为魏郡地恶,人均二百亩。《魏户律》规定:“叚(假)门逆吕(旅),赘壻后父,勿令为户,勿鼠(予)田宇”,只要不是“叚(假)门逆吕(旅),赘壻后父”都是要给予“田宇”即土地和住宅的,从法律上印证了“魏氏行田”的真实含义。

授田制度以商鞅变法以后的秦国实行得最为严格,立法也最为细密。秦武王二年颁布的修改田亩制度的法律,详细规定了亩积大小、田间阡陌疆界的设置要求。〔1〕云梦睡虎地秦律《田律》则规定田间管理、牲畜饲养、饲料征收方式和数量、受雨面积和农作物生长状况的统计等内容。〔2〕这只是统一以前的农业生产法律的部分内容,而非全部,其全文内容将更加丰富。龙岗秦简是统一以后制定的法律,其内容是统一以前的延续而增加了时代的内容,如黔首、驰道等名词都是统一以后才有的法律用语。但是,增加新的内容并不等于替代原内容,其土地制度就是原《田律》的延续,“廿四年正月甲寅以来,吏行田赢□□……”之“行田”显然是指相关官吏授田超过法律规定的要求,如超标准授予、超出规定时间授予等,具体情况因简文残缺不得而知,但对“行田”的理解可以定谳。张家山汉简《田律》明确规定“田不可田者,勿行;当受田者欲受,许之”〔3〕。这“勿行”之“行”即授予的意思。这是秦律的延续,正说明“吏行田赢”之行田是授田的意思。

明白了“行田”的含义,《云梦龙岗秦简》所拟定的秦律篇名《田赢》应改为《田律》,对简文所反映的某些土地问题可以有个大概的了解,即龙岗秦简所涉及的土地内容,都是授田以及对土地的使用、管理法规,和云梦睡虎地秦简《田律》的规定及其精神相一致,而可以补充云梦睡虎地秦律《田律》的不足。这起码体现在如下几个方面。

第一,土地分为不同种类和用途,有不同名称,分别登记和管理。第104号简云“田及为诈[伪][宅]田籍皆坐赃与盗……”“田”的具体内容不清楚,“诈伪宅田籍”即将不是宅田作为宅田,或者私自增加宅田数量。“宅田”即住宅用地,《周礼・地官・宰师》:“以廛里任国中之地,以场圃任园地,以宅田、士田、贾田任近郊之地。”根据简文,《周礼》所记并非虚语,秦律之“宅田籍”就

---

〔1〕 四川省博物馆、青川县文化馆:《青川县出土更修田律木牍》,《文物》1982年1期。

〔2〕 睡虎地秦墓竹简整理小组:《睡虎地秦墓竹简》,文物出版社,1978年,第24—30页。

〔3〕 张家山汉墓竹简整理小组:《张家山汉墓竹简(二四七号墓)》,文物出版社,2001年,第165页。

是《周礼》所说的宅田登记簿。但是，古今学者对《周礼》的解释不同，也就影响到对秦律的理解。郑司农注："廛，市中空地未有肆、城中空地未有宅者。民宅曰宅，宅田者，以备益多也。士田者，士大夫之子得而耕之田也。贾田者，吏为县官卖财而予之田。"郑玄谓"宅田，致士者之家所受田也"。刘信芳、梁柱先生在《龙岗云梦秦简·简文考释》文中引郑玄语注简文，虽然未加按语，但显然是按照郑注理解简文的。按郑玄的解释是不通的，"致士"为退休的专称，循名责实，退休官僚家人所受之田无论如何和"宅田"也扯不上关系。按授田制度，耕地和宅地都是分开授予的，先秦诸子异口同声说的百亩之田、五亩之宅清楚地表明了这一点，这百亩之田和五亩之宅是分开的。当时建城立邑、划分乡里，都有严格规划，人口集中居住于划定的里邑之内，统一出入，比邻而居，同伍连坐，相互监督。[1]这居邑所用之地就是宅田。《商君书·境内》云："能得甲首一者，赏爵一级，益田一顷，益宅九亩，除庶子一人。"这"益田一顷，益宅九亩"就是在原来标准之外增加一顷和九亩，则商鞅变法以后所定的标准宅田是九亩，统一以后，是否还是如此不得而知，从逻辑上判断，不会有什么改变。

到了汉初，庶人的宅田数量肯定减少了，张家山汉简《二年律令·户律》明确规定了从庶人到列侯的土地、住宅面积。庶人授田每人一百亩、住宅一区，每区的面积是"方三十步"。列侯授田则达到一百零五顷、住宅一百零五区。[2]这"方三十步"就是用做住宅的土地，就是一区宅田的面积。宅田是非生产性用地，不需要向国家纳税，而普通农田无论耕种与否，收成如何，都要按顷为单位交纳固定数量的田租。睡虎地秦简《田律》云："入顷刍稿，以其受田之数，无垦不垦，顷入刍三石，稿二石"。顷是受田的基本单位，也是纳税的计算单位。刍、稿是庄稼秸秆，用作饲料，是田租的组成部分，刍、稿按顷征收，粮食也按顷征收。无论耕种与否，每顷的征收数量是一样的。如果把普通土地算成宅地，则可以逃避田租。所以，秦律规定"田及为诈[伪][宅]田籍皆坐赃与盗……"尽管因为简文残断，无法完整了解律文，但有一点可以肯定："田"和"诈伪宅田籍"属于"赃"和"盗"的行为。这里"田"的具体内容虽然不清楚，但"田"的行为与"赃"同论，其含义当有特指而不是指一般的耕种土地或者是田猎，应当是类似于某种侵占公物的行为。"诈伪宅田籍"是"盗"的行为，"盗"的量刑要重于"赃"，"诈伪宅田籍"的违法情节重于"田"。从张家山汉简《二年律令·户律》看，当时户籍分类十分详细，户籍制定由乡里官吏具体执行，分别封藏于县、乡两级政府，有专门机构和官吏保管，按照一定程

〔1〕 关于秦汉里制的规划，参见臧知非：《秦汉里制与基层社会结构》，《东岳论丛》，2005年第6期。
〔2〕 张家山汉墓竹简整理小组：《张家山汉墓竹简(二四七号墓)》，文物出版社，2001年，第175—176页。

序核实检验,规定十分严格,是官吏的公务行为,一般平民是不存在"诈伪宅田籍"问题的。[1]所以,这条律令的适用对象应是相关官吏。所谓"入顷刍稿,以其受田之数,无垦不垦,顷入刍三石,稿二石"是国家统一向地方政府征收的刍稿标准,一经授予,农民就要完成规定的田租任务;如果有土地因为人口不足无法授出,则说明地方官吏增殖人口无方,为政不力,在年终上计考核时若被评为下等则前途堪忧,所以,为了减少上交国库的田租数量、减少自身压力,同时也为了中饱私囊的方便,"诈伪宅田籍"的事情就发生了。

第二,农民要按照规定的时间从事生产及田间管理活动,违反规定者受罚。第155号简文云"一盾。非田时也,及田不□□坐……"这"非田时"就是没有按照规定的时间从事农事或者与农事有关的活动。上举睡虎地秦简《田律》有关于田间管理的时间要求:"春二月,毋敢伐材木山林及雍隄水。不夏月,毋敢夜草为灰,区生荔、麛卵,毋□□□□□□毒鱼鳖,置穽(阱)罔(网),到七月而纵之。唯不幸死而伐棺椁者,是不用时。"[2]这"唯不幸死而伐棺椁者,是不用时"也要通过相关官吏的批准同意才能进山砍伐棺木。在平时的日常生活中,农民也要按规定时间出入所居之里,《二年律令·户律》云:"田、典更挟里门钥,以时开;伏闭门,止行及田作者;其献酒及乘置乘传,以节使,救水火,追盗贼,皆得行,不从律,罚金二两。"[3]里门钥匙由田典和里典轮流保管,按规定时间开门和关门,也就意味着居住在里中的居民必须在规定的时间出入。"伏日"因为被认为是厉鬼活动的日子,除了公务和特殊使命之外,其他人员终日禁止出行。汉初去秦不远,这个规定是秦律的延续。

第三,授田以顷为单位只是制度规定,在实际执行过程中,并非整齐划一,因为地理条件不同,农民实际耕种的土地往往分散在多处。第108号简文云:"盗田二町当遗三程者……"110号简文:"一町当遗二程者。"刘信芳、梁柱《考释》分别引《左传》襄公二十五年"町原防"杜注:"堤防间地,不得方正如井田,别为小顷町。"《疏》贾奎云:"原防之地,九夫为町,三町而当一井也。"《文选·西京赋》:"编町成篁。"薛综注"町谓田亩"。并举东汉徐胜买地券中的"陌田一町,贾二万五千"为证。笔者按,这儿的"町"以薛综理解为是,町就是地块的意思,这是《长沙走马楼三国吴简·吏民田家别》中的普遍用语,无须举证。律文"盗田二町"就是盗田两处。

---

〔1〕 关于秦汉户籍制度,参阅拙作:《秦汉"傅籍"制度与社会结构的变迁——以张家山汉简〈二年律令〉为中心》,《人文杂志》,2005年第1期。
〔2〕 睡虎地秦墓竹简整理小组:《睡虎地秦墓竹简》,文物出版社,1978年,第26页。
〔3〕 张家山汉墓竹简整理小组:《张家山汉墓竹简(二四七号墓)》,文物出版社,2001年,第175页。

不过，从上下文看，秦律所说的“町”似乎有一定的数量标准，因为有“盗田二町当遗三程”“一町当遗二程”之语，“程”指标准，若干町和若干程相对，町也应该有相应的数量标准。但是，无论町的面积是否有数量标准、标准是多少，我们都可以清楚地知道农民实际耕种的土地并非整齐划一的百亩之地，也不一定连在一起。

第四，土地一经划定，以阡陌为界，不得私自变动。第157号简云：“侵食道、阡陌及斩人畴企，赀一甲。”160号简文云：“黔首皆从阡陌疆畔之其……”这儿的“侵食道”之“道”指道路。青川秦牍秦武王二年《更修为田律》云“九月大除道及阪险，十月，为桥修波（陂）堤、利津梁、鲜草离。非除道之时而有陷败不可行，辄为之”〔1〕。“侵食道”之“道”和这儿的“道”的意思相同，指的是道路。道和阡陌功能不同，属于两个系统，道路属于交通系统，阡陌属于疆界系统。私占道路和阡陌，和侵占他人的土地一样，都要处以“赀一甲”的刑罚。“斩人畴企”之“畴”指的是已耕地，《说文》：“畴，耕治之田也。”“企”指田埂，“畴企”泛称耕地，“斩人畴企”即直接侵占他人土地。所谓“黔首皆从阡陌疆畔之其……”云云大约是为了保护他人耕地不受践踏而特别规定的，指只能从阡陌上通行，而不得从田间穿行，否则受罚。

第五，除了按照规定授田以外，可以通过“假田”的方式使用土地。第166号简文云：“黔首钱假其田已……”第168号简文云：“诸以钱财它物假田……”《汉书》卷二十四“食货志”载王莽批评汉家土地制度时说汉家田租虽然很轻，但土地兼并严重，“豪民侵陵，分田劫假”。颜师古注曰：“分田，谓贫者无田而取富人田耕种，共分其所收也。假，亦谓贫人赁富人之田也。劫者，富人劫夺其税，侵欺之也。”假者，赁也，颜师古的注释是对的，但并不等于只能“假”富人土地，也可以“假”国家土地。西汉为解决农民土地问题，曾假民公田。如《汉书》卷八“宣帝纪”云地节三年诏“前下诏假公田，贷种食。其加赐鳏寡孤独高年帛”。这“假公田”就是把国家土地租赁给无地农民，国家税收很轻，而地主豪强和地方官吏沆瀣一气，把应该假给贫民的土地据为己有，再转租给农民，从中获取高额地租，这就是王莽所说的“分田劫假”。这里不去讨论西汉“假公田”的实施效果，我们只要明白，无论租借公田还是私田，都可以称为假田就可以了。因为简文残断，这儿的“黔首钱假其田已”和“诸以钱财它物假田”云云的具体内容难以全部把握，但是，有一点可以肯定，“黔首钱假其田已”“诸以钱财它物假田”和西汉的“分田劫假”以及“假公田”之假田不同。西汉是在无地的情况下耕种国家土地交纳“假税”，或者租种地主土地交纳地租，因为是在无地条件下耕种的，其假税也好、地租也好，都要先耕种后交

〔1〕 李均明、林梅村：《散见简牍合辑》，文物出版社，1990年，第51页。

纳。而龙岗秦简规定的是用钱、物"假"田的行为规范,这必须以有相应数量的钱物为前提,这些"假田"者不一定是农民,更不一定是无地农民;所假之田来自何处,是私人的还是国家的,都无法认定。而在授田制之下,有名于上即有田于下,无地农民可以通过正常的授田程序获得土地,不存在要用钱、物"假田"的问题。所以,从逻辑上判断,秦简"黔首钱假其田已""诸以钱财它物假田"可能不是针对无地农民规定的。惜乎律文有缺,详情只能等待新的资料了。

汉简“提封”释疑*

——兼谈汉代“提封田”问题

新公布的江陵张家山汉简《算数书》是迄今发现的我国最早的算术著作，其中“里田”条专门介绍了由方里数而求顷亩数的方法，其术云：

“里田术曰：里乘里，里也，广、从（纵）各一里，即直（置）一因而三之，有（又）三五之，即为田三顷七十五亩。其广从（纵）不等者，先以里相乘，已，乃因而三之，有（又）三五之，乃成。今有广二百廿里，从（纵）三百五十里，为田廿八万八千七百五十顷。直（置）提封以此为之……”[1]

按汉代沿用周制，一里三百步，一方里九万平方步，按周亩为九百亩。按秦制二百四十步为亩，一方里为三百七十五亩。计算方式简洁明了，并无多少费解之处。值得注意的是“直（置）提封以此为之”这句话中的“提封”一词。尹湾汉墓一号木牍《集薄》在记述西汉后期东海郡土地统计数时也有“提封”一词，其文云：“提封五十一万二千九十二顷八十五亩二□……人如前，□国邑居园田廿一万一千六百五十二□□十九万百三十二。”[2]论者均释“提封五十一万二千九十二顷八十五亩”为东海郡共有土地五十一万二千零九十二顷八十五亩，谓这儿的“提封”是通共的意思。[3]但衡以《算数书·里田》“直（置）提封以此为之”一语，“通共”显然不是“提封”的本意。

按“提封”又书作“隄封”，在两汉书及后世典籍中多见，其含义自三国以来，注家的理解就仁智互见。《汉书》卷二十三《刑法志》叙述西周制取军赋之法云：

“……一同百里，提封万井，除山川沈斥，城池邑居，园囿術路，三千六百井，定出赋六千四百井……一封三百一十六里，提封十万井，定出赋六万四千井……天子畿方千里，提封百万井，定出赋六十四万井……”

---

* 原刊《陕西历史博物馆馆刊》第9期，三秦出版社，2002年。

〔1〕 江陵张家山汉简整理小组：《江陵张家山汉简〈算数书〉释文》，《文物》，2000年第10期。

〔2〕 连云港博物馆，中国社会科学院简帛研究中心，东海县博物馆，中国文物研究所：《尹湾汉墓竹简》，中华书局，1997年（下同），第77—78页。

〔3〕 谢桂华：《尹湾汉墓所见东海郡行政文书考述》；高恒：《汉代上计制度考论——兼评尹湾木牍〈集簿〉》；高海燕、乔健：《从尹湾简牍〈集簿〉谈汉东海郡的人口、土地、赋税》；连云港博物馆，中国文物研究所：《尹湾汉墓综论》，科学出版社，1999年。

苏林曰:"提,音秖,陈留人谓举田为秖。"李奇曰:"提,举也,举四封之内也。"师古曰:"李说是也。提,读如本字,苏音非也。说者或以为积土而封谓之提封,既改文字又失义也。"苏林仅以方言为据读"提"为"秖",未对"提封"作出训释。正面解释"提封"的实际上只有两种意见。一种是李奇的意见,释"提"为"举",谓"提封"是"举四封之内也";另一种是"积土而封谓之隄封"。此解除师古所举外,还见诸其他注释,《文选》卷一《西都赋》云:"提封五万,疆场绮纷。"李善注云:"天子积方千里,提封百万井。臣瓒案:旧说云:'提封,提,凡也,言大举顷亩也。'韦昭曰:'积土为封限也。'"李贤在注《后汉书·班固传》时则云《汉书音义》曰:"提封,谓积土为封限也。"颜师古赞同李奇之说,否定韦昭和臣瓒之说,故在注《汉书》时对臣瓒和韦昭的解释均未予保留。清人王念孙认为以上"诸说皆非也",而从音韵学的角度认为"提封"是"都凡"的声转,是"大数之名",《读书杂志·汉书·连语》云:

> "念孙案,诸说皆非也。《广雅》曰:'堤封,都凡也。'都凡者犹今人言大凡诸凡也。堤与提古字通,都凡与提封一声之转,皆是大数之名。提封万井,犹言通共万井耳。《食货志》曰'地方百里,提封九万顷';《地理志》曰'提封田一万万四千五百一十三万六千四百五顷';《匡衡传》曰'乐安乡本田提封三千一百顷';《王莽传》曰'于是遂营长安城南,提封百顷',义并与此同。若训提为举,训封为四封,而云举封若干井、举封若干顷,则甚为不词。"

王先谦《汉书补注》则完全采纳王念孙之说,同样无视《文选》注所采的韦昭之说;近人朱起凤则从文字学的形近通假的角度对王念孙之说作了进一步的论证和补充。朱氏《辞通·提封》云:

> "提字古多误读本音,惟《刑法志》苏林注音秖。秖与都同声。提亦作都,移左旁阝,属之右旁;者与是汉隶形似(周书洪范五者来备,后汉书李云传作五是),如此左右移易,即成都字……又按:都字左右互易,即成为陼,形与隄似,沿隄之形与声而转为提,或为堤,皆隄字所孳乳,亦都字之化生。封凡声相近,犹氾氾通作沨沨也,犹舟帆呼作船篷也。颜氏《匡谬正俗》谓提封之提不当作隄,此误之甚者。王氏读书杂志之都凡与提封一声之转,其释封凡字是矣,而于都提两字指为声之通,则犹未为塙诂耳。"

至此,"提封"即"都凡"之转遂成定谳。今本《辞源》即以王氏之说为据释提封为"通共"。只有田昌五先生曾把"提封"和土地制度联系起来考察,认为"提封"是一种土地计算手段,"提封田"是战国西汉时代施行的把非耕地、耕地并合计算土地面积的一种方法,田先生把这种方法称为"田亩制度",云:"提封田是继井田制之后出现的一种田亩制度。"[1]王煦华先生则以王念孙、朱起凤之说为据,认为"汉代未曾实行提封田的田亩制度"[2]。今人对田昌五先生之说亦未留意,而沿王念孙、朱起凤之说释文献和汉简中的"提封"为"通共",谓《汉书·地理志》"提封田一万万四千五百一十三万六千四百五顷"、东海尹湾简牍"提封五十一万二千九十二顷八十五亩二……"为总共有土地若干云云。若纯粹从数字意义看此解似无不妥,此处"提封"若干顷确实是表示土地总数,但是若据此谓"提封"是"都凡"的"一声之转,皆是大数之名",进而把"提封"训为"通共"则大成问题。这只要把"提封"与上下文意结合起来分析就不难明白。《汉书·地理志》云:

> "凡郡国一百三,县邑千三百一十四,道三十二,侯国二百四十一。地东西九千三百二里,南北万三千三百六十八里。提封田一万万四千五百一十三万六千四百五顷,其一万万二百五十二万八千八百八十九顷,邑居道路,山川林泽,群不可垦;其三千二百二十九万九百四十七顷,可垦不可垦;定垦田八百二十七万五百三十六顷。"

这儿从县邑数、提封田数到非耕地、可耕地、定出的耕地都精确到个位数,显然,"提封田"数和其他土地数都是精确计算的结果,而不是什么"大数之名"。上引尹湾汉墓简牍记载的提封数以及"国邑居园田廿一万一千六百五十二"[3]等非耕地数也同样精确到个位,绝非偶然,而是由其统计方法所决定的。《汉书》卷六十五《东方朔传》云:

> "(汉武帝)乃使太中大夫吾丘寿王与待召能用算者二人,举籍阿城以南,盩至以东,宜春以西,提封顷亩及其贾直,欲除以为上林苑,属之南山。又召中尉、左右内史表属县草田,欲以尝鄠、杜之民。吾丘寿王奏事,上大说称善。"

从建元三年开始,汉武帝时常微服游猎,后感到不便,乃命吾丘寿王等人,把盩至以东、宜春以西、阿城以南,连同终南山的大片土地划为皇家禁苑,迁离其居民。该地土质优良,物产丰盛,亩价达一金之巨,自然要对所移之民予以经济补偿;故命吾丘寿王与长于数计的人"提封顷亩及其贾值",又命左右内使和中尉把属县境内的"草田"即可垦未垦之地报上以安置鄠、杜二县之民。东方朔曾以此举太过扰民而上书谏阻而未被采纳。从文意看,这儿的"举籍阿城以南……提封顷亩及其贾直"指划定上林苑范围、计算土地顷亩数和地价数。这是一个牵涉千家万户生计和国家财政开支的复杂工程,马虎不得,

---

〔1〕 田昌五:《解井田之谜》,《历史研究》,1985 年 3 期;《中国古代社会的土地问题》,氏著《中国古代社会发展史论》,齐鲁书社,1992 年。

〔2〕 王煦华:《战国西汉未曾实行"提封田"的田亩制度》,《历史研究》,1986 年第 4 期。

〔3〕《尹湾汉墓竹简》,第 78 页。

故要特别选择精于算学的人从事这件事情。颜师古谓“举籍，举计其数而为簿籍”；“提封，亦谓提举四封之内，总计其数也”。虽未得确诂，但在文意上还是通顺的。若谓“提封”是“都凡”的“一声之转，皆大数之名”则杆格不通。王念孙有见于此，把“举籍阿城以南……”和“提封顷亩及其贾直”并合释之，直接释“提封”为“大数”，谓“举籍其顷亩之大数及其贾直耳。若云举封顷亩，则尤为不词。且上言举籍，下不当复言举封，以此知诸说之皆非也”。从行文不难看出“举籍”和“提封”均为动词，“举籍”云云是根据簿籍划定上林苑范围，“提封”云云则是指计算耕地顷亩与价值数字，“顷亩及其贾直”系“提封”的宾词，而非“举籍”的宾词。王念孙之说显属牵强之词。

《汉书》卷九十九《王莽传》下云王莽欲修王氏宗庙：

> “乃下书曰：‘予遭阳九之阸，百六之会，府帑空虚，百姓匮乏，宗庙未修，且祫祭于明堂太庙，夙夜永念，非敢宁息。深惟吉昌莫良于今年，予乃卜波水之北，郎池之南，惟玉食。予又卜金水之南，明堂之西，亦惟玉食。予将亲筑焉。’于是遂营长安城南，提封百顷。九月甲申，莽立载行视，亲举筑三下……”

王莽是个复古狂，处处要以周礼为准，为建宗庙，左卜右占，亲自选定地点，划定范围，其建筑的长短宽窄，自然有其制度。这儿的“提封百顷”显然是指划定宗庙用地的边界，即划定百顷土地为王氏宗庙专用，而非什么“都凡百顷”，区区百顷之地也不存在什么“大数之名”的问题；从逻辑上说，无论是“都凡百顷”还是“通共百顷”都应指宗庙建成之后统计的占地总数，但王莽的“提封百顷”是在建庙之前划定的，“提封”借用作动词显而易见。

《汉书》卷八十一《匡衡传》云：

> “初，衡封僮之乐安乡，乡本田堤封三千一百顷，南以闽佰为界。初元元年，郡图误以闽佰为平陵佰。积十余岁，衡封临淮郡，遂封真平陵佰以为界，多四百顷。至建始元年，郡乃定国界，上计簿，更定图，言丞相府……明年治计时，衡问（赵）殷国界事……郡即复以四百顷付乐安国。衡遣从史之僮，收取所还田租谷千余石入衡家。”

乐安乡四至边界明确，共有土地三千一百顷，郡图标得明白；后误把平陵陌当作闽陌，把南部边界外移，增加了四百顷土地。匡衡受封乐安侯、食封六百户、食邑于乐安乡之后，故意将错就错，“封真平陵陌”为乐安乡南部边界，从而增加了四百顷封地，多占四百顷的田税收入。建始元年，临淮郡把订正过的郡图上计中央，呈报丞相府。按更定的地图，匡衡私占的田百顷土地就要退出。匡衡乃利用职权，迫使临淮郡继续使用旧郡图，继续把四百顷土地计为匡衡的食邑。后来此事被揭发，匡衡被以“专地盗土”的罪名免职。显然，这儿的“乡本田提封三千一百顷”之“封”是指乐安乡的边界，是指乐安乡边界以内的土地是三千一百顷，颜师古谓“提封，举其封界内之总数”，将提与封分训，虽然不准确，但强调封界内土地总数还是正确的，表示了西汉政区划分的严肃性，政区边界不得随意更动，绝不是什么“封凡声相近”而书凡为封。

《北史》卷七十一《隋宗室诸王传》载越王杨侗语云：

> “我大隋之有天下，于兹三十八载……东暨蟠木，西通细柳，前逾丹徼，后越幽都，日月之所临，风雨之所至，圆首方足，禀气食毛，莫不尽入提封，皆为臣妾……”

这儿的“提封”显然是名词，在这里代指疆域、版图，说明隋朝国土辽阔，当然这只是杨侗的夸饰之辞，这里不去管它；如果把“提封”解作“都凡”是无论如何也读不通的。《后汉书》卷四十上《班固传》载班固《西都赋》赞西京郑国渠、白渠的灌溉之利时云：“下有郑、白之沃，衣食之源，隄封五万，疆埸绮分，沟塍刻镂，原隰龙鳞，决渠降雨，荷臿成云，五谷垂颖，桑麻敷芬。”李贤注引《汉书音义》云：“隄封，谓积土为封限也。”李贤的取舍是有根据的，在唐人的理解中，“提封”就是疆界。

再者，如果“提封”是“都凡”的“一声之转，皆大数之名”，那么在汉代的统计用语中，表示数字总数的都应该使用“提封”二字才合词例。但是，细读史籍就不难发现：“提封”只和土地的统计数字相连，在表述其他统计数据总数时则用“凡”字表示而不用“提封”。如上举《汉书·地理志》在记述汉平帝元始年间郡国数和土地数时，分别云：“凡郡国一百三，县邑千三百一十四，道三十二，侯国二百四十一……提封田一万万四千五百一十三万六千四百五顷。”如果是“封、凡相通”，上书“凡郡国一百三”，下书“凡田”多少不是更简洁明白？尹湾汉墓二号木牍是东海郡吏员统计簿，在历数上至郡守、都尉，下迄县、邑吏员数字时，无一例外地均用“凡”字表示郡守、都尉、县、邑吏员总数，如东海郡太守府吏员“凡廿十七人”，都尉吏员“凡十二人”，海西县吏员“凡百七十人”，等等，总计四十三条，全郡“凡吏员二千二百二人”。一号木牍《集簿》有云“令七人、长十五人、相十八人、丞卌四人、尉卌三人、有秩卅人、斗食五百一人、佐使亭长千一百八十二人，凡千八百四人”等。而独独记载东海郡土地总数时云“提封五十一万九千二十二顷八十五亩……”[1]这正说明“提封”不是什么“都凡”的“一声之转，皆大数之名”，而是土地统计的专用本语。

要探明“提封”本意，要从提、封的字意说起。按《说文》：“提，挈也，从手是声。”即以手携物。封的本意是疆界，其初文通丰，甲骨文、金文均作，后作、诸例。[2]《说文》谓封为“爵诸侯之土”是其引申意，其本意则是疆界的标志物。《周礼·小司徒·封人》云：“封人，掌设王之社壝，为畿封而树之。凡封国，设其社畿之壝，封其四疆，造都邑之封者亦如之。”郑玄注：“谓坛及土眉埒

〔1〕《尹湾汉墓竹简》，第77—81页。

〔2〕容庚：《金文编》十三，二一七四，中华书局，1985年。

也。畿上有封，若今时界矣；不言稷者，社之细也。”郑注是符合封字本意的。青川秦牍所记秦武王二年（公元前309年）《更修为田律》云：

“……田广一步，袤八则为畛。亩二畛，一百（陌）道；百亩为顷，一千（阡）道，道广三步，封高四尺，大称其高；寽（埒）高尺，下厚二尺。以秋八月，修封（埒），正疆畔……”〔1〕

封埒是阡陌系统的一个组成部分，封是四尺高的土台，埒是联结封的一尺高的土埂，其作用是“正疆畔”。当然，起到田间疆畔作用的不仅仅是封埒这样的土台田埂，阡陌道路自然也有这一功能。云梦秦简《法律答问》云：

“盗徙封，赎耐。可（何）如为封？封即田千（阡）百（陌）。顷半（畔）封殹（也），且非是？而盗徙之，赎耐，可（何）重殹（也）？是，不重。”〔2〕

本来是封埒自封埒，阡陌自阡陌，但从作为田界的功能来说，二者相同，故明确规定：“田阡陌”和“顷畔封”都是封。降至汉朝亦然，在文献和出土文字中都有大量的关于阡陌的记载。《汉书》记载，王莽推行“王田制”，区博曾劝谏云：“井田虽圣王法，其废久矣。周道即衰而民不从。秦知顺民之心，可以获大利也，故灭庐井而置阡陌，遂王诸夏，迄今海内未厌其弊。”这秦“灭庐井而置阡陌”“迄今海内未厌其弊”正说明了汉代阡陌制度承秦而来，普遍存在，上举《匡衡传》的“闽佰”“平陵佰”亦是明证，它们都有“封”的功能，故郑玄云“畿上有封，若今时界矣”。这些时贤早有论述，此处不赘。〔3〕我们只要明白在汉代并不存在什么“封”“凡”声转的事实就行了，谓“提封”为“都凡”的“一声之转，皆大数之名”，只是王念孙的推测。按青川秦牍《更修为田律》和云梦秦简《法律答问》对封埒阡陌的规定，韦昭和《汉书音义》对“提封”的解释是对的，即“积土为封限也”。这是“提封”的本意。“积土为封限”要按规定进行，高低宽窄皆有定制，遂进而名词化，“提封”成为封界的专称，故而《算数书》有“置提封以此为之”之语，置为动词，提封为宾词；当名词动词化时，则引申为设立疆界，划定范围之意。王莽建宗庙“提封百顷”就是在选定的百顷土地四周“积土为封限”，禁止随便出入。

“提封”的真相即明，现在再来讨论“提封田”的问题。前已指出，田昌五先生曾认为“提封田是继井田制之后出现的一种田亩制度”，并进一步指出“提封田”是先秦时期井田制的“遗留形式……可以说是井田制的漫画”。田先生在这里所说的“田亩制度”实际上指的是土地计算方法。在田先生看来，“井田制有两层含义：一是用来计算大面积的封地，包括山泽邑居在内；二是用来进行赋敛，限于可耕地”。也就是说，作为“井田制的漫画”的提封田“是

〔1〕 四川省博物馆，青川县文化馆：《青川县出土秦更修田律木牍》，《文物》，1982年第1期。

〔2〕 睡虎地秦墓竹简整理小组：《睡虎地秦墓竹简》，文物出版社，1978年，第178页。

〔3〕 李解民：《“开阡陌”辨证》，《文史》十一辑，中华书局，1981年。

对土地面积的概算而非垦田,更不是实耕地"[1]。《汉书·地理志》谓"地东西九千三百二里,南北万三千三百六十八里,提封田一万万四千五十三万六千四百五顷"云云就是其方法的具体运用。

这种土地统计方法始行于战国,《汉书·食货志》云:"李悝为魏文侯作尽地力之教,以为地方百里,提封九万顷,除山泽邑居参分去一,为田六百万亩,治田勤谨则亩益三升(斗),不勤则损亦如之。地方百里之增减,辄为粟八十万石矣。"这是战国存在提封田法的明证,也是汉代提封田法的滥觞。以方百里为提封单位的基础是方里而井。《汉书·刑法志》揭示了井田法和提封田法的内在联系,谓西周"因井田而制军赋。地方一里为井,井十为通,通十为成,成方十里;成十为终,终十为同,同方百里;同十为封,封十为畿,畿方千里……一同百里,提封万井,除山川沈斥,城池邑居,园囿術路,三千六百井,定出赋六千四百井……一封三百一十六里,提封十万井,定出赋六万四千井"。关于井田制问题,古来聚讼纷纭,自然还可以讨论下去,这里不去多说;井田的不同形态及其与提封田的内在联系,田先生已有论证,这里也不予重复。本文只是指出,田先生认为"提封田"是一种"田亩制度",即土地计量方法,找出提封田与井田的关系,从提封田入手解决井田制问题,对我们是有启发意义的。上举青川秦牍、云梦秦简以及相关文献已说明了"积土为封限"即战国秦汉时代"提封"的本意,张家山汉简《算数书·里田》更明确了"提封"的功能,即置提封以方里为基本单位,明确了方里数,也就知道了土地数,尹湾简牍所记东海郡土地总数即由此而来。同理,在得出土地总数以后,仍按提封田法一一算出邑居道路、山川林泽等不可垦之地、可垦未垦之地,最后得出垦田的数量。《汉书·地理志》的土地总面积,"不可垦之地""可垦不可垦"之地就是这样计算出来的,精确到了个位数,最后"定"出垦田数;东海郡的土地总面积和"国邑居园田"面积亦然。至于汉武帝命吾丘寿王与"待召能用算者二人"划定上林苑,"提封顷亩",以及中尉、左右内史"表属县草田"自然也是这一方法。若按通行解释,释"提封"为"都凡"的"一声之转,皆大数之名",则难以对这些记载作出符合逻辑的解释。只是,田先生是在论述井田制时,仅仅将提封田法作为一种土地计量方法探讨其与井田制的内在联系的,没有对"提封"的本意作出系统的说明,指出王念孙、朱起凤诸氏解释之非,故引起人们怀疑,认为战国西汉不存在什么提封田的"田亩制度"。较以上述对相关文献和出土文字的分析,至此,我们可以得出结论:田先生之说是符合史实的,特别是《算数书·里田》的面世,更证明了田先生的正确。《算数书》出土于西

[1] 田昌五:《中国古代社会的土地问题》,氏著《中国古代社会发展史论》,齐鲁书社,1992年,第352—359页。

汉初期[1],其成书时代很可能是战国末期,最迟不晚于吕后时期,所述的"里田"之术及其他各种计算方法都是用于指导当时日常生产生活活动的,反映的是当时的客观情况,"置提封"以方里为单位,正透露出其与井田的关系。不过要指出的是,井田以百步为亩,一方里九百亩;"里田"是二百四十步为亩,一方里是三百七十五亩。

明白了提封田的真相,对各级政区如郡县乡里面积划分土地数量的意义也就可以有深一层的把握。政区大小以里数为准,里数确定,即确定了边界,要"置提封"为标志,禁止改动。《算数书·里田》所说的"置提封以此为之"的功能即在此。随着"提封"的设立,一个郡、一个县、一个乡的土地总面积,可垦之地、不可垦之地,也就清楚了。中央对郡、郡对县的考课即以此为依据,开垦荒地越多,政绩就越大,有奖;反之,政绩则少,要加以惩罚。这是上计时课殿最重要的依据。尹湾汉墓一号牍云:"提封五十一万二千九十二顷八十五亩……国邑居园田廿一万一千六百五十二□□十九万百二……卅五万九千六……种宿麦十万七千三百□十□顷,多前千九百廿顷八十二亩。""春种树六十五万六千七百九十四亩,多前四万六千三百廿亩。"[2]因简文模糊脱落,有些内容无法确晓,但衡以《汉书·地理志》,牍文所载土地数字分为四类无疑:提封田数(即土地总数),不可垦之数,可垦而未垦之数,已垦之数。在这里,值得我们注意的是"种宿麦……多前千九百廿顷八十二亩"和"春种树……多前四万六千三百廿亩"。特别注明"多前"字样就是为了表明本年度的政绩,但并不能因此就认为上计就是凭借"多前"的绝对数字来论殿最。因为上计之殿最是横向比较的,不单纯是纵向比较;各郡土地资源状况不同,不可垦、可垦而未垦、已垦之地的比例关系各不相同,岂可以与往年相比的绝对数字为据论殿最?如果这样,那些经济发达、人口稠密无荒地可垦的地区不是要一直论殿受罚了吗?事实当然不是如此,而是另有前提,这个前提就是看可用于开垦的土地,也就是《地理志》所说的可垦而未垦之地有多少,然后再看已垦地有多少,评定殿最时,既要看"多前"多少,还要看应该垦田多少。这样,上计才能起到奖勤罚懒的作用。这"可垦而未垦"之地自然也是用提封田法计算出来的。所以,我们绝不能认为提封田法仅仅用于计算土地总面积;其余不可垦之地、可垦而未垦之地也要用提封的办法计算。提封不仅仅是对"土地面积的概算"。

---

〔1〕 张家汉墓竹简整理小组:《江陵张家山汉简概述》,《文物》1985年第1期。

〔2〕《尹湾汉墓竹简》,第77—78页。

汉文帝十三年免除田税新证*

——兼论汉文帝经济政策

汉文帝在位期间曾三次下诏减免田租(税)。第一次是即位的第二年,诏曰:"农,天下之大本也,民所恃以生也,而民或不务本而事末,故生不遂,朕忧其然,故今兹亲率群臣农以劝之。其赐天下民今年田租之半。"第二次是十二年,诏曰:"道民之路,在于务本。朕亲率天下农,十年于今,而野不加辟,岁一不登,民有饥色,是从事焉尚寡,而吏未加务也。吾诏书数下,岁劝民种树,而功未兴,是吏奉吾诏不勤,而劝民不明也。且吾农民甚苦,而吏莫之省,将何以劝焉?其赐农民今年租税之半。"第三次是十三年六月,诏云:"农,天下之本,务莫大焉。今廑身从事,而有租税之赋,是谓本末者无以异也,其于劝农之道未备。其除田之租税。赐天下孤寡布帛絮各有数。"〔1〕文帝第一次、第二次都明确记载免除的是当年田租(田税)之半,而第三次发布的"其除田之租税"没有明确时间,是免除当年的"田之租税"还是此后的"田之租税"全部免除?对此,难以作出明确的判断。景帝元年五月下诏"令田半租"〔2〕,即减半收取田租,但是,这是减文帝十三年"其除田之租税"以前的税率之半还是减景帝即位时田租之半?对此,从文字表述上难以作出明确的判断。《汉书·食货志》综合叙述文、景时期田租变化过程,谓文帝接受晁错入粟拜爵以宽减民力的建议之后,"乃下诏赐民十二年租税之半。明年,遂除民田之租税。后十三岁,孝景二年,令民半出田租,三十而税一也"〔3〕。(按:《汉书·景帝纪》和《史记·景帝本纪》,表明景帝于即位当年令民"半出田租",《汉书·食货志》说的"后十三岁,孝景二年"当是"后十二岁,孝景元年"之误。)按照《食货志》的行文,仍然难以对文帝十三年"其除田之租税"表达的是免除当年田税还是免除此后农民的所有田税作出明确的判断。于是学界就有两种理解。第一种理解认为从文帝十三年开始农民田税全免,直到景帝即位减半征收田税,即由文帝时期的十五税一降为三十税一,汉代三十税一制度即始

---

* 原刊《中国农史》2011年第2期。

〔1〕《汉书》卷四《文帝纪》,中华书局,1962年(下同),第118、124、125页。

〔2〕《汉书》卷五《景帝纪》,第140页。

〔3〕《汉书》卷二十四上《食货志上》,第1134页。

于此。这是20世纪80年代以前的普遍看法。第二种意见认为,汉文帝十三年“其除田之租税”免除的仅仅是当年的田税,此后继续征收,税率依然是十五分之一;景帝即位,“令田半租”,是相对于文帝驾崩时的十五税一制度而言的。[1]目前学界,或持新说,或持旧说[2],而以持新说者居多。这个问题,不仅关系到对文帝税制变革真相的把握,也关系到对西汉前期农业、工商业政策和经济结构的把握以及对汉文帝经济政策的理解。本文在前人研究的基础上,结合新出文献,从文帝时代经济政策和经济结构变迁的层面,对此再作探讨。

一

笔者认为,传统理解是对的,汉文帝确实免除了从十三年到后元七年总计十二年的农民的田税,景帝于即位的当年按照三十税一的标准重新征收田税。下文先就现代学者的质疑作出解释,然后从汉文帝时期经济政策和经济发展的层面说明文帝免除农民田税的基础。

否定文帝免除农民十二年田税的依据主要有两点。一是按照两汉书的词例,凡永久性免除租赋徭役者要注明“世世复”或“终身复”;免除农民赋税徭役若干年者则注明具体数字,如免除三年、五年都注明“复三年”“复五年”等;凡没注明具体年数者通常是指免除当年的赋税徭役。[3]二是田税是汉代政府主要税目,是财政收入的主要来源,是政府运作的财政基础,十二年农民田税全部免除以后,国家依靠什么支持财政运转?因而不可能长期免除田税。

先谈复除赋税徭役年数的理解问题。细检两汉书,第一点的反对理由确实有一定的事实依据,两汉书中确实存在着免除当年赋役而不注明具体年数的记

〔1〕 据笔者所见,最早明确表述这一看法的是高敏先生。高敏先生认为《史记》《汉书》只记载景帝元年“除田半租”,“既未云复,而有除田半租之事,可见文帝仅除去十三年之田租而已”,见氏著《秦汉史论文集·秦汉赋税制度考释》,中州书画社,1982年,第61页。首先对传统理解展开否定性论证的是黄今言先生,见氏著《汉代田税征课中若干问题的考察》,《中国史研究》,1981年第2期;《秦汉赋役制度研究》,江西人民出版社,1988年,第61—72页。彭雨新赞同高敏先生、黄今言先生观点,见氏著《关于汉文帝免田租十三年的历史传说》,刊《江汉论坛》,1983年第3期。于琨奇认为景帝元年五月诏令“令田半租”已经“足证文帝时还是有田租的,且根据文帝时诏文所令减免均为当年田租的通例,文帝十三年‘除田之租税’必限于当年无疑”,见氏著《秦汉小农与小农经济》,黄山书社,1991年,第71页。对这一观点进行进一步论证的以柳春繁先生《秦汉的赋税徭役制度》一文为代表,见氏著《秦汉魏晋经济制度研究》,黑龙江人民出版社,1993年。另有张景贤《汉文帝十二年不收田租说质疑》也强调这一看法,刊《历史教学》,1996年第10期。

〔2〕 主张传统看法、对汉文帝免除农民十余年田租者进行系统论证的有罗镇岳先生《也谈汉代田税征课中的若干问题——兼与黄今言先生商榷》,《中国史研究》,1982年第3期;施伟青《“文帝十余年不收田租辨”——兼与黄今言同志商榷》,《中国社会经济史研究》,1982年第3期。

〔3〕 对此展开系统论证的是黄今言先生,见氏著《汉代田税征课中若干问题的考察》,《中国史研究》,1981年第2期。

载[1],但并不能据此得出结论说未注明具体年数者都是免除当年赋役。因为按两汉书词例,属于制度性变革者大都不注明具体年数,表明从诏令发布之日开始,某项制度开始实施或者改变。赋税徭役制度也是如此。减免田税时,注明具体年数或地区者是指减免该年或者该地区田税,都属于临时举措,否则,即不属于临时举措。尽管也有临时性减免而没有注明具体年数的,但少而又少。所以,我们绝不能把没有明确记载具体年数的减免赋税徭役的诏令都理解为只减免当年一年的临时举措。对此,我们无须一一举证辨析,只要审视一下文帝四年夏五月"复诸刘有属籍家无所与"[2]和景帝即位"令民半出田租"两道诏令就够了。文帝四年"复诸刘有属籍家无所与",是赐给刘氏宗室的永久性特权,确立了宗室成员复除徭役的制度。至于景帝"令民半出田租",更不能因为没有说明具体年数,论定三十税一的制度仅仅推行于景帝元年这一年,因为从这一年开始实行三十税一制,终两汉之世没有改变,这是古今公认的事实。[3]此其一。

其二,文帝十五年九月诏举贤良对策,晁错在对策中列举文帝惠政云:"今陛下配天象地,覆露万民,绝秦之迹,除其乱法;躬亲本事,废去淫末;除苛解娆,宽大爱人;肉刑不用,罪人亡(无)孥;诽谤不治,铸钱者除;通关去塞,不孽诸侯;宾礼长老,爱恤少孤;罪人有期,后宫出嫁;尊赐孝悌,农民不租;明诏军师,爱士大夫……所为天下兴利除害,变法易故,以安海内者,大功数十……"[4]晁错所言诸事,属于制度性变革者,都有明确年代:"罪人亡(无)孥",即废除连坐制度,在文帝元年十二月[5];"诽谤不治"在文帝二年二月[6];"铸钱者除",即废除禁止私人铸造钱币的禁令,在五年四月[7];"通关去塞",即废除检查出入关塞者身

---

〔1〕 黄今言:《汉代田税征课中若干问题的考察》,《中国史研究》,1981年第2期。

〔2〕《汉书》卷四《文帝纪》,第120页。

〔3〕 对于两汉书所载复除田税年数的理解,针对黄今言先生的意见,罗镇岳、施伟青二位先生已经给予了否定性的分析。本文为了论证的完整性,而简要论证于此,为避免重复,详细资料举证请参见罗镇岳《也谈汉代田税征课中的若干问题——兼与黄今言先生商榷》,《中国史研究》,1982年第3期;施伟青《"文帝十余年不收田租辨"——兼与黄今言同志商榷》,《中国社会经济史研究》,1982年第3期。下文有的内容罗、施二位先生已经论及,出于逻辑完整的需要,本文在罗、施基础上再予论证。为了行文简洁,不再一一注出;为避掠美之嫌,特此说明,请有心者比较拙文和罗、施二文的异同。

〔4〕《汉书》卷四十九《袁盎晁错传》,第2296—2297页。

〔5〕《史记》卷十《孝文本纪》,十二月,"上曰:'法者,治之正也,所以禁暴而率善人也。今犯法已论,而使毋罪之父母妻子同产坐之,及为收帑,朕甚不取。其议之。'……除收帑诸相坐律令"。中华书局,1959年(下同),第418—419页。又见《汉书》卷四《文帝纪》。

〔6〕《史记》卷十《孝文本纪》文帝诏云:"古天下,朝有进善之旌,诽谤之木,所以通治道而来谏者。今法有诽谤妖言之罪,是使众臣不敢尽情,而上无由闻过失也。将何以来远方之贤良?其除之。民或祝诅上以相约结而后相谩,吏以为大逆,其有他言,而吏又以为诽谤。此细民之愚无知抵死,朕甚不取。自今以来,有犯此者勿听治。"第423—424页。又见《汉书》卷四《文帝纪》,第118页。

〔7〕《汉书》卷四《文帝纪》:五年"夏四月,除盗铸钱令,更造四铢钱",第121页。

份及其携带物品的制度，在十二年三月[1]；“肉刑不用”，即废除肉刑，在十三年夏[2]。这些都是除旧布新的制度性变革，并非恩赐性质的临时举措。如“通关去塞”，也就是“除关无用传”，直到景帝四年才“复置诸关用传出入”[3]，从文帝十二年三月到景帝四年总计十七年，都是自由出入关塞，不需检查证件。景帝四年，因为七国之乱刚平，出于安全考虑，才“复置诸关用传出入”。文帝十三年肉刑废除以后，终两汉之世没有恢复。文帝五年“除盗铸钱令，更造四铢钱”以后一致允许民间铸造货币，直到武帝时才收归官府统一铸造。所以，我们有理由相信，晁错说的“农民不租”作为文帝惠政之一，和“盗钱者除”“诽谤不治”“通关去塞”“肉刑不用”等一样，都属于制度性变革，都是指废除相关律令，“农民不租”不是指免除文帝十三年一年田租，而是农民从文帝十三年开始一直免除田租。

其实，文帝十三年“除民之租税”是制度性变革而非临时优抚的举措，在文献上是有明确记载的。《史记·汉兴以来将相名臣年表》记其事为“除肉刑及田租税律戍卒令”。“除肉刑”即用徒刑、笞刑等代替原来的黥、劓、斩左趾、斩右趾等刑罚；除“田租税律”就是文帝诏令所说的“除田之租税”；除“戍卒令”则是废止适龄男子戍边一岁的律令。

以往，因为资料的限制，人们难以对《史记·汉兴以来将相名臣年表》的“除肉刑及田租税律戍卒令”中的“田租税律”作出明确的解释，随着云梦秦律、张家山汉简《二年律令》的面世，人们对此可以有明确的了解。云梦秦律有《田律》专章，规定了农民受田、刍稿征缴、田亩面积测量、沟洫整治、山林使用等事宜，对征收刍、稾(稿)的规定是：“入顷刍稿，以其受田之数，无垦不垦，顷入刍三石、稿二石。”[4]曾有学者援引这条律文说明汉文帝“除田之租税”就是废除“田租税律”，但毕竟是以秦证汉的逻辑推定[5]，缺少汉律的直接证明，没有引起学界的应有重视。张家山汉简《二年律令》的面世则提供了直接

---

〔1〕《汉书》卷四《文帝纪》：十二年三月“除关无用传”，第123页。张家山汉简《二年律令·津关令》面世后，我们可以了解此前出入关塞人员的证件、物品检查情况，详见张家山二四七号汉墓竹简整理小组：《张家山汉墓竹简(二四七号墓)》(释文修订本)，文物出版社，2006年(下同)，第83—88页。对《津关令》的研究参见李均明：《汉简所反映的关津制度》，《历史研究》，2002年第3期。

〔2〕《史记》卷十《孝文本纪》十三年文帝诏云：“盖闻有虞氏之时，画衣冠异章服以为僇而民不犯。何则？至治也。今法有肉刑三，而奸不止，其咎安在？非乃朕德薄而教不明欤？吾甚自愧。故夫驯道不纯而愚民陷焉。《诗》曰‘恺悌君子，民之父母’。今人有过，教未施而刑加焉，或欲改行为善而道毋由也。朕甚怜之。夫刑至断支体，刻肌肤，终身不息，何其楚痛而不德也，岂称为民父母之意哉。其除肉刑。”第427—428页。详见《汉书》卷二十三《刑法志》。

〔3〕《汉书》卷五《景帝纪》：“四年春，复置诸关用传出入。”颜师古注引应劭云：“文帝十二年除关无用传，至此复用传，以七国新反，备非常。”第134页。

〔4〕睡虎地秦墓竹简整理小组：《睡虎地秦墓竹简》，文物出版社，1978年(下同)，第27—28页。

〔5〕罗镇岳：《也谈汉代田税征课中的若干问题——兼与黄今言先生商榷》，《中国史研究》，1982年第3期。

的证据。《二年律令·田律》关于农民受田、刍稿征缴、田亩面积测量、沟洫整治、山林使用等事项的规定在具体细节上虽然较秦律有改变,但基本制度完全一致,而较秦律丰富得多,对征收刍稿也有专门的规定,张家山汉简《田律》云:“入顷刍稿,顷入刍三石;上郡地恶,顷入二石,稿皆二石。令各入其岁所有,毋入陈,不从令者罚黄金四两。”[1]刍、稿是庄稼茎、叶,征收用作牲畜饲料,是田税的构成部分,《田律》规定了刍、稿的征收方式和数量,自然也有谷物征收的相关规定。这一点我们可以从云梦秦律《田律》的相关规定获得间接的说明,秦律《田律》规定“禾、刍、稾(稿)徹(撤)木、荐,辄上石数县廷”[2]。这条律文是关于禾、刍、稿储藏使用木料和草垫的规定,撤掉覆盖在禾、刍、稿上面的木材和垫在下面的草垫以后,要及时向县廷报告谷物、刍、稿的数量。律文将禾、刍、稿并举,从一个方面说明禾、刍、稿都是田租(税)的组成部分。张家山汉律《田律》承秦而来,完全可以推定汉初田税同样由禾、刍、稿三种实物形态构成。所以,我们可以得出结论:司马迁说的汉文帝所除之“田租税律”就是张家山汉简《田律》中的征收田税的规定,直到景帝元年恢复征收田租(税),其数量减半,三十税一,终两汉之世没有改变。

同理可证,司马迁所说的除“戍卒令”就是除戍边法令。按云梦睡虎地秦律有《戍律》,是征发戍卒徭役的法律,服役期限是一年。[3]刘邦时代,为医治战争创伤,汉匈和亲,边事缓解,停止了由秦律延续而来的戍边一年的制度。吕后时匈奴威胁加剧,为加强边防,吕后五年“令戍卒岁更”[4],即恢复戍卒按年轮换的制度。文帝采纳晁错募民实边的建议,以代替戍卒轮代的制度,在免除农民田税的同时一并废除了适龄男子戍边一年的制度,所谓除“戍卒令”就是指废除吕后五年开始实行的“令戍卒岁更”的法令。

二

现在从经济政策层面讨论文帝免除田税以后财政收入的问题。众所周知,在封建社会里,农业是最主要的生产部门,土地是最主要的生产资料,田税是国家最主要的税种,是国家最主要的财政来源。汉文帝免除农民十余年的田税,这十余年国家财政依靠什么?这是人们怀疑汉文帝长期免除田税的

---

〔1〕张家山二四七号汉墓竹简整理小组:《张家山汉墓竹简(二四七号墓)》(释文修订本),文物出版社,2006年,第41页。

〔2〕《睡虎地秦墓竹简》,第28页。

〔3〕云梦秦律《戍律》规定:“戍者城及补城,令姑(嫴)堵一岁。”(《睡虎地秦墓竹简》,第148页。)之所以“令姑(嫴)堵一岁”,即保证使用一年不坍塌,就是因为戍卒戍守以一年为期,一年期满返乡(当然,一年期满返乡是指法定的正常状态,如有战争或者其他情况就不一定了),一年以后是后继戍卒的事情。

〔4〕《史记》卷二十二《汉兴以来将相名臣年表》,第98页。

逻辑前提。[1]诚然,从逻辑上判断,这个怀疑是有道理的。但是,当我们深入到文帝时代经济政策和经济发展的特点时,我们就会发现,这个担心脱离了当时的实际。因为,汉文帝固然重视农业,高举“重农”的大旗,反复强调农业的重要性,尽可能地减轻农民负担,率领百官亲耕藉田以作为天下表率,这一点曾为历代学者包括现代学者所盛赞。但汉文帝时代又是西汉私营工商业高歌猛进的黄金时代。然而,私营工商业的高歌猛进不仅仅是黄老政治之下“无为而治”的结果,也是文帝调整制度以发展经济的结果。也就是说,汉文帝固然重农,但“重农”并不等于“抑商”,汉文帝在主观上并没有“抑商”的自觉。汉文帝之免除田税,目的是减轻农民负担、避免农民破产以稳定社会,而私营工商业的发展所带来的经济繁荣同样是文帝所希望的,私营工商业发展所带来的税收同样能丰裕国库,弥补因免除田税所导致的财政收入的不足。对此,我们只要对文帝即位前工商政策特别是货币制度的变迁略加分析就不难明白。

众所周知,刘邦立国,曾延续秦朝抑制私营工商业势力以稳定地方秩序的政策,“令贾人不得衣丝乘车,重税租以困辱之。孝惠、高后时,复弛商贾之律,然市井子孙亦不得为官吏”[2]。应该说,惠帝、高后时代虽然“复弛商贾之律”,“市井子孙”虽然“不得为官吏”,但“贾人”可以衣丝乘车则是事实,市井子孙的租税负担也可能有所减轻。但是,在经济上,私营工商业者的牟利空间还是要受到相当的挤压,其表现就是货币铸造权国有化,私营工商业主不能继续铸造货币以直接牟利。刘邦曾“以为秦钱重难用,更令民铸荚钱”[3],允许民间铸钱,得利的自然是工商业主,后来刘邦虽然“重租税以困辱之”,但私人仍然可以合法地铸造货币。而这一制度在吕后时发生改变。

吕后二年和六年曾两次改革币制,分别“行八铢钱”和“行五分钱”[4]。以往因资料限制,人们对这两次币制变革的具体内容知之甚少,张家山汉简《二年律令》为我们提供了丰富的内容。根据张家山汉简《二年律令·钱律》,吕后的两次币制变动涉及的不仅是货币重量变更这一问题,更重要的是确定国家垄断铸币权。《二年律令·钱律》云:

> “钱径十分寸八以上,虽缺铄,文章颇可智(知),而非殊折及铅钱也,皆为行钱。金不青赤者,为行金。敢择不取行钱、金者,罚金四两。”
>
> “故毁销行钱以为铜、它物者,坐臧(赃)为盗。”

---

〔1〕 详见黄今言先生:《秦汉赋役制度研究》,江西人民出版社,1988年,第61—72页;柳春繁先生:《秦汉魏晋经济制度研究》,黑龙江人民出版社,1993年,第161页。

〔2〕《汉书》卷二十四下《食货志》下,第1153页。

〔3〕《汉书》卷二十四下《食货志》下,第1152页。

〔4〕《汉书》卷三《高后纪》,第97、99页。

“为伪金者，黥为城旦舂。”

“盗铸钱及佐者，弃世。同居不告，赎耐。正典、田典、伍人不告，罚金四两。或颇告，皆相除。尉、尉史、乡部、官啬夫、士吏、部主者弗得，罚金四两。”

“智(知)人盗铸钱，为买铜、炭及为行其新钱，若为通之，与同罪。”

“捕盗铸钱及佐者死罪一人，予爵一级。其欲以免除罪人者，许之。捕一人，免除死罪一人，若城旦舂、鬼薪、白粲二人，隶臣妾、收人、司空三人以为庶人。其当刑未报者，勿刑。有(又)复告者一人身，毋有所与。诇告吏，吏捕得之，赏如律。”

“盗铸钱及佐者，智(知)人盗铸钱，为买铜、炭，及为行其新钱，若为通之，而能颇相捕，若先自告、告其与，吏捕，颇得之，除捕者罪。”

“诸谋盗铸钱，颇有其器具未铸者，皆黥以为城旦舂。智(知)为买铸钱具者，与同罪。”〔1〕

这是吕后二年颁布的《钱律》，不一定是律文的全部，但关于货币种类、质量、铸造、流通的规定已经十分详细。根据整理者的注释，“十分寸八”即十分之八寸，也就是八分，“钱径十分寸八”就是吕后发行的八分钱。根据上举律文，吕后二年《钱律》的基本内容有：确定铜钱和黄金的质量标准和法币地位，将铜钱的重量由刘邦时代的三铢改为八铢，再次明确二者都是主币，不得选择黄金而拒绝使用铜钱；打击制造“伪金”和毁钱为器的行为，保护黄金和铜钱的货币价值和功能；由国家铸造货币，严厉打击盗铸行为，盗铸及其协助人员、使用盗铸钱币者、家人知情不举者、同伍以及基层相关小吏不检举者、县乡负责官吏没有及时抓捕者、盗铸未遂者，按照情节轻重和责任，都要受到法律的处罚；对检举、追捕盗铸及其同谋的有功人员赐予爵位，终身免除举报人的徭役义务；盗铸者或者协助盗铸者自首或者协助抓捕其他案犯，免除自身责任。

《史记·平准书》谓刘邦开放铸钱，让民间铸榆荚钱以后，“不轨逐利之民，蓄积余业以稽市物，物踊腾粜，米至石万钱，马一匹则百金”。一句话，是钱多轻滥，物价上涨，刺激了工商业主操纵市场的投机行为，给工商业主提供了发家致富的机会。明乎此，我们不难明白，吕后颁布新《钱律》，禁止私铸，对当时的经济形势的影响是冲击性的。原来的荚钱在法律上成为非法，不能继续流通，工商业主手中的荚钱也就失去其货币功能；因为禁止私铸，想铸轻为重也不可能，盗铸钱币要冒被“弃市”的危险。所以，吕后《钱律》必然受到工商业主的反对和抵制。

〔1〕《张家山汉墓竹简(二四七号墓)》(释文修订本)，第35—36页。

不过，就当时的政治形势而言，吕后《钱律》的施行范围和效果是有限的，这不仅是因为工商业主的抵制，更决定于当时的政治形势。在当时的分封制度下，诸侯王国和朝廷是“国与国”的关系，诸侯王拥有治国全权，为了壮大国力，莫不自行其是。[1]在这个政治格局之下，禁止铸钱的施行范围不过局限于中央直辖郡县而已，诸侯王自行铸币，中央是奈何不得的。那些在中央直辖郡县受到打击、无法铸钱以牟利或者因为铸钱而犯法者自然地逃往诸侯王国，尽管中央严厉禁止朝廷的人口、财产流入诸侯王国，但是在客观上无法控制诸侯王国力量的迅速壮大。也就是说，吕后颁布的《钱律》虽然有利于国家对社会秩序的控制，打击了朝廷所辖郡县私营工商业的势力，但在客观上则有利于诸侯王国私营工商业的活跃。吕后六年，改八分钱为五分钱，改重为轻以增加货币发行量，希望刺激工商业，但是铸造权依然由官府控制，其效果是有限的。

因此之故，文帝即位，针对吕后时代的经济方针，在亲耕藉田、减民田租以奖励农耕的同时，着手调整工商政策，以满足工商业者的愿望，同时改变朝廷与诸侯王国经济竞争中的不利形势。这就是弛山泽之禁和开放铸币权，从而为免除田税提供了财政保障。

三

众所周知，文帝厉行节俭，“宫室苑囿车骑服御无所增益，有不便，辄弛以利民”[2]。然而，“弛以利民”之“民”是农民还是其他人？是泛指还是专指？从中受益的是农民还是达官显贵、私营工商主？对于这些，以往都没有深究，总是从文帝重农的既定前提出发，认为“弛以利民”以后受益的是农民。事实怕未必如此。“苑囿”是皇家园林，是皇室重臣骑射游猎之所，圈养的是飞禽走兽，种植的是奇花异木，其中固然有适宜农耕之地，而更多的是经济作物以及渔牧资源，了解“苑囿”的怕不是普通农民，而是达官显贵以及与之往来密切的工商富户，普通农民是无法从所弛“苑囿”中获得实际利益的，从中获利的只能是达官显贵、工商富户。当然，弛苑囿以利民只是象征性的，实际从中获利之民，无论是官僚、工商业主还是农民，数量都有限，对于社会经济发展都不会产生多大直接影响。但是，这个象征的意义是巨大的：它标志着国家放松了对山川林泽的控制，皇家苑囿已经“有不便，辄弛以利民”，那些地方官府所控制的山川林泽还有什么不能“弛以利民”的？面对解禁的山川林泽，普通农民固然可以获利，但拥有技术、资金和人力优势的工商业主从中则大获

〔1〕 关于西汉前期中央和诸侯王国的关系，参阅拙作《张家山汉简所见汉初中央与王国关系新探》，《陕西历史博物馆馆刊》第10辑，陕西人民出版社，2003年。

〔2〕《汉书》卷四《文帝纪》，第134页。

其利,官僚们也利用手中权力近水楼台先得月地将这些山川林泽中的经济资源变成私人财富,或渔,或牧,或开矿,或煮盐,或种植,等等,因地制宜,各显身手以致富。司马迁所说的“海内为一,开关梁,弛山泽之禁,是以富商大贾周流天下,交易之物莫不通,得其所欲”〔1〕到这时才真正有了制度性的保障和实质性的内容,私人可以有较大自由使用山川林泽,从事各种商品生产,加入商品经济大合唱的队伍中来。

因为“弛山泽之禁”导致经济发展多样化,私营工商业发展迅速,社会上对货币需求量大,针对吕后时期国家垄断铸钱制度导致的私营工商业者的不满,文帝改变货币制度。“孝文五年,为钱益多而轻,乃更铸四铢钱,其文为半两。除盗铸钱令,使民放铸。”〔2〕从理论上说,金属货币是称量货币,其交换价值决定于其实际质量,但是在流通过程中,作为一般等价物,其价值和价格是分离的,人们是按照铜钱的面值计算价格的,因而盗铸的铜钱重量要小于文重才能使利益最大化,无论是刘邦时代私人合法铸钱,还是吕后时代私人非法铸钱,铜钱的实际重量都小于文重,这才导致文帝初年的“钱益多而轻”。文帝为了刺激经济,改变朝廷和诸侯王国经济竞争中的不利形势,面对盗铸泛滥的客观形势,与其禁而不止,不如因势利导,允许私人铸币,遂“除盗铸钱令,使民放铸”,将私人铸币合法化。值得注意的是,文帝铸钱的文重仍然大于实际重量一倍,这就给那些富商大贾留下了巨大的利润空间,铸钱成为致富的捷径,不仅富商大贾趋之若鹜,一般农民在可能的条件下也千方百计地加入到采铜和铸币的队伍之中。贾谊在给文帝的奏疏中指出:

> “今农事弃捐而采铜者日蕃,释其耒耨,冶镕炊炭,奸钱日多,五谷不为多,善人怵而为奸邪,愿民陷而之刑戮,刑戮将甚不详,奈何而忽。国知患此,吏议必曰禁之。禁之不得其术,其伤必大。令禁铸钱,则钱必重;重则其利深,盗铸如云而起,弃市之罪又不足以禁矣。奸数不胜而法禁数溃,铜使之然也。故铜布于天下,其为祸博矣。”〔3〕

汉文帝放手让私人铸钱,但对铜钱的质量是有统一要求的。掺杂使假、以次充好是要被绳之以法的。但是,为了利益,人们普遍地掺杂使假、以次充好。严格执法,则受刑者太众;置若罔闻,则法律失去权威。贾谊提出的根本办法,是禁止私人开采铜矿,禁止铜在社会上流通,铜的开采、流通由国家垄断。这样做对国家有七大好处。贾谊云:

> “上收铜勿令布,则民不铸钱,黥罪不积,一矣。伪钱不蕃,民不相疑,二矣。采铜铸作者反于耕田,三矣。铜毕归于上,上挟铜积以御轻

〔1〕《史记》卷一二九《货殖列传》,第3261页。
〔2〕《汉书》卷二十四下《食货志下》,第1153页。
〔3〕《汉书》卷二十四下《食货志下》,第1155页。

重，钱轻则以术敛之，重则以术散之，货物必平，四矣。以作兵器，以假贵臣，多少有制，用别贵践，五矣。以临万货，以调盈虚，以收奇羡，则官富实而末民困，六矣。制吾弃财，以与匈奴逐争其民，则敌必怀，七矣。”〔1〕

国家垄断铜的开采和流通以后，是否就能实现贾谊所设想的效果，这里不去讨论。这里要指出的是贾谊在这个奏疏中所透露的“农事弃捐而采铜者日蕃，释其耒耨，冶镕炊炭”的一般情况。当然，“富商大贾周流天下，交易之物莫不通，得其所欲”在这个时候还要受到限制，因为从张家山汉简《津关令》看，吕后以来严厉禁止关中的金、铜等贵重金属和马匹流往诸侯王国，当然不存在“交易之物莫不通，得其所欲”的问题。尽管文帝即位以后，朝廷和诸侯王国的敌对关系迅速缓和，津关禁令有所松弛，但是，直到文帝十二年才“除关无用传”，彻底解除对人员、物资流通的限制。“除关无用传”，正从物资流通的层面给我们诠释了文帝时代的工商政策。

“农事弃捐而采铜者日蕃”是“弛山泽之禁”的结果，但“弛山泽之禁”的结果绝不仅仅是“农事弃捐而采铜者日蕃”，而是各种矿冶业和其他手工业以及其他商品生产的全面发展，司马迁在《货殖列传》中所描绘的西汉前期经济繁荣的景象就是从“弛山泽之禁”开始的。贾谊仅仅看到了“弛山泽之禁”所带来的“农事弃捐而采铜者日蕃”的景象，没有看到“弛山泽之禁”所带来的经济复苏和发展的结果，而主张“上收铜勿令布”，实际上主张严格山林池泽之禁，和文帝发展经济的初衷是背道而驰的；而在当时的政治格局之下，诸侯王国自行其是，即使能够做到“上收铜勿令布”，也仅仅局限于中央直辖郡县，结果必然使朝廷直辖郡县丧失其经济发展的活力，更加有利于诸侯王国势力的壮大，当然不会为文帝所采纳。

文帝“弛山泽之禁”当然不仅仅是为推动经济复苏和发展，还有着更深一层意义，那就是“弛山泽之禁”以后，国家财政收入同样增加。因为无论是采铜，还是开采其他矿业资源，抑或从事经济作物种植、林木开发、畜牧业、煮盐业等，都要征之以税，山川林泽开放了，国家税收也就增多了。所谓“山川园池市井租税之物，自天子以至于封君汤沐邑，皆各自为私奉养焉，不领于天下之经费”，说明了“山川园池市井租税之物”的财政意义。张家山汉简《二年律令·金布律》云：

“诸私为卤盐，煮济、汉，及有私盐井煮者，税之，县官取一，主取五。采银租之，县官给橐，□十三斗为一石，□石县官税□□三斤。其□也，牢橐，石三钱。租其出金，税二钱。租卖穴者，十钱税一。采铁者五税一；其鼓销以为成器，有（又）五税一。采铅者十税一。采金者租之，人日

〔1〕《汉书》卷二十四下《食货志下》，第1156页。

十五分铢二。民私采丹者租之，男子月六斤九两，女子四斤六两。”〔1〕这是吕后二年之前颁布实行的对私营煮盐、采银、冶铁、采铅、采金等矿冶业的税收规定，因为简文漫漶和简略，个别词句的含义尚不清楚，但主要内容是清楚的。其时租、税不分，作为动词使用的租和税都是收取的意思，律文“……及有私盐井煮者，税之……采银租之”之“税之”“租之”都是指收税而言。律文规定了四大产业的收税方式和标准。一是对盐业主的税收规定，分三种情况：经营卤盐即海盐、井盐和在济水、汉水流域煮盐者，都是“县官取一，主取五”。这儿的“县官”是国家的代称，“主取五”之“主”当是盐田或盐井的所有权人。盐田或盐井的拥有者不直接经营煮盐业，将其租给他人经营，官府明令经营者将产值的五分之一交给国家、十分之五交给矿主。二是对采银业主的税收，分三种情况：使用官府提供的橐和自备橐者，分别按产值交纳不同比例的税收，用官橐者比例大，自备橐者比例小（因为简文残缺，不知道具体的税收数量，但其含义还是能够推知的）；若将银矿出租或者出卖则“十钱税一”。律文有“租其出金，税二钱”所指不明，详情待考。三是对冶铁采铅业的规定。只从事冶铁不从事铁器加工者收五分之一的税，若冶铁兼营铁器制造业，再征收五分之一的累进税；向采铅业主收十分之一的税收。四是对采金和采丹业的规定，因为黄金和丹砂系贵重矿产，故采用按人征收定额税制：采金者按人按天计算，每天每人收黄金“十五分铢二”即十五铢二分；采丹则按人按月收取，男子每月六斤九两，女子每月四斤六两。

出土律文，断简残编，并不是汉初法律的全部，汉初煮盐业、矿冶业的经营和税收方式是否只有这几种，不得而知，但是，仅从上举律文看，当时的煮盐、矿冶的经营和税收方式已经很复杂，说明了该产业已经很发达，对煮盐、矿冶的管理已经很成熟。而这还都是吕后时期的规定。汉文帝即位，进一步放开对山川林泽的限制，允许私人铸造钱币，商品经济进一步发展，工商税包括矿业税自然增加。文帝十二年，取消关梁之禁以后，中央郡县和诸侯王国的物资自由流通，进一步刺激山川林泽资源的开发，工商税的收入进一步增多，尽管因为史料的限制，我们难以对工商税作出定量分析以明其在财政收入中比重的变动，但是随着工商业的发展，工商税的数量在不断增加是可以肯定的。

正是具备了这一前提，汉文帝才下令免除农民的田税。免除农民田税，农业税收是减少了，但是，工商税收的增加弥补了这一缺口，并不会像人们担心的那样会影响国家财政运转。明乎此，以往的担心可以释然了。

〔1〕《张家山汉墓竹简（二四七号）》（释文修订本），第68页。

刘秀"度田"新探*

东汉建武十五年,刘秀下令"度田",第二年引发了由兵长大姓发动的遍及各地的武装骚乱。目前的有关论著及教材,都一致认为刘秀的"度田"措施因兵长大姓的反对而不了了之,是一次彻底失败的行动。有的史家则认为从此之后,东汉政府完全放弃了度田,不敢再检查户口土地了。[1]笔者以为,这些结论过于草率,是从东汉政权代表豪强地主利益这一既定前提出发所作的逻辑推论,不是深入分析史实的结果,是有违历史实际的;事实上,刘秀的"度田令"是严格执行的,不仅有效地整顿了经济秩序,而且消除了社会不安定因素,肃清了军阀割据的残余势力,稳定了东汉初年的政局,同时部分地解决了西汉因田税征收方式的不合理所造成的农民田税负担过重的问题,其意义是重大的,必须重新探讨。

一

先谈度田事件的经过。《后汉书·光武帝纪》云建武十五年秋"诏下州郡检核顷亩及户口年纪,又考实二千石长吏阿枉不平者"。十六年秋九月,"河南尹张伋及诸郡守十余人,坐度田不实皆下狱死"。关于"度田不实"这一问题,李贤注引《东观汉记》云:"刺使太守多为诈巧,不务实核,苟以度田为名,聚人田中,并度庐屋里落,聚人遮道啼呼。"《后汉书·刘隆传》记载得最为详细,其文云:

---

* 原刊《苏州大学学报》(哲学社会科学版)1997 年第 2 期。

〔1〕 这个观点最早是由范文澜先生提出来的,认为"在解决土地问题上,汉光武帝完全失败了","从此以后,东汉朝廷向豪强势力完全屈服,不再检查垦田与户口的实数"。见范著《中国通史》第二卷 178 页,人民出版社 1979 年。此后的各种通史、专史著作均持此说,即使是专门研究这一问题的也沿用这一观点。如韩连琪先生在《汉代的田租、口赋和徭役》一文中就认为"到这次叛乱(即度田引起的叛乱)平定后,光武即向大姓让步,检核户口的事也就终止,以后终东汉之世,也再没有检核土地户口之事",见韩著《先秦两汉史论丛》第 395 页,齐鲁书社 1986 年。近来出版的专著如林剑鸣先生的《秦汉史》认为度田是"一次失败的尝试",因地主豪强的反对"使刘秀无计可施,最后只有让步,度田之举也就不了了之",见该书下册 216 页,上海人民出版社 1989 年。张鹤泉先生在《刘秀传》一书中虽然列举了刘秀为实施度田而采取的种种镇压叛乱的措施,谓刘秀曾严厉推行度田,但仍然认为度田"是一次彻底失败的行动",见该书 254 页,黑龙江人民出版社 1993 年。迄今为止,只有孟素卿先生《谈谈东汉初年的度田骚动》一文对传统观点提出质疑,见《秦汉史论丛》第三辑,中国秦汉史研究会编,陕西人民出版社,1986 年。

“是时，天下垦田多不以实，又户口年纪互有增减。十五年，诏下州郡检核其事，而刺使太守多不平均，或优饶豪右，侵刻羸弱，百姓嗟怨，遮道号呼。时诸郡各遣使奏事，帝见陈留吏牍上有书，视之，云‘颍川、弘农可问，河南、南阳不可问’。帝诘吏由趣，吏不肯服，抵言于上寿街上得之。帝怒，时显宗为东海公，年十二，在幄后言曰：‘吏受郡敕，当欲以垦田相方耳。’帝曰：‘即如此，何故言河南、南阳不可问?’对曰：‘河南帝城，多近臣；南阳帝乡，多近亲，田宅逾制，不可为准。’帝令虎贲将诘问吏，吏乃实首服，如显宗对。于是遣谒者考实，具知奸状。明年，隆坐征下狱，其畴辈十余人皆死。帝以隆功臣，特免为庶人。”

“其畴辈十余人皆死”即指河南尹张伋等人，同时被杀的还有当时已升任大司徒的前汝南太守欧阳歙，原因是在汝南太守任上“度田不实，赃罪千余万”〔1〕。细究以上史实，我们可以得出如下结论。第一，东汉度田和人口普查并非始于建武十五年，在此之前已经实行。正是因以往“垦田多不以实，又户口年纪互有增减”，弄虚作假现象普遍，隐瞒土地、人口者严重，刘秀才亲自下诏度田，并主持其事。显宗说的“吏受郡敕，当欲以垦田相方耳”这儿的“垦田相方”和过去比较，郡守要求上计吏在上报时按过去的数字做计书，避免出入太大，以掩盖过去度田不实的真相。第二，刘秀对度田不实问题极为重视，在核清实情之后，一改自己“欲以柔道治天下”的方针，严惩那些敢于违抗诏书，继续“优饶豪右，侵刻羸弱”的二千石长吏，整肃吏治，以矫积弊。在惩处了阿枉不平的二千石长吏之后，刘秀并没有下诏停止度田，度田令仍然继续施行，并且严格化了。

但是刘秀刚刚处死河南尹张伋等人，就爆发了一场波及全国的武装骚乱。《后汉书·光武帝纪》云：

“郡国大姓及兵长、群盗处处并起，攻劫在所，杀害长吏。郡县追讨，到则解散，去复屯结。青、徐、幽、冀四州尤甚。冬十月，遣使者下郡国，听群盗自相纠擿，五人共斩一人者，除其罪。吏虽逗留回避故纵者，皆勿问，听以禽讨为效。其牧守令长坐界内盗贼而不收捕者，又以畏愞捐城委守者，皆不以为负，但取获贼多少为殿最，唯蔽匿者乃罪之。于是更相追捕，贼并解散。徙其魁帅于它郡，赋田受禀，使安生业，自是牛马放牧，邑门不闭。”

显然，这些兵长大姓之起兵是针对刘秀处死河南尹张伋等人的。在以往度田时，由于有张伋之流的刺史太守做保护伞，郡国大姓、地主豪强得以隐瞒土地和人口，规避赋税徭役；现在因为刘秀严惩张伋等人，刺史太守们不敢再像以

〔1〕《资治通鉴》汉纪建武十五年，中华书局，1956年，第1387页。

往那样优饶豪右了，地主豪强无法再像以往那样隐瞒土地和人口，遂兴兵为乱，反抗新政府。这些“兵长大姓”就是地主豪强的一部分。叛乱初起，郡县长吏镇压不力，迅速发展成一场声势浩大的动乱，青、徐、幽、冀四州特别突出，一时间，黑云压城城欲摧，对统一不久的新王朝构成严重威胁。刘秀乃采用征剿和安抚相结合的方略，一方面赦免地方长吏的“逗留回避故纵”等罪，调动他们的积极性，安抚人心，“听以禽讨为效”“但取获贼多少为殿最”；另一方面，“听群盗自相纠擿”，分化瓦解骚乱的参加者，旬月之间，叛乱平定。因度田而引发叛乱，叛乱平定之后，度田的阻力消除了，起码是减少了，具备了严格实施度田令的条件，度田只会得到进一步贯彻，而不会向相反方向发展，无论如何是得不出度田因此而失败的结论的。

那么，人们为什么说度田失败了呢？这是从东汉政权是豪强地主利益的代表这一既定前提出发所作的推论，认为东汉代表了豪强地主的利益，其政令损伤豪强地主利益并招致反对时，必须与之妥协，停止施行，所谓“听群盗自相纠擿，五人共斩一人者，除其罪”“其牧守令长坐界内盗贼而不收捕者，又以畏愞捐城委守者，皆不以为负”云云就是对地主豪强妥协退让的体现。这虽然有一定的理由，但不合史实。这些起兵者虽然也是地主大姓，和刘秀同属地主阶级，但并不是一个集团，在本集团的利益受到威胁和损伤时，同样是你死我活，不存在什么必然妥协的问题。所谓对镇压不力的地方长吏的赦免及对叛乱者“五人共斩一人，除其罪”，仅是平乱方略，与妥协退让不是一回事，不可混为一谈。对此，下文再行详说。

东汉自光武之后，度田成为常制，每年都要进行，这是史有明证的。《后汉书·百官志五》云各县邑道要于每年“秋冬集课，上计于所属郡国”，注引胡广说“秋冬岁尽，各计县户口垦田、钱谷入出，盗贼多少，上其集簿”。这儿的上计又称为“算人”或“案比”。《后汉书·安帝纪》元初四年诏云“方今案比之时”。注引《东观汉记》云“方今八月案比之时，谓验户口次比之也”。《皇后纪》云“汉法，常以八月算人”。算人即检查户口年纪、身体状况，防止诈老诈小，保证役源的准确性。算人的同时清查土地，这是一个问题的两方面。刘秀的度田令即包括了检核垦田顷亩及户口年纪两项内容。实际上，刘秀的度田令是针对以往案比不实的情况而发的，张伋等人就是因为案比不实而被惩处的。《刘般传》云刘般上书明帝云：“郡国以牛疫、水旱，垦田多减，故诏种区种，增进顷亩，以为民也。而吏举度田，欲令多前，至于不种之处，亦通为租。可申敕刺史二千石，务令实核，其有增加，皆使与夺田同罪。”明帝采纳了这一建议，“悉从之”。“夺田”即隐瞒不报，脱于版籍的意思，华峤《后汉书》作“脱田”，隐瞒不报和强以民宅为耕地都是非法的。《循吏传》云秦彭为山阳太守，“兴起稻田数千顷，每于农月，亲度顷亩，分别肥蹐，差为三品，各立文簿，藏之乡县。于是奸吏局蹐，无所容诈。彭乃上言，宜令天下皆同其制。诏书以其所立条式,班令三府,并下州郡”。农月即农耕之月,“亲度顷亩”即秦彭亲自核查土地多寡、质量优劣,并立为文簿,作为县乡定式,此举有效地制止了不法官吏在度田过程中颠倒优劣、侵刻百姓的行为,保证了度田的严肃性。章帝有见于此,下诏将秦彭之法推行全国,秦彭因此而入循吏传。《百官志》云乡啬夫、有秩的职掌是“知民善恶,为役先后,知民贫富,为赋多少,平其差品”。这“平其差品”即综合土地、房产、资财诸项而言,以土地最为重要。奸吏颠倒优劣,以劣地算好地,不仅导致农民多交田税,更使农民多交资产税,即赀算。四川郫县出土的东汉残碑记载王汶、杨汉、张王、长彦长等十余人的土地、房屋、奴婢、耕牛等拥有状况,也就是这十几户人家的资产簿,其土地多者 260 亩,少者仅 8 亩[1],显系测量的结果,以作为征收田税和资产税的依据,也是县乡每年秋冬集课的基本依据。《后汉书·郡国志五》注引应劭《汉官仪》记载了五个不同时期的垦田数字,均精确到多少步,就是乡里郡县逐级统计的结果。当然,核查数字再精确,与实际还是有距离的。在刘秀亲自下诏度田之前,“河南帝城,多近臣,南阳帝乡,多近亲,田宅逾制,不可为准”的情况固然存在,就是在刘秀处死河南尹张伋等人之后,这种情况依然存在,并随时间推移和政治腐败而日趋严重,郡国大姓、地方豪强占田不报者也比比皆是,郡守县令弄虚作假、侵刻细民者更无日无之,《殇帝纪》谓郡国“多张垦田,不揣流亡,竟增户口,掩匿盗贼”,就是指上计虚假而言。但是,我们不能因此谓东汉自光武之后,“终东汉之世也再没有检核土地户口之事”[2]。制度与事实的背离是中国古代社会普遍存在的问题,并非东汉独然,绝不能因为东汉度田不实而谓之废止度田制度。

二

一般认为,刘秀度田的目的是扩大税源和役源,增加财政收入。这当然是正确的,但不全面。度田绝不仅仅出于增加赋税这个经济目的,还有着更为重要的政治目的,这就是通过度田,强化国家对土地、人口的控制,剥夺地方大姓、军阀余孽所控制的土地与人口,打击其势力,消除因军阀割据而遗留下来的潜在的动乱因素,加强中央集权,强化统治秩序。

众所周知,早在西汉末期,郡国大姓、地主豪强已经开始豢养家兵,筑坞自保,王褒《僮约》中就有“犬吠当起,警告邻里。杈门柱户,上楼击鼓。荷盾曳矛,还落三周”之语。新莽时,因社会动荡,地主大姓拥兵自据者所在多有。新莽灭亡之后,地主大姓起兵割据者更不计其数,或者和军阀结为联盟欲争夺天下,或者想自保一方,其共同的基础都是控制了相应的土地和人口。

---

〔1〕 碑文见《文物》,1974 年第 4 期;又见高文:《汉碑集释》,河南大学出版社,1985 年。
〔2〕 上揭韩连琪文。

刘秀建立东汉政权之后,经过十多年的战争,削平和兼并了大大小小数十支割据武装,才统一全国。但是,这种统一远未稳固,中央的统治对人口的控制力尚不如地主大姓,原因如下。

第一,众多的割据势力是迫于军事压力归顺刘秀的,不是从内心拥护刘秀的统治,而是为了保住自己的既得利益和传统影响,与其部众之间关系紧密,一有风吹草动就有东山再起的可能。桓谭曾说刘秀云:"臣伏观陛下用兵,诸所降下,既无重赏以相恩诱,或至掳掠,夺其财物,是以兵长渠帅,各生狐疑,党辈联结,岁月不解。"[1]在统一战争中,刘秀对归降的头面人物还是有重赏的,如割据临淄的张步被耿弇击败后,就被封为安丘侯,居于洛阳,至于其十余万部众,因人数众多,不能也不应有所封赏,他们大多是贫苦农民,希望回乡团聚,耿弇就将他们遣散回乡。但是,其中有些渠帅或是大姓出身,或是兵痞无赖,他们已过惯了割据一方、威福乡里的生活,他们是不满于回乡这一结局的,更不愿做个顺民,而是要等待时机,重整旗鼓。建武六年,李忠为丹阳太守,"是时海内新定,南方海滨江淮多拥兵据土,忠到郡,招怀降附,其不服者悉诛之,旬月皆平"[2]。这儿的"旬月皆平"当然只能是表面上的。建武八年,刘秀认为东方已经安定,乃亲提大军,西征隗嚣,车驾刚到上邽,后方鼓角即鸣,"颍川盗贼寇没属县,河东守守兵亦叛,京师骚动"。刘秀只好"晨夜东驰"以保护京师。这叛乱的"盗贼"和"河东守守兵",虽有普通农民在内,但主要是降附的军阀旧部和地方豪强大姓,如张步就趁机叛归琅邪,被琅邪太守陈俊镇压。[3]张步为何会叛归琅邪?就是因为其部众是这次反叛的参加者,张步叛归琅邪的目的是召集部众,东山再起。杜林对此曾有所分析,认为"仓卒时兵长擅权作威,张氏虽皆降散,犹尚有遗脱,长吏制御无术,令得复炽,元元侵陵之所至也",并上书光武说:"草创兵长,卒无德能,直以扰乱,乘时擅权,作威玉食,狙猱之意;徼幸之望,曼延无足,张步之计是也。小民负县官不过身死,负兵家灭门殄世。陛下昭然独见成败之端,或属诸侯官府,元元少得举首仰视,而尚遗脱,二千石失制御之道,令得复昌炽纵横。"[4]这次叛乱虽然被镇压下去了,但为刘秀敲响了警钟:后方虽然统一,却还远未巩固。刘秀当时的首要任务是统一陇蜀,对东方执行的是以和安为主的方针,力求稳定,故仅仅采取军事手段平定之,尚未采取其他措施消除动乱因素,割据势力仍有存在。

第二,刘秀称帝以后,欲以柔道治天下,偃武兴文。建武七年,下诏罢遣

〔1〕《后汉书》卷二十八《桓谭传》,第 960 页。
〔2〕《后汉书》卷二十一《李忠传》,第 756 页。
〔3〕《后汉书》卷一下《光武帝纪》下,第 54 页。
〔4〕《后汉书》卷一零五《五行志三》注引《东观书》,第 3305 页。

“轻车骑士材官楼船士及军假吏,令还复民伍”[1]。罢遣的主要是在统一战争中收编的割据武装,防止地方失御,发生不测。这些郡兵,固然有相当部分是急切盼望回乡的农民,但也有不少是以战争掠夺为生的兵痞和地方恶势力。他们和刘氏政权本非一家,被罢遣之后,要靠耕田为生,自食其力,更加心存不满,遂转而依附兵长大姓,构成了新的不安定因素。刘秀西征伊始,河东守兵即叛,盗贼横发,与此不能说没有关系。

第三,由于刘秀“好儒术,每占领一地,未及下车而先访儒雅,采求缺文,补缀漏逸”,那些在战乱中“遁逃林薮”的四方学士,“自是莫不抱负坟策,云会京师”[2]。凡是投附儒士,莫不处以显职,地方郡县乡里官吏亦选儒术之士。这些儒士绝大多数是地主大姓,重用他们亦即把在野的地主儒士拉入了官僚队伍。这固然扩大了东汉政权的统治基础,但也导致了一个新的矛盾,这就是为地主豪强占有更多的土地和人口提供了权力保障,削弱了国家对人口、土地的控制力,促进了在施政过程中的“优饶豪右”的发展。上举明帝说的“吏受郡敕,当欲以垦田相方耳”就透露了这一历史信息。所谓“垦田相方耳”就是指各地长吏在垦田的统计数量上已达成了默契,商定上计数字和以往不要有大差别,避免引起怀疑,难以继续优饶豪右。优饶豪右,奉旨不严,虽然和兵长渠帅的拥兵自重、为乱地方的性质不同,但也弱化了中央权威,激化了社会矛盾,引起贫民的不满,在客观上也增加了不稳定因素。

对上述不安定因素及中央统治权威未立的原因,刘秀是清楚的。但在建国之初,陇蜀未定、北边又有匈奴等族寇掠不断的情况下,刘秀是无暇解决这一问题的。直到建武十五年,陇蜀已定,北边稍安,功臣宗室封赏已毕,在上层秩序已经调整有序的情况下,刘秀才顾及基层统治秩序问题,针对地方二千石优饶豪右、地主豪强隐瞒土地和人口这一最为突出的社会问题,下诏度田,清查户口,强化国家对土地和人口的控制,采用釜底抽薪的方式,打击地主大姓势力,消除不安定因素。在这一过程中,刘秀一改以柔道治天下的传统为铁腕政治,处死十几个郡守二千石,同时罢免了刘隆、鲍永等功臣的郡守、国相的职务,坚决查清土地和人口的实际状况。因为张伋等人被杀,其余刺史郡守县令不敢像以往那样接受贿赂,优饶豪右,难以继续充当地主大姓的保护伞,这些地主大姓兵长渠帅为保持其既得利益,遂起兵作乱。由于地方长吏和地主豪强本来有着千丝万缕的联系,在动乱初起时,镇压不力,没有采取果断措施,将动乱消弭于发生阶段,以至于“处处并起”,而以“青、徐、幽、冀四州尤甚”。所谓“郡县追讨,到则解散,去复屯结”,固然说明叛乱分子的狡诈,但也说明了郡县官吏与兵长渠帅之间的关系,官兵方动,消息就传到了

〔1〕《后汉书》卷一下《光武帝纪》下,第51页。
〔2〕《后汉书》卷七十九上《儒林传》上,第2545页。

叛乱者那里，才会有“到则解散”的事情发生。杜林说的“二千石失制御之道，令得复昌炽纵横”，这“失制御之道”诸字的含义是十分丰富的，远非指镇压之一端。按照惯例，平乱不力，遇敌退缩，临阵脱逃，回避敌情，都是违法行为，要定“逗留、回避、故纵”之罪，应一律处斩，但刘秀没有按法行事，而是统统赦免，“听以禽讨为效”“但取获贼多少为殿最”。这有多方面的原因，第一，若严格执法，那些对中央心存狐疑的郡守县令可能会倒向叛乱的兵长渠帅，壮大贼势，激发新的动乱，这对国势粗安、人心未稳的东汉政权来说是十分不利的。第二，叛乱者的成分十分复杂，其首领固然是郡国大姓、兵长渠帅，但参加者则有相当一部分是农民，其中有些是因在度田过程中不堪官吏侵刻而聚众造反的，更多的则是被兵长大姓裹胁进来的。杜林说的“小民负县官不过身死，负兵家灭门殄世”深刻地揭示了这一真相。这些被裹胁之小民和兵长渠帅、地主豪强并不一心，不愿与官府为敌，若施以抚慰，表明官家镇压的是首恶分子，而非胁从，他们会自动地站到官府一边，可以收到瓦解、削弱叛乱势力的效果；否则，一味地严刑峻法，将迫使这些胁从者死心塌地和兵长渠帅们站在一边。第三，这次的叛乱分子不是一般的“盗贼”，这次叛乱带有军阀割据势力卷土重来的势头。叛乱势力最大的青州本是张步的势力范围，徐州是董宪的地盘，冀州是王郎的根据地，幽州是彭宠和张丰的旧巢，张步、王郎、董宪、彭宠等人固然不存在了，但其旧部则散居民间，他们向往过去作威作福的生活，不甘做东汉的顺民，无不伺机而动，这些人破坏性强，危害性大，必须坚决镇压。正是鉴于以上因素，刘秀才不拘于旧法，便宜行事，采用武力镇压和分化瓦解相结合的办法，仅用了一个月不到的时间就平定了叛乱。

平定叛乱，并不等于动乱因素就此消失，“五人共斩一人者，除其罪”的方法固然瓦解了叛军，为胁从者的自新提供了机会，但也为兵长渠帅等首恶分子的逃避制裁提供了掩护。他们在不敌官兵进剿的情况下，为了自保，也可以“五人共斩一人者，除其罪”为掩护开脱罪责，伪装自己，使自己逍遥法外。上举《光武帝纪》说的“于是更相追捕，贼并解散”，说明郡国大姓、兵长渠帅被杀者不多而解散者不少，也就是又隐蔽成良民了。只要这些人存在一天，其势力不能彻底剥夺，就存在着动乱的可能性，那些原来受其控制的农民也就无自由可言，甚至遭到报复，对此刘秀十分清楚。但若将他们通通绳之以法，似乎有违平叛过程中的宽大政策。为了显示自己仁厚，刘秀乃沿用秦始皇和汉高祖的徙豪政策，“徙其魁帅于它郡，赋田受禀，使安生业”。徙之于他郡，就剥夺了这些“魁帅”原有的土地资产和对族人乡里的控制，使其失去了兴风作浪的基础；“赋田受禀，使安生业”，表达了刘秀宽大为怀，有利于归附人心。当然，刘秀将为乱魁帅徙于他郡是不能和西汉初年的徙豪相提并论的。刘邦之徙关东六国大姓于关中是防患于未然，虽然没收了他们原有的田产资财，但在关中又给予了相应的补偿；在防止他们为乱的同时，又倚之为对外用兵的力量。而东汉则不然，这些“魁帅”实际上是罪犯，迁之于他郡实际上相当于施以迁刑，“赋田受禀，使安生业”，不过是使之自食其力而已。他们的一言一行都将处于官府的严密监视之下，想东山再起是不可能了。那些没有参加叛乱的豪强地主看到了这些“魁帅”的下场，也看到了皇恩的浩荡，出于戒惧，也出于信任，或者是出自内心的自愿，或者是无可奈何，都要与中央保持一致，中央的统治权真正深入到基层，基层统治秩序真正建立并正常运转，政令通达，政局稳定，才形成了“自是牛马放牧，邑门不闭”的太平景象。以往学者对此不加深究，认为刘秀“度田”因地主豪强的反对而失败，显然是大错特错了。

三

“牛马放牧，邑门不闭”的太平景象的形成除了政治安定、社会秩序正常化这一原因之外，还在于“度田”使农民的田税、人口税负担相对合理，解放了生产力。这体现在如下两个方面。

第一，原来控制于郡国大姓、兵长渠帅的人口是不在版籍的，他们不服国家的赋税徭役，但郡国大姓、兵长渠帅对他们的压迫剥削则比国家沉重得多，上引杜林说的“小民负官家不过身死，负兵家灭门殄世”，已充分说明了这一点。度田之后，特别是平定了因度田引起的武装叛乱之后，地主豪强的势力受到打击，兵长渠帅的财产被剥夺，原来深受其压迫剥削之苦的农民成了真正的国家小农，摆脱了兵长大姓的奴役。又因刘秀对“优饶豪右”的郡国二千石的严厉惩处，迫使多为诈巧、不务实核而一味敲诈农民的贪官污吏有所收敛，提高了农民的生产积极性。

第二，度田之后，核实了土地人口，使田税、人口税特别是田税的征收实事求是，改变了自西汉以来农民田少而税多的传统。汉代田税征收方式都是定额税制，即每亩交纳的田税额是固定不变的，但两汉征收方式有所不同。西汉是采用提封田法先计算出全国耕地总数，依据标准亩产量，定出全国田税总额，而后再分摊给各郡，由郡依次分摊至各县乡，至于每户农民交纳多少田税则由地方官吏决定，所以，对国家来说，田税有标准定额，对农民来说则没有统一数字可循。《汉书·地理志》谓汉哀帝元始元年“地东西九千三百二里，南北万三千三百六十八里，提封田一万万四千五百一十三万六千四百五顷。其一万万二百五十二万八千八百八十九顷居邑道路、山川林泽，群不可垦；定垦田八百二十七万五百三十六顷”。这八百二十七万五百三十六顷不是逐一丈量的统计数字，而是依提封田法“定”出来的，即先据道里数字算出国土总面积，扣除不可垦之地后得出来的。定垦田的目的是定田税，各郡依此法定出本郡垦田数，也就定出了田税数，年终上计就以此为据，考核郡县长吏为政勤否。地方长吏在具体征税过程中，不看每户实有土地状况，而是采取以户为主、以田为次的人地结合的征税方式，即有户斯有税，土地占有状况并不起决定作用。[1]江陵凤凰山十号汉墓出土的六号木牍是平里、稿上两个村子缴纳稿税的实况记录，其文云“平里户刍二十七石，田刍四石三斗七升，凡三十一石三斗七升。八斗为钱，六石当稿。定二十四石六斗九升当□……”“稿上户刍十三石，田刍一石六斗六升，凡十四石六斗六升……”[2]稿税是田税的附加物，用作牲畜的饲料。稿税以户为主，以田为次，田税也是如此。这是西汉前期的状况，此后并未改变。当然，这种人地合一、以人为主的征税方式并非西汉首创，而是战国和秦朝的延续。但是，战国是土地国有制为主的时代，基本上是有人斯有土，按人征税是有其经济基础的；秦朝土地私有制刚刚确立，农民无地者甚少；降至西汉，土地兼并横行，这种税收方式的不合理性日趋严重，无地少地农民的实际田税负担比法律规定的税额不知高出多少，农民破产者日益增多。地方长吏为了保住禄位和升迁，并不管农民死活，一方面假造计书，欺骗中央，一方面刻剥细民中饱私囊，加重了农民的苦难。汉武帝就曾批评丞相石庆说：“今流民愈多，计文不改。”[3]计文不改就要如数交纳田税、人口税等各项赋税，更加重了无地少地农民的负担。《盐铁论·未通》云：“大抵逋流皆在大家，吏正畏惮，不敢笃责，刻急细民；细民不堪，流亡远去，中家为之色出，后亡者为先亡者服事。”农民投在地主势家门下沦为依附民，地方官吏不敢得罪这些权势豪门，转而加重其余农民的赋税徭役，导致恶性循环。这种情况愈到后来愈严重，但造成西汉末年农民起义，固然有吏治败坏的因素，也有制度的因素。这个问题，起自民间的刘秀是清楚的，但在建武初年并没有得到解决，“吏举度田，欲令多前，不种之处，亦通为租”正是西汉的继续。为了从制度上解决这一流弊，刘秀才严格度田，清查土地和人口的实际数字，解决农民田税过重的问题。尽管税率和税额没有改变，一仍西汉之旧，但由于农民是按实际占田数字纳税，因此其田税负担和西汉相比要轻得多，使税收体制趋于合理。尽管这种改进还存在着弊端——不管年成丰歉，土质优劣，都要纳相同的定额税——但和西汉相比已是一个巨大的进步了。上举章帝时，秦彭为山阳太守“亲度顷亩，分别肥瘠，差为三品，各立文簿，藏于乡县”，并推行全国，将农民的实纳田税额和土地质量联在一起，较刘秀时代又有改进，其基础是度田制度的推行。

〔1〕关于提封田制和战国秦朝的田税征收方式，参阅拙作《提封田考》，《中国社会经济史研究》，1994年第3期；《相地而衰征新探——兼谈战国田税征收方式问题》，《人文杂志》，1996年第1期。

〔2〕裘锡圭：《湖北江陵凤凰山十号汉墓出土简牍考释》，《文物》，1974年第7期。

〔3〕《汉书》卷四十六《石奋传》，中华书局，1962年，第2198页

关于两汉田税征收方式的变迁问题，笔者已另有专文详论[1]，这里只讲刘秀度田与东汉初年政局的稳定、田税征收方式的改进之间的关系。尽管刘秀度田还有着这样那样的不足，但通过上述探讨，我们完全有理由认为，在当时的历史条件下，这是一项强化中央集权、稳定政局、减轻农民负担的重大举措，获得了完全的成功；在刘秀的所有改革措施中，此举影响最为广泛和深远，应予充分肯定。

〔1〕 见拙作《汉代田税征收方式及农民田税负担新探》，《史学月刊》，1997 年第 2 期。

汉代田税征收方式与农民田税负担新探*

传统观点对汉代田税征收方式有两种认识。一种认为是浮动税制,收取亩产的十五分之一或三十分之一,税额因时而异;另一种认为是定额税制,有亩税三升、亩税一斗、亩税一斗五升及其以上(均以三十税一计)等分歧,而以亩税三升说较为流行。[1]笔者认为,从征税方式上说,汉代采用的是定额税制,但是并非如人们所理解的那样自始至终都是亩税若干,而是有一个变迁过程。西汉承战国和秦朝之旧,田税按户按顷计征,亩税虽轻,但农民无论有无一顷之地都要交纳百亩田税,其田税负担远远超出人们想象,高者达十税伍;东汉初年,改为按亩计征,国家规定的税额依然有限,但因收税方式有着新弊端,农民实际负担则重得多。明白了其中的缘由,不仅有关汉代田制、亩制、亩产量、税制的诸多矛盾可以释然,更有助于我们认识两汉社会变迁。

一

先谈西汉定额税的确定问题。

《汉书·食货志》载晁错语云:"今农夫五口之家,其服役者不下二人,其能耕者不过百亩,百亩之收不过百石。"这是人们确定汉代亩税三升(按三十税一之率,若按十五税一则亩税六升)的主要依据。此外,《汉书·匡衡传》谓匡衡私占四百顷封地被发觉后,被迫退还已收租谷千余石,正合亩税三升之数。但能否据此说汉代农民就是按亩税三升的标准耕多少地纳多少税?答案是否定的。因为亩税三升是以每户百亩、亩产一石为前提的,国家收税以百亩为单位,而不是按实耕亩数收取。也就是说,这种定额税不是按亩定额,而是按顷定额的,农民实有土地达到百亩时固然是亩税三升,不足百亩就不止三升。而汉代,农民实有土地多不足百亩,其实际负担远超出每亩三升。

---

* 原刊《史学月刊》1997 年第 2 期。

〔1〕 林甘泉先生认为"不论是十五税一或三十税一,都是按土地每年的收获征收",见林甘泉,童超:《中国封建土地制度史》,中国社会科学出版社,1990 年,第 357 页。这是按产量征收田税说的代表。安作璋先生、韩连琪先生等则认为实行定额税,亩税三升,见安著《汉史初探》,学习生活出版社,1955 年;韩著《先秦两汉史论丛·汉代的田租、口赋和徭役》,齐鲁书社,1986 年。认为亩税为一斗以上者,见周国林《汉代亩租额稽核》,《中国社会经济史研究》,1989 年第 2 期,等等。

这个问题必须从战国说起。

战国时代，重农重战，实行国家授田制，按每夫百亩良田的标准授之于民而后课之以税，百亩既是授田的基本单位也是征税的基本单位。《周礼·地官·大司徒》《遂人》均分土地为三等，上地每夫百亩、中地二百亩、下地三百亩，或者上地夫百亩、莱五十亩，中地夫百亩、莱百亩，下地夫百亩、莱二百亩。这夫百亩之上地是良田，增加之百亩、二百亩是对处劣地之民而言的，目的是以土地数量调节总产量的差异，耕良田者按百亩授予，耕劣地者加倍或再倍授予。原因就在于按百亩征取定额税，耕与不耕都要交纳，按户收取，目的是以课促垦，这就是战国时代的治土分民之法。[1]《礼记·王制》云：

> "方一里者为田九百亩，方十里者为方一里者百，为田九万亩；方百里者为方十里者百，为田九十亿亩（郑注：亿，十万也）……山陵林麓、川泽沟渎、城郭宫室涂巷三分去一，其余六十亿亩。"

六十亿亩即六万顷，包括良田与恶田、已垦地与未垦地在内，都是可耕之地，都可以用来授予农民，征之以税；或者部分授予农民，部分国营。耕地总面积出来了，总的税收额也就出来了。这种按百里之地计算耕地总面积的方法即为提封田法。这并不是什么西周制度，而是战国通则。《汉书·食货志》云李悝在魏行尽地力之教，所采取的制度是：

> "地方百里，提封九万顷，除山泽邑居三分去一，为田六百万亩，治田勤谨则亩益三升（斗），不勤则损亦如之，地方百里之增减辄为粟百八十万石矣……今一夫挟五口，治田百亩，岁收亩一石半，为粟百五十石，除什一之税十五石，余百三十五石……"

这是魏国制度，百里之地有耕地六万顷，其中良恶田并举（《吕氏春秋·乐成》："魏氏行田也以百亩，邺独二百亩，是田恶也。"行田即授田，恶田加倍授予，是知魏之提封田是良恶田并举）；每夫百亩，标准亩产一石半，百亩之税十五石。各国各地自然状况不同，耕地与非耕地所占的比重也有不同。《商君书·来民》云：

> "地方百里者，山陵处什一，薮泽处什一，溪谷流水处什一，都邑蹊道处什一，恶田处什二，良田处什四，以此食作夫五万。其山陵薮泽溪谷可以给其材，都邑蹊道足以处其民，先王制土分民之律也。"

所谓先王之律云云只是秦国士人的托词，实际上这是秦国计算耕地面积之法，区分细于魏国。秦国的标准亩产量是否和魏一样不得而知，但授田和征税均以百亩为基本单位则是一致的。云梦秦简《田律》云：

---

〔1〕 关于战国土地制度和田税征收方式，参阅拙作《"相地而衰征"新探——兼谈春秋战国田税征收方式》，《人文杂志》，1996年第1期；田昌五、臧知非：《周秦社会结构研究》，西北大学出版社，1996年。

“入顷刍稿，以其受田之数，无豤（垦）不豤，顷入刍三石，稿二石。当自黄（𪎭）及蘼束以上皆受之。”

这是商鞅变法后的制度，刍、稿是庄稼茎叶，用作饲草，是田税的附加物，刍、稿之征是根据农民受田数量，无论耕种与否，一律按顷交纳，田税亦然。因此，战国田税就政府来说是有固定标准的，即标准亩产量的十分之一（什一税是当时通制），但就每个农户来说，其田税和实际总产量之比则变动不居，因其耕作能力而千差万别。从当时动荡不安、官吏横暴的社会背景看，有相当一批农民是难以种完这百亩之地的，处劣地者尤其如此。因此之故，孟子才提出批评，而大力鼓吹井田制。《孟子·滕文公上》云：

“夏后氏五十而贡，殷人七十而助，周人百亩而彻，其实皆什一也。彻者彻也，助者藉也。龙子曰：治地莫善于助，莫不善于贡！贡者，校数岁之中以为常，乐岁粒米狼戾，多取之而不为虐，则寡取之；凶年，粪其田而不足，则必取盈也。”

贡法即实物税，采用定额制。孟子以古讽今，实际上是批评现实税制。不过，孟子批评得还不完全，其不合理之处不止于“凶年，粪其田而不足，则必取盈”这一端，还有不管垦与未垦、收与未收都要“取盈”这一弊端没计在内。杜佑在《通典·食货四》中曾据孟子之说批评秦制说：“夏之贡、殷之助、周之藉，皆十而取一，盖因地而税。秦则不然，舍地而税人，故地数未盈，其数必备，是以贫者避赋役而逃逸，富者务兼并而自若。”这是有道理的，在授田制之下，“上有通名，下有田宅”，凡在籍农民至少都应有百亩之地，都要交纳百亩田税（先秦时租税合一，从法理上讲，什一税应是田租性质；本文为行文方便均以税称之），不管实际耕作状况和收获多寡，一律按户按顷征取，故云“舍地而税人”。秦简《田律》证明杜说之不诬。不过，杜佑把这笔账都记在秦朝头上是有失偏颇的，这是战国通制，而非秦制独然，“贫者避赋役而逃逸”是六国的普遍状况，这样，秦才有“来民”的基础；至于“富者务兼并而自若”则是以后世史实推秦朝情况，在秦朝，土地兼并并没有成为社会问题。

秦统一之后，整齐制度，加强集权，其田税征收方式则一仍其旧，上举《田律》的规定在统一之后仍旧适用。秦亡汉兴，经济残破，“上于是约法省禁，什伍而税一，量吏禄，度官用，以赋于民”〔1〕。景帝元年又改为三十税一。税率是大大降低了，但其征收方式并没有改变，依然是按每户百亩为基本征税单位。晁错说的“今农夫五口之家，其服役者不下二人，其能耕者不过百亩，百亩之收不过百石”〔2〕云云就是指国家计算田税的基本单位而言的。五口之家百亩之地是小农的基本形态，亩收一石为官府估定的标准亩产量，依率计

〔1〕《汉书》卷二十四上《食货志》上，中华书局，1962年（下同），第1127页。
〔2〕《汉书》卷二十四上《食货志》上，第1132页。

税之后，再赋之于民。不同的是，汉初君臣，起自民间，知民生艰难，更有亡秦之鉴，在沿袭秦朝征税方式的同时，能主动降低税率，减轻农民负担，而不是像秦朝那样横征暴敛。班固在这里突出“量吏禄、度官用，以赋于民”是有其深意的，突出了汉初君臣的远见卓识，说明汉初虽然沿秦制度，萧何虽然接收了秦朝的图书秘籍，俱知天下扼塞、户口多少，但没有按籍征税，而是变通行事。

西汉田税征收方式沿秦旧制，在江陵凤凰山汉简中有明确记载。江陵凤凰山十号汉墓出土的六号木牍是平里、稿上的两地农民缴纳稿税的实况记录，其文云：

> “平里户刍二十七石，田刍四石三斗七升，凡三十一石三斗七升。八斗为钱，六石当稿。定二十四石六斗九升当□。田稿二石四斗四升半，刍为稿十二石，凡十四石二斗八升半。稿上户刍十三石，田刍一石六斗六升，凡十四石六斗六升。二斗为钱，一石刍稿。定十三石六斗六升当□。田稿八斗三升，刍为稿二石，凡二石八斗三升。”〔1〕

刍、稿是饲料，秦朝是按顷征收，说已见上。汉朝则按户按田征收，户刍远远多于田刍，真可谓是“舍地而税人”了。这看上去和秦按顷征收有所不同，其实质则一，秦是有人斯有土，有土斯有民，按顷计征和按户征收一致，汉朝户刍若干和秦相同。刍稿如此，田税亦然。

凤凰山汉简是景帝时之物，其反映的制度也是西汉前期事。但到西汉中后期，其田税征收方式仍没有改变。《盐铁论·未通》记述的御史和文学的一段对话颇能说明这一问题，其文云：

> “御史曰：……先帝哀怜百姓之愁苦，衣食不足，制田二百四十步而一亩，率三十而税一。堕民不务田作，饥寒及己，固其理也……
>
> 文学曰：什一而藉，民之力也。丰耗美恶，与民共之。民勤，己不独衍；民衍，己不独勤。故曰‘什一者，天下之中正也’。田虽三十而以顷亩出税，乐岁粒米梁粝而寡取之，凶年饥馑而必求足。加之以口赋更徭之役，率一人之作，中分其功……”

御史旨在说明武帝惠民，扩大亩制之后仍按三十税一征税；亩制扩大，产量增加，农民实际收入相应增多。如按小亩计(汉代大小亩并行，小亩为百步之亩，晁错所云即指小亩，详下)，亩产一石，除去田税三升，农民实得九斗七升；如用二百四十步之大亩，亩产二石四斗，除去三十分之一的田税八升，农民可有二石三斗二升的收入。但农民不务田作，以至于入不敷出，是懒惰所至，辜负了武帝的一片好心。文学则认为，这是口惠而实不至，因为田税不是按农

---

〔1〕 裘锡圭：《湖北江陵凤凰山十号汉墓出土简牍考释》，《文物》，1974年第7期。

民的实有土地征收的,而是以“顷亩”计算的,“顷亩”即一顷之地,不管农民有无“顷亩”之地,也不管实际收获多少,都要交纳“顷亩”即一顷地的田税。在秦朝,凡是受田之民,无论耕种与否都要交纳一顷地的田税,在汉朝则不管有没有一顷之地都要按顷交纳,二者征税方式一脉相承。现在论者,无论对汉代田税征收方式持何看法,无一例外地都把这儿的“顷亩”解为田亩数的多少,这显然是改字解经,不足为训,无论是在逻辑上还是史实上都不能成立。如“顷亩”果为田亩,文学们的反驳则是站不住脚的,因为无论亩积大小,都交纳三十分之一的田税,有多少地交多少税,每亩不过数升,即使凶年,这个数量也是微不足道的,按剥削率来说都轻于“什一而藉”,有什么理由恢复什一而藉制?《后汉书·南蛮传》云秦昭王时“复夷人顷田不租,十妻不算”。李贤注:“一户免其一顷田之税,虽有十妻,不输口算之钱。”“顷田”即一顷之田,其词例和“顷亩”相同,“顷亩”即一百亩。这正是制度使然。文学之所以提出批评,原因并不在于什么虽然三十税一却按亩数征税,而在于当时农民实有土地数和国家征税土地数不一致,这一点下文还要详说。

战国时期,采用提封田制计算耕地和田税总数,作为财政预算的基础,以掌握全国耕地总数和能征收的田税总数,而后责成各县,由县去组织生产,垦荒受田,每年年终即以年初预算的土地、田税、人口等指标课考各县政绩,是为上计〔1〕,目的是以课促垦,富国强兵。西汉虽然不存在授田制,但仍然保留着用提封田制计算耕地和田税的制度。《汉书·地理志》谓西汉元始元年有国土“地东西九千三百二里,南北万三千三百六十八里,提封田一万万四千五百一十三万六千四百五顷。其一万万二百五十二万八千八百八十九顷居邑道路、山川林泽,群不可垦;定垦田八百二十七万五百三十六顷”。这8 270 536顷是迄今所知的西汉最高垦田数。但是人们使用这个数字时,大都忽略了这样一个问题:这个数字不是乡里郡县逐级丈量统计出来的,而是用提封田的办法“定”出来的,即推算出来的,其计算方法和战国相同。“定垦田”的目的是定田税,从中正反映了西汉和战国征税方式的一致性。

二

众所周知,战国是土地国有制,在授田制之下,农民只要著名户籍就能领到土地,最少也是百亩之地,以顷征税,对国家来说名实相副,不存在征税亩数和实耕亩数背离的问题。其时人少地多,国家缺的是人口而不是土地,农民只要愿意总是有地可种的。但是,授田制又是国有制向私有制发展的过渡形态,土地一经授予就不再还授,长期固定于私人名下,久之即归私有。秦始

〔1〕 参阅拙文《论县制的发展与古代国家结构的演变》,《中国史研究》,1993年第1期;又见上揭田昌五、臧知非《周秦社会结构研究》第三章。

皇三十一年“使黔首自实田”〔1〕,在法律上承认土地私有的合法性,土地更成为私有财产的主体,土地兼并必然发生,必然有部分农民失去土地,而田税依然按户以顷征收,就产生了名不副实的问题,只是这个矛盾在秦朝和汉初尚不突出而已。

汉高祖五年,战乱甫定,即诏告天下,“复故爵田宅”〔2〕,承认秦朝各个阶级、各个阶层所占土地田产的合法性,使土地和人口重新结合,在当时来说,是耕者有其田的,使汉初得以按照秦朝版籍所示人地结合状况,根据现存人口征之以税。土地关系决定着赋税制度,汉初继续着秦朝的土地制度及其关系,必然沿用其田税征收方式。但随着经济的复苏,特别是工商业主势力的发展,土地兼并迅猛,农民破产流亡与日俱增,国家按籍征税困难重重,到汉武帝时成为最突出的社会问题。但汉武帝并没有从改变田税征收方式入手来解决这一问题,而是采用行政手段,打击土地兼并势力,试图使农民重返家园。汉武帝派刺史循行郡国,以六条问事,第一条就是“强宗豪右,田宅逾制,以强凌弱,以众暴寡”〔3〕。值得注意的是,这里的“田宅逾制”四字,“逾制”即超过了占田宅的制度规定。这个标准从何而来?在汉初的文献和出土资料中未见占田的具体规定,所逾之制,从逻辑上分析,只能是“复故爵田宅”时的数量和达官显贵们因功受封的数量标准。逾制之后,强宗豪右的实际占田数远远超出了原来的等级标准,却仍按原来的占田交税;而农民虽然无地却也要按旧制交纳,因收税不公导致社会矛盾的激化。汉武帝的一系列财政改革、整顿经济秩序的目的是增加国库收入,而不是还富于民。此举也不例外,因而虽然打击了“田宅逾制”之强宗豪右,但农民的占田并没有多大改观,税收方式依旧,重返家园者不多,这才有大规模的移民屯田,才导致了文学们的激烈批评,指出了“田虽三十而以顷亩出税”这一根本症结。

《盐铁论·未通》还记载了一段文学们对武帝的批评,云:

> “往者军阵数起,用度不足,以赀征赋,常取给见民;田家又被其劳,故不齐出于南亩也。大抵逋流皆在大家,吏正畏惮,不敢笃责;刻急细民,细民不堪,流亡远去。中家为之色出,后亡者为先亡者服事。录民数创于恶吏,故相仿效,去尤甚而就少愈多。”

以往人们在分析这段话时,大都认为这“大抵逋流皆在大家……后亡者为先亡者服事”云云是吏治败坏、赋役繁重的结果,这当然正确,但在明白了当时的田税征收方式之后就不难发现,仅此是不够的,农民之苦难除了官吏之恶以外,还有制度的原因。这“取给见民”者除了资产税之外当然包括了田税、

〔1〕《史记》卷六《秦始皇本纪》《集解》引徐广语,中华书局,1959年,第251页。

〔2〕《汉书》卷一《高帝纪》,第54页。

〔3〕《汉书》卷十九《百官公卿表》注引《汉官典职仪》,第741页。

人口税在内,而这两项在每年的财政预算时各个郡县都是有相应指标的(上计就是根据这些指标确定殿最的),国家只要求各郡县完成规定的数字,至于如何完成、每户农民具体交纳多少则不予过问;郡县长吏为了加官晋爵、保住乌纱帽,就弄虚作假,虚报垦田人口,汉武帝曾指责丞相石庆说"今流民愈多,计文不改"[1],人口已流亡他乡,上计时照旧呈报,田税口钱算赋也只好按计文的数字上交,只好"取给见民",赀算亦是如此。

众所周知,汉代极重视人口,原因就在于其时之各项赋税主要是依人口征收的。正因为如此,文学们才力主恢复"藉法"剥削。藉法剥削率虽然高于三十税一,但那是根据农民的实耕土地计算的,自耕百亩,耕公田十亩,人数与土地统一,可以避免三十税一之下的实耕亩数与纳税亩数背离的问题。王莽曾批评说:"汉氏减轻田租,三十而税一,常有更赋,罢癃咸出;而豪民侵陵,分田劫假。厥名三十,实什税伍也。"[2]以往解释,或谓这什税五是就并合田税和人口税、更赋言之,或谓为地主对农民的田租剥削率。明白上述道理之后,就能知道这什税五是相对于三十税一而言的,指的是田税,指的是农民实际交纳的田税相当于收获的十分之五,原因就在于实有土地远远少于征税亩数,外加地主的转嫁和官吏的追加。正是鉴于这一历史现实和思想背景,王莽代汉才试图恢复井田之法(王莽之井田与孟子井田有异)。尽管这只是一支违背客观规律的历史幻想曲,但确实是有的放矢,是想从根本上解决农民实有土地和纳税亩数背离的矛盾的。荀悦曾批评汉代的轻田税政策不利于农民,汉文帝的减免田税更无惠于农民,指出"官家之惠优于三代,豪强之暴酷于亡秦,是上惠不通,威福分于豪强也。文帝不正其本而务除租税,适足以资豪强也"[3]。文帝时的土地兼并尚不严重,减免田税对农民还是有一定益处的,只是文帝减免田税开"资豪强"之端绪而已,荀悦故批评之。以往论者多从吏治败坏、豪强横暴这一非制度因素考虑"上惠不通,威福分于豪强"的原因,现在是应该将这一原因和制度本身结合起来考虑的时候了,是制度使地方官吏们得以与豪强地主狼狈为奸、转嫁赋税以保障。

说到这里,以往对汉代亩制、亩产量认识的种种矛盾也都可以释然了。长期以来,人们大都认为五口之家、百亩之地是西汉小农的基本形态,但是《史记·陈丞相世家》谓陈平和他的兄嫂只有 30 亩地,湖北江陵凤凰山汉简记载的郑里 25 户农民共有地 617 亩,平均每户只有 24.7 亩,据《汉书·地理志》所记的垦田数(即按提封田法"定"出的垦田数)和户口数,每户也只有 67.61 亩,都不满百亩之数,因而有不少论者怀疑晁错说的"今农夫五口之家……其

〔1〕《汉书》卷四十六《石奋传》,第 2198 页。
〔2〕《汉书》卷九十九中《王莽传》中,第 4111 页。
〔3〕《通典》卷一《食货一》,四库全书本,上海古籍出版社,1987 年影印,第六零三册,第 16 页。

能耕者不过百亩,百亩之收不过百石"的可靠性。又有的论者根据两汉文献中有关亩产二石、三石、四石的种种记载,否定晁错的亩产一石之说,进而推论汉代田税在亩税六升、一斗、一斗五升以上。近来有的史家从亩积大小不同的角度对上述亩产量的不同作出解释,认为产量高低是亩积和土地肥瘠不同所致,把认识向前推进了一步。[1]但是,既然亩积有大小、产量有高低,那大小亩关系怎样?田税究竟是按小亩征收还是按大亩征收?对于这些,只有明白了汉代田税征收方式之后才能解答。

自春秋末年起,各国都曾改革田制,扩大亩积,就目前所见有一百六十步之亩、二百步之亩、二百四十步之亩、四百八十步之亩等,变动不居,无统一定制。但各国在用提封田法确定耕地总面积和田税总额时则用百步之亩。百步为亩,三百步为里,方里而井,方百里提封九万顷,这样计算起来,简便易行。至于农民在耕作中的亩积则因地制宜,因时因地而异。[2]这种制度在西汉前期并没有改变,依然是大小亩并行,晁错说的亩产一石之亩是小亩,是国家计算田税总额之亩,陈平所有之三十亩地、郑里各户所有之亩数则是实耕亩积,是大亩。郑里 25 户农民家贫无法下种,向政府借贷种粮,所需多少只能按实耕亩积计算。我们虽然不知道其实耕亩的步数,但肯定大于百步之亩是没有疑问的。明乎此,我们对《盐铁论 · 未通》御史说的"先帝哀怜百姓之愁苦,衣食不足,制田二百四十步而一亩"这句话也就好理解了。据银雀山汉简《孙子兵法 · 吴问》,早在春秋末年(起码是战国初期三晋)就已有二百四十步之亩,许慎《说文》则谓"秦田二百四十步为亩"。那么御史的"先帝……制田二百四十步而一亩"作何理解?谈汉代亩制者对此大都回避,有的则谓武帝始将二百四十步之亩推行全国,这显然与"制田"之"制"的意思不合。现在可以明白了,在武帝"制田二百四十步而一亩"之前,汉代是大小亩并存制,征税之亩和实耕之亩分离,至此,二者统一起来了,国家也按二百四十步之亩计算田税总额,而后分摊各郡征收。从理论上说,此举可以增加农民收入,但没有改变农民土地占有状况,征税方式不变,农民并没有得到多少好处,文学们才进行反驳。从此之后,百步之亩正式退出历史舞台,史籍所云此后之亩产均为大亩了。时间既久,人们逐步忘记小亩在西汉前期的功能,对晁错所云产生怀疑,以至于修正晁错的亩产一石之说,如荀悦《汉纪》在编录晁错这一段话时,就将"百亩之收不过百石"改为"百亩之收不过三百石"。即使不是荀悦所改,也是后人所篡,其原因均是认为大亩产量不止一石,今人怀疑就不足为怪了。

---

〔1〕 参见宁可《有关汉代农业生产的几个问题》,《北京师院学报》,1980 年第 3 期。
〔2〕 关于战国亩制,参阅上揭《周秦社会结构研究》第二章。

三

东汉立国之后，一方面，鉴于西汉田税征收方式本身所带来的弊端；另一方面，因战乱流离，长安几毁于战火，国家图籍档案毁亡不存，没有现成的田税档案可资利用，而豪强大姓又隐瞒土地，拒不交税，遂于建武十五年下令“度田”，清查土地。此举触动了地主豪强的切身利益，他们和地方长吏相互勾结，在度田过程中，“多为诈巧，不务实核，苟以度田为名，聚人田中，并度庐屋里落，聚人遮道啼呼”，河南尹张伋等十几个郡守长吏因此而被下狱处死。地主豪强乃公开起兵为乱，反对度田。刘秀采取武装镇压和分化瓦解相结合的方式，“遣使者下郡国，听群盗自相纠谪，五人共斩一人者除其罪”。牧守令长回避故纵之罪既往不咎，“但取获贼多少为殿最，唯避匿者乃罪之。于是更相追捕，贼并解散，徙其魁帅于它郡，赋田受禀，使安生业”[1]，终将度田令实施下去。尽管度田并不彻底，皇亲国戚、元老重臣的土地并没有核实清楚，但终使国家掌握了一个比较准确的土地数字，可以按占田状况征税了，地多者其税多，反之则少，农民的田税负担相对合理。西汉按户按顷征税的制度至此结束，而代之以按亩征税。东汉初年的土地占有状况是西汉末年的发展，土地集中更为严重，东汉政府并没有采取什么解决农民土地问题的措施，而社会矛盾却迅速缓和，生产恢复迅速，其原因固然多样，却与田税征收方式的改变、农民负担的减轻不能说没有关系。以往人们对刘秀度田的评价很低，认为这是一次不了了之的失败行动，没有查清地主豪强的土地状况就被迫草草收兵，反映了东汉政权是地主豪强的代表的阶级本质。这虽然有其理由，但失之偏狭，不仅忽视了刘秀虽然几经周折还是将度田令实施下去了这一基本史实(王公贵胄之隐瞒不报是历朝共有的，不能苛责于刘秀一人)，更没有看到度田令对田税征收方式的变革。现在是应该重新认识了。

东汉初年，无主荒地甚多，人口甚少，“度田”所得的耕地数量是有限的，随着人口增加，耕地必然增多。因而自光武以后，“度田”成为常制，现存的几组土地数字都是统计的结果。《后汉书·郡国志五》注引应劭《汉官仪》云，和帝元兴元年有垦田七百三十二万一百七十顷八十四亩四十步，安帝延光四年有垦田六百九十四万二千八百九十二顷一十三亩八十三步，顺帝建康元年有六百八十九万六千二百七十一顷五十六亩一百九十四步，冲帝永嘉元年有六百九十五万七千六百七十六顷二十亩百八步，质帝本初元年为六百九十三万一百二十三顷三十八亩。这里都精确到多少步，而不是像西汉那样只计算到顷，原因就在于统计方法不同：西汉是按提封田法计算的，只能精确到顷；东

[1] 《后汉书》卷一下《光武帝纪》下，中华书局，1965年，第67页。

汉是郡县乡里逐级实测统计的，能精确到步。当然，这两种方法所得出的数字都不精确，但其原因和后果则不相同。西汉是推定出来的，其数字要高于实耕亩数，因为推定亩数的目的是征税，在以课促垦思想的指导之下，只要课之以税，农民自会垦荒，为了保证税收，定出的垦田数绝不会低于实际耕地数而只会高出。东汉是统计出来的，要低于实耕亩数，因为地主豪强、达官显贵为逃避税收，必然千方百计隐瞒土地，地方官吏也不敢一一核实。由此，又引起我们对两汉垦田数字的重新认识。以往认为，东汉最高垦田数是和帝时期的七百三十二万一百七十顷八十四亩四十步，比西汉的八百二十七万五百三十六顷少九十五万零三百六十六顷，原因是东汉经济要弱于西汉。现在看来则不尽然，东汉的实际垦田数未必少于西汉，一个是夸大了的数字，一个是缩小了的数字，而非经济高低使然。

刘秀度田之后，即按农民实有土地纳税，依然是三十税一，但征税时国家并非每年逐一核实每户农民的实际亩产量而后按率税之，而是定出标准亩产和税额，执行的仍然是定额税，这一点和西汉相同。然而土质有优劣，产量有高低，依然存在着不公平，这种状况，直到章帝建初年间才于制度上有所改变。《后汉书·秦彭列传》云：

> “（秦彭为山阳太守时）兴起稻田数千顷，每于农月，亲度顷亩，分别肥瘠，差为三品，各立文簿，藏之乡县。于是奸吏跼蹐，无所容诈。彭乃上言，宜令天下齐同其制。诏书以其所立条式，班令三府，并下州郡。”

秦彭亲自核实土地，根据土质优劣分为三等，确定每等土地的田税额，三等土地的平均税额和国家税额相同就行了，从而限制了地方官吏的舞弊行为，获得章帝的肯定并推行全国，成为定制。《后汉书·百官志》云，东汉乡啬夫之职是“主知民善恶，为役先后；知民贫富，为赋多少，平其差品”。这“知民贫富，为赋多少，平其差品”是包含征收田税在内的。西汉的乡啬夫职能远没有这样复杂，仅谓“啬夫职听讼，收赋税”。出现这样的差异，怕不是前、后汉书记载的详略不同所致，而是东汉制度比西汉严密的结果，像“平其差品”“各立文簿，藏之乡县”就是西汉所没有的。许慎在《五经异义》中讨论《周礼》的田制时曾以汉制为喻，谓“汉制收租，田有上中下，与《周礼》同义”。这儿的上中下即指秦彭所立之条式，是指东汉章帝后的制度。郑玄认为许慎之说非是，批评说：“汉无授田之法，富者贵美且多，贫者贱薄且少，美薄之收不通相倍蓰，而云‘上中下也与周礼同义’未之思也。”[1]今人多是郑说，以为许说不可信，实系不了解东汉税收方式之故。汉代虽无授田制，但田分差等非授田制所专有；在授田制之下田分三等的目的是以土地数量调节其质量的差异。许

---

〔1〕《周礼·地官·载师》贾公彦疏引，中华书局影印，1980年，第726页。

慎则是指收税而言,分为三品的目的是确定每品土地税额的高低,种上地者其税高,下地则少,上中下平均符合国家标准税额就行了。郑玄拘泥于《周礼》,而非许慎,今人又是郑说,都应予纠正。[1]

秦彭所立条式,在其执行之初确能收一些效果,但随着时间的推移,这些措施势必走向反面,乡啬夫等基层官吏在确定土地高下过程中只能按地主豪强的意思办事,颠倒黑白,以劣为优,转嫁田税于农民,"横税弱人"。到东汉末期,乡里政权已十分涣散,根本起不到"知民善恶,为役先后;知民贫富,为赋多少,平其差品"的作用,部分长吏为稳定社会秩序,保证税收正常进行,只好采用"结单"的形式组织农民自治,如《酸枣令刘熊碑》谓刘熊到官"愍令烝民,劳苦不均,为作正弹,造设门更,富者不独逸乐,贫者不独□□□顺四时"等。然而"单"的组织和功能毕竟有限,"富者不独逸乐"只能就单内成员而言,势家大族是不受约束的[2],官吏依然"横税弱人"。这正说明了当时基层政权的破坏和农民田税赋役负担之重,荀悦说的"官家之惠优于三代,豪强之暴,酷于亡秦"实际上也是指东汉,指豪强把持地方政权"横税弱人";王莽所说的"厥名三十,实什税伍也"不仅是西汉末年的事,到东汉末年也是如此。因此之故,曹操才于建安九年明确规定"其收田租,亩四升,户出绢二匹,绵二斤而已,他不得擅兴发",取消"平其差品"、田分等差的制度,以避免"下民贫弱,代出租赋"[3]。这看上去和汉制相同,特别是亩税四升,和人们认为的汉代亩税三升没有什么差异,但曹操的亩税四升和汉制区别是明显的,既不同于西汉的以顷征税,又取消了东汉的"田有上中下"之别,中国的田税制度已发展到一个新的阶段了。

---

〔1〕 持郑说者见钱剑夫《秦汉赋役制度考略》,湖北人民出版社,1984年,第29页。

〔2〕 高文:《汉碑集释》,河南大学出版社,1985年,第213页。关于"单"(又作"惮""弹")的性质,学界有分歧,笔者以为"单"是在汉末基层政权瓦解的情况下,基层民众的自治组织。

〔3〕《三国志》卷一《魏书·武帝纪》裴注引《魏书》,中华书局,1959年,第26页。

西汉授田制度与田税征收方式新证*

——对张家山汉简的初步研究

授田制度是战国通例，而以商鞅变法以后的秦国最为典型。统一之后，秦始皇整齐制度，把六国的授田制度统一于秦制之下，云梦秦简《田律》的“入顷刍稿，以其受田之数，无垦不垦，顷入刍三石，稿二石”[1]云云就是秦统一以后的通制。这“受田之数”就是指授予农民的土地数。农民从官府领取土地之后，无论种与不种、收成如何，都要按照每顷刍三石、稿二石的标准缴纳刍、稿。从法权的角度看，这是土地国有制。董仲舒说的“至秦则不然，用商鞅之法，改帝王之制，除井田，民得买卖，富者田连阡陌，贫者无立锥之地”[2]云云系过秦之词，而非自商鞅以来就实行土地私有制。这已是学界的共识，无须赘言。[3]但是，有秦一代是否都严格实行授田制度？董仲舒所云有否秦代的史影？这些依然是悬而未决的问题。秦始皇三十一年曾“使黔首自实田”[4]。对此，学术界有两种解释：一是使农民“自行申报所占土地的数量”，国家承认其所申报的土地为合法占有，释“实”为“据实申报”，这是大多数学者的看法[5]；二是允许农民自由开垦、占有土地，释“实”为充实的意思[6]。果真如此，无论按哪一种解释，均说明从此以后国家放弃了对土地的严格控制，农民可以自由垦田了。农民垦荒也好、纳税也好，不必“以受田之数”按顷交纳，而是按实耕地进行了，授田制度退出了历史的舞台。但是，“使黔首自实田”系《集解》引徐广语，只是孤证，是否是特指，有无其他限定，上述理解是否符合事实，显然还需

---

* 原刊《江海学刊》2003年第3期。

〔1〕 睡虎地秦墓竹简整理小组：《睡虎地秦墓竹简》，文物出版社，1978年（下同），第27—28页。

〔2〕《汉书》卷二十四《食货志》，中华书局，1962年（下同），第1137页。

〔3〕 参见吴荣曾：《战国授田制研究》，《思想战线》，1989年第3期；杜绍顺：《关于秦代土地所有制的几个问题》，《华南师范大学学报》，1984年第3期；李瑞兰：《战国时代国家授田制的由来、特征及作用》，《天津师大学报》，1985年第3期；林甘泉、童超：《中国封建土地制度史》第一卷，中国社会科学出版社，1990年，第84—94，102—118页；田昌五、臧知非：《周秦社会结构研究》，西北大学出版社，1996、1998年，第125—160页。

〔4〕《史记》卷六《秦始皇本纪》，中华书局，1959年（下同），第239页。

〔5〕 具有代表性的论著如林剑鸣：《秦汉史》（上），上海人民出版社，1989年，第121页；林甘泉、童超：《中国封建土地制度史》第一卷，中国社会科学出版社，1990年，第125页。

〔6〕 田昌五、臧知非：《周秦社会结构研究》，西北大学出版社，1996、1998年，第158—159页。

要进一步研究。

秦亡汉兴,刘邦称帝伊始曾下一道著名的"复故爵田宅"诏,其文云:

"民前或相聚保山泽,不书名数。今天下已定,令各归其县,复故爵田宅,吏以文法教训辨告,勿笞辱。民以饥饿自卖为人奴婢者,皆免为庶人。军吏卒会赦,其亡罪而亡爵及不满大夫者,皆赐爵为大夫。故大夫以上,赐爵各一级,其七大夫以上,皆令食邑;非七大夫以下,皆复其身及户,勿事……"〔1〕

这段话共有三项内容:一是令逃亡山林的流民回归原籍,登记入籍,恢复其原来的(也就是在秦朝的)爵位田宅;二是把那些因饥饿沦为奴隶的人免为庶人;三是提高军吏卒的爵级及待遇。这标志着西汉全面继承了秦朝的土地制度和军功爵制度,不仅承认秦朝的故爵田宅为合法,而且继续推行军功赐田制。众所周知,秦朝的军功赐田是在授田之外增加土地数量以酬其功的,继续推行军功爵制也就意味着继续执行授田制;即使秦始皇因"使黔首自实田"而废弃了授田制,刘邦"复故爵田宅"之后也予以恢复,西汉继续执行授田制度,那些有爵位者可以因此而增加土地,没有爵位的庶人则向官府领取土地。遗憾的是,长期以来,因缺乏直接的史料,对此难以肯定。张家山汉简的面世终使真相大白于天下。

一、土地还授的一般规定

张家山汉简《二年律令·田律》(以下引《二年律令》律文只出篇名)云:

"田不可田者,勿行,当受田者欲受,许之。"

"田不可垦而欲归,毋受偿者,许之。"〔2〕

律文的"行"即授予,"勿行"即不要把不可垦的土地授给农民。《吕氏春秋·乐成》谓"魏氏之行田也百亩,邺独二百亩,是田恶也"。律文之"行"与"行田"之"行"同意。按《汉书·地理志》,汉代把土地分为已垦、可垦而未垦、不可垦三类,不可垦之地包括山川林泽居邑道路,授给农民的是已垦和可垦地;但是,允许农民自愿接受不可垦的土地,如果无法经营,可以再归还政府,但不得要求补偿。授田的基本标准是每夫百亩,有军功者按爵位高低依次增加。《户律》规定(律文中个别异体字、通假字,均隶定为今体字,下引律文同):

"关内侯九十五顷,大庶长九十顷,驷车庶长八十八顷,大上造八十六顷,少上造八十四顷,右更八十二顷,中更八十顷,左更七十八顷,右庶长七十六顷,左庶长七十四顷,五大夫廿五顷,公乘廿顷,公大夫九顷,官大夫七

〔1〕《汉书》卷一《高帝纪》,第54页。

〔2〕张家山二四七号汉墓竹简整理小组:《张家山汉墓竹简(二四七号墓)》,文物出版社,2001年(下同),第165、166页。

顷，大夫五顷，不更四顷，簪袅三顷，上造二顷，公士一顷半顷，公卒、士五(伍)、庶人各一顷，司寇、隐官各五十亩。不幸死者，令其后先择田，乃行其余。他子男欲为户，以为其□田予之。其已前为户而毋田宅，田宅不盈，得以盈。宅不比，不得。”〔1〕

这段律文规定了各个等级的占田标准和授田次序。按社会等级可分为三大类别：军功爵者、庶人、特殊人群。汉初，继续执行商鞅变法时所推行的“名尊卑爵制等级各以差次，名田宅臣妾衣服以家次”〔2〕的制度，第一级公士可占田一顷半，第十九级占田九十五顷。从第一级到第十九级之间又分为三个大的级差：从关内侯到左庶长是高爵，级差两顷；从左庶长到公大夫为第二个级差，级差悬殊，五大夫较左庶长一级之差占田少四十九顷，公乘较五大夫少五顷，公大夫较公乘少十一顷；公大夫以下大约就是低爵了，级差也是二顷。公卒、士伍、庶人的身份应有所区别，但在占田数量上都是一顷；司寇、隐官是特殊人群，较庶人减半占田。授田时，要让死者的继承人(律文的“后”即法定继承人)优先选择土地，以示对其不幸的同情，然后再依次授予他人。如果分居立户，即从其原来家庭所占的土地中分割授予(律文“他子男欲为户，以为其□田予之”，“田”之前缺文，含义不明，但从逻辑上分析应是其原家庭所占有的土地，随着立户分居而分割)。那些虽然立户而无田宅或者占田不足者，依律授足；住宅不足者就不再补了。根据《户律》，住宅面积方三十步为一宅，按身份等级分配，其等级级差与土地相同，不同的是多了第二十级彻侯，其授予数量是一百五十宅，其余关内侯、大庶长以下至庶人所授宅数和土地顷数相同。〔3〕在先秦诸子心目中，理想的田宅比例是百亩田、五亩宅，商鞅变法执行的是百亩田、九亩宅。〔4〕而西汉沿袭商鞅的授田百亩的同时大大减少了住宅面积，只有方三十步了。

如所周知，二十级军功爵制施行于秦，统一之初有爵位者主要是原秦国人，关东地区的绝大多数人口，无论是六国官僚贵族还是富商巨贾，通通成为庶人；刘邦虽然率关东子弟也就是所谓的“诸侯子”起义反秦，但其统一天下依靠的是秦人之力，其所授军功爵的主体自然以秦人为主，这是其继承秦制、“复故爵田宅”的原因之一。也就是说，汉初有军公爵的特权阶层只占全国人口的一小部分，主要是随刘邦入关的“诸侯子”和帮助刘邦统一天下的秦人，绝大多数人口如关东地区的社会各阶层都在庶人之列，他们的授田标准都是一顷。军公爵者的授田就是在这一标准之上依次增加的。

---

〔1〕《张家山汉墓竹简(二四七号墓)》，第175—176页。

〔2〕《史记》卷六十八《商君列传》，第230页。

〔3〕《张家山汉墓竹简(二四七号墓)》，第176页。

〔4〕《周秦社会结构研究》，第125—132页。

需要指出的是,先秦时代的百亩之田、五亩之宅指的是百步之亩,而西汉则是二百四十步之亩。西汉《田律》对田亩面积、形制、阡陌系统有着明确的规定,其文云:

“田广一步,袤二百四十步,为畛,亩二畛,一佰(陌)道;百亩为顷,十顷一千(阡)道,道广二丈。恒以秋七月除千(阡)佰(陌)之大草,九月大除道□阪险;十月为桥,修波(陂)堤,利津梁。虽非除道之时而有陷败不可行,辄为之。乡部主邑中道,田主田道。道有败不可行者,罚其啬夫、吏主者黄金各二两。”〔1〕

这是秦朝制度的延续而有所完善。秦武王二年(前309年)曾颁布《更修为田律》,其文云:

“田广一步,袤八则为畛。亩二畛,一百(陌)道。百亩为顷,一千(阡)道。道广三步。封高四尺,大称其高。埒高尺,下厚二尺。以秋八月,修封埒,正强(疆)畔,有殳(芟)千百(阡陌)之大草。九月,大除道及阪险。十月,为桥,修波(陂)隄,利津梁,鲜草篱(离)。非除道之时而有陷败不可行,辄为之。”〔2〕

比较二者律文,《二年律令》之《田律》显然是秦武王《更修为田律》的修订版,其田间阡陌系统较秦减去封、埒的设置,更加明确了基层官吏维护阡陌系统的责任,对亩积的规定更加简明,以往对秦律的亩积究竟是多少步的种种疑问,如秦律“畛”究竟是田间小道还是亩积单位,“亩”究竟是二百四十步之亩还是四百八十步之亩,等等〔3〕,现在可以释然了,律文之“畛”是田间小道而非亩积单位,秦武王《更修为田律》之亩是二百四十步之亩而非四百八十步之亩。

关于授田亩数,还有一点要做说明,这就是不同土质、不同产量的土地的授予顷数问题。《田律》规定“田不可田者,毋行,当受田者欲授,许之”。但是,已垦、可垦、不可垦三者土地质量、产量、劳动量是不一样的,而税收都是按顷征收(详下)。那么,这些受田民为什么会要求授予那些“不可垦”之地呢?授予良田是每夫一顷,授予可垦而未垦地和不可垦的土地是否也是按照每夫一顷的标准执行?答案显然是否定的。如果都按照每夫一顷标准授田,

〔1〕《张家山汉墓竹简(二四七号墓)》,第166页。

〔2〕四川省博物馆、青川县文化馆:《青川县出土秦更修田律木牍》,《文物》,1982年第1期;李均明、何双全编:《散见简牍合辑》,文物出版社,1990年,第51页。研究者对牍文释读有异,本文综合四川省博物馆、青川县文化馆《青川县出土秦更修为田律木牍》和李均明释文而引。

〔3〕学术界对青川秦牍田亩制度争议较大,多数学者认为是二百四十步之亩,对其形制则见仁见智,主要有:于豪亮:《释青川秦墓木牍》;李昭和:《青川出土木牍文字简考》,俱刊《文物》1982年第1期。杨宽:《释青川秦牍的田亩制度》,《文物》,1982年第7期;李学勤:《青川郝家坪木牍研究》,《文物》,1982年第10期。认为是四百八十步之亩者,见胡平生:《解读青川秦墓木牍的一把钥匙》,《文史》,第26辑。

那些未垦地、不可垦之地谁也不会接受，也不存在“当受田者欲受”的可能性，这条规定也就失去了意义。唯一合理的解释是法律所规定的每夫一顷的土地是指国家规定的标准良田，对于那些劣质土地、可垦而未垦地、不可垦之地则增加授田数量以调节其质量的差异，良田者按标准授予，否则增加授田数量，或加倍、再倍以至于三倍五倍等，具体多少视情况而定。这是战国授田的普遍制度〔1〕，西汉亦然。因此之故，农民才会接受那些劣质地和未垦地，才会有人主动要求授予“不可垦”之地。因为这些“不可垦”的土地固然不宜农耕，但它拥有丰富的自然资源，可以从事经济作物种植，可以从事畜牧业、矿冶业，而田税负担则按照良田数量计征，所获回报远大于农耕，所以才会有人主动要求授予。

如所周知，战国授田制又称为名田制，就是商鞅变法推行的“名田宅臣妾衣服以家次”的制度。其特点是首先严格户籍制度，再依名籍授田，有名于上，则有田于下，然后循名责实以收田税(租)。西汉授田也是如此。《户律》对此有明确规定，云：

> “……未受田宅者，乡部以其为户先后次次编之，久为右。久等，以爵先后。有籍县官田宅，上其廷，令辄以次行之。”〔2〕

乡是县政府的派出机构，具体负责土地授予等事宜。授田时，按立户先后为序，在立户时间相同的条件下再以爵位高低为序，即爵位高者先授，爵位低者次之，都要根据上报县官的户籍次序进行。不注名户籍、冒用他人户籍或代替他人占田者则课以重罚。《户律》又云：

> “诸不为户，有田宅，附令人名，及为人名田宅者，皆令以卒戍边二岁，没入田宅县官。为人名田宅，能先告，除其罪，有(又)畀之所名田宅，它如律令。”〔3〕

不立户占田、代替他人占田者，不仅要被收回土地，而且要戍边二岁。如果主动坦白为他人占田的行为则既往不咎并承认其所占土地合法。

正因为授田以户口为基础，故《户律》对年龄登记、户籍管理有着严密的规定：

> “民皆自占年，小未能自占，而毋父母、同产为占者，吏以□比定其年。自占、占子、同产年，不以实三岁以上，皆耐。产子者恒以户时占其……”〔4〕

“自占年”即自己申报年龄，因年幼不能自己申报者由父母兄弟代为申报，无

〔1〕 臧知非：《“相地而衰征”新探——兼谈春秋战国时期田税征收方式》，见本集。

〔2〕《张家山汉墓竹简(二四七号墓)》，第176页。

〔3〕《张家山汉墓竹简(二四七号墓)》，第177页。

〔4〕《张家山汉墓竹简(二四七号墓)》，第177页。

父母兄弟者由基层官吏推定其年龄，谎报达三岁者则处以耐刑。百姓产子则在每年统一办理户籍(即“户时”)时申报户口。所谓的“户时”即每年八月统一办理户籍的时间，主要由乡部官吏具体负责，《户律》云：

“恒以八月令乡部啬夫、吏、令史相襍案户籍，副臧(藏)其廷。有移徙者，辄移户及年籍爵细徙所，并封。留弗移，移不并封，及实不徙数盈十日，皆罚金四两；数在所正、典弗告，与同罪。乡部啬夫、吏主及案户者弗得，罚金各一两。”

“民欲别为户者，皆以八月户时，非户时毋许。”〔1〕

按律文，乡部官吏每年八月都要核校人口、办理新户和户口迁移手续，审定户籍档案。不按时办理者，“罚金四两”；里正、里典知情不报，“与同罪”。这些档案包括每户的人口数量、年龄、户主、田宅数量及其位置顺序、租税数量等内容。所有这些，都要按其性质分别立籍，统一报到县廷收藏。《户律》对此有详细的规定：

“民宅园户籍、年细籍、田比地籍、田命籍、田租籍，谨副上县廷，皆以箧若匣匮盛，缄闭，以令若丞、官啬夫印封，独别为府，封府户；节(即)有当治为者，令史、吏主者完封奏(凑)令若丞印，啬夫发，即襍治为；臧(藏)□已，辄复缄闭封臧(藏)，不从律者罚金各四两。其或为诈伪，有增减也，而弗能得，赎耐。”〔2〕

这宅园户籍、年细籍、田比地籍、田命籍、田租籍由乡部官吏登记完成交由县廷专门官吏保管，责任明确。以往我们对汉代户籍制度的了解仅限于居延汉简戍卒名籍簿的格式和内容，据此可知汉代的户籍制度要复杂得多。所有这一切，都是和当时的授田制度分不开的。

二、授田的继承、买卖及其私有化

战国和秦朝授田的目的是保证国家税源，土地一经授予是不再收回的，农民在按规定的数量交纳租税的同时，可以世袭，也可以赠予转让，可以买卖。因而这种授田制度又是土地国有制向私有制的过渡形态，只是在战国和秦朝，其私有化的进程才刚刚开始而已，土地买卖现象尚不普遍。〔3〕西汉推行授田制的同时，对土地的转让、继承、买卖作出了相应的规定，既使土地买卖规范化，也加速了土地私有化的进程。先谈土地继承问题。

按身份，西汉可以分为军功爵者和庶民两大阶级。对军功爵者而言，土地继承隶属于身份继承，采用的是法定继承制，其原则是降级不均等继承。

〔1〕《张家山汉墓竹简(二四七号墓)》，第177－178页，179页。

〔2〕《张家山汉墓竹简(二四七号墓)》，第178页。

〔3〕《周秦社会结构研究》，第155－157页。

诸子中确定一人为“后”，继承被继承人的部分爵位及其土地，其余诸子所继承的爵级和土地则少于“后子”。《置后律》云：

“疾死置后者，彻侯后子为彻侯，其毋适（嫡）子，以孺子□□□子。关内侯后子为关内侯，卿圆后团为公乘，[五大夫]后子为公大夫，公乘后子为官大夫，公大夫后子为大夫，官大夫后子为不更，大夫后子为簪裹，不更后子为上造，簪裹后子为公士，其毋适（嫡）子，以下妻子、偏妻子。”〔1〕

《傅律》云：

“不为后而傅者，关内侯子二人为不更，它子为簪裹；卿子二人为不更，它子为上造；五大夫子二人为簪裹，它子为上造；公乘、公大夫子二人为上造，它子为公士；官大夫及大夫子为公士；不更至上造子为公卒。”〔2〕

律文的“后”即后子——法定继承人，每一个被继承人只能有一个“后子”；“卿”是大庶长至左庶长的通称。除了列侯和关内侯的爵位由其“后子”世袭罔替之外，其余各爵级之“后子”均降级继承。“后子”的其他兄弟“傅”（即成年以后），最高爵位是不更，低者为公士；兄弟多者，有两人的爵级高出一级，其余再降级继承。从法理上说，继承是在被继承人死亡之后发生的权利和财产的转移与分割，被继承人没有死亡就不存在继承的问题。律文规定“不为后而傅者”就可以拥有爵位，实际上是把继承期待变为继承事实，不过这些“不为后而傅者”所获得的爵位及相应的田宅，可能是国家另外赐予的，以示对军功之士的优抚。

对于普通庶人而言，不存在爵位继承问题，其纯粹的财产继承则有协商继承和遗嘱继承两种方式。《户律》云：

“诸（?）后欲分父母、子、同产、主母、假母，及主母、假母欲分蘖子、假子田以为户者，皆许之。”〔3〕

这实际上是协商继承，“诸后”欲析产分居者，无论是动产如奴婢、牲畜，还是不动产如土地，只要彼此同意，官府都是允许的，在户籍上注明就行了。被继承人若立遗嘱，则由官府主持，按法定程序进行。《户律》云：

“民欲先令相分田宅、奴婢、财物，乡部啬夫身听其令，皆参办券书之，辄上如户籍。有争者以券书从事；毋券书，毋听。所分田宅，不为户，得有之，至八月书户。留难先令、弗为券书，罚金一两。”〔4〕

〔1〕《张家山汉墓竹简（二四七号墓）》，第182—183页。
〔2〕《张家山汉墓竹简（二四七号墓）》，第182页。
〔3〕《张家山汉墓竹简（二四七号墓）》，第178—179页。
〔4〕《张家山汉墓竹简（二四七号墓）》，第178页。

"先令"即遗嘱,遗嘱在乡部啬夫等基层官吏的参与和主持下建立,写在可分为三份的券书(即"参半券书")上,立遗嘱人自留一份,乡和县各藏一份,以防止篡改。家产分割如有争执则按遗嘱执行;没有遗嘱者,不予理会。所分田宅无论是否立户,均归其所有,还没有单独立户的到八月再行立户手续。如果乡部啬夫"留难先令、弗为券书",则"罚金一两"。江苏仪征胥浦西汉墓曾出土平帝元始年间关于土地继承的"先令"券书一件,说明上述的遗嘱继承制起码到西汉末年都在实行。现引如下:

"元始五年九月壬辰朔辛丑(亥),□高都里朱凌(庐)居新安里。甚疾其死,故请县、乡三老,都乡有秩、佐、里师、田谭等为先令券书。凌自言:有三父(夫),子男女六人,皆不同父。(欲)令子各知其父家次,子女以君、子真、子方、仙君,父为朱孙;弟公文,父吴衰近君;女弟弱君,父曲阿病长实。

妪言:公文年十五去家自出为姓,遂居外,未尝持一钱来归。妪予子真、子方自为产业。子女仙君、弱君等贫,毋产业。五年四月十日,妪以稻田一处、桑田二处分予弱君,波(陂)田一处分予仙君,于至十二月。公文伤人为徒,贫无产业。于至十二月十一日,仙君、弱君各归田于妪,让于公文。妪即受田,以田分予公文:稻田二处、桑田二处;田界易如故,公文不得移卖田予他人。时任知者:里师、伍人谭等及亲属孔聚、田文、满真。先令券书明白,可以从事。"〔1〕

这份"先令券书"按法定程序建立,由县乡三老和乡里基层官吏主持,有亲属、邻里参与,因而具有法律效力。该"先令"云户主朱凌先后有三个丈夫,共生有三男公文、真、方和三女以君、弱君、仙君。公文十五岁时即"自出为姓"——大约是入赘女方,和家中素无经济往来;其余二子真、方均"自为产业",即单独立户;三个女儿已经出嫁,但"贫无产业"。朱凌乃以"稻田一处、桑田二处分予弱君,波(陂)田一处分予仙君"。后公文犯罪家贫,弱君、仙君把分得的土地还回给母亲,"让于公文"。朱凌遂将"稻田二处、桑田二处"分给公文并约定"公文不得移卖田予他人"。这说明户主朱凌生前与其子女是分居的,朱凌有财产处分权,其子、女均有财产继承权;土地分予子女之后,子女有权出卖土地。券书之所以约定"公文不得移卖田予他人"是因为公文自十五岁"出为姓"后与母亲、兄妹一直没有往来,与其母亲兄妹已不是一个家庭,本来没有土地继承权,在其犯罪家贫无以为生的情况下,按照《户律》"子谒归户,许之"〔2〕的规定才回到母亲家,其获得的"稻田二处、桑田二处"本是

〔1〕扬州博物馆:《江苏仪征胥浦 101 号汉墓》;陈平、王勤金:《仪征胥浦 101 号西汉墓先令券书初考》,《文物》,1987 年第 1 期,《散见简牍合辑》,第 105—106 页。

〔2〕《张家山汉墓竹简(二四七号墓)》,第 179 页。

其姐妹的土地，属于非正常继承，具有临时济贫性质，故约定不得卖与他人。若是正常继承则有完全的买卖权。当然，因为农民的土地均受自于官府，买卖要有相应的规范与程序。

关于土地买卖、转让的条件，汉律有着明确的规定。《户律》云：

"受田宅，予人若卖宅，不得更受。"

"代户、贸卖田宅，乡部、田啬夫、吏留弗为定籍，盈一日，罚金各二两。"〔1〕

农民可以把所受田宅赠人和买卖，但不能重新受田；买卖土地要由基层官吏办理相关手续，乡啬夫、田啬夫等主管小吏拖延不办则受罚，说明国家对土地买卖的保护和支持。当然，这些主管官吏不仅仅是办个手续那么简单，他们还要审查土地买卖是否合法。《户律》云：

"欲益买宅，不比其宅者，毋许。为吏及官皇帝，得买舍室。"

"孙为户，与大父母居，养之不善，令孙且外居，令大父母居其室，食其田，使其奴婢，毋贸卖。孙死，其母而代为户。令毋敢遂（逐）夫父母及入赘，及道外取其子财。"〔2〕

《置后律》有云：

"寡为户后，予田宅，比子为后者爵。其不当为户后，而欲为户以受杀田宅，许以庶人予田宅，毋子，其夫；夫毋子，其夫而代为户。夫同产及子有与同居数者，令毋贸卖田宅及入赘。其出为人妻若死，令以次代户。"〔3〕

上举律文说明对土地买卖有两点限制。第一，除现任官吏外，购买住宅必须符合身份等级要求，现有住宅没有达到等级标准的，可以买足，但不得超过。第二，只有户主拥有田宅的全部处置权。律文列举的两种情况都说明了这一点。上举《户律》规定，孙为户主，因为不尽或者没有完全尽到赡养祖父母的义务而被责令出户居住，其祖父母对其土地财产只有使用权而不能"贸卖"；子死，其母代为户主后，也不得驱逐其公婆、不得招夫，不得以其他方式转移财产。《置后律》规定，寡妇为"后"而无子，其夫代为户主；其夫之兄弟姐妹及其子女虽然与其夫同居共财，都是同一家庭成员，但无权买卖土地。这既保护了户主的财产处分权，又照顾到继承权利和义务相一致的原则，也说明汉代既保护土地私有权，同时也规范土地买卖，使土地买卖秩序化。

明白了上述土地制度及土地政策之后，可以进一步理解汉初土地兼并的发展特别是商人地主兴起的原因了。由于按等级占田，大大小小的军功地主

〔1〕《张家山汉墓竹简（二四七号墓）》，第177页。

〔2〕《张家山汉墓竹简（二四七号墓）》，第177—179页。

〔3〕《张家山汉墓竹简（二四七号墓）》，第185页。

可以凭借其政治经济特权巧取豪夺庶民的土地，如萧何之强买民田虽然是为了消除刘邦的怀疑，但正说明此类事件的普遍；由于只限制购买住宅而不限制购买土地，那些隶名市籍的商人自然因其富厚大肆购买土地，改变其社会地位。而在授田过程中，那些有商品意识或者有其他技能的“庶人”则选择山川林泽以经营经济作物种植，从事畜牧业或者矿冶业而成为富甲一方的工商业主，转而兼并农民。农民从政府所获得的土地难以长久维持而迅速地破产。董仲舒说的“富者田连阡陌，贫者无立锥之地”正是这一历史图景的真实写照，而个体农民的迅速破产和田税征收方式又有着直接的联系。

三、田税征收方式新证

上举云梦秦简已说明秦朝的刍、稿按顷征收，农民受田之后，无论耕种与否，收成如何，都要按顷交纳三石刍、二石稿。西汉在继承秦朝的授田制度的同时也延续了秦朝的按顷计征刍稿的制度。《田律》云：

> “入顷刍稿，顷入刍三石；上郡地恶，顷入刍二石；稿皆二石。令各入其岁所有，毋入陈，不从令者罚黄金四两。收入刍稿，县各度一岁用刍稿，足其县用，其余令顷入五十五钱以当刍稿。刍一石当十五钱，稿一石当五钱。”
>
> “刍稿即贵于律，以入刍稿时平贾(价)入钱。”
>
> “卿以下，五月户出赋钱十六钱，十月户出刍一石，足其县用，余以入顷刍律入钱。”〔1〕

比较上举律文，西汉在继承秦朝按顷计征刍稿制度的同时，又增加了五项内容。第一，根据土地质量，调整每顷刍稿数额，如上郡地恶，每顷少收刍一石即是一例。第二，进一步规定刍稿只收新收获的庄稼茎叶，否则罚金。第三，实物和货币并举，二者比例由各县根据需要自行确定；收货币时每顷为五十五钱；刍一石折合十五钱，稿一石折五钱。第四，当刍稿市场价高于法律规定的价格时，按“平价”折合交纳。第五，明确规定刍稿按户收取，凡是“卿以下”——大庶长以下的所有人等“十月户出刍一石，足其县用，余以入顷刍律入钱”，这“顷刍律”就是“令顷入五十五钱以当刍稿”，具体折算标准是“刍一石当十五钱，稿一石当五钱”和“刍稿即贵于律，以入刍稿时平贾(价)入钱”的规定缴刍稿钱。

现在首先要辨明刍稿和谷物是否都属于田税。按云梦秦简，秦朝以土地为基础征收的实物共有禾、刍、稿三种，秦简《田律》有云“禾、刍、稿撤木荐，辄上石数县廷”，《仓律》有云“禾、刍、稿积索出日，上赢，不备县廷……”〔2〕等

〔1〕《张家山汉墓竹简(二四七号墓)》，第165—166，168页。
〔2〕《睡虎地秦墓竹简》，第28、39页。

等,均以禾、刍、稿并举,就是因为三者均以土地为基础,都是田税的构成部分。两汉时代,也是如此,文献中总是把刍、稿和谷物并举或者将田租和稿税并提的原因就在这里。如《汉书·贡禹传》谓“农夫父子,暴露于中野,不避寒暑,锄草耙土,手足胼胝。已奉谷租,又出稿税。乡部私求,不可胜供”。王充《论衡·谢短》批评文吏只知道按章办事、不能“究达其义”时云:“古人井田,民为公家耕,今量租刍,何意?”李贤注《后汉书》引《汉官》云“王者以租税为公用,山泽陂池之税以供王之私用”,又引《汉官仪》云“田租、刍稿以给经用”[1]。显然,《汉官》所说的租税就是《汉官仪》的“田租刍稿”。田租和刍稿并列,说明刍稿和田租一样,都是以土地为税基的正式税种,从法理上说,刍稿是田租的组成部分,而不是如学者所说的刍稿只是土地的附加税。正因为如此,在遇到自然灾害,历代君王在减免田租时,都是田租、刍稿并提。这在两汉书中比比皆是,无须赘举。要说明的是,文献中的“田租”和刍稿相对而言,“田租”指谷物,刍稿是茎叶。而在经济学的意义上,谷物、刍、稿的征收基础都是土地,是田租的三种实物形态;在土地私有化之后,农民所交纳的谷物、刍、稿在法理上都是田税而不是田租,古人租、税不分,往往以租指税,故予以说明。

既然刍、稿和谷物都是田税,因用途不同而分开征收,那么,刍、稿按顷定额,谷物也应是按顷定额。换言之,西汉的田税都是按顷计算的,土地一经授予,无论种与不种,产量高低,都要按其受田数,以顷为单位交纳固定数量的田税。这种计税方式在操作层面上虽然简单,但其弊端是显而易见的:在人少地多、国家有充足的土地能够保证授田的需要、农民最少都能拥有一顷之地的条件之下,农民的田税负担才是合理的,也确实能起到以授促垦的作用;但是,随着土地私有化的发展,农民破产严重,必然发生农民交纳的田税数额和实际拥有的土地数量背离的问题,不足一顷也要交纳一顷地的田税,农民的田税负担就沉重得多。尽管在土地转移时法律规定地方官吏要及时办理更籍手续,以使田租籍和地籍同步转移,但是,在实际执行过程中,地主豪强勾结官府、转嫁田税,地多者少交或者不交田税,地少者甚至无地者必须如数交纳,这些事实是普遍存在的,农民的历史命运就可想而知了。

更为重要的是,田税按顷计算的同时却是按户征收。在国家看来,授田是依户进行,农民有名于上,就有田于下,按户征收田税,顺理成章。律文云“卿以下,五月出赋十六钱,十月户出刍一石,足其县用,余以入顷刍律入钱”,无论是交刍,还是交钱,都是按户进行的。当然,征收田税的具体方式在实际执行过程中要复杂得多。江陵凤凰山十号汉墓出土的六号木牍记载了平里

---

[1] 《后汉书·百官志三》李贤注引,中华书局,1965年,第3592页。

和稿上里的刍稿征收的实况，牍文云：

“平里户刍二十七石，田刍四石三斗七升，凡三十一石三斗七升。八斗为钱，六石当稿。定二十四石六斗九升当□。田稿二石四斗四升半，刍为稿十二石，凡十四石二斗八升半。稿上户刍十三石，田刍一石六斗六升，凡十四石六斗六升。二斗为钱，一石刍稿。定十三石六斗六升当□。田稿八斗三升，刍为稿二石，凡二石八斗三升。”〔1〕

牍文所记是汉文帝时事，去《二年律令》颁布实行的时间未远。其征收刍稿以物折钱是依律办事，其户刍、田刍之分则是法律所未见。从牍文看，平里和稿上里的刍稿税的主体是按户征收的，按土地征收的“田刍”“田稿”只是很少一部分。平里刍稿总数三十一石三斗七升，其中户刍是二十七石，占总数的近百分之八十；田刍只有四石三斗七升，刚过总数的百分之二十。稿上里刍稿总数十四石六斗六升，其中户刍十三石，田刍是一石六斗六升，户刍所占的比例大于平里，几达于百分之九十。过去的学者对此户刍、田刍之分而以户刍为主的现象一直难以理解，现在可以明白了：之所以如此，是因为刍稿本来是按户征收的；这里所以单列田刍、田稿，很可能是考虑到各户土地占有量因土地转移所导致的差别，而将刍稿税分解一部分按土地征收，以减少无论贫富一律按户征收所带来的矛盾。这是一时一地的情况，还是全国通制，不得而知。这里不去深究，我们只要明白刍稿确实是按顷计算、按户征收，国家有统一的数量标准，具体征收方式和程序则各不相同，农民的实际负担因时因地而异就行了。刍稿如此，谷物的征收自不例外。

明乎此，我们对汉代农民破产迅速的原因可以有进一步的理解：汉代田税率确实很低，若按亩产量来计算，农民的田税负担确实很轻，但当田税按顷计算、按户征收时，农民的田税负担就不那么轻松了，有地无地、地多地少都要按顷交税，农民的负担可想而知。这是汉初农民破产迅速的制度因素之一，也是汉文帝以后历代君王都曾采取各种措施解决农民破产问题而收效甚微的深层原因所在。对此，过去已有专门论述，汉律的出土，进一步证明此见之不诬，这里只是少加提示，不予重复。〔2〕

现在谈田税实行实物和货币并举制对农民历史命运的影响。征收田税实行实物和货币并举而以货币为主制，对于政府来说简便易行，也利于商品经济的发展。但是，对于普通农民来说，则噩梦远大于福音。前已指出，汉代人口的主体是“庶人”，也就是五口之家、百亩之田的个体农民，他们既无资

〔1〕裘锡圭：《湖北江陵凤凰山十号汉墓出土简牍考释》，《文物》，1974年7期；《散见简牍合辑》，文物出版社，1990年，第69—70页。

〔2〕参见拙文《汉代田税征收方式及农民田税负担新探》，见本集；《再谈汉代田税征收方式问题》，《江西师范大学学报》，2001年第2期。

本，也无能力从事大规模的商品生产，他们中的绝大多数只能靠出卖有限的农副产品换取货币，要受到商人的中间盘剥。而“刍一石当十五钱，稿一石当五钱”“刍稿即贵于律，以入刍稿时平贾（价）入钱”的规定为增加农民田税负担提供了制度上的保证——当刍稿市场价格低于法定价格时，按法定价格征收，农民实际卖出的刍稿就不止是三石和二石了；当刍稿的市场价高于法定价格时，则按平价，也就是官定的价格折算，这平价是低于市场价的，若按市场价格折算，农民卖出的实物就少一些，负担也就轻一些，而按平价折算，折合的实物就要多得多。尤其需要注意的是，刍稿税的缴纳没有统一固定的时间，官府想什么时候要就什么时候要，农民就得什么时候交。律文谓“十月户出刍一石，足其县用，余以入顷刍律入钱”，也就是说，除了“户出刍一石”于十月收取以外，其余折合货币收取的时间，全由各地官吏说了算。逢秋收刚过，物产丰富之时，物价再低，农民也得出卖农产品，要受谷贱伤农之害；若逢青黄不接，无物可卖，农民只好去借贷交税，则落入高利贷的陷阱而不能自拔。晁错曾上书文帝云：“今农夫五口之家，其服役者不下二人，其能耕者不过百亩，百亩之收不过百石……当具有者半价而卖，无者取倍称之息，于是有卖田宅鬻子孙以偿债矣。”〔1〕这五口之家、百亩之地是授田制之下个体小农的一般形态，他们之所以“当具有者半价而卖，无者取倍称之息”就是为了交纳田税，是田税货币化使他们“半价而卖”“取倍称之息”。以往对晁错这段话的理解多不得要领，甚至认为这五口之家、百亩之地、亩产一石不是汉初小农的真实形态，简单地把农民“卖田宅鬻子孙”的原因归结为商品经济发达的结果，而未见田税制度所起的杠杆作用，现在应该是把握其要义的时候了。

〔1〕《汉书》卷二四上《食货志上》，第1132页。

从《吏民田家莂》看汉代田税征收方式*

《吏民田家莂》是孙吴嘉禾四年、五年长沙地区农民租种国有土地交纳田租的券书，共有一百四十余个丘(相当于里)的一千七百二十余户的租佃记录被保存了下来，各户农民租田面积、田租标准与种类、交租方式等内容因此而重见天日，不仅为我们了解孙吴时期生产关系、社会结构提供了极为珍贵的资料，而且为我们了解汉代特别是东汉时期的田税征收方式提供了一把钥匙。〔1〕本文即以《吏民田家莂》为据，结合文献对汉代田税征收方式问题再作探讨。〔2〕

《吏民田家莂》共出土简牍二千余枚，内容相同，举数例于下以资分析：

① 下伍丘男子邓角，田廿一町，凡六十七亩。其五十五亩，皆二年常限。其卌一亩旱败不收，亩收布六寸六分。定收十四亩，亩收一斛二斗，为米十六斛八斗，亩收布二尺。其十二亩余力田，旱败不收，亩收布六寸六分。其米十六斛八斗，四年十一月廿日付仓吏郑黑。凡为布一匹二丈三尺四寸……潘有……田亩收钱七十。凡为钱二千八百八十八钱，四年十一月十日付库吏潘有。嘉禾五年三月十日，田户经用曹史赵野、张惕、陈通校。

四·二七

② 上□丘男子陈登，佃田六町，凡卌三亩，皆二年常限。其卅九亩，旱不收，亩收布六寸六分。定收四亩，为米四斛八斗，亩收布二尺。其米四斛八斗，四年十二月廿日付仓吏李金。凡为三丈三尺七寸四分，四年十二月廿日付库吏潘有。其旱田亩收钱卅七，其熟田亩收钱七十，凡为钱一千六百廿三钱，四年十二月二日付库吏潘有毕。嘉禾五年三月三日，田户曹史赵野、张惕、陈通校。

四·四一

③ 小赤丘男子谢主，佃六町，凡五十一亩，皆二年常限。其卌亩旱

---

* 原刊《史学月刊》2002年第5期。

〔1〕 关于长沙走马楼三国吴简的内容，见王素、宋绍华、罗新：《长沙走马楼简牍整理的新收获》，《文物》，1999年5期；走马楼简牍整理小组：《长沙走马楼三国吴简·嘉禾吏民田家莂·长沙走马楼二十二号井发掘报告》，文物出版社，1999年。

〔2〕 参阅拙作：《汉代农民田税征收方式与农民田税负担新探》，《史学月刊》，1997年2期；《再谈汉代田税征收方式问题》，《江西师范大学学报》，2001年第1期。

田，亩收布六寸六分。定收十一亩，为米十三斛二斗……其米十三斛二斗，四年十二□月付仓吏……八尺四寸，四年十二月十日付库吏潘有。其旱田亩收钱卅七，其熟田亩收钱七十。凡为钱二千六百九十钱，四年十二月十八日付库吏潘有毕。嘉禾五年三月三日，田户曹史赵野、张惕、陈通校。

四·七三

④ 夫丘男子谢赣，佃田五十町，凡九十三亩，皆二年常限。其七十亩旱，亩收布六寸六分。定收廿三亩，亩收米一斛二斗，为米廿七斛六斗。亩收布二尺。其米廿七斛六斗，四年十一月六日付仓吏郑黑。凡为布二匹一丈二尺二寸，准米四斛六斗一升。四年十一月廿七日付仓吏郑黑。其旱田亩收钱卅七，其熟田亩收钱七十。

四·八九

简文中的“二年常限”指的是租佃时间，“町”指的是地块，每块地亩数不等。简牍记载佃主租佃土地时均首言多少“町”，后云多少亩，但也有少数简牍以“处”代町，不过，此例甚少，还是用“町”者多，这里不去计较二者的区别，明白其含义就行了。按简文，租佃土地按质量好坏分为两类，一类是熟田，一类是旱田。二者质量不同，收租标准亦异：旱田不收米，每亩收布六寸六分、钱三十七文；熟田每亩收米一斛二斗、布二尺、钱七十文。这是嘉禾四年简牍的统一制度。嘉禾五年较四年租额稍异，旱田不收钱，其余相同。从收租方式看，孙吴执行的是定额租制，每户根据熟田、旱田亩数依额纳租。简文中的旱田或单称旱，或记作“旱败不收”，即简文所记若干亩“旱败不收”是指劣等土地若干亩，并不是当年因遭旱灾减产而减免田租的土地数，整理小组谓熟田和旱田是“当年受旱和正常收获的田亩数”[1]显然是不恰当的。土质有优劣，收获有多寡，又同在一个“丘”，也就是同一个里，旱情怕不会只及村东而不及村西，绝大多数受旱而只有少数几亩田不受旱。因为统观嘉禾四年、五年的所有租佃券书，旱田都占农民所租土地的绝大多数。如果简文中的“旱田”是当年受旱灾减产或绝产的田，那么长沙地区这两年可谓遭到了空前大旱灾，那么少数的几亩地又如何能丰产以至于每亩交米一斛二斗、钱七十文、布二尺？如①号简邓角租田 67 亩，有 53 亩旱田，只有 14 亩熟田；②号简记载的陈登租田 43 亩，有 39 亩旱田，只有 4 亩熟田；③号简谢主租田 51 亩，有旱田 40 亩，有熟田 11 亩；④号简谢赣租田 93 亩，有旱田 70 亩，熟田 23 亩。旱田、熟田的比例虽不相同，但旱田数量占绝对多数。据不完全统计，在嘉禾四年、五年的租佃券书中熟田多者占所租之地的百分之二十，少者为百分之十，有二

---

〔1〕 走马楼简牍整理组:《长沙走马楼三国吴简·嘉禾吏民田家莂》，文物出版社，1999 年，第 71 页。

十余户所租土地全为旱田,没有熟田。长沙处于南方水网地带,湘江穿境而过,大小支流纵横,若简牍所记一百三十七丘一千七百余户农民所租种土地的绝大多数都因干旱而免征租米、租钱减半、租布减去五分之四的话,这必为空前大旱,史书不能不载。但遍检史书,未见嘉禾四年、五年长沙郡大旱的记载,而且细检秦统一、长沙设郡以来四百余年的历史,涉及长沙郡的旱灾也少而又少。故而,简牍所记之旱田和熟田相对而言应当是当时土地登记的专用名词,是指刚刚开垦的土地,为了鼓励垦荒而免其租米,减其钱布,券书才直称"旱田",这些佃户也不是长沙郡的土著居民,而应是迁移来的流民,国家出租国有土地,用"旱田""熟田"的不同租额以安辑流民。

如所周知,长沙地处江南卑湿之地,人寿早夭,地广人稀,直到西汉前期还被视为蛮荒之地,贾谊为长沙王太傅抑郁而死即由于此。到西汉末年,其人口密度还不及中原地区的七分之一,其社会经济发展的缓慢可见一斑。但是,降至东汉,长沙郡发展迅速,到东汉永和年间,在中原地区人口和西汉相比呈负增长或增长缓慢时,长沙人口是西汉哀帝时的四倍半,人口密度已和当时的中原地区接近。很显然,其人口增长的迅速并非自然繁衍的结果,而是中原人口南迁所致。[1]到东汉末年,政治黑暗,中原战乱不止,江南则相对稳定。流民或者依附于强宗大姓,作为豪族的依附民;或者是结队互保而逃难,纷纷向江南迁移,长沙郡因其地理环境也就自然地成为流民的汇聚之地。刘表任荆州牧,"招诱有方,威怀兼洽,其奸猾宿贼更为效用,万里肃清,大小咸悦而服之。关西、兖、豫学士归者盖有千数,表安慰赈赡,皆得资全。遂起立学校,博求儒术,綦母闿、宋忠等撰立《五经》章句,谓之后定。爱民养士,从容自保"[2]。这些归附刘表的关西、兖、豫"学士"都是当地地主大姓,他们南迁,并非一家一姓,而是率领其依附民一起迁移的,"起立学校,博求儒术……爱民养士,从容自保"云云,就是为了使新附之民自觉地接受其统治,当然也包含着安辑流民的内容在内。长沙郡位于荆州南部,远离中原战火,更是流民汇聚之地。所以,我们有理由推论,《吏民田家莂》所登录的 140 余丘、1700 余户佃农的大部分是那些来自异乡特别是北方的无地流民。在战乱年代,人口多寡是制胜的重要因素,曹操把黄巾余部编为青州兵的同时,将其老弱编为屯田民,是其统一中原的军事基础,这是众所周知的事实。孙吴建国江东,自然不会听凭流民放任自流,必然要将其著名于户籍,租以土地,课以赋役,既稳定了社会秩序,又扩大了财源,也促进了"公田"的开发。虽然历史文献对此缺乏记载,我们从简牍所记各丘居民的构成中还是能够窥见这一

〔1〕 梁方仲:《历代土地、田赋、人口统计表》,上海人民出版社,1980 年;田昌五、漆侠:《中国封建社会经济史》,齐鲁书社、文津出版社,1996 年,第一卷,第 350—356 页。

〔2〕《后汉书》卷七十四下《刘表传》,中华书局,1965 年,第 2421 页。

历史信息的。《吏民田家莂》中可考见的丘名共141个，总计110姓氏，1720余户人家；每丘户数不等，姓氏构成不一。据统计，每丘在10户以下的共有87个，有丘名而无户名的3个；每丘在11至20户的为26个；21户以上的21个。以10户以下的87个丘而言，重姓不多，如三州丘10户7姓，平阳丘、语丘和桐丘均是10户5姓，只有上和丘是10户3姓，而公田丘是9户9姓，於上丘是7户7姓，函丘是9户7姓，侠丘是9户8姓。以11户到20户的丘而言，同姓者也不多，每丘平均同姓人户不足两户。21户以上的丘也是如此，如下五丘25户16姓，平丘25户15姓，上俗丘30户16姓。只有少数几个丘重姓率较高，最高的是刘李丘，57户12姓，利丘53户11姓；其次是平乐丘，43户19姓，弦丘44户17姓；其余如度丘26户19姓，郭渚丘32户16姓，林溲丘27户14姓，杨溲丘26户14姓，湓丘则是14户14姓。若平均计算，简牍所见各丘佃户的重姓率不到二分之一。这种十家八姓式的姓氏结构，说明了这些佃户并非当地的原居民，而是占著户籍的流民。

如所周知，东汉自立国以来，宗族关系发达，聚族而居是东汉乡村社会的特点，所以崔寔在《四民月令》中才把“救恤九族”“存问九族”、家族祭祀等列为平民一年诸事的重中之重。平时聚族而居，战时举族自保或举族迁徙，东汉乡村社会的构成是家族血缘关系和地缘关系的合一。[1]聚族而居，自然是以同姓居多。东汉时代基层行政单位——里的居民构成大都是以某一大姓为主体的，有的宗族大姓可以覆盖一个地区，控制着乡里以至县级政权的运作。按汉代制度规定，一里五十家或百家不等，但在实际上则要取决于农民的聚落状况，很难做到整齐划一。孙吴嘉禾年间，去汉未远，其各项制度基本上承汉而来，其基层组织虽然有改汉代的乡里为乡丘、以丘代里者，但其组织结构和汉代相同，如简牍反映的户籍登记制度以县、爵称、身份、年龄、姓名为序即承自汉制。[2]其丘的规模、居民结构自然和汉代里相当，以丘易里，大约是针对流民而设的专门的基层行政组织，可能是临时性的，也可能是区域性的。若简牍所载的丘自汉代而然，必然有聚族而居者，应以同姓为主。但《吏民田家莂》所记丘的居民构成，10户以下的丘我们略而不论，因为登记户数越少，同姓的概率越低；以11户以上的丘而论，除了刘李丘57户12姓中刘、李、殷三大姓占绝对多数之外，其余诸丘都没有哪一个姓占绝大多数。重姓者像林溲丘27户14姓，弦丘44户17姓，下伍丘33户16姓，平乐丘43户19姓，利丘53户11姓，郭渚丘32户16姓，弹溲丘38户13姓，等等，各丘都没有哪

〔1〕马新：《两汉乡村社会史》，齐鲁书社，1997年，第226—254页。

〔2〕走马楼简牍整理组《长沙走马楼二十二号井发掘报告》所举户籍简和居延汉简中的户籍简的登记内容和顺序一致，见《长沙走马楼三国吴简·嘉禾吏民田家莂》，第32页。另见王素、宋绍华、罗新：《长沙走马楼简牍整理的新收获》所举户籍简，《文物》，1999年第5期。

一姓居于绝大多数。对这种现象唯一合理的解释，就是这些租种国家土地的丘民不是土著而是流民，四方迁移的流民，或聚而成邑，或加入当地的丘民之中，而成为国家佃农。不仅丘的规模有大有小，而且各丘租佃国家土地的户数也不相同。有的丘只有几户，少者一户，多者七八十户。佃户数量有这种差别固然可能是简牍残缺所致，但更可能是因为各丘无地人口户数不同的结果。这些缺地的农民，固然有土著，更多的则是占著之后的流民。至此，我们不仅可知孙吴政权国有土地的经营方式除了屯田之外还有出租一途，而且可知孙吴政权基层社会结构的一斑。这是孙吴独有制度还是三国通例，尚不得而知，但从逻辑上判断，曹魏和蜀汉也不排除类似的制度。

明白了这些佃农的来源之后，对"熟田""旱田"在数量上的差异就好理解了。熟田之所以少，旱田之所以多，除了二者本来就存在着数量差异之外，更主要的是为了鼓励垦荒，用减免田租的方式，调动农民垦荒的积极性。也就是说，农民所租种官田中的熟田亩数并不是实际上的熟田数，而是"定"出来的应按熟田标准纳租的亩数。上举①号简邓角租田六十七亩，"定收十四亩，亩收一斛二斗……收布二尺……田亩收钱七十"，其余则"旱败不收"租米，钱亩收三十七，布亩收六寸六分，②号简陈登租田四十三亩，熟田"定收四亩"，③号简的谢主租地五十一亩，其中四十亩旱田，熟田"定收十一亩"，等等，简文中所有"熟田"的亩数都是"定"出来的，其余简牍所载也都如是。如果这些熟田是农民实际租种的丰美之地或者是没有受旱的土地，券书没有必要书"定收"若干亩，直书熟田若干亩或直书多少亩按米一斛二斗、布二尺、钱七十的标准收租就行了。反之，著明"定收"若干亩，则说明这些熟田不是一般意义上土质肥美的实际耕种的上等地，"旱田""旱败不收"也不是真的是遭受旱灾的土地数，而是土地登记的专门术语。也就是说官田田租额只有两等，一等是所谓的旱田，一等是熟田；定熟田若干亩，就是用熟田、旱田数量的差别，调节土地质量的差别所导致的农民田租负担的不公平。所租土地质量好一些，"定"的熟田就多一些；反之，就把熟田亩数"定"得少一些。众所周知，公田亦即国有土地，包括山川林泽、园囿牧苑、无主荒地和官府直接经营的垦田，较私有土地在数量上是占绝对多数的。在战乱初定时更是如此，其已垦地只占极少部分，而且处于官府的直接经营之下。国家出租给农民的是待垦的荒地，这就像两汉时期"假民公田""赋民公田"一样，所"假"所"赋"的"公田"是可垦而未垦之地，而不是已垦之地。[1]把简文中的"熟田"理解为已垦的肥美之地，不仅有拘泥之，而且不利于探明孙吴土地关系的真相。

明白孙吴地租数额的确定方式，对我们进一步理解汉代田税的征收方式

〔1〕 田昌五、漆侠：《中国封建社会经济史》，第一卷，齐鲁书社，1996 年，第 378—386 页。

是有所启发的，汉代田税制度的许多或明或暗的问题亦可藉此而逐渐明晰。

笔者曾经指出，西汉实行定额税制，但不是如人们所理解的那样是按亩征收，而是按顷征收的，是“承战国和秦朝之旧，田税按户按顷计征，亩税虽轻，但农民无论有无一顷之地都要交纳百亩田税，其田税负担远远超出人们想象，高者达十税五；东汉初年，改为按亩计征，国家规定的税额依然有限，但因税收方式的新弊端，农民实际负担则重得多”〔1〕。东汉执行的也是定额税，即根据官府定出的标准亩产量，按三十税一的税率，定出每亩田税数，然后再按亩征收。因为田有肥瘠，产量有高低，完全按绝对亩数征税显然不平均。怎样解决这一矛盾？只能是用以数量多寡调节质量高低的办法，以使田税负担相对公平，也就是把那些下等土地折合成为标准良田数，再依额征税。《后汉书·百官志》说东汉乡啬夫的职能是“主知民善恶，为役先后；知民贫富，为赋多少，平其差品”。这“知民贫富，为赋多少，平其差品”是包括田税的征缴在内的。正因为农民实际的田税负担掌握在乡官里吏手中，而乡官里吏视地方豪强大姓眼色行事，又要保证政绩，又不敢得罪豪门大姓，于是利用良田、恶田的区分由自己说了算的制度上的方便，欺凌弱小、颠倒黑白、以劣为优，加重普通农民的田税负担。东汉明帝曾因“郡国以牛疫、水旱，垦田多减，故诏敕区种，增进顷亩，以为民也。而吏举度田，欲令多前，至于不种之处，亦通为租”。“不种之处”尚且“亦通为租”，至于以次充好就更加寻常了。所以刘般上言“可申敕刺史、二千石，务令实核，其有增加，皆使与夺田同罪”〔2〕。“夺田”即脱田，也就是隐瞒不报；虚增垦田和隐瞒不报都是违法行为，故要“实核”，但无制度可依，“实核”的效果也是有限的。直到章帝时，在制度上才有改变。章帝建初年间，秦彭为山阳太守，“兴起稻田数千顷，每于农月，亲度顷亩，分别肥瘠，差为三品，各立文籍，藏之县乡。于是奸吏跼蹐，无所容诈。彭乃上言，宜令天下齐同其制。诏书以其所立条式，班令三府，并下州郡”〔3〕。这“亲度顷亩”和“兴起稻田数千顷”是两回事。“兴起稻田数千顷”是指兴修水利，推广水稻种植面积；“亲度顷亩”是指核实度田数，防止虚增和瞒报，同时根据土质好坏、产量高低，把垦田划分为三个等级，并颁布乡里，作为度田标准。这一制度先行于山阳郡，后成为全国通制。《后汉书·百官志》所说的乡啬夫之职有“知民贫富，为赋多少，平其差品”，这“差品”大约就是指秦彭所定的上中下“差为三品”而言。许慎在《五经异议》中曾云汉制收田租，田有上中下，与《周礼》同义，郑玄曾加以反驳。《周礼·地官·载师》云：“凡任地，国宅无征，园廛二十而税一，近郊十二税一，远郊二十而税三，甸稍县都皆

〔1〕 拙文：《汉代田税征收方式与农民田税负担新探》，《史学月刊》，1997年第2期。
〔2〕《后汉书》卷三九《刘般传》，第1305页。
〔3〕《后汉书》卷七十六《循吏列传》，第2467页。

无过十二，唯其漆林之征二十而五。”贾公彦《疏》引许、郑之议云：

> “《异议》第五田税……《周礼》国中园廛之赋二十而税一，近郊十二税一，远郊二十而税三……案《公羊》十一税远近无差。汉制收租，田有上中下，与《周礼》同义。玄之闻也，《周礼》制税，法轻近而重远者，为民城道沟渠之役近者劳，远者逸故也。其授民田，家所养者多，与之美田，其所养者少，则与之薄田，其调均之而是，故可以为常法。汉无受田之法，富者贵美且多，贫者贱薄且少；美薄之收不通相倍徙，而上中下也与《周礼》同义，未之闻也。”

许慎用古文经的眼光批评《公羊传》十税一制“远近无差”，《周礼》田税“轻近而重远”，并谓“汉制收租，田有上中下，与《周礼》同义”。郑玄则谓《周礼》之法是以授田制为基础的，汉无授田制，怎能说汉家的上中下“与《周礼》同义”？今人遂是郑玄之说，认为“汉制收租并无上中下之分”[1]。究竟是许慎的“汉制收租，田有上中下”是无中生有，还是郑玄无视现实？抑或是今人理解错误？还是秦彭的“分别肥瘠，差为三品，各立文籍，藏之县乡”的制度虽然被章帝“班令三府，并下州郡”，但只是临时制度，后来被取消了，许慎注意到了这一临时制度，用以比附《周礼》之义，郑玄没注意到，故谓汉代无授田之制更无上中下之别？笔者以为，《后汉书·百官志》记载乡啬夫之职已表明秦彭之制并非临时举措，而是延续下来了，“平其差品”包括了辨别土地肥瘠的内容在内。许慎和郑玄均为一代通儒，均熟悉汉代典章制度并以汉家制度释经义，对田分上中下以收田税的制度都是知道的，二人的分歧，不在于肯定和否定汉代是否有“汉制收租田分上中下”之制，而在于对汉家制度和儒家经典关系的理解不同。许慎批评《公羊传》只是强调十税一的公正合理，合符圣人之说，但忽略了因“远近无差”所导致的农夫田税负担不平均的矛盾，故而赞成《周礼》“轻近而重远”之制，进而认为“汉制收租，田有上中下，与《周礼》同义”。郑玄认为，许慎对《公羊传》的批评固然正确，但把“汉制收租，田有上中下”和《周礼》“轻近重远”之义混为一谈也是错误的。《周礼》轻近重远，是因为居于近郊者劳役多，远者劳役少；其授田的多寡则因人口多寡而以土地数量“调均之”。而汉家已无授田制，“田有上中下”并不是因为“城道沟渠之役近者劳，远者逸故也”，而是根据土地肥瘠、产量高低的不同而确定的，怎能说“与《周礼》同义”呢？也就是说，郑玄批评的是许慎把汉代的田分上中下与《周礼》的授田制之下“重远轻近”的税收原则和田分三等的制度混而为一，而不是否定“汉制收租，田有上中下”制度的存在，今人根据郑玄之说否定上中下“差品”的存在，是对许、郑之争的误解。相反，许、郑之争正说明了终东汉

---

〔1〕 钱剑夫：《秦汉赋役制度考略》，湖北人民出版社，1984年，第29页，

一代,土地都是"分别肥瘠,差为三品"以收税的。

那么,这"分别肥瘠,差为三品",地分为上中下之后,是分别按三种税额收税(上等地亩税若干、中等地亩税若干、下等地亩税若干),还是把中等地、下等地分别折合成上等地,而后按上等地的标准收税呢?回答是后者而非前者,因为从战国开始就执行统一的定额税制,秦朝继之,均是用土地数量调节质量的差别,只是战国和秦朝的田税(税)是以百亩为征收单位的,西汉仍沿而未改。[1]东汉虽然按亩计征,但执行的仍然是定额税制,按三十税一的税率定出每亩税额而后按亩征之。秦彭以一个山阳太守之尊,是没有擅自减免赋税之权的,不敢把统一的田税标准变一为三,其"分别肥瘠,差为三品"只能是瘠薄之地折合成良田的三个标准,章帝颁行天下之后,成为汉家统一的制度。因为汉制田有上中下,《周礼》的授田制度也把土地分为上中下三等,曰不易之地、一易之地、再易之地,一易之地每夫百亩,二易之地每夫二百亩,再易之地每夫三百亩;或者是在每夫百亩良田之外再分别授予莱田五十亩、一百亩、二百亩。这都是用土地数量调节质量的差异,好地按每夫百亩标准授予,劣地则增加授田数量,而纳税数额是相同的。东汉时代的田分上中下的性质与《周礼》有相通之处,许慎才说"汉制收租,田有上中下与《周礼》同义",只是许慎未以不易、一易、再易之地为例,而以距国远近税率有别为证,因此遭到了郑玄的批评。《吏民田家莂》的面世,更为上述理解提供了支持。吴国把出租的公田分为旱田和熟田两类,旱田免收租米,熟田则亩收一斛二斗,熟田数量根据佃户所租土地多少和质量优劣而"定",不正是"汉制收租田有上中下"的发展吗?只是孙吴的旱地虽然免交租米,却要按亩交纳六寸六分的布和三十七文钱;东汉是否在田税之外还有布帛、钱币之征,目前还无法确知。但尽管东汉田分三等,孙吴田分两类,二者的一致之处还是十分清楚的。不过,东汉和孙吴的土地分等而税虽有一致之处,二者的性质是不同的,东汉的上中下之田是就私有土地而言,所收的是田税(当然,其公田也要分为三等,这样,在"赋民公田"之后才能按统一的标准收税),《吏民田家莂》所载孙吴之旱田、熟田则是国家公田,所收的租米、布、钱均是田租。古人观念上租税不分,今人不可不辨。

---

〔1〕 拙作:《"相地而衰征"新探》,《人文杂志》,1996年1期;《汉代田税征收方式与农民田税负担新探》,《史学月刊》,1997年第2期。拙著:《周秦社会结构》,西北大学出版社,1996年,第125—132页。

"二年常限田"新释*

"二年常限"或"二年常限田"是长沙走马楼三国吴简《吏民田家莂》券书中使用最为普通的专有名词,几乎在每一条佃田记录中都有"二年常限"或"二年常限田"的字样,对其理解准确与否,直接关系到对简文所反映的土地、赋税制度认识的准确性,不可不辨。

目前所见,学界对"二年常限"有五种理解。第一,整理小组提出的限额说,"所谓常限田非指拥有固定的田亩数,或仅为限额而已"〔1〕。谓"常限田非指拥有固定的田亩数"有其事实依据,是为的论,但"仅为限额而已"所指不明,仍然无法明确理解"二年常限"的含义。第二,高敏先生认为是指田租率二年不变,"所谓二年常限田,实为指缴纳税米与布的限额在两年内不变之田。意即超过了二年,每亩定收田纳税米与布的限额可能会发生变化";二年常限"是指地租率限额在二年不变动之田而言,并不是指田家租佃土地总数量而言"〔2〕。两年时限是对田租率而言,与租种土地的数量无关。第三,蒋福亚先生则认为"二年常限"既是对田租数量的限制也是对租佃时间的限制,"所谓二年常限田,既有租田者佃种土地年限的涵义,也有其缴纳定额租年限的涵义";"期限一到,吏民必须重新佃种,封建政府也有权另行确定租额"〔3〕。即农民租佃国家土地的最长期限是两年,届时要重新租佃,租额另定。第四,于振波先生认为常限田是"孙吴政权为了督促农民生产,有可能打破官田和私田的界限,规定农民应耕土地的限额,目的不是防止多占田,而是规定一个强制性的生产定额。如果民户原有土地已达到规定的限额,官府就不再分配给他们常限田;如果民户原有土地没有达到限额,则用常限田补足"〔4〕。第五,张荣强先生认为二年常限"是指官府根据当时的轮休耕作制而制定的租税制度,即按二年一垦

---

* 原刊中国秦汉史研究会编:《秦汉史论丛》第十一辑,吉林文史出版社,2009年。

〔1〕 长沙走马楼三国吴简整理小组:《长沙走马楼三国吴简·嘉禾吏民田家莂》,文物出版社,1999年,第165页。

〔2〕 高敏:《嘉禾吏民田家莂中所见"余力田"、"常限"田等名称的涵义试析》,《郑州大学学报》,2000年第5期。

〔3〕 蒋福亚:《也谈吏民田家莂中"二年常限田"的含义》,《首都师范大学学报》,2001年第5期。

〔4〕 于振波:《走马楼吴简所见佃田制度考略》,简帛研究网,2003年10月1号;又刊《湖南大学学报》,2003年第6期。

的标准收租"〔1〕。

以上诸说，都认为"二年常限"之"二年"是一个时间限度，农民租种国有土地以二年为限，超过二年要重新办理租佃手续，另行规定田租数额。至于为什么规定以二年为限，大都没有作出分析，只有张荣强先生正面回答了这个问题，认为是轮休耕作制使然。对"常限"之"限"的解释，实际上存在两种分歧，即田租数量说和租佃土地数量说，或者二者兼而有之。整理小组首倡限额说，但是没有展开论证，"限额"的内容不明，仅仅是推测。租额说和"生产定额"说则是对"限额"的具体论证，区别在于内容不同。笔者以为，要解决这些分歧，首先要准确理解这"二年常限"之"二年"究竟是两年时间还是指某一个具体年份。

在上述研究中，"二年常限"就是二年期限似乎是个不证自明的问题。然而，若稍加思考就不难发现这在逻辑上是存在着矛盾的：在训诂上，"常"本通裳，意为下衣；也用作长度单位，即八尺为寻、两寻为常。《左传》成公十二年谓："争寻常以尽其民。"杜预注："八尺曰寻，倍寻曰常。言争尺丈之地以相攻罚。"《小尔雅・广度》："四尺谓之仞，倍仞谓之寻，寻舒两肱也。倍寻谓之常。"但是，古人更多地是把"常"作为原则、原理、法规来使用，如常规、纲常、常法、伦常等，此类词例甚多，无须赘举。"限"之本意为限制、限定。"常限"即普遍的、不能随意更动的、恒定的限制、限定、限额、限度。这既有空间上的广度，也有时间上的长度。将"二年常限田"理解为每两年必须重新办理租佃土地的登记手续、按照新的田租率和土地数交纳地租显然和"常限"的语意有出入。两年即变，可以说是朝令而昔改了，何"常"可言？

只要从农业生产实践的角度稍加分析，就不难发现两年时限说的缺陷。因为农业生产需要较长的周期才能见效益，两年一变，农民垦耕的效益刚刚提高就要重新登记，不仅原来的土地不一定继续租给自己，而且要按照新的租额交纳田租，这样势必打击农民的生产积极性。如果农民租种的荒地需要轮耕的话，则农民刚刚垦荒完毕就被官府收回，哪里还有什么生产积极性可言？农民也不可能继续租佃官府土地。而在战乱初定的条件下，国家的首要任务是安定社会、发展生产，如果这样规定是不利于稳定社会秩序、稳定生产、保证军粮的，孙权会这样做吗？

孙权立国江东，极其重视农业生产的恢复，督促地方长吏想方设法驱民归农。早在黄武五年(226年)春，孙权就下令曰："'军兴日久，民离开农畔，父子夫妇，不听相恤，朕甚愍之。今北虏缩窜，方外无事，其下州郡，有以宽息。'是时陆逊以所在少谷，表令诸将增广田亩。权报曰：'甚善。今孤父子亲自受

〔1〕 张荣强：《吴简〈嘉禾吏民田家莂〉"二年常限"解》，《历史研究》，2003年第6期。

田,车中八牛以为四耦,虽未及古人,亦欲与众均等其劳也。'"[1]孙权"父子亲自受田"当然是学学古人,做做样子,但表明当时政府推行"授田"——也就是把国有土地分给农民耕种的力度。当然,这种"授田"不是无偿的,目的也不是使农民幸福,而是增加财政收入。"是时陆逊以所在少谷,表令诸将增广田亩",这"所在少谷"是指陆逊缺少军粮,"表令诸将增广田亩"是让这些掌握着军政大权的将军们在各自的辖区内用行政手段实现农民和土地的有效结合,发展生产,增加税收。其内容就是严格户口登记、按人分给土地,征之以税、役之以徭。这就是所谓的"授田"。以往因为资料的限制,人们将"授田"理解为孙吴的屯田制,现在我们可以明确地知道孙吴的"授田"在法律行政上叫作"佃田"。屯田应是军人"受田"的专称。既然是"受田",当然就要有数量限制,每家每户、每丁每人,根据身份差别,各受多少土地、交纳多少田租,都有明文规定。

"授田"制由来已久,在战国、秦朝、西汉时代是普遍实行,云梦秦简《田律》规定"入顷刍稿,以其受田之数,无垦不垦,顷入刍三石,稿二石"。这儿的"受田"就是农民从官府所领之田。张家山汉简《二年律令·田律》规定"田不可田者,勿行;当受田者欲受,许之。入顷刍稿,顷入刍三石;上郡地恶,顷入二石;稿皆二石"[2]。"行"即授田,"受田者"即接受官府土地的农民。秦也好,汉也好,授田的标准都是一顷。授予农民的有已垦田,也有未垦田。在秦朝,已垦和未垦、可田与不可田,农民没有选择的自由。汉朝则规定在自愿的条件下可以把"不可田"之田授给农民,这是汉律较秦律改进的地方。这种授田制在文献上又称为名田制——按户口名籍授田,有名于上即有田于下。凡是受田之民,无论耕种与否,收成高低,都要以顷为单位缴纳定额租,这"刍三石、稿二石"就是一顷定额租的一部分。西汉照顾到区域差异,将上郡的刍减为二石,稿则沿秦朝旧制。当然,这只是全国的普遍规定,具体执行,各地情况千差万别。这些,学界多有研究,无须多说,只要明白授田的渊源就行了。[3]

张家山汉简《田律》反映的是汉初制度,随着土地私有制的发展和人口的

---

[1] 《三国志》卷四十七《吴主传》,中华书局,1959年(下同),第1132页。

[2] 张家山二四七号汉墓竹简整理小组:《张家山汉墓竹简(二四七号)》,文物出版社,2001年,第165页。

[3] 关于战国、秦汉授田制的研究,参阅田昌五、臧知非:《周秦社会结构研究》,第125—146页,西北大学出版社,1996年;臧知非:《西汉授田制度与田税征收方式新论》,《江海学刊》,2003年第3期;杨振宏:《秦汉名田宅制说——从张家山汉简看战国秦汉的土地制度》,《中国史研究》,2003年第3期;朱绍侯:《论汉代名(受)田制及其破坏》,《河南大学学报》(社会科学版),2004年第1期;王彦辉:《论张家山汉简中的军功名田宅制度》,《东北师范大学学报》(哲学社会科学版),2004年第4期。

增加、国有土地的减少,人均百亩的授田制度肯定是难以为继的。但是,在社会动乱、人口流移的条件下,这种授田制仍然是安辑流民、稳定秩序的最好办法。西汉的假民公田,东汉的赋民公田,本质上都是授田制的变通,区别在于给予农民的土地数量和征收的田租有变化而已。汉末中原丧乱,人口大量南移,不书名数、脱离名籍者所在多有。孙吴立国,首要任务就是使这些农民重归户籍,严格户口登记,强化基层政权建设。理民之道,地著为本。只有把农民束缚在土地上,给予相应土地,才能保证税收徭役的实现。孙吴的国有土地租佃制就是在这一背景之下实行的。

因为这种租佃制是为了实现税收稳定,所以并非根据农民的意愿,而是强制性的。孙权父子带头受田以垂范天下,正从反面说明农民对于这种"授田"制度并不怎么积极。陆逊"表令诸将增广田亩"就是要求这些军政长官们加大"受田"力度。既然"受田"带有强制性,自然要制定统一的数量标准,这就是所谓的"常限田"——农民必须完成的土地标准和田租标准。现在可以肯定的是战国、秦朝、西汉授田制规定的每夫一顷就是授田民必须完成的授田标准和纳租的基数。一方面用严密的户籍制度禁止人口随意流动,另一方面用行政手段把农民束缚在土地上,无论种与不种、收成如何,都要交纳一顷地的田租,这就是以课促垦。孙吴的佃田制可以说是历史传统的发展。当然,孙权的鼓励农耕、驱民归农并非一时的心血来潮,而是作为制度普遍推行的,嘉禾二年(233年),孙权在授公孙渊为燕王的诏书中特别强调公孙渊"务在劝农,啬人成功,仓库盈积,官民具丰"〔1〕。这虽然是为了笼络公孙渊而作出的褒奖之词,但也表明了孙权当时的治国思想。嘉禾三年,孙权下诏强调"兵久不辍,民困于役,岁或不登。其宽诸逋,勿复督课"〔2〕。所谓"其宽诸逋,勿复督课",就是宽待欠租、欠税的人,一律免除以往债务,目的是让他们归附官府,从事农耕。在这个背景之下,如果农民的田租数量是两年一变甚至是一年一变,劝课农桑之说何从谈起!

如果说授田制的历史渊源和孙权的诏令还不足以证明"常限田"的含义的话,吴简的土地分类则已经昭示了这一点。众所周知,农民租种官府土地分为不同性质,有"二年常限田""余力田""火种田""余力火种田"等。其中以"二年常限田"最为普遍,"余力田"次之,二者在征收田租时都分为"定收"的"熟田"和"旱田"两类。无论是"熟田"还是"旱田","二年常限田"和"余力田"的田租额都相去甚远。嘉禾四年"二年常限田"的"熟田"的田租标准是米一点二斛、布二尺、钱七十文,"旱田"的标准是免除租米,收布六寸六分;同年"余力田"的"熟田"的田租标准是米零点四五六斛、布二尺、钱七十文,"旱田"

---

〔1〕《三国志》卷四十七《吴主传》注引《江表传》,第1139页。
〔2〕《三国志》卷四十七《吴主传》,第1140页。

的标准是不收租米,只收布六寸六分、钱三十七文。而农民种的土地无一例外地是“二年常限田”远远多于“余力田”。从常理上说,如果能够选择,农民当然会选择“余力田”而不愿意租佃“二年常限田”。反之,正说明农民没有选择的余地,必须先完成“二年常限田”才能租种“余力田”,正说明“常限田”是对农民租种土地的类别和数量的规定。

所以,在以上诸说中,于震波之说有一定的合理性,对“常限”二字的考释也是有力的。但于震波没有注意到孙权的诏令,没能把吴简的佃田制和孙权说的“受田”结合考察,也就使得吴简的租佃制和张家山汉律授田制之间的关系难以明晰。同时,把“常限田”的功能仅仅理解为农民占田的最低限度也有不当之处:且不说从训诂的角度训释“限”字含义多样,就从汉代每夫百亩、军功爵者依次增加授田数量的规定来说,这个每夫百亩的标准就有双重含义——既强制农民必须受田百亩,也禁止农民超出百亩,否则就是“逾制”。所以,对“常限田”的完整理解应该是:农民可以而且应该按照“常限”的数量租种土地,但无论所租土地是否达到“常限”标准,都要完成“常限”的田租数量,其本质是秦朝以来的以课促垦的延续,在战乱初定时,安辑流民、稳定秩序、恢复生产是首要任务,“常限田”是农民必须完成的垦耕和纳租任务,随着经济的恢复、垦田的扩大,“常限田”又是对农民占田的限制。

对“常限田”作出上述理解之后,可以重新认识“二年常限田”之“二年”的确切含义了。笔者以为,“二年常限田”之二年,不是“以二年为期”的意思,应是指某二年颁布实施的“常限”——某二年制定实施的农民应当耕种的土地类别和数量,以及应当交纳的田租数。“常限”是为了保证田租收入;“余力田”是为了鼓励垦荒,农民在完成“常限田”的任务之后就可以享受“余力田”的田租待遇。当然,对于“余力田”和“余力火种田”的性质,还有待于进一步认识,这里只是一个推测。至于这“二年”究竟是哪一个二年,因为资料缺略,不敢臆断,有可能是黄武二年,也有可能是黄龙二年或者嘉禾二年。

孙吴的“常限田”或者“授田”是为了保证税收,国家规定的“常限田”只是个概念化的标准,要求地方政府按照这个标准执行。当时人少地多,不存在土地不足的问题,然而各地的土地质量千差万别,每家每户的劳动力状况也有不同,在实际执行过程中,是不可能按照国家标准去做的,而是变通行事,土地质量好的田租额高,土地质量差者田租额就低。无论所租土地质量如何,农民在办理登记手续时,必须注明所租土地的种类,先满足“常限田”,以实现田租最大化,完成“常限田”所规定的田租数,而后再及其他。因此之故,常限田的田租额也就处于不断变动之中。当土地初垦,产量有限时,为了稳定农民,田租就优惠一些,否则即水涨船高,增加田租。不过,田租的优惠和增加,除了通过调整田租额以外,还通过调整“熟田”亩数和“旱田”亩数来实现。这先要对“熟田”和“旱田”的含义作一个明确的考释。

关于吴简中“熟田”和“旱田”的区别，或者认为是“当年受旱和正常收获的田亩数”[1]，或者认为“旱田”“是能种植旱地作物如麻、麦等作物”的“可耕地”，而“熟田无疑是更高产的水稻田”[2]。有的学者针对“旱田”的字面含义从自然灾害的层面解释“旱田”的由来，认为“旱田”是当时天灾频繁使然[3]。这些解释，未免把问题简单化了，只要对相关记载稍加分析就会发现其中的矛盾。如所周知，简文对佃田的记载有固定的格式，町数在前，亩数在后，町的面积不一，有的是十几亩，有的是一二亩。农民或租种数町，或租种几十町，等等不一，若“旱田”“熟田”果是“当年受旱和正常收获的田亩数”，在事实上是难以说通的：同是一个丘的土地，大部分受旱，旱到免去租米、租钱减半、租布只收三分之一的程度，而少数几亩地却能丰产。嘉禾四年如此，嘉禾五年还是如此，这样的旱灾在事实上可能吗？从简文看，农民租种的地块非常分散，“熟田”亩数不一定就是一町或几町的亩积，有的“熟田”数不足一町的亩数，有的则超出一町的亩数，或者是两町，也可能不止两町而不足三町。町是地块，每町的亩积不等，但其土地质量相同，同一块地，几亩或者十几亩，要么是“旱田”，要么是“熟田”，在事实上绝不可能出现同一块地这几亩是“旱田”另几亩是“熟田”的情况。

因此之故，对“熟田”“旱田”的正确含义就好理解了。所谓“熟田”并非一般意义上的高产田，“旱田”亦非一般意义上的低产田，而是土地统计上的专门术语。也就是说，“熟田”“旱田”并不实际指代农民实际耕种的丰产田、贫瘠田或者水田和旱田，而是官府按不同标准征收田租的统计类别。其实，土地质量千差万别，村东村西、山南山北各有区别，官府不可能一块地一块地核实亩产量而后收租，那样征收的田租将因为亩产的差异而千差万别，工作量之大更是当时的基层政府无法担当的。所以，官府只规定统一的田租额，分为“熟田”和“旱田”两类，具体到各家各户，则是综合多方面因素，包括整块土地的肥力和灌溉设施、佃田者的身份属性等，人为划定“熟田”“旱田”的数量。所以《吏民田家莂》中所有涉及“熟田”“旱田”数量的，无一例外都是“定收”若干，也就是说，“熟田”和“旱田”的数量是“定”出来的，而不是天灾和收成使然。这样做，既有利于调动农民的垦荒积极性，又能保证田租的丰裕，同时便于政府对农民的控制。对那些刚刚走出深山（如所谓的“山越”）或者刚刚入籍的流民，为了调动他们的积极性，鼓励垦荒，就把他们的“熟田”数量“定”得

〔1〕 走马楼简牍整理小组：《长沙走马楼三国吴简·嘉禾吏民田家莂》(上)，文物出版社，1999年，第71页。

〔2〕 高敏：《从嘉禾年间吏民田家莂看长沙郡一带的民情风俗与社会经济状况》，《中州学刊》，2000年第5期。

〔3〕 于振波：《走马楼吴简所见佃田制度考略》，简帛研究网，2003年10月1号；又刊《湖南大学学报》2003年第6期。

少一些，“旱田”多一些；佃农们一旦入籍，处于官府的严密控制之下，无法流动或政府需要提高田租的时候，就把他们的“熟田”定得多一些，“旱田”定得少一些，甚至取消“旱田”，完全“定”为“熟田”，官府始终掌握着提高田租的主动权，也为基层官吏上下其手、营私舞弊、优容豪右提供了制度上的便利。

至此，我们对嘉禾四年和五年的田租数量变化的实质就会有新的认识。单纯从田租数量上看，嘉禾五年二年常限田的田租额少于四年，无论是五年的二年常限田的“旱田”还是余力田的“旱田”，全部免收米、钱、布。五年余力田的“熟田”交纳的田租也由原来的零点四五六斛降为零点四斛，只是钱数增加十文。于是有的学者认为农民的田租负担要轻于四年。明白了“熟田”“旱田”的由来以后，就不会这么认为了，因为嘉禾五年的“旱田数”远远少于嘉禾四年，本来是“旱田”的被“定”到“熟田”里面去了。明白了这一点，有助于我们对孙吴国有土地租佃制的本质和功能的认识。

明乎此，我们对“常限田”的含义又多了一层理解：“常限田”的数量标准是国家颁布的标准良田数，而不是农民实际租种的土地数，农民租种的土地或者是未垦荒地，或者是丘陵坡田，产量远远低于良田，为了鼓励垦荒、实现税收，自然地用土地数量调节土地质量的差异，土地质量好的，“定熟田”的数量就多，反之，“旱田”的比例就大一些。这“定”出来的“熟田”“旱田”的田租数满足“常限”的田租数就可以了，农民们实际租种的土地数量是多于“常限”数量的。这种用数量调节质量不足的方法，在先秦时代已然。《周礼·地官·大司徒》云：“凡造都鄙，制其地域而封沟之，以其室数制之。不易之地家百亩，一易之地家二百亩，再易之地家三百亩。”《周礼·地官·遂人》云：“辨其野之土：上地、中地、下地，以颁田里。上地，夫一廛，田百亩，莱五十亩；余夫亦如之。中地，夫一廛，田百亩，莱百亩，余夫亦如之。下地，夫一廛，田百亩，莱二百亩，余夫亦如之。”班固在《汉书·食货志》中追叙周代土地制度时云：“民受田，上田夫百亩，中田夫二百亩，下田夫三百亩。”无论耕种中地、下地的数量为多少，其田租数量和一百亩上地相同。当然，这些记述都带有设计的成分在内，历史存在是否如此，这里搁而不论，我们要说明的是，无论是从文献记述还是战国秦汉授田制的实际情况来看，确实存在着以数量调节其质量差异的事实，所谓“相地而衰征”就是其理论概括。当历史的车轮又向前滚动几个世纪以后，对关乎国计民生的土地田租制度的设计和实施，自然更加精密，《吏民田家莂》记述的“定收”“熟田”“旱田”正是这个历史传统的发展，区别在于孙吴不是像《周礼》说的那样把恶田折合成良田收租，而是分成熟田、旱田收租。不过，农民实际耕种土地数多于“常限”的情况只能是暂时的，随着孙吴政权各项优待豪族大姓、宗室贵族政策的施行，豪族大姓、宗室贵族广占土地，农民所租土地就很难达到“常限”了；而农民的田租还要按照“常限”执行，农民的命运可想而知，社会矛盾也就处于不断激化之中。

的封建大帝国来说，根本不需要每一个役龄男子都做一年卫士。又如戍卒，在边境军情紧急时，不管服过边戍与否，都要戍边，边境无警则不征发人民戍边。如汉武帝元鼎元年，西羌反叛，与匈奴通使，汉为了防止西羌与匈奴合兵，遂发重兵戍守，于“上郡、朔方、西河、河西开田官，斥塞卒六十万人戍田之”〔1〕。按当时的人口数推算，这六十万人显然不都是应服一岁戍边任务的人。汉宣帝时，北边无警，戍卒极少，赵充国云：“窃见北边自敦煌至辽东，万一千五百余里，乘塞列燧有吏卒数千人。”〔2〕赵充国是当时名将，极谙边备，他的话是可信的。在一万多里长的边防线上，只有几千名戍卒，可见远非人人都必须戍边一年。因此，所谓戍边一年或做卫士一年，是说凡做卫士或戍卒者一岁而更，而不是说人人都必须做卫士一年或做戍卒一年——尽管人人都有被征作卫士或戍卒的可能。

我们说秦汉人民从始傅到老免都有服兵役的义务，是有大量史实作依据的。张仪说秦有“带甲百余万，车千乘，骑万匹。虎贲之士，跿跔科斗，贯颐奋戟者，至不可胜计”〔3〕。范雎说秦有“奋击百万，战车千乘”〔4〕。这些策士之词，难免夸饰，但都是把所有役龄男子计在内，则属无疑。长平之战，秦发“年十五以上悉诣长平”。王翦伐楚，率六十万大军，“空秦国甲士”〔5〕。这年十五以上的男子和六十万大军在“诣长平”和伐楚之前，显然不可能都是现役军人，而包括退伍回乡务农的役龄男子在内。秦始皇统一六国后，“戍、漕、转、作、事”同时征发，结果“丁男不足，丁女转输”。这些史实说明，秦所有役龄男子都在应征之列，当兵时间长短，视需要而定，人民的兵役义务远非两年。

汉制和秦相同。如吴王刘濞叛乱时，“悉其士卒，下令国中曰：‘寡人年六十二，身自将。少子年十四，亦为士卒先。诸年上与寡人同，下与少子等，皆发。’二十余万人”〔6〕。十四到六十二皆发，当然是特例。但是所有成年男子都要当兵则不是刘濞独创，而是汉制使然。因为当时诸侯王国所用之法仍是汉法，贾谊说：“若此诸王，虽名为臣……虑亡不帝制而天子自为者。擅爵人，赦死罪，甚者或戴黄屋，汉法令非行也。”又说：“诸侯犹且人恣而不治，豪植而太强，汉法不得行矣。”〔7〕说明按制度规定，诸侯王国仍要执行汉法，这儿的汉法当包括赋役制度。汉武帝用兵四夷，征战数十年，结果“父战死于前，子斗伤于后，女子乘亭障，孤儿号于道，老母寡妻饮泣巷哭，遥设虚祭，想魂乎万

〔1〕《汉书》卷二十四下《食货志》下，第1173页。
〔2〕《汉书》卷六十九《赵充国传》，第2989页。
〔3〕《史记》卷七十《张仪列传》，第2293页。
〔4〕《史记》卷七十九《范雎蔡泽列传》，第2408页。
〔5〕《史记》卷七十三《白起王翦列传》，第2334、2340页
〔6〕《汉书》卷三十五《吴王刘濞传》，第1909页。
〔7〕《汉书》卷四十八《贾谊传》，第2234页。

里之外"[1]。人口耗损,"户口减半",正说明所有役龄男子都要当兵。又如昭帝时,燕刺王刘旦谋反,"赋敛铜铁作甲兵,数阅其车骑材官卒……旦从相、中尉以下,勒车骑,发民会围,大猎文安县,以讲士马,须期日"[2]。"车骑材官卒"是现役军人,"发民会围"之"民"即退伍返乡的役龄男子。"发民会围,大猎文安县,以讲士马"就是集中所有现役军人和已回乡务农的役龄男子进行军事演习,准备起兵,说明所有役龄男子都要当兵。在秦汉史籍中,类似史料可以说俯拾即是,本文不再一一列举。

人们也许会这样认为,秦汉农民的法定兵役义务是两年,其余的兵役负担是法外之役,而不是制度所致。笔者以为否。诚然,在封建社会里,统治者可以任意改变法令制度,但就秦汉征兵制度而言,人民自始傅到老免都要服兵役,不是法外之役,而是法内之役。

众所周知,秦汉征兵制始于商鞅变法,而商鞅变法的目的是富国强兵,富国的目的也是强兵以东向争霸,方针是"一民于战""举国而责之于兵"。《商君书·画策》云:

"名尊地广,以至王者,何故?名卑地削,以至于亡者,何故?战罢(疲)者也。不胜而王,不败而亡者,自古及今,未尝有也。民勇者战胜,民不勇者战败。能一民于战者民勇;不能一民于战者民不勇。圣王见王之致于兵也,故举国而责之于兵。"

这是商鞅变法的出发点,变法所立的一系列的封建制度都是为了"一民于战""举国而责之于兵",使利禄官爵皆出于兵,使秦民"当壮者务于战,老弱者务于守"。《商君书》非成于一人之手,有些篇目并非商鞅所作,但这些主张和商鞅一致则是无疑的。商鞅规定:"宗室非有军功,论不得为属籍……有功者显荣,无功者虽富无所芬华。"[3]宗室有军功才能为"属籍",只有立军功者才能显荣,说明确实是"利禄官爵皆出于兵"。商鞅建立严密的户籍制度,把人民置于国家的严格控制之下,除了为了向人民征收赋税之外,就是为了征伐人民当兵,所有在籍之男子,从始傅到老免,都有当兵义务。所谓"老免",就是指到了六十岁(汉昭帝以后为五十六岁)老衰不任兵劳之役时,免其服役义务,脱离役籍。随着历史的发展,虽然军功不可能是仕进的唯一途径,但是,人们自始傅到老免都要当兵的制度并没有改变,上举秦汉农民从军征的史实,就是这一制度的具体实践。

第二,"一岁力役"为句并不费解,就是指人民当一年郡兵的制度,"力役"是泛称,车骑、材官、楼船是具体兵种的名称。人们把"力役"理解为劳役,觉

〔1〕《汉书》卷六十四下《贾捐之传》,第2833页。
〔2〕《汉书》卷六十三《武五子传》,第2753页。
〔3〕《史记》卷六十八《商君列传》,第2230页。

得“一岁力役”殊不可解，遂把“力役”属下读，作“力役三十倍于古”，这样一来，“力役”已不是单指劳役，而是兼指前面的“月为更卒”“为正一岁”“屯戍一岁”，即包括劳役和兵役两项内容了，和当时的“徭役”一词同义。那么，“力役”既然是兵役和劳役的总称，单独征发兵役或单独征发劳役都可以称为力役，就像人们把“月为更卒”称作徭役，把屯戍也称作徭役一样，因而“一岁力役”为句又可以理解了，即当一年郡兵。按人民在地方上做车骑、材官、骑士、楼船，和做戍卒或卫士性质有所区别。前者服役于本郡县，其征发、训练、都试、罢遣都是太守、都尉的例行公事，不需要朝廷命令；后者服役于边疆或京师，其征发是朝廷的事情，要有朝廷的虎符，郡守才能征发。因此之故，史籍才分别名之为车骑、材官、骑士、楼船和戍卒、卫士，董仲舒才云“一岁力役”“一岁屯戍”而不说“二岁力役”或“二岁屯戍”，以免二者混淆。学者未审及此，遂有许多误解。

为了进一步说明问题，有必要对“力役”一词的含义作些考释。

“力役”的本义是劳役。《礼记·王制》云：“五十不从力政，六十不与服戎。”“力政”即力役之征，“政”“征”同声通假，郑玄注：“力征，城道之役也。”即力征是修城筑路之类的劳役。随着时代的变迁，“力役”的含义发生了变化。《孟子·尽心下》孟子云：“有布缕之征，粟米之征，力役之征。君子用其一而缓其二，用其二而民有殍，用其三而父子离。”赵岐注：“征，赋也。言国有军旅之事则横兴此三赋也。布，军卒之为衣也。缕，紩铠甲之缕也。粟米，军粮也。力役，民负荷厮养之役也。”[1]把力役释为“负荷厮养之役”，即军事劳役，后世咸从其说。但是，仔细分析，赵岐的注是不对的，因为孟子所云并非是在“国有军旅之事”时才向人民征收，而是说国家对人民的全部剥削分为这三种，细析孟子的上下文意，这点不难理解。孟子生当战国中期（约公元前335—304年），其书是孟子与其弟子合编而成，成书于孟子晚年，所述史实多是当时情况。其时，我国历史已进入封建社会，每一个封建国家的编户齐民都要向封建国家交纳赋税，服兵役和服劳役，因此，这儿的“力役之征”是向人民征发兵役和劳役。《盐铁论·未通》云汉昭帝“宽力役之征，二十三始傅，五十六而免”。这儿的“力役之征”就是兼指兵役和劳役。所以，我们把“一岁力役”理解为当一年郡兵的泛称，并非望文生义，曲为之解，而是有史实根据的。当然，按第二种读法，把“力役”属下读，于文意上也是通顺的，但是，这与上述秦汉人民在役龄之内都要服兵役的制度不符，故此读为非。

第三，在汉语中，主语较长时，都可以和谓语断开，以便阅读，“三十倍于古”的主语就是“月为更卒”“一岁屯戍”“一岁力役”，和董仲舒接着说的“田租

[1] 阮元校刻：《十三经注疏》，中华书局，1980年影印（下同），第2778页。

口赋,盐铁之利,二十倍于古”的句式完全相同。所以不存在主词不明问题。

可见,第一种读法于文意、于史实都符合,是正确的。第二种读法不合史实,故不能成立。当然,说“正卒”是当一年郡兵也就不能成立。

那么颜师古的解释对不对?回答也是否定的。说“正卒”是“给中都官者”,是根据“月为更卒”——“给郡县一月而更”的制度推衍出来的结论,是没有史实根据的,于“一岁屯戍”的制度就解释不通。按秦汉时代,在京师做卫士也叫屯戍,但更多的是指戍边,说“正卒”是“给事中都官者”于此就不符。

现在再来考察荀悦的解释。

荀悦是东汉人、著名的史学家、《汉纪》的编纂者,对秦汉的典章制度是熟悉的,他的解释和秦汉人民自始傅到老免都要服兵役的制度相符合,和秦汉征兵制度的性质相一致,因而荀悦之说是正确的:“正卒”是指傅籍后应服兵役的役龄男子,就其正式服兵役而言。董仲舒说的“为正”即是此意,“一岁屯戍,一岁办役”是“正卒”兵役义务的一部分,是有时间限制的,其余临时应征的义务,没有明确说出来。因此,我们切不可机械地按字面意思来理解董仲舒的话,得出秦汉男子一生中的兵役义务只有两年的结论,而应参以其他史料来理解。正因为“正卒”不是指当一年郡兵而是指所有役龄男子,所以我们在秦汉史籍中只见发郡兵多少人,或发骑士、材官、楼船多少人,而从未见到发“正卒”多少人的记载。

最后,追溯一下秦汉“正卒”的渊源,会有助于进一步理解其含义。按“正卒”之称,源于周制。《周礼·地官·小司徒》云:“凡起徒役,毋过家一人,‘以其余为羡,唯田与追胥竭作’。”贾公彦《疏》云:“‘凡起徒役,毋过家一人’者,谓起民徒役作之,毋过家一人。‘以其余为羡’者,一家兄弟虽多,除一人为正卒,正卒之外,其余皆为羡卒。”孙诒让《周礼正义》云:“‘凡起徒役毋过家一人’者,徒役谓大军大役士徒征调之事。家一人者,正卒之数也……家以一人为正卒……受兵则为正卒。”〔1〕可见周代制度中“正卒”是服兵役者的专称,秦汉沿用了这一名称。

综上所述,秦汉人民自始傅到老免都有服兵役的义务;“正卒”是役龄男子的统称;当郡兵和做卫士、戍卒只是“正卒”之役的一部分。“一岁力役”为句是正确的,其余读法是错误的。秦汉征兵制度的性质是预备兵役制。

---

〔1〕《十三经注疏》,第711页。

秦汉“傅籍”制度与社会结构的变迁*

——以张家山汉简《二年律令》为中心

傅籍制度是秦汉户口管理的重要组成部分，但是，因资料的限制，学者虽付出诸多努力，对其内容和功能依然缺乏深入的了解。《汉书·高帝纪》云刘邦在彭城之战败于项羽时，萧何曾发“关中老弱未傅者悉诣军”。颜师古注云：“傅，著也，言著名籍，给公家徭役也。”《史记·孝景本纪》云景帝二年令“男子二十而得傅”。《索隐》引荀悦注云：“傅，正卒也。”即傅籍之后成为国家正卒。现代学者均据颜师古对傅籍含义和功能的注解，认为傅籍就是著名徭役之名籍，开始服役。颜师古的解释并没有错，是有着充分的事实依据的，不过，并不全面，傅籍的功能远不止于“给公家徭役”，还有着丰富得多的内涵，全面把握傅籍的意义，是把握秦汉社会结构变迁的重要一环。本文就此论述于下，以就教方家。

一

要把握傅籍制在社会结构变迁过程中的意义，必须从傅籍的一般含义和标准问题谈起，以澄清以往的误解。颜师古云“傅，著也，言著名籍，给公家徭役也”，与出土的云梦秦律是一致的。云梦秦简《法律答问》云：

> “何谓‘匿户’及‘敖童弗傅’？匿户弗徭、使，弗令出户赋之谓殹（也）。”〔1〕

隐瞒人户，不征发其徭役、不加以役使、不征其户赋是为“匿户及敖童弗傅”。“敖童”是达到了傅籍标准还没有傅籍的少年。这些少年人已长大，但还没到服役年龄，无所事事，四处游荡，故名为“敖童”。敖者，四处游荡之谓也。隐瞒人口、故意不把“敖童”登入服役名籍都是法律所禁止的。秦简有《傅律》的部分条文，云：

> “匿敖童，及占癃不审，典、老赎耐。百姓不当老，至老时不用请，敢为诈伪者，赀二甲；典、老弗告，赀各一甲；伍人，户一盾，皆迁之。”〔2〕

《傅律》是关于傅籍制度的专门法律。律文规定，在傅籍过程中，凡是隐瞒“敖

---

* 原刊《人文杂志》2005 年第 1 期。

〔1〕 睡虎地秦墓竹简整理小组：《睡虎地秦墓竹简》，文物出版社，1978 年（下同），第 222 页。

〔2〕 《睡虎地秦墓竹简》，第 143 页。

童"和认定残疾人口不实者，里典、伍老"赎耐"。百姓不当免老而免老，虽然到了免老时间、不经过批准而擅自免老等弄虚作假者，当事人"赀二甲；典、老弗告，赀各一甲；伍人，户一盾，皆迁之"。之所以如此规定，就是因为以上的种种行为均导致国家役源的缺失。

现在谈傅籍标准问题。秦朝傅籍，根据身高和年龄的双重依据进行。云梦秦简《编年记》记载墓主人喜在秦昭襄王四十五年十二月出生，于秦始皇元年傅。按秦以十月为岁首，每年八月统一进行户口登记，傅籍也在八月举行，喜从出生到傅籍是十七岁，也就是说，秦的傅籍年龄是十七岁。这和其六尺五寸的身高标准正相一致。秦简《仓律》有云"隶臣、城旦高不盈六尺五寸，隶妾、舂高不盈六尺二寸，皆为小；高五尺二寸，皆作之"〔1〕。高不足六尺五寸的隶臣、城旦和六尺二寸以上的隶妾、舂是为"小"，否则即"大"，是成年人。隶臣、隶妾、城旦、舂的身高如此，普通农民也是如此。《周礼·地官·乡大夫》云："以岁时登其夫家之众寡，辨其可任者，国中自七尺以及六十，野自六尺以及六十有五，皆征之。"贾公彦《疏》云："国中自七尺以及六十者，七尺谓年二十。知者？按《韩诗外传》：二十行役，与此国中同，则知七尺谓年二十。云野自六尺以及六十有五者，六尺谓年十五。故《论语》云可以托六尺之孤，郑注云六尺之孤年十五以下。"〔2〕六尺为十五，七尺为二十，均就男子而言，则六尺五寸正是十七岁。

云梦秦简对秦朝傅籍年龄和身高标准的规定，得到了张家山汉简《二年律令》的证实。张家山汉简《二年律令》是吕后二年前颁布的法律，共有二十七种律和一种令，其内容大多是秦律的延续，而又补充了秦律的不足，其中有《傅律》专章，极大丰富了我们对傅籍制度丰富性的认识，关于傅籍的身高和年龄的规定有助于对秦律的理解。汉简《傅律》云：

"当傅，高不盈六尺二寸以下，及天乌者，以为疲癃。"〔3〕

"天乌"指先天残疾。身高不满六尺二寸和"天乌"都属于"疲癃"。秦律规定六尺二寸是女子傅籍的身高标准。汉律所云之六尺二寸也应是就女子而言，男子的身高规定还应是六尺五寸。因为普通庶人的始傅年龄是十七岁，对男子而言，六尺五寸即十七岁，对此，汉律虽然没有直接规定，但从相关条文中可以作出明确的判断。汉简《收律》云：

"罪人完城旦舂、鬼薪以上，及坐奸府（腐）者，皆收其妻、子、财、田宅。其子有妻、夫，若为户、有爵，及年十七以上，若为人妻而弃、寡者，皆

〔1〕《睡虎地秦墓竹简》，第49页。

〔2〕《周礼注疏》，阮元校刻《十三经注疏》，中华书局，1980年影印（下同），第716页。

〔3〕张家山汉墓竹简整理小组：《张家山汉墓竹简（二四七号墓）》，文物出版社，2001年（下同），第182页。

勿收。"〔1〕

完城旦舂和鬼薪以上罪犯的妻子、儿女(律文之"子"是子、女的通称)、家财、田宅等全部没收归公。但其子女已成家,有爵位、单独立户,以及女儿年满十七岁以上出嫁后被抛弃者,则不在没收为奴之列。为什么规定年十七岁以上"若为人妻而弃、寡者,皆勿收"?因为女儿已经出嫁,成为丈夫家人,虽然被弃而寡和父母生活在一起,但终究是嫁出去的人,故不受父亲连坐。汉简《具律》云:

"公士、公士妻以及□□行年七十以上,若年不盈十七岁,有罪当刑者,皆完之。"〔2〕

众所周知,按汉律,有爵位者、年老者、未成年人犯罪均可减免刑罚。对有爵位者而言,是其特权的实现;对年老者,是尊老的体现;对未成年人则是因其年少不具备完全的责任能力。上引《具律》规定了公士及其妻、年七十以上、不满十七岁这三种人可以减刑:"有罪当刑者,皆完之。"值得注意的是未满十七岁这一规定。为什么未满十七岁"有罪当刑者,皆完之"?就是因为满十七岁是成年人,未满十七岁是未成年人。未成年人不具备完全责任能力,故减轻刑罚。换言之,年满十七岁,当刑则刑,就不存在因年龄而减免的问题了。这正从法律的层面间接地说明秦和西汉初期都是十七岁始傅,不存在十五岁始傅的制度。〔3〕汉景帝二年令"男子二十而得傅"〔4〕,到汉昭帝时又将傅籍年龄推迟到二十三岁。《盐铁论·未通》载文学语云:"今陛下哀怜百姓,宽力役之征,二十三始傅,五十六而免。""陛下"即指汉昭帝,此后,二十三傅籍、五十六老免成为定制。

秦汉是等级社会,特别是秦朝和汉初,严格实行二十级军功爵制,人们的身份高低因爵位而等级森严,不同等级的人有着不同的政治经济利益,十七岁始傅是就一般庶人而言的,对于那些军功贵族的子孙来说,当然要另行规定。惜乎材料阙如,以往对此不得而知,汉简《傅律》终使真相大白于天下,其文云:

"不更以下子年廿岁,大夫以上至五大夫子及小爵不更以下至上造年廿二岁,卿以上子及小爵大夫以上年廿四岁,皆傅之。公士、公卒及士伍、司寇、隐官子,皆为士伍。畴官各从其父畴,有学师者学之。"〔5〕

---

〔1〕《张家山汉墓竹简(二四七号墓)》,第156页。

〔2〕《张家山汉墓竹简(二四七号墓)》,第146页。

〔3〕主张秦为十五岁始傅的学者,以高敏先生的论述最具有代表性,见氏著《秦汉徭役制度辨析》上、下,分别刊《郑州大学学报》1985年第3期、1986年第4期;《秦汉的徭役制度》,刊《中国经济史研究》1987年第1期,又收入氏著《秦汉史探讨》,中州古籍出版社,1998年。

〔4〕《史记》卷十一《景帝本纪》,中华书局,1959年(下同),第439页。

〔5〕《张家山汉墓竹简(二四七号墓)》,第182页。

按律文,从第一级公士到第四级不更之子年二十始傅,第五级大夫到第九级五大夫之子年二十二始傅,第十级左庶长到第十八级大庶长都属于卿级爵位,其子年二十四始傅。律文中的“小爵”是指有爵位还没有傅籍的青少年,其傅籍年龄也是按爵位高低而定,第二级上造至不更为二十二岁,第五级五大夫以上者均为二十四岁。

当然,刘邦之取得天下,依靠的是秦人之力,有军功爵者主要是秦人,关东地区的人数不多,仅限于随刘邦入关的丰沛子弟,对于关东地区的绝大多数人口而言,他们都是普通的庶人,没有任何爵位。这些凭其出身而推迟傅籍的军功贵族的子孙毕竟只是当时人口的一小部分,绝大多数人口都是十七岁始傅。此制到景帝二年才有所改变,《汉书·景帝纪》谓是年冬“令天下男子年二十始傅”。这儿的“男子”是指没有爵位的普通男子,本来是第一至第四级爵即公士、上造、簪袅、不更四个级别的人才是二十岁始傅,无爵位者是十七岁始傅,景帝一律推迟至二十岁。颜师古不解实情,谓“旧法二十三,今此二十,更为异制也”,显然是望文生义,据后世制度解释前朝历史,不足为训。《盐铁论·未通》载御史语云“今陛下哀怜百姓,宽力役之征,二十三始傅,五十六而免,所以辅耆壮而息老艾也”。这儿的“陛下”是指昭帝,“二十三始傅,五十六免”是指庶人,这成为此后汉家定制。当然,从理论上说,有爵位者的傅籍和老免年龄应该另有规定,但是,在以后的汉代历史中,这个因素可以忽略不计。因为汉初的军功阶层,因为继承制度的因素,到了汉武帝时期,绝大多数都失去其爵位而成为平民;尽管汉武帝时期曾因用兵匈奴而造就一批新的军功阶层,但是这些军功阶层已非昔日可比,随着汉武帝时代的逝去,他们是没有什么特权可言的。

二

秦和汉初的始傅年龄既明,现在谈傅籍的功能问题。上已指出,人们按照颜师古的注释“傅,著也,言著名籍,给公家徭役也”来理解傅籍的功能,确实有其事实依据,“给公家徭役”确实是傅籍的目的。但是,能否就此说“著名籍,给公家徭役”就是傅籍的全部功能?答案是否定的。“给公家徭役”只是傅籍功能的一部分,是就其义务而言的,除此之外,傅籍还关系到每一个人的政治经济权利问题。在专制社会里,上至达官显贵,下至贩夫走卒,都是君主的臣民,谈不上什么“权利”,但是,正是这种专制社会按不同的等级确定每一个人的政治经济利益,对于个体的人来说,处于什么样的等级之中也就有了相应的权利(或者说是利益更恰当一些)。傅籍制度既然直接决定着人们傅籍之后的身份等级,当然也决定着傅籍者的利益实现问题。尽管对普通庶人来说谈不上有多大的政治经济权利,他们傅籍之后主要是“给公家徭役”,但是,这也仅仅是问题的一个方面,农民还是因此而得到实惠的。至于那些有爵位的特权阶层,其权利的意义就大得多了。就是那些因特殊原因而形成的特殊群体如"司寇""隐官子",傅籍也不仅仅是为了服徭役,也有着其他的内涵。现在先看看傅籍对军功贵族子弟的意义。汉简《傅律》云:

"不为后而傅者,关内侯子二人为不更,它子为簪褭;卿子二人为不更,它子为上造;五大夫子二人为簪褭,它子为上造;公乘、公大夫子二人为上造,它子为公士;官大夫及大夫子为公士;不更至上造子为公卒。当士(仕)为上造以上者,以適(嫡)子;毋適(嫡)子,以扁(偏)妻子、孽子,皆先以长者。若次其父所,所以以未傅,须其傅,各以其傅时父定爵士(仕)之。父前死者,以死时爵。当为父爵后而傅者,士(仕)之如不为后者。"〔1〕

"不为后而傅者"之"后"是指法定继承人。汉有《置后律》专章,规定军功爵者的爵位继承问题。其时之爵位继承采用的是嫡长子降级继承、诸子再降级继承的制度。即按照嫡长子继承原则,先在诸子之中确定嫡长子为"后",按相关规定降级继承被继承人的爵位;其余诸子则在傅籍之后可以直接得到爵位,而不必等到被继承人死亡之后去继承爵位。上举律文具体规定了上至第十九级爵关内侯、下至第二级上造之子在傅籍之后获得爵位的具体内容。据律文,除了"后"(即法定继承人)之外,其余诸子的爵位授予状况是:关内侯二子为不更,其余诸子为簪褭;从第十级左庶长到十八级大庶长也就是律文的"卿"之子二人为不更,其余均为上造;第九级五大夫之子二人为簪褭,其余为上造;第八级公乘、第七级公大夫之子二人为上造,其余为公士;第四级不更至第二级上造之子全部为公卒。其中缺少第六级官大夫和第五级大夫之子的爵位赐予的规定,当是漏记,从逻辑上判断,第六、第五两级爵位之子可能都是公士。无论哪一个爵级之子,凡是授予上造以上爵位者都要按照嫡子优先、年长优先的原则进行。这是专门针对第七级公大夫以上各级爵位之子的规定,第六级以下之子要么全为公士,要么全为公卒,不存在嫡、长优先的问题。在傅籍时,如果父亲已经死亡,则按其死亡时的爵位计算其应授予的爵级;父亲健在的则按傅籍时其父亲的爵位计算、授予其爵级。这里的"当为父爵后而傅者,士(仕)之如不为后者"需要略加说明。按《置后律》规定,父死之后才按嫡长子继承制依法确定一人为"后";父亲健在,即使按照制度规定已经明确了"后"的人选,也到了傅籍的年龄,但不存在继承发生的前提,无法实现其继承权,所以特别规定"当为父爵后而傅者,士(仕)之如不为后者",即"后"在继承期待期间,傅籍之后也可以得到爵位,其爵级如"不为后者";待其

〔1〕《张家山汉墓竹简(二四七号墓)》,第182页。

父亲死亡之后再按规定继承应当继承的爵位。[1]但是,所有这一切,都必须傅籍之后才能实现,若未傅籍,"须其傅"以后再"各以其傅时父定爵士(仕)之"。

上述是针对第二级军功爵上造以上各爵级之子的傅籍及其身份的规定,对于第一级公士及其以下各阶层之子傅籍以后的身份另有规定。《傅律》云:

> "公士、公卒及士五(伍)、司寇、隐官子,皆为士五(伍)。畴官各从其父畴,有学师者学之。"[2]

公士是最低一级爵位,公卒介于公士和士伍之间,士伍是无爵位者,司寇是二年徒刑的轻刑犯,隐官是受肉刑之后虽然获释但因肢体残废、不便和庶人同伍而做事于官府的特殊人群。公士、公卒、士伍之子傅籍之后为士伍,司寇、隐官之子傅籍后也为士伍,不必受其父亲刑徒身份的影响而成为正常的平民;若出身世业之家,可以随其父学其家传之业而隶名专门的名籍("畴官"之"畴"即世业的意思)。《史记·历书》集解引如淳云"家业世世相传为畴。律:年二十三傅之畴官,各从其父学",有学师者可以正式随师学习。张家山汉简有《史律》专篇,是对史、卜、祝三类人员的学业要求及其待遇的专门法律,其中卜和祝都是世袭职业者,效力于官府,其子女必须得到官府的允许才能学其父业。

在等级社会里,国家在划定社会成员身份的同时,也确定了每一个社会成员的经济政治待遇。傅籍之后,身份变了,其待遇也发生了相应的变化,其最基本的体现是按身份获得相应数量的土地和住宅。汉简《户律》云:

> "关内侯九十五顷,大庶长九十顷,驷车庶长八十八顷,大上造八十六顷,少上造八十四顷,右更八十二顷,中更八十顷,左更七十八顷,右庶长七十六顷,左庶长七十四顷,五大夫廿五顷,公乘廿顷,公大夫九顷,官大夫七顷,大夫五顷,不更四顷,簪袅三顷,上造二顷,公士一顷半顷,公卒、士五(伍)、庶人各一顷,司寇、隐官各五十亩。"
>
> "宅之大,方卅步。彻侯受百五宅,关内侯九十五宅,大庶长九十宅,驷车庶长八十八宅,大上造八十六宅,少上造八十四宅,右更八十二宅,中更八十宅,左更七十八宅,右庶长七十六宅,左庶长七十四宅,五大夫廿五宅,公乘廿宅,公大夫九宅,官大夫七宅,大夫五宅,不更四宅,簪袅三宅,上造二宅,公士一宅半宅,公卒、士五(伍)、庶人一宅,司寇、隐官半宅。欲为户者,许之。"[3]

---

[1] 关于汉代继承制度,《二年律令》中的《户律》《置后律》《傅律》等有着详细的规定,参阅拙文《张家山汉简所见西汉继承制度初论》,《文史哲》,2003年第6期。

[2] 《张家山汉墓竹简(二四七号墓)》,第182页。

[3] 《张家山汉墓竹简(二四七号墓)》,第175—176页。

汉代实行普遍授田制，平民是每夫土地一顷、住宅一区，有军功爵者按爵位高低增加授田。自己没有军功爵，其父亲有军功爵者，在傅籍之后即分别得到不更、簪褭、上造、公士的爵位并按爵级得到相应的土地和住宅，成为军功贵族地主；公卒、士五、庶人之子可以向政府领取土地一顷、住宅一区；那些司寇、隐官之子傅籍之后为士伍，摆脱其原来的罪犯之子的耻辱身份，获得平民的受田资格。

爵位是富与贵的基础，其富是因爵位而有田宅，其贵是因爵位而有各种特权。军功爵者之后因其父辈的荫庇而得爵，在得到田宅而富的同时也获得了一系列的特权。要而言之，约如下数端：其一是可以得到较多的物质赏赐。汉简《赐律》云：

> "赐棺享（椁）而欲受齎（资）者，卿以上予棺钱级千、享（椁）级六百；五大夫以下棺钱级六百、享（椁）级三百；毋爵者棺钱三百。"
>
> "赐不为吏及宦皇帝者，关内侯以上比二千石，卿比千石，五大夫比八百石，公乘比六百石，公大夫、官大夫比五百石，大夫比三百石，不更比有秩，簪褭比斗食，上造、公士比佐史。毋爵者，饭一斗、肉五斤、酒大半斗、酱少半升。司寇、徒隶，饭一斗，肉三斤，酒少半斗，盐廿分升一。"〔1〕

无论是丧葬费还是国家赏赐的食品，其数量都按爵位等级和官职品秩的级别划定，爵位和官职之间一一对应。在傅籍之前，这些军功爵者之子虽然出身贵胄，也只是按未成年的庶人标准赐予酒食，傅籍之后则按爵级赐予了。

其二，有提前免除徭役的特权。汉简《傅律》云：

> "大夫以上年五十八，不更六十二，簪褭六十三，上造六十四，公士六十五，公卒以下六十六，皆为免老。不更年五十八，簪褭五十九上造六十，公士六十一，公卒、士伍六十二，皆为睆老。"〔2〕

第五级大夫以上者五十八岁免除服役义务，不更以下以次推迟，普通庶人则六十六岁才能免老。不更五十八岁可以简半服役（"睆老"即减半服役），无爵者则要到六十二岁才能为"睆老"。

其三，有减免刑罚的特权。上引《具律》所说的"公士、公士妻以及□□行年七十以上，若年不盈十七岁，有罪当刑者，皆完之"即其一例。上举《收律》也云"罪人完城旦舂、鬼薪以上，及坐奸府（腐）者，皆收其妻、子、财、田宅。其子有妻、夫，若为户、有爵，及年十七以上，若为人妻而弃、寡者，皆勿收"。有爵位的就可以不被连坐。《具律》又云：

> "上造、上造妻以上，及内公孙、外公孙、内公耳玄孙有罪，其当刑及

---

〔1〕《张家山汉墓竹简（二四七号墓）》，第173页。

〔2〕《张家山汉墓竹简（二四七号墓）》，第181页。

当为城旦舂者，耐以为鬼薪白粲。”〔1〕

内公孙、外公孙是宗室、外戚之孙，内公耳孙是宗室曾孙。上造及其妻以上和宗室、外戚之孙以及宗室曾孙、玄孙一样减刑。爵位越高，减刑的幅度越大。这里不去一一列举，我们只要明白有爵位者有减刑特权就行了。

按秦制，官爵相连，有爵位也就获得了仕宦的资格。《韩非子·定法》云商君之法“斩一首者爵一级，欲为官者为五十石之官；斩二首者爵二级，欲为官者为百石之官。官爵之迁与斩首之功相称也”。商鞅之斩首授爵还有其他的限制，并非完全如韩非所云绝对地“斩一首者爵一级”。对此，这里不去讨论。但说“官爵之迁与斩首之功相称”则是符合秦制的基本原则的。西汉继承了这一原则。爵位是仕宦的条件，有爵位者未必一定为官，但只要愿意，就可以为官。即使不为官，其政治经济待遇也按爵位高低一一和现任官吏相对应，上引《赐律》对“不为吏及宦皇帝者”的赐物标准和现任官吏一一对应已透露出这一精神。尽管随着时间的推移官爵两分是历史的必然，但在汉初，爵位和官职的关系是紧密相连的。有了爵位，自然有了晋身之阶。而所有这一切，都要在傅籍成丁之后来实现。

明白了以上内容，我们对傅籍的意义不难有新的认识，傅籍绝不仅仅如颜师古所说的“著名役籍，给公家徭役”那么简单，傅籍不仅仅只意味着义务，也意味着权利，只是不同阶层的义务和权利不同而已。其实，对傅籍的功能，东汉人荀悦已经指出——所谓“傅，为正卒也”。即傅籍之后成为国家正卒。荀悦是东汉末年经学家和史学家，所述自是汉家制度。当然，荀悦的“傅，为正卒也”是就傅籍以后的居民身份而言的，傅籍之后就成为正卒了，此前不是正卒。《三国志·魏书·崔琰传》云崔琰“少朴呐，好击剑，尚武事。年二十三，乡移为正，始感激，读《论语》《韩诗》”。崔琰和荀悦同时，“年二十三，乡移为正”是东汉制度，即二十三始傅为正卒。

正卒既然是一种身份，就已经包含着某种权利的因素在内。首先要明白何为正卒。按经学家的解释，先秦时代的正卒是指每户一名的正式服兵役者。《周礼·地官·小司徒》云：“凡起徒役，毋过家一人，以其余为羡，唯田与追胥竭作。”郑司农云：“羡，饶也。田，谓猎也。追，追寇贼也。”贾公彦《疏》云：“凡起徒役，毋过家一人者，谓起民徒役作之，毋过家一人。以其余为羡者一家兄弟虽多，正卒之外，其余皆为羡卒。”孙诒让《正义》云：“凡起徒役，毋过家一人者，徒役谓大军大徭士徒征调之事。家一人者，正卒之数……家以一人为正卒，受兵则为正卒。”现代学者大都以此理解秦汉时代的正卒含义，认为正卒就是正式服兵役的士卒，并引卫宏《汉旧仪》和应劭《汉官仪》为据。

〔1〕《张家山汉墓竹简(二四七号墓)》，第145页。

《汉旧仪》云：

> “民年二十三为正，一岁以为卫士，一岁为材官骑士，习射御骑驰战阵。八月，太守、都尉、令、长、相、丞、尉会都试，课殿最。水家为楼船……材官、楼船年五十六衰老，乃得免为庶民就田里，民应令选为亭长。”〔1〕

应劭《汉官仪》的记载和《汉旧仪》相同〔2〕，这“民年二十三为正”、五十六而免是汉昭帝以后的制度，已如上述。今人普遍根据《汉旧仪》的上述记载，认为这卫士和材官骑士就是“正卒”之役的全部内容。虽然对《汉旧仪》的这段话还有不同读法，有的读作“民年二十三，为正一岁，以为卫士一岁，为材官骑士……”云云，对正卒的兵役期限和具体职能理解有别，但都把正卒解为服兵役者则一致。通过对上举张家山汉简律文的解读，我们可以明白：以往对正卒性质的理解显然是不全面的。据荀悦的解释，傅籍之后即为正卒，正卒固然要服兵役，但除了服兵役之外还有着其他的权利和义务，诸如得到爵位、土地、住宅、官府的赏赐，减免徭役，等等。所以，正卒的性质是指成丁。所谓“傅为正卒”就是指傅籍之后即正式成丁，傅籍之籍就是成丁的名籍。以往人们仅据颜师古的注释理解傅籍的含义，而忽视荀悦的解释，现在应该予以补正了。

三

明白了傅籍的功能之后，对傅籍制度的意义自然有深入的理解。傅籍直接关系到社会财富的再分配和社会等级的再划分，是国家控制社会成员和经济资源的重要手段，在人口管理系统中有着关键作用。按法律规定，每年八月全国统一进行户口登记和核查，其方式是自我申报、由基层官吏核查之后再造策，藏之于县乡政府；分财异居、单独立户者也在八月进行。汉简《户律》规定：

> “民皆自占年。小未能自占，而毋父母、同产为占者，吏以□比定其年。自占、占子、同产年不以实三岁以上，皆耐。产子者恒以户时占其……”〔3〕

“自占年”即自我申报年龄。年幼不能自我申报者由父母兄弟代为申报。无父母兄弟者则由负责官吏推定其年龄。诈老诈小达到三岁以上者则处以耐刑。新生婴儿则在“户时”申报户口。“户时”就是每年的八月。《户律》云：

> “恒以八月令乡部啬夫、吏、令史相襍案户籍，副藏其廷。有移徙者，

〔1〕（清）孙星衍辑，周天游点校：《汉官六种》，中华书局，1990年（下同），第81页。

〔2〕《汉官六种》，第152—153页。

〔3〕《张家山汉墓竹简（二四七号墓）》，第177页。

辄移户及年籍爵细徙所,并封。"

"民欲别为户者,皆以八月户时,非户时毋许。"[1]

每年八月乡部啬夫、吏、令史等都要"襍案户籍",即共同审核户籍真伪,核实之后即藏之于县、乡。这"户时"就是统一重新登记核实人口年龄、为立户者单独立户的时间。"民欲别为户者"即单独立户。单独立户的前提是傅籍成丁;尚未成丁,是不存在"欲别为户"的问题的。其时之户籍分类细密,管理严格,《户律》对此有专门规定:

"民宅园户籍、年细籍、田比地籍、田命籍、田租籍,谨副上县廷,皆以箧若匣匮盛,缄闭,以令若丞、官啬夫印封,独别为府,封府户;节(即)有当治为者,令史、吏主者完封奏(凑)令若丞印,啬夫发,即襍治为,臧(藏)□已,辄复缄闭封臧(藏)。不从律者罚金各四两。"[2]

宅园户籍的内容是住宅园圃的综合登记簿,年细籍则是各户人口年龄明细(居延汉简中常见的记载家庭人口年龄并著名"使"与"未使""大""小"的戍卒名籍,大约就是律文所说的年细籍的格式),田比地籍是每户土地比邻状况,田命籍大约是每户受田的由来和数量[3],田租籍是每户应交纳的田租数量。所有这些在县廷由专门机构和人员保管,以县令、丞印封存,使用时要由主管官吏、令史等人共同验试无误后才能打开。这各类簿籍每年八月都要有所变更,诸如析产分居、单独立户,都要变更户籍。但因傅籍导致户籍的变动更具有普遍性,因为一经傅籍,傅籍者的身份发生了变化,或者是取得了庶人的受田资格,或者是成为有爵位和特权的人,均因其身份而获得相应的住宅、土地及其他的待遇,也承担起相应的义务,原来的社会等级发生变化,其年细籍、田租籍、宅园户籍、田比地籍、田命籍也就处于不断变更之中。

综上所述,我们不难发现,傅籍制度和社会结构的变迁密切相关。这起码表现在两个方面:一是所谓的"五口之家、百亩之地"的个体农民因此而不断地再产生;二是身份性地主因此而蜕变,起码在法律层面上是如此。秦汉实行普遍的授田制,但土地一经授予,国家不再收回,可以买卖、转让、世袭。而授田的目的是保证赋税徭役的稳定,农民在接受政府的百亩土地、一区住

[1] 《张家山汉墓竹简(二四七号墓)》,第177、179页。

[2] 《张家山汉墓竹简(二四七号)》,第178页。

[3] 田命籍之命既可解做爵命之命,也可解作名。《周礼·春官·序官》"典命"郑玄注:"命,谓王迁秩群臣之书。"土地均授之于天子,故曰田命籍。文献中,命又有通名者,田命籍即田名籍,注明各户所受田宅的多寡及其根据,如爵级等。《广雅·释诂三》:"命,名也。"《吕氏春秋·察今》:"东、夏之命,古今之法,言异而典殊。故古之命多不通乎今之言者,今之法多不合乎古之法者。"《史记·天官书》:"兔七命:曰小正、辰星……"司马贞《索隐》云:"命者,名也。"《史记商君列传》云商鞅变法令全国"名田宅臣妾衣服以家次",所推行的授田制又称为名田制。这儿的田命籍换做"田名籍"更贴切。

宅的同时就必须承担相应的赋税和徭役。农民在不堪政府的赋税徭役剥削时,“卖田宅、鬻子孙”就成为必由之路,无地农民自然增多。而通过傅籍制度的实施,可以源源不断地把新傅籍为正卒的人口变为受田民,即使是其父辈丧失土地,其子女也可因此而重新获得土地,从而求得社会秩序的稳定。历史上令人羡称的“文景之治”,除了人们所盛赞的轻徭薄赋、农民破产较少这一原因之外,还有着一个更深层的原因,这就是授田的正常执行。而授田是否合理,直接决定于傅籍制度的实施质量。这些,不难理解,不予多说。

关于傅籍制度对军功地主的身份蜕变的影响,主要表现在傅籍与爵位继承的关系上。上已述及,傅籍之后,军功爵者之子就获得了实现其继承权的资格。其时实行的继承制度,除了列侯和关内侯两级之外的十八级爵位外,都是法定继承人(即律文之“后子”)降级继承,其余诸子再依亲疏分为两个等级——姑且名之为“准后子”(尊、长者二人)和“次后子”(所有庶子),再降级继承。这既是对军功地主的优待,也是对其政治经济特权的限制。无论被继承人是否死亡,也不管其子女多寡,傅籍之后都能获得相应级别的爵位,享受其权利,其优待可谓优厚。但是,这种优待又有着一定的时效性,无论是法定继承人,还是其余诸子,降级继承若干代之后,其爵位就自动丧失,其身份就演变为士伍了。为便于分析,关于法定继承人的降级继承,略作简单说明。汉简《置后律》规定:

> “疾死置后者,彻侯后子为彻侯,其毋適(嫡)子,以孺子[子、良人]子(引者按:简文孺子“子”和“良人”三字漫漶不识,引文据整理小组注补)。关内侯后子为关内侯,卿圂〈后〉团为公乘,[五大夫]后子为公大夫,公乘后子为官大夫,公大夫后子为大夫,官大夫后子为不更,大夫后子为簪褭,不更后子为上造,簪褭后子为公士。其毋適(嫡)子,以下妻子、偏妻子。”〔1〕

除了列侯和关内侯之爵位世袭罔替之外,其余各级爵位之“后子”均降级继承。从第十八级大庶长到第十级左庶长属于“卿”级爵位,其“后子”均为第七级公乘,第九级五大夫至第三级簪褭“后子”均降两级继承,最后两级爵位上造和公士之“后子”无爵位。至于各级爵位“后子”之外诸子,也就是“准后子”和“次后子”,其爵位已见上举。可见,其实行结果是军功地主身份的改变,最后蜕变为庶人地主。举例说来,以卿爵位而论,其“后子”第一代为公乘,第二代为官大夫,第三代为不更,第四代为上造,至此,其“后子”最终成为普通的庶人;至于其“后子”之外的众子,即“准后子”“次后子”,无论是为“不更”还是为“上造”,除这些不更、上造的“后子”降级继承其爵位、可以延续两代之外,

---

〔1〕《张家山汉墓竹简(二四七号墓)》,第182—183页。

其余只传一代即降为庶人。至于大庶长以下的"后子"的爵位,传承至第三代就终止了,其"准后子""次后子"第二代即成为庶人。而决定谁是"后子",谁是"准后子""次后子",都是通过傅籍的程序来完成的,傅籍既是对变动了的社会等级在制度上的肯定,又在预示着新变动的发生,其目的就是把不断变动的社会结构纳入国家控制之中。

当然,本文说的这些军功贵族地主,在经历了若干代之后,其爵位虽然丧失,其身份和影响则远非那些非军功出身的严格意义上的庶人可比,而是成为横行乡里、恃强凌弱、操纵基层官府的豪强地主;其爵位虽然不在,都仍有父、祖余荫和威势,国家给予的土地依然归其私有,并通过买卖和豪夺的方式侵吞小农和国有土地,其实际拥有的土地是远远超出凭其身份所应该占有的土地数量的。[1]所以汉武帝才把整顿占田过限列为加强地方统治秩序的重要内容,将"强宗豪右,田宅逾制,以强凌弱,以众暴寡"作为刺史"六条问事"之首[2],试图循名责实,恢复授田制之下的等级占田秩序。虽然我们无从知晓这些刺史们是如何查处"强宗豪右,田宅逾制"的,但是,有一点可以肯定,那就是必须严格傅籍制度,才能循名责实。

最后还要指出的一点是,上述傅籍制度的功能在不同历史时期的影响是不一样的。在秦朝和西汉初年,国家能严格实行授田制度,二十级军功爵是社会等级的唯一标尺,傅籍和服徭役、获得土地、确认社会地位连在一起,无论是就国家对社会控制而言还是对个人的命运来说都是至关重要的,而自西汉中期以后,军功爵制已经丧失其实际意义,授田制度也瓦解殆尽,傅籍对于农民而言只剩下服徭役的义务了,从这一点来说,颜师古说的"傅,著也,言著名籍,给公家徭役也"又是对的。

---

〔1〕 参见拙文《西汉授田制度与田税征收方式新论》,见本集。

〔2〕《汉书》卷十九上《百官公卿表》上,中华书局,1965年,第742页。

说"自占年"*

"自占年"首见于云梦睡虎地秦简《编年记》。《编年纪》云喜"(秦王政)十六年……自占年"〔1〕。《史记·秦始皇本纪》有云秦王政十六年"初令男子书年"。喜就是因为"初令男子书年"而"自占年"的。睡简整理小组注云:"自占年,即《史记·秦始皇本纪》本年所记'初令男子书年',命境内男子普遍申报年龄。"张家山汉简《二年律令·户律》规定:"民皆自占年。小未能自占,而毋父母、同产为占者,吏以□比定其年。自占、占子,不以实三岁以上,皆耐。产子者恒以户时占其……"〔2〕张家山汉简整理小组采纳睡简整理小组的意见,谓"自占年,自行申报年龄"。这是目前学界的共同看法。

笔者以为,谓"自占年"为"自行申报年龄"不确,既与事实矛盾,也缺少训诂依据。"自占年"之"占"并非"申报",而是"验视、核实"的意思。这一差别,体现着不同的人口管理方式和国家对人身控制程度的差别。试说如下,以就正于同仁。

要理解"自占年"的含义,须从户口登记制度说起。众所周知,户口登记制度起码在西周已经确立。如《国语·周语上》谓周宣王"料民于太原。仲山父谏曰:'民不可料也。夫古者不料民而知其少多。司民协孤终,司商协民姓,司徒协旅,司寇协奸,牧协职,工协革,廪协出,是则少多、死生、出入、往来者皆可知也。'"。韦昭注:"料,数也。""司民,掌登万民之数,自生齿以上皆书于版。协,合也。无父曰孤。终,死也。合其名籍,以登于王也。"仲山父认为,"料民"是有司的事情,宣王"料民"是越俎代庖,所谓"民不可料也"是说国君不应该亲自"料民"。当然,《国语》之书晚出,这段话反映的不一定是周宣王时期的制度,但是,起码可以说明西周已经建立户口登记制度。《周礼·大司寇·司民》云:"司民掌登万民之数,自生齿以上皆书于版。辨其国中与其都鄙,及其郊野,异其男女,岁登下其死生。及三年大比,以万民之数诏司寇。司寇及孟冬祀司民之日,献其数于王。王拜受之,登于天府,内史、司会、冢宰贰之,以赞王治。"所云虽然不是西周实情,但还是有一定事实基础的。秦国

---

* 原刊《史林》2011年第1期。

〔1〕 睡虎地秦墓竹简整理小组:《睡虎地秦墓竹简》,文物出版社,1978年(下同),第7页。

〔2〕 张家山二四七号汉墓竹简整理小组:《张家山汉墓竹简(二四七号墓)》(释文修订本),文物出版社,2006年版(下同),第53页。

后起，商鞅变法以前的户籍管理制度虽然不详，但商鞅变法建立了严格的户籍管理制度是没有疑问的。《商君书·境内》云：“四境之内，丈夫女子皆有名于上，生者著，死者削。”同书《去强》云“举民众口数，生者著，死者削”。这并不是思想家的议论，而是制度化的内容。所谓“令民为什伍而相牧司连坐”〔1〕就是建立在严格的户口登记基础上的。云梦睡虎地秦简《编年记》对喜的履历、家事的记录则给我们理解秦的户口登记制度提供了真实的样本。

《编年纪》谓秦昭王四十五年“十二月甲午鸡鸣时喜产”，昭王五十六年正月“速产”，秦王政元年“喜傅”，三年喜出任史，四年喜任安陆御史，六年四月喜“为安陆令史”，七年正月甲寅喜为“鄢令史”，十一年十一月“获产”，十二年四月癸丑“喜治狱鄢”，十三年喜“从军”，十五年喜“从平阳军”，十六年“公终，自占年”，十八年正月“恢生”，二十年“妪终”，二十七年“八月己亥廷食时产穿耳”。〔2〕从行文看，速、获是喜的弟弟，恢、穿耳是喜的子女，“公”和“妪”是喜的父母。《编年纪》记载的主要是军国大事，家庭事务方面，除了记载喜自己出生、傅籍、为史、从军和“自占年”的时间之外，还记载了速、获、恢、穿耳的出生时间和父母去世(即“公终”“妪终”)的时间，这样做，怕不是为了后代子孙准确记住家人生死日期，而是商鞅变法以来“生者著，死者削”的制度实践，是喜的职务行为。我们可以仔细看看喜的经历：昭王四十五年喜出生时已经将户口登记在案，秦王政元年“喜傅”，“傅”即成年登记——年龄和身高达到成人标准、移名役籍，担当起成人义务，而秦王政十六年，喜二十八岁时却又“自占年”。如果“自占年”是“自行申报年龄”的话，那么，既然出生时已经登记，傅籍时又核对过年龄身高，为什么在二十八岁还要“自行申报年龄”？如果说秦王政为了统一战争，需要掌握确实的兵源而进行人口普查，命令国民自行申报年龄，仅仅是偶然举措，那还情有可原，可是张家山汉简《二年律令·户律》的规定说明“自占年”是常制，每年都要进行。年龄增长是自然过程，不以人的意志而改变，出生日期明确，年龄自然清楚，官府有案可稽，有必要年年“自占”——年年“自行申报”吗？所以，这年年都要进行的“自占年”，并非“自我申报年龄”那么简单。

从训诂学的角度看，“占”字并没有“申报”的义项。在甲骨文中，“占”作卜骨形，表示占卜以判断吉凶。因而《说文》云“占，视兆问也。从卜从口”，即观察兆象判断吉凶。所以“占”首先是观察的意思，杨雄《方言》云：“占，视也。凡相窥视，南楚或谓之占。”南楚之地把窥视称为“占”，所用的就是“占”的本意。观察而后判断，故“占”又引申出推测、验证诸意。如《法言·五百》：“史以天占人，圣人以人占天。”这儿的占是推测的意思。《荀子·赋》云：“臣愚而

〔1〕《史记》卷六十八《商君列传》，中华书局，1959年版，第2230页。
〔2〕《睡虎地秦墓竹简》，第5—7页。

不识，请占之五泰。”杨倞注谓“占，验也”。这儿的“五泰”是指五帝，用五帝之作为验证之。由推测、验证引申出估计、揣度的意思。如《墨子·号令》云：“度食不足，令民各自占家五种石斗数，为其期。”这“令民各自占家五种石斗数”就是令百姓自己估计家中粮食数量（五种，五谷别称，泛指各种粮食）。汉武帝算缗、告缗的方式是“自占”，用的就是估计、揣度的意思。《史记·平准书》谓汉武帝推行算缗、告缗令：“诸贾人末作贳贷卖买，居邑稽诸物，及商以取利者，虽无市籍，各以其物自占，率缗钱二千而一算……匿不自占，占不悉，戍边一岁，没入缗钱，有能告者，以其半畀之。”《索隐》引：“郭璞云‘占，自隐度也’。谓各隐度其财物多少，为文簿送之官也。”颜师古注《汉书·食货志》同郭璞之说，认为是自行“隐度其财物多少”、登记造册呈送官府，官府据以收税。在这里，郭璞和颜师古释“占”为“隐度”，即估算的意思，“自占”就是自我估算。《汉书·昭帝纪》载始元六年秋七月，“令民得以律占租”。如淳注云：“律，诸当占租者家长各以其物占，占不以实，家长不身自书，皆罚金二斤，没入所不自占物及贾钱县官也。”颜师古云：“占谓自隐度其实，定其辞也……下又言占名数，其义并同。”所谓“占租”就是户主自行估计应该纳税财物的实际价值以确定交税数量，自己书写在册，而后呈报官府；估计不实、不自书在策者，罚金二斤，同时没收所占资财。张家山汉简《二年律令·□市律》云：“市贩匿不自占租，坐所匿租臧（赃）为盗没入其所贩卖及买钱县官，夺之列。列长、伍人弗告，罚金各一斤。啬夫、吏主者弗得，罚金各二两。”[1]整理小组注释“市贩匿不自占租”云：“占，申报。自占，自己申报。《史记·平准书》‘各以其物自占’索隐：‘自隐度也。’”引《索隐》“自隐度也”作为“自己申报”的依据，实在缺少训诂依据。

就算缗和占租的方法而言，将“自占”以后“为文簿送之官也”的行为理解为“申报”是可以的，但是不能将“自占”训为“自我申报”。这里的“占”和“申报”是两个环节，不能混而为一。因为“占”无论是本意还是引申义都没有申报的意思。即使可以用“自行申报家产”来表达“各以其物自占”——把自我估算和申报这两个过程合一，也不能说“各以其物自占”之“占”就是申报，更不能把“自占年”之“自占”理解为“自行申报”。“各以其物自占”之“占”和“自占年”之“占”的含义是不同的，“各以其物自占”之“占”是“隐度”、估计的意思，“自占年”之“占”是“验视、核实”的意思。可以从当时判断年龄大小的身高标准验证“自占年”之“占”的含义。

众所周知，秦时判断年龄大小，不仅仅根据出生时登记的时间，还要根据身高把人口分为小、大不同年龄段。云梦秦律《仓律》云：“隶臣、城旦高不盈

〔1〕《张家山汉墓竹简（二四七号墓）》，第44—45页。

六尺五寸，隶妾、舂高不盈六尺二寸，皆为小；高五尺二寸，皆作之。”“小隶臣妾以八月傅为大隶臣妾，以十月益食。”[1]每年八月都要进行人口登记，达到成年标准的移名役籍，这就是所谓的傅籍。男奴隶身高六尺五寸、女奴隶身高六尺二寸为大隶臣妾，不足者为小隶臣妾；无论男女，身高达到五尺二寸的就要承担力所能及的劳作任务。用身高表示年龄，是先秦传统。《论语·泰伯》云“托六尺之孤”。《荀子·仲尼》云“五尺竖子”。《吕氏春秋·上农》云“凡民自七尺以上属诸三官”。不同身高代表不同年龄，五尺为十四岁下，六尺为十五岁，七尺为二十岁。这些耳熟能详，无须多说。秦律的规定正是以身高表示年龄的制度体现，汉律延而未改。张家山汉简《二年律令·傅律》在规定不同爵位者的傅籍年龄的同时，延续了秦律的身高标准，《二年律令·傅律》规定“当傅，高不盈六尺二寸以下，及天乌者，以为罢癃”。傅籍年龄则根据身份不同而有别，《二年律令·傅律》云：“不更以下子年廿岁，大夫以上至五大夫子及不更以下至上造年廿二岁，卿以上子及小爵大夫以上年廿四岁，皆傅之。公士、公卒及士伍、司寇、隐官子，皆为士伍。”[2]士伍是没有爵位的平民，其傅籍年龄是十七岁。身高不足六尺二寸者，即使年龄到了，也因为身体条件不合格，属于罢癃，要登记入另册，承担力所能及的劳役。

傅籍属实与否，直接关系到国家征发徭役、兵役的准确性，所以法律有着严格规定。云梦秦律《傅律》云：“匿敖童，及占癃不审，典、老赎耐。百姓不当老、至老时不用请，敢为诈伪者，赀二甲；典、老弗告，赀各一甲；伍人户一盾，皆迁之。”[3]隐瞒敖童、不按照标准认定残疾人、把不该免老的人免老，都要受到法律惩处。秦简整理小组将“占癃不审”之“占”解释为申报，谓“占癃不审”是“申报废疾不确实”，既缺乏训诂学依据，也与法理不通。审查残疾是否属实，防止隐瞒敖童不报，是里典、伍老的职责之一；“占癃不审”和“匿敖童”的发生是里典和伍老履行职责不力或故意隐瞒所至，所以要受到“赎耐”的处罚。典、老是“匿敖童”“占癃不审”的行为人，是因其职务便利故意或者不负责任而导致“匿敖童”和“占癃不审”的发生而受罚，并不是因为同里、同伍的人“匿敖童”和“占癃不审”而连坐受罚。申报是申报人的自我行为，如果把“占癃不审”理解为“申报废疾不确实”，就等于说典、老申报自己为废疾不确实，显然与律文不通。又根据上举汉初《户律》，其时户口登记于每年八月举行，“民皆自占年”，男女老幼只要有行为能力都要亲自到官府接受检核，残疾人也不例外，不存在里典、伍老代替当事人申报残疾的事情。所以，“占癃不审”之“占”不是申报，而是验视、核实的意思，里典、伍老是因为检查残疾失察

〔1〕《睡虎地秦墓竹简》，第49、50页。
〔2〕《张家山汉墓竹简（二四七号墓）》，第58页。
〔3〕《睡虎地秦墓竹简》，第143页。

而“赎耐”，而不是故意将不符合条件的人申报为残疾人而“赎耐”。

通过上述的训诂学和历史学的考察，我们可以对“自占年”有一个准确的理解：“自占年”就是“自行到官府验视、核对年龄”，简言之，就是“自行核对年龄”。秦王政十六年“初令男子书年”，同年喜“自占年”，“自占年”是“初令男子书年”的制度实践，“书年”并非简单地登记年龄，而是用“占”的方式核对年龄真伪，“书年”是人口普查的统称，“占年”是“书年”的实践方式。

张家山汉简《奏谳书》有一则记述“占数”、两则记述“自占书名数”的案例，有助于我们对“自占年”的理解。记述“占数”的案例为：

> “十一年八月甲申朔丙戌，江陵丞骜敢谳之。三月己巳，大夫禒辞曰：六年二月中买婢媚士五(伍)点所，贾(价)钱万六千，乃三月丁巳亡，求得媚，媚曰：不当为婢。媚曰：故点婢，楚时去亡，降为汉，不书名数，点得媚，占数，复婢媚，卖禒所，自当不当复受婢，即去亡，它如禒。点曰：媚故点婢，楚时亡，六年二月中得媚，媚未有名数，即占数，卖禒所，它如禒、媚。诘媚：媚故点婢，虽楚时去亡，降为汉，不书名数，点得，占数媚，媚复为婢，卖媚当也。去亡，何解？媚曰：楚时亡，点乃以为汉，复婢，卖媚，自当不当复为婢，即去亡，毋它解。问媚：年四十岁，它如辞。鞫之：媚故点婢，楚时亡，降为汉，不书名数，点得，占数，复婢，卖禒所，媚去亡，年四十岁，得皆审。疑媚罪，它县论，敢谳之，谒报，署史曹发。吏当，黥媚颜頯，畀禒；或曰当为庶人。”〔1〕

这里的十一年即高祖刘邦十一年。高祖五年，刘邦称帝伊始，暂都洛阳的时候，下诏复原军队，“兵皆罢归家”。同时宣布“民前或相聚保山泽，不书名数，今天下已定，令各归其县，复故爵田宅，吏以文法教训辨告，勿笞辱。民以饥饿自卖为人奴婢者，皆免为庶人”〔2〕。这就是著名的“复故爵田宅令”。本案例记载的就是“复故爵田宅令”的执行状况。从本案例可知，原来奴隶逃离主人之后只要自行登记——“书名数”，即免除其奴隶身份，成为庶人。这是以往所未知者。媚原是点的奴隶，楚汉战争期间逃亡归汉，但是“不书名数”，即没有登记入户籍，后来“点得媚，占数，复婢媚，卖禒所”。媚以降汉即免除奴隶身份、“不当为婢”为由，再次逃走。点认为，媚虽降汉，但是没有登记户口，是自己为媚“占数，复婢媚”之后把媚卖给了大夫禒，这是合法的买卖行为。在审理时，对媚的身份认定发生分歧：一方认为媚虽然降汉，但没有主动登记入籍，是点按照原来的主奴关系“占数”的，其主奴关系受到法律保护，对媚应当处以黥刑后再交给大夫禒为奴；另一方则认为媚是楚汉战争期间逃亡归汉的，应当免除其奴隶身份。这里的“占数”之“数”即“名数”，就是户籍。从行

〔1〕《张家山汉墓竹简(二四七号墓)》，第92页。
〔2〕《汉书》卷一《高帝纪》，中华书局，1962年版，第54页。

文上讲,"占数"就是登记入户籍,整理小组谓"占,登录簿籍。数,即名数,指户籍",于文意是对的,但是没有提供任何训诂学的支持。笔者以为,奏谳书是法律文书,用语严格,上文用"书名数",下文用"占数",并不是为了行文的简洁和修辞需要,而是因为二者有着不同的内容:"书名数"是户口登记的总称;"占数"则是"书名数"的方法和程序——按照户口登记的各项内容一一核实之后登记在册;必须"占"之后才能"书名数"。简而言之,可以翻译"占数"为"登录簿籍",但若深入思考,仅谓"登录簿籍"是不够的,尚不能反映"占数"的内涵。这可以从"自占书名数"的法律规定中获得明确的说明。

比较完整记载"自占书名数"律令的案例发生在汉高祖八年,现引如下:

"八年十月己未,安陆丞忠刻(劾)狱史平舍匿无名数大男子种一月。平曰:诚智(知)种无[名]数,舍匿之,罪,它如刻(劾),种言如平。问:平爵五大夫,居安陆合众里,属安陆相,它如辞。鞫:平智(知)种无名数,舍匿之,审。当:平当耐为隶臣,锢,毋得以爵、当赏免。令曰:诸无名数者,皆令自占书名数。令到县、道官,盈卅日,不自占书名数,皆耐为隶臣妾,锢,勿令以爵、赏免,舍匿者与同罪。以此当平。南郡守强、守丞吉、卒史建舍治。八年四月甲辰乙巳,南郡守强敢言之,上奏七牒,谒以闻,种县论,敢言之。"〔1〕

平身为狱史、爵为五大夫,因私藏无名数大男子种一月,被耐为隶臣。判决的法律依据是:"诸无名数者,皆令自占书名数,令到县、道官,盈卅日,不自占书名数,皆耐为隶臣妾,锢,勿令以爵、赏免,舍匿者与同罪。"这段律文大约就是汉高祖五年发布的"复故爵田宅"令的内容。律文将"自占"和"书"并列,就是明确"书名数"的方式是"自占",即核对登记人的情况之后再登记于户籍簿。

根据《二年律令·户律》,户口管理以乡为单位,"恒以八月令乡部啬夫、吏、令史相襍案户籍,副臧(藏)其廷,有移徙者,辄移户及年籍爵细徙所,并封"。户籍内容复杂,有"民宅园户籍、年细籍、田比地籍、田命籍、田租籍"〔2〕等。而这些仅仅是法律的大类规定,在实际执行过程中,还有许多细类,内容要复杂得多。如湖北荆州纪南松柏西汉墓出土的文帝至武帝时的户籍简表明,当时基层登记的户籍类别有户口簿、正里簿、免老簿、新傅簿、罢癃簿、复事算簿、见(现)卒簿、归义簿、置吏卒簿等。〔3〕这些仅仅是江陵地区户籍登记的部分内容,其他地区因为区域社会的差异会有所不同。所有这些,每年都会因人口数量、年龄、身体、身份的变动以及析产立户而发生改变,所以每年都要一一核实登记,才能有效地防止户口不实,保证役源、税源的准确,同时

〔1〕《张家山汉墓竹简(二四七号墓)》(释文修订本),第97页。
〔2〕《张家山汉墓竹简(二四七号墓)》(释文修订本),第54页。
〔3〕荆州博物馆:《湖北荆州纪南松柏汉墓发掘简报》,《文物》,2008年4期。

也保证特权阶层如有爵位者、年高德昭者的权益等。《户律》明确规定“民皆自占年”，就是为了保证内容准确可靠。那些年龄太小，无法“自占”者，由父母、兄长代“占”，称为“占子、同产年”；没有父母兄长者，则由“吏以□比定其年”。这里的自占、占子、占同产之占都是检核、勘验的意思，即自行到场后接受官吏检核，代占者则要对所占对象的真实性负责。

众所周知，每年八月举行的户口登记称为“案比”“算民”。这“案比”之“比”和“算民”之“算”都是考校、计算、核对的意思，正是“自占年”之“占”的另一种表达。《后汉书·礼仪志中》云：“仲秋之月，县、道皆案户比民。”《后汉书·安帝纪》元初四年安帝诏书云：“夫霖雨者，人怨之所致。其武吏以威暴下，文吏妄行苛刻，乡吏因公生奸，为百姓所患苦者，有司显明其罚。又《月令》‘仲秋养衰老，授几杖，行糜粥’。方今案比之时，郡县多不奉行。虽有糜粥，糠秕相半，长吏怠事，莫有躬亲，甚违诏书养老之意。”李贤注引《东观记》曰：“‘方今八月案比之时’，谓案验户口，次比之也。”这里的“比”就是考校、核查的意思。《周礼·小司徒》谓“及三年则大比”。郑玄注：“大比，谓使天下更检阅民数及其财物也……郑司农云……今时八月案比是也。”《汉书·石奋传》载汉武帝给石庆的诏书中有“切比闾里，知吏奸邪”之语。师古曰：“比，校考也。”案比之后，新的户籍确定，老弱病残核实，也是国家制度规定的尊养高年、抚恤病弱的实践，结果地方官吏对皇帝诏书阳奉阴违，置国家制度于不顾，所以安帝很是不满。因此之故，“案户比民”又称为“算民”。《后汉书·皇后纪序》谓“汉法常以八月算民”。这儿的“算”就是计算的意思，计算民数，计算徭役，计算税收，一年的政绩也就出来了。李贤引《汉仪注》谓“八月算人”是因为“八月初为算赋，故曰算人”，并没有注出“八月算人(民)”之“算”的真正内容。“案比”与“算民”都要考校人口总数、适龄人口、每户财产状况，以及尊养高年、优恤罢癃、减灾救灾等政策执行状况，从而计算出一年的财政收支、徭役状况。所以，明白“案比”“算民”的含义，可以推进我们对“自占年”含义的理解。反之，明白了八月“民皆自占年”的含义之后，对“案比”“算民”的理解也就深入得多。“案比”也好，“算民”也罢，都不是一般意义上的人数统计，而包含着人口普查、财产检核、地方治理的众多内容，是一年一度的“上计”的基础工作，“案比”“算民”之后才上计。

汉代税收、徭役都以民数为基础，所以案比、算民的核心是按照相貌核对年龄。《后汉书·江革传》谓革“建武末年，与母归乡里。每至岁时，县当案比，革以母老，不欲摇动，自在辕中挽车，不用牛马，由是乡里称之曰江巨孝”。这是一幅“民皆自占年”的真实图景：每当案比之时，百姓必须扶老携幼，聚集县乡，等待官吏核查。李贤注谓：“案验以比之，犹今貌阅也。”则这个制度到了唐朝依然延续。案比之时，行动再不便，也要前往。江革无奈，只好自己驾辕送母亲到案比现场，因此获得大孝美誉。因此之故，在案比时那些能够照顾到百姓方便的官吏,自然受到百姓怀念。如张迁为谷城长,施政惠民,案比之时,不召集百姓到县乡,而是自己到百姓居住地检查核实,后人刻石立碑,颂其功德说“八月算民,不烦于乡,随就虚落,存恤高年”[1]。

至此,我们可以肯定地说,“民皆自占年”是汉代“案比”“算民”的核心内容,“案比”“算民”是“民皆自占年”的广义表达,由江革和张迁的故事,可以逆推“自占年”的真正含义;反过来,也可以深化我们对“案比”“算民”的理解。过去囿于李贤引《汉仪注》对“八月算民”的注释,把“案比”称为“算民”归因为“案比”的目的是征收算赋,显然表象化了,须知“算民”之“算”是动词,是核查百姓年龄、体貌、身份、财物等内容以计算徭役赋税的多寡,而不仅仅是征收算赋。

---

〔1〕 高文:《汉碑集释》,河南大学出版社,1997 年,第 490 页。

《汉书·食货志》“月为更卒”新解*

《汉书·食货志》载董仲舒以过秦名义批评西汉前期农民徭役负担沉重时云“又加月为更卒,已,复为正一岁,屯戍一岁,力役三十倍于古……汉兴,循而未改”。对这段话,史学界有不同的标点和读法:或者把“已复”连读;或者读作“又加月为更卒,已复为正,一岁屯戍,一岁力役,三十倍于古”;对“为正”含义的理解也有分歧。但对汉代农民徭役的种类和期限的理解则一致,认为汉代农民从成丁开始,所服徭役(含兵役)共有三种:每年在郡县服役一月,一月期满轮代,是为更卒之役;为正卒一年即在郡县服兵役一年;为戍卒即戍边一年,即守卫长安一年。关于正卒和戍卒的性质与含义,笔者曾有论证,本文略而不谈[1],本文只谈对“月为更卒”的理解问题。

最早解“月为更卒”为在郡县服役一月者是三国时人如淳。《汉书·昭帝纪》元凤四年诏“三年以前逋更赋未入者,皆勿收”,如淳注云:

> “更有三品,有卒更,有践更,有过更。古者正卒无常人,皆当迭为之,一月一更,是谓卒更也。贫者欲得顾更钱者,次直者出钱雇之,月二千,是践更也。天下人皆直戍边三日,亦名为更,律所谓徭戍也。虽丞相子亦在戍边之调。不可人人自行三日戍,又行者当自戍三日,不可往便还,因便住一岁一更。诸不行者,出钱三百入官,官以给戍者,是谓过更也。律说,卒践更者,居也,居更县中五月乃更也。后从尉律,卒践更一月,休十一月也。”

如淳的这段注解问题很多,其戍边三日说、对践更的解释纯属妄说,根本不是汉家制度,学者早已指出。[2]但是他的“一月一更,是为卒更”“卒居更一月,休十一月”则是对董仲舒“月为更卒”的最早解释,尽管后人曾指出把正卒和卒更互训有误,但是古今学者还是普遍接受了他的“一月一更”“卒居更一月,休十一月”的解释,认为董仲舒说的“月为更卒”就是每年在郡县服役一个月,一月期满则轮代。

---

* 原刊《苏州大学学报》(哲社版)2004 年第 6 期。刊出时标题为《从张家山汉简看“月为更卒”的理解问题》,现改用原标题。

〔1〕 关于“正卒”性质的讨论,见臧知非《秦汉“正卒”辨析》,《中国史研究》,1988 年第 1 期。

〔2〕 钱剑夫:《秦汉赋役制度考略》,湖北人民出版社 1984 年,第 141—143 页;臧知非:《汉代更赋辨误》,《徐州师范学院学报》,1987 年第 2 期。

按更的本意是改、易，卒是役事于人的人。许慎《说文解字》云“更，改也”；“卒，隶人给事者衣为卒。卒，衣有题识者”。卒隶事于他人，身份低下，衣服上有专门标识。所谓更卒即轮换为卒的意思。“月为更卒”即按月轮换为卒，为卒的期限可以是一个月，一月期满则轮代；也可以是几天，每月都要为卒，按月轮换。一年之中，可能服役一个月，也可能不止一个月。可能服役一次，也可能每个月都要到官府为卒，并不能逻辑地得出每年只在郡县服役一月的结论。正是基于这一疑虑，颜师古注董仲舒的这段话时只是含糊其词地说：“更卒，谓给郡县一月而更者也。正卒，谓给中都官者也。率计今人一岁之中，屯戍及力役之事三十倍多于古也。”颜师古说的“给郡县一月而更”究竟是每月更代一次还是一次服役一个月？对此他没有作出明确的回答，从字面上也无法作出具体的肯定。今人则普遍地把颜师古的注解等同于如淳注，不加任何的怀疑。

但是，张家山汉简二年律令为我们理解“月为更卒”问题提供了新的佐证，所谓的“月为更卒”并不是每年给事郡县一次、每次一个月，应该是每个月都要服役于官府、每次服役时间相同。张家山汉简《徭律》云：

“诸当行粟，独与若父母居老如睆老，若其父母疲癃者，皆毋行。金痍、有□病，皆以为疲癃，可事如睆老。其非从军战痍也，作县官四更，不可事，毋事。”〔1〕

律文中的“行粟”是指运粮之役；“睆老”是指享有一半免役特权的老人群体，庶人六十二岁以上为“睆老”，有爵位者则按爵位高低而定。〔2〕疲癃是残疾人，“金痍”指为兵器所伤者。为兵器所伤可能是为国征战所致，也可能有其他原因，如缉拿盗贼等；其伤轻者可以服役，其重者则不能服役，故要区别对待。“金痍”之轻者，若是从军受伤则免役，否则仍要从事力所能及的徭役，律文谓“其非从军战痍也，作县官四更”即此之谓。这“四更”即四次更役。《史律》云：

“（卜学童）其能诵三万以上者，以为卜上计六更。”

“以祝十四章试祝学童，能诵七千言以上者，乃得为祝五更。”

“史、卜年五十六，佐为吏盈廿岁，年五十六，皆为八更；六十，为十二更。五百石以下至有秩为吏盈十岁，年当睆老者，为十二更，践更□□。畴尸、茜御、杜主乐皆五更，属大祝。祝年盈六十者，十二更，践更大祝。”〔3〕

---

〔1〕张家山二四七号汉墓竹简整理小组：《张家山汉墓竹简（二四七号墓）》，文物出版社，2001年（下同），第188页。

〔2〕张家山汉简《傅律》规定：“不更年五十八，簪褭五十九，上造六十，公士六十一，公卒、士五（伍）六十二，皆为睆老。”《徭律》规定：“睆老各半其爵徭，□入独给邑中事。”前揭书《张家山汉墓竹简（二四七号墓）》，第181、187页。

〔3〕《张家山汉墓竹简（二四七号墓）》，第204、205页。

律文中的“六更”“五更”“八更”“十二更”等都是指更役次数，因每次更役时间是固定的，故这儿的“更”又成为量词。“祝学童”即专门学习为祝的学童，祝学童能背诵“祝十四章”中的七千言以上“乃得为祝五更”，即可以免除五次更役；卜学童是专门学习为卜的学童，能背诵三万言者可免除六次更役。同理，“史、卜年五十六，佐为吏盈廿岁，年五十六，皆为八更；六十，为十二更”云云都是就免除其更役次数而言。年满五十六并为吏满十二年的史、卜可以免除八次更役，若年满六十则免除十二次更役。这儿的更役不可能是每年一月、一月期满而轮代之役，只能是一月一次，每月天数相同，一年要践更多次直至十二次之役。律文中的免除五更、六更、八更、十二更云云均是一年免除更役的次数，免八更者只服四次更役，免十二更者不服更役。明乎此，董仲舒说的“月为更卒”的意思就清楚了，所谓“月为更卒”就是每月为更卒一次。

作出上述理解，并非望文生义。因为如果按传统理解，说“月为更卒”是每年在郡县服役一月，一月期满轮代，则与所举律文扞格难通。按汉简《傅律》“大夫以上年五十八，不更六十二，簪褭六十三，上造六十四，公士六十五，公卒以下六十六，皆为免老”〔1〕。所谓免老就是到了年龄以后不再服劳役，一般农民的最大服役年龄是六十六岁。若“月为更卒”是每年在郡县服一月之役一次，即如淳所说的“居更一月，休十一月”，就不存在免除那些年满六十岁的史、卜、祝十二更的问题。因为即使这些史、卜、祝没有任何爵位，他们到六十六岁也就“免老”不再服役了，最多免除其六更就可以了，何需十二更？同样，免除那些秩五百石、年当睆老者十二更也无意义。因为按规定，五百石之吏相当于第七级爵公大夫和第六级爵大夫〔2〕，而第五级大夫五十八岁就免役了。这些五百石之吏不会迟于五十八岁免役，其为“睆老”的年龄则小于五十八岁。如果这些五百石之吏年龄已近“睆老”或免老，免除他们十二年更役有何意义？所以，每月服更役、为更卒是“月为更卒”唯一正确的解释。

人们释“月为更卒”为一月之役的历史依据大约是汉惠帝曾两次征发长安周围六百里内农民筑长安城都是“三十日罢”，一次是惠帝三年，一次是惠帝五年，两次都是正月农闲时节。〔3〕因为农民法定服役期限是一个月，汉惠帝以身作则，按法行事，故“三十日罢”。笔者以为，这“三十日罢”是作为特例

〔1〕《张家山汉墓竹简(二四七号墓)》第181页。

〔2〕《赐律》云：“赐不为吏及宦皇帝者，关内侯以上比二千石，卿比千石，五大夫比八百石，公乘比六百石，公大夫、官大夫比五百石，大夫比三百石……”则公大夫、官大夫的政治经济地位和五百石吏相等。同上书第173页。

〔3〕《汉书》卷二《惠帝纪》，中华书局，1962年，第89、90页。

记录的,并不能成为"月为更卒"是一月之役的依据。按司马迁的记载,筑长安城共有四次,"三年,方筑长安城,四年就半,五年、六年城就"。《索隐》按:"《汉宫阙疏》'四年筑东面,五年筑北面'。"[1]总计四次筑城,大约是一年筑一面。而班固特别记述了三年和五年这两次,并不是因为这两次都是按照"月为更卒"的制度行事,而是因为这两次的筑城时间都是在春正月,出了正月春耕就开始了,继续筑城要影响农时,必须"三十日罢"。这两次征发劳动力最多,范围最广,都是长安周围六百里内男女达十四万人以上,规模空前浩大,时间特别长,超出了正常的服役时间,故予特别记述。

筑长安城属于举世瞩目的大工程,农民不可能经常性地从事这样大规模的劳役,农民从事的经常性的徭役是地方性的修桥铺路、水利建设等公共工程。《徭律》云:

> "补缮邑□,除道桥,穿波(陂)池,治沟渠,堑奴苑,自公大夫以下(上),毋以为徭。市垣道桥,命市人不敬者为之。"[2]

公大夫是高爵,是免于像"补缮邑□,除道桥,穿波(陂)池,治沟渠,堑奴苑"这样的地方劳役的。而"补缮邑□,除道桥,穿波(陂)池,治沟渠,堑奴苑"等有不同的时间要求,《田律》对此有明确规定:

> "田广一步,袤二百四十步,为畛,亩二畛一佰(陌)道;百亩为顷,十顷一千(阡)道,道广二丈。恒以秋七月除千(阡)佰(陌)之大草;九月大除道□阪险;十月为桥,修波(陂)堤,利津梁。虽非除道之时而有陷败不可行,辄为之。乡部主邑中道,田主田道。道有陷败不可行者,罚其啬夫、吏主者黄金各二两。"[3]

七月清除阡陌,即道路上的大草,秋收之后再系统整修道路,所谓"九月大除道□阪险"即大规模地整修毁坏的道路、修建新道路;十月份则进行水利工程,疏浚河道,整治堤防,修缮桥梁。这是法定的程序。若平时发现道路、桥梁、堤防损坏,则随时征发农民修理整治,否则,处罚主管官吏。显然,农民除了要在七月、九月、十月应征从事修路筑桥之役之外,平时也要随时应役。而这些还不包括"补缮邑"之役在内。"补缮邑"即修建城垣,这既包括修缮郡县之城,也包括邑里的墙垣以及其他公共建筑在内。云梦秦律《徭律》有云"兴徒以为邑中之红(功)者,令嫴堵卒岁。未卒堵坏,司空将红(功)及君子主堵者有罪,令其徒复垣之,勿计为徭"[4]。这"邑中之红(功)"就是修建墙垣,完成后要保证使用一年,不足一年而坏者则重修,但重修天数不算服役时间。

---

〔1〕《史记》卷九《吕太后本纪》,中华书局,1959年,第398页。
〔2〕《张家山汉墓竹简(二四七号墓)》,第188页。
〔3〕《张家山汉墓竹简(二四七号墓)》,第166页。
〔4〕睡虎地秦墓竹简整理小组:《睡虎地秦墓竹简》,文物出版社,1978年,第76—77页。

汉简《褋律》有云“越邑里、官市院垣，若故坏决道出入，及盗启门户，皆赎黥”[1]。上引《徭律》有云“市垣道桥，命市人不敬者为之”诸语，说明西汉时，无论是如市场这样的公共场所还是像邑里这样的居民区，也都有城垣建筑，每年也要像秦制那样定期修缮，若有损毁则随时修复。诸如此类的徭役，随时随地要征发农民服役，哪里有什么“居更一月，休十一月”的制度。而所有这些还远远不是更卒之役的全部，其他如运粮委输、煮盐冶铁、牧马养牛等都要征发农民来做，都属于更卒之役。如上举《徭律》之“诸当行粟”云云就是运粮之役。《徭律》又云“发传送……吏及宦皇帝者不与给传送。事委输，传送重车重负日行五十里，空车七十里，徒行八十里。免老、小未傅者、女子及有除者，县道毋敢徭使”[2]。反之，不在官府和朝廷为吏者都要“给传送”，除了女子、老小和享有免役特权的人都要“事委输”。至于那些官府经营的牧苑、手工业作坊等部门则也要以“更卒”作为劳动力。[3]正因为如此，汉律才以“更”为单位计算农民的徭役量，一月一更，一年十二个月即十二更。董仲舒说的“月为更卒”就是每月为更卒之省。

当然，这里所说的一月一更、一年十二个月即十二更只是制度的规定，至于农民的践更是否就是一月一更、每月必更，每次践更的时间是否相同，则要根据实际需要来决定了，有的时间长，有的时间短。当国家多事时，践更时间就长，反之则短；农民可以自行践更，也可以出钱代更。但是，“月为更卒”是农民应尽的法定义务，在官府无事、无须农民服更役时，则把更役转换成货币而收之于民，这就像把农民的刍、稿税折算成货币征收一样[4]，也就是以钱代役。这就是汉代“更赋”的来源。以往把更赋或者理解为戍边三日的代役

---

〔1〕《张家山汉墓竹简(二四七号墓)》，第157页。

〔2〕《张家山汉墓竹简(二四七号墓)》，第188页。

〔3〕《盐铁论·禁耕篇》云：“故盐冶之处，大傲皆依山川，其势咸远而作剧。郡中卒践更者，多不堪。”《水旱篇》云：“今县官作铁器，多苦恶，用费不省，卒徒烦而力作不尽……发征无限，更徭以均锯，故百姓疾苦之。”这些是文学们对汉武帝盐铁官营的批评之词。但是官府经营盐铁业非开始于汉武帝，汉初即存在官营盐铁业，汉武帝时期仅仅是官府垄断经营而已。文学们所说的调更卒劳作于官营盐铁业非始于汉武帝，是汉初就有的制度。其他经济部门当然也以更卒为劳动力。可参看钱剑夫：《秦汉赋役制度考略》，湖北人民出版社，1984年，第157—168页。

〔4〕《田律》云：“入顷刍稿，顷入刍三石，上郡地恶，顷入二石；稿皆二石……收入刍稿，县各度一岁用刍稿，足其县用，其余令顷入五十五钱以当刍稿。刍一石当十五钱，稿一石当五钱。”征收实物还是征收货币、二者各收多少视实际需要而定，但总体看是实物少、货币多。《田律》有云：“卿以下，五月，户出赋十六钱。十月，户出刍一石，足其县用，余以入顷刍律入钱。”(同上书，第168页)“卿”是二十级军功爵第十八级大庶长至第十级左庶长的通称，卿以下即第九级五大夫以下的所有人。以五大夫而论，按授田制，可以有二十五顷地，应交纳刍七十五顷、稿五十顷，而律文规定只交一石实物，其余均交货币。货币地租远高于实物地租。在授田制的时代，农民依附于国家，所服的更役——从法理上说相当于国家的劳役地租，以货币形态代替劳役形态是历史的必然，更赋就是由此发展而来。

钱,或者理解为一月更役的代役钱,其钱数或谓为三百,或谓为两千,均去事实甚远。[1]汉代的实际情况要复杂得多,其由临时性的交钱代役演变为正式的税种,有一个历史过程。这个过程反映了国家对农民人身控制的逐步松弛和剥削方式的变化,即由劳役剥削演变为货币形态的赋税剥削,农民的自由度有所增加,从一个方面反映了汉代社会结构的演变趋势和农民赋役负担的发展。

〔1〕 对更赋作出系统考释的主要有:崔曙庭:《汉代更赋辨析》,《中国历史文献研究集刊》(第二集),湖南人民出版社,1981年;高敏:《秦汉赋税制度考释》,氏著《秦汉史论集》,中州书画社,1982年;钱剑夫:《秦汉赋役制度考略》,湖北人民出版社,1984年,第141—145页;臧知非:《汉代更赋辨误》,《徐州师范学院学报》,1987年第2期。

汉代"更赋"辨误*

——兼谈"戍边三日"问题

目前史学界对汉代更赋的含义有三种理解：一是"月为更卒"的代役钱，数量是三百〔1〕；二是"戍边三日"的代役钱，数量也是三百，"月为更卒"的代役钱是两千〔2〕；三是一月和三日代役钱的总称，数量分别是两千和三百〔3〕。笔者以为，第一说基本正确，但不全面，有许多问题没说清，故少为人采用。本文即在前人研究的基础上，就此再加探讨。

汉代没有"戍边三日"制度

最早解释更赋的是三国人如淳。《汉书·昭帝纪》元凤四年诏"三年以前逋更赋未入者，皆勿收"，如淳云：

> "更有三品，有卒更，有践更，有过更。古者正卒无常人，皆当迭为之，一月一更，是谓卒更也。贫者欲得顾更钱者，次直者出钱雇之，月二千，是践更也。天下人皆直戍边三日，亦名为更，律所谓繇戍也。虽丞相子亦在戍边之调。不可人人自行三日戍，又行者当自戍三日，不可往便还，因便住一岁一更。诸不行者，出钱三百入官，官以给戍者，是谓过更也。律说，卒践更者，居也，居更县中五月乃更也。后从尉律，卒践更一月，休十一月也。《食货志》曰：'月为更卒，已复为正，一岁屯戍，一岁力役，三十倍于古。'此汉初因秦法而行之也。后遂改易，有谪乃戍边一岁耳。"

这是后人研究的基本依据。这段话主要是说"更有三品"，其践更和过更是交钱代役。后人即据此谓更赋是一月役和三日戍边役的代役钱，或者指三日戍

* 原刊《徐州师范学院学报》1987年第2期。

〔1〕 持此说甚少，以劳干《汉代兵制及汉简中的兵制》一文为详，刊《史语所集刊》第十本。韩连琪《汉代的田租、口赋和徭役》亦持此说，刊《文史哲》1956年第7期，但两文论证都不全。

〔2〕 目前有关论著多持此说，最具有代表性的是高敏先生《秦汉赋税制度考释》一文，载高敏著《秦汉史论集》，中州书画社，1982年。

〔3〕 翦伯赞：《秦汉史》，北京大学出版社，1983年；范文澜：《中国通史》第二册，人民出版社，1978年。详论此说者是崔曙庭《汉代更赋辨析》一文，刊《中国历史文献研究集刊》第二集，湖南人民出版社，1981年。

边役的代役钱。因此,汉代有无戍边三日之制乃解开更赋之谜的关键。笔者以为,汉代没有戍边三日制度。

第一,众所周知,汉代役龄男子一生都要戍边一年,即董仲舒说的"一岁屯戍"〔1〕。高后五年八月"令戍卒岁更"〔2〕,晁错说文帝"令远方之卒守塞,一岁而更"〔3〕,《盐铁论·执务篇》谓"若今则徭役(汉代把兵役、劳役统称为徭役)极远,尽寒苦之地,危难之处,涉胡越之域,今兹往而来岁旋",都反映了"一岁屯戍"的施行状况,从未见役龄男子戍边三日的记述。如按如淳说,这一年仅是少数人的戍边期限,多数人只交三百钱代役,显然和上引戍卒岁更诸语不合。高后之令,董仲舒之语都是就普遍情况而言的,并非对少数人而发。

第二,按如淳之法,戍卒居边一年,除去自己应尽的三天义务外,其余时间每天有一百钱的佣费,而戍边期间衣食由官给(见汉简),这样一年下来可净得三万六千多代役钱,收益可谓优厚,人民为何还视戍边为畏途?人们为什么还批评汉武帝对外用兵是劳民伤财?

第三,按如淳注文,戍边一年是汉初因袭秦制,后改"有谪乃戍边一岁",这也是不对的。居延汉简大都是西汉武帝到东汉初年之物,所记戍卒绝大多数是内郡民按更戍制轮番戍边,而非"有谪"者,这些前人论述甚备,此不举证。〔4〕

有的论者鉴于上述矛盾,认为戍边一岁是实,但非汉代通制,而是追加法,开始施行于高后五年,到文帝十三年"除田租税律戍卒令"〔5〕时废除;武帝时又恢复,到昭帝时再废除,而实行每年戍边三日制度;并举赵充国上宣帝疏"窃见北边自敦煌至辽东,万一千五百余里,乘塞列隧有吏卒数千人"〔6〕为证,说这数千人就是代替全国役龄男子服三日戍边义务的人,否则如以一年为期,则远不止此数〔7〕。今按此论非是,理由有三。

第一,汉代征兵制的性质是预备兵役制,自傅籍到老免都有服兵役义务。戍边一年仅是平时规定,战时无论服过边戍与否,都在征发之列,服役长短以战事需要为准。如武帝元鼎六年为防止西羌匈奴联兵,"于上郡、朔方、西河、

---

〔1〕《汉书》卷二十四《食货志》,中华书局,1962年(下同),第137页。

〔2〕《史记》卷二十二《汉兴以来将相名臣年表》,中华书局,1959年(下同),第1124页。

〔3〕《汉书》卷四十九《晁错传》,第2286页。

〔4〕陈直:《两汉经济史料论丛》,陕西人民出版社,1980年,第14页;劳干:《居延汉简考证·内郡人与戍卒》,载《劳干学术论文集甲编》,台北艺文印书馆,1976年。

〔5〕《史记》卷二十二《汉兴以来将相名臣年表》,第1125页。

〔6〕《汉书》卷六十九《赵充国传》,第2989页。

〔7〕《文献通考·兵考》:"窃意一岁而更是秦以待谪戍者,本非正法……汉初亦遵其法,后来有著令,有罪者乃戍边一岁。而凡民之当戍者不过三日……"今人罗镇岳《试析西汉男子"屯戍一岁"与"戍边三日"》一文则详论其说,刊《中国史研究》,1984年第1期。

河西开田官，斥塞卒六十万戍田之”[1]。按当时人口推算，这六十万人有大半是服过边戍的人。反之，边境无事即免征，如元狩三年，匈奴昆邪王降汉，军情减缓，即“减陇西、北地戍卒半”[2]。这一半戍卒显然不是因一年期满而返乡。宣帝以后，汉匈通好，边境和平，“是时边城晏闭，牛马布野，三世无犬吠之警，黎庶无干戈之役”[3]，无须众兵屯戍，有少数人员以备候望即可。这是由汉代兵役制的性质所决定的，而非施行“戍边三日”之制使然。文帝十三年之“除肉刑及田租税律戍卒令”，并非废除戍边一岁制度，而是减少征发数量。贾捐之云文帝“偃武行文，则断狱数百，民赋四十，丁男三年而一事”[4]。这儿的“事”泛指徭役，戍边之役也含在内。昭帝时，确曾“宽力役之征”，但不是改戍边一岁为戍边三日，而是减少人民在役年限，即改景帝规定的年二十始傅六十老免为“年二十三傅，五十六而免”[5]。

第二，居延汉简中有戍卒轮代的记载，如第一五·二号简文云“万世隧长至其六月甲子调守令史将获罢卒济阴郡成阳县南阳里狄奉”；第一九·三三号简文云“应皆署鼓下为罢卒治车至五月甲子罢卒食……”第二〇三·三一号简文云“罢卒费直”；等等。据研究，简文之“罢卒”即指一年戍边期满当罢遣轮代之卒，如卫士罢遣之制。这是西汉后期行一岁戍边制度之明证。[6]

第三，《汉书·沟洫志》载成帝建始四年治河，历三十六日功成，诏“卒治河者为著外徭六月”。如淳注：“律说，戍边一岁当罢，若有急，当留六月。今以卒治河故，复留六月。”孟康云：“外徭，戍边也，治水不复戍边也。”师古云：“如孟二说皆非也。以卒治河有劳，虽执役日近，皆得比徭戍六月也。”如淳谓“今以卒治河故，复留六月”显然是错的，河已治毕，留卒何用？而如淳、孟康、师古释外徭为戍边也不正确，这留下文详论。而如淳所引之汉律“戍边一岁当罢，若有急，当留六月”，则说明起码在成帝时期戍边仍以一年为期。因此，昭帝没有改戍边一年为戍边三日，西汉后期仍行戍边一年之制。

载汉代有戍边三日制度者还有《前书音义》一书。李贤《后汉书·明帝纪》《安帝纪》两引其书，文与如淳注同，不再征引(张守节《史记正义·刘濞传》亦引戍边三日诸语，当引如淳说或《前书音义》)。有的论者遂据《隋书·经籍志》，说李贤所引《前书音义》可能是应劭《汉书集解音义》(二十四卷)、服虔《汉书音训》(一卷)的别称，服虔和应劭都是东汉人，说当有据；如淳有可能

---

〔1〕《汉书》卷二十四《食货志》，第1173页。

〔2〕《汉书》卷六《武帝纪》，第177页。

〔3〕《汉书》卷九十四下《匈奴传》下，第3832—3833页。

〔4〕《汉书》卷六十四下《贾捐之传》，第2832页。

〔5〕《盐铁论·未通》。马非百：《盐铁论简注》，中华书局，1984年，第118页。

〔6〕劳干：《居延汉简考证·内郡人与戍卒》；陈直：《两汉经济史料论丛·西汉屯戍研究》，陕西人民出版社，1980年。

采用了他们的成果，不是孤证，其说可信。[1]今按此论亦非。

第一，李贤所引之《前书音义》不一定是应、服之书的别称，更可能是韦昭《汉书音义》、萧该《汉书音义》(俱见《隋志》)之别称，他们都在如淳之后。

第二，颜师古早已指出服虔、应劭之《音义》早已散失，后有晋灼汇集两书，增以己意另撰《汉书集注》一书，但流传不广。后有东晋人臣瓒“总集诸家音义，稍以己之所见，续厕其末”，凡二十四卷，即唐代传世之《汉书集解音义》，“而后人见者不知臣瓒所作，乃谓之应劭等集解。王氏《七志》、阮氏《七录》，並题云然，斯不审耳”[2]。《隋志》所载即臣瓒之《汉书集解音义》。《隋志》系据历代官私目录著作撰成，多采旧说，考证乖误之处甚多。而颜师古几倾毕生精力注释《汉书》，有《汉书》功臣之称，他又曾参加《隋志》之编撰，深知《隋志》之病，其说较《隋志》可信。因此之故，师古注《汉书》采纳服虔、应劭成果时，均详加辨析，标明“服虔曰”“应劭曰”字样，而不云某某书。所以《隋志》所载之应劭《汉书集解音义》实是托名之作，不是应劭原书。至于《隋志》所载服虔之《汉书音训》怕也不是原貌。

第三，《前书》是《前汉书》之简称，是相对于《后汉书》而言的。我国第一部《后汉书》是孙吴谢承所作，至晋时各家后汉书共有九家，范晔之书晚至刘宋始出。故前书之称最早也在谢承之书问世以后。又据今人研究，就目前文献所见，《汉书》加“前”字始于南梁元帝时期。[3]故李贤所引之《前书音义》成书最早也在孙吴以后，抑或在南梁以后，远晚于如淳注汉书，上举如淳注更赋之语不会采自《前书音义》，而是相反，《前书音义》采自如淳注。

其实，汉人早已指出汉代没有“戍边三日”制度。贾山《至言》云：“昔者，周盖千八百国，以九州之民养千八百国之君，用民之力不过岁三日。”[4]董仲舒云：“古者税民不过什一，其求易供，使民不过三日，其力易足。”[5]贡禹云：“古者……使民岁不过三日。”[6]他们说的“古者”都是指周代制度。《周礼·均人》云：“凡均力政，以岁上下，丰年则公用旬三日焉。”《礼记·王制》云：“用民之力，岁不过三日。”董仲舒等人所言当指《王制》诸语。他们或处于西汉初期，或是中期，或是后期，董仲舒更是一代儒宗，其说当然较如淳之说可靠。因此，我们可以肯定，所谓“戍边三日”之制纯属乌有。

东汉末年，战乱数十载，洛阳毁于战火，秘阁典籍皆为灰烬，国家法律文书多残缺不全，而法律制度又不断地发展变化，仅存的断编残简难免有抵牾

〔1〕 上揭崔曙庭《汉代更赋辨析》文。
〔2〕 颜师古:《汉书叙例》,《汉书》,中华书局,1962年,第一册,第2页。
〔3〕 安作璋:《班固与汉书》,山东人民出版社,1979年,第75页。
〔4〕《汉书》卷五十一《贾山传》,第2332页。
〔5〕《汉书》卷二十四上《食货志》上,第1137页。
〔6〕《汉书》卷七十二《龚禹传》,第3069页。

之处，如淳据以诠《汉书》就会有矛盾的地方，为自圆其说，乃加以附会。后人不审，以为信史，遂导致种种误解。

“更有三品”和更赋数额

“戍边三日”之制既无，则汉代更役只有“月为更卒”之一种，如淳所云：“更有三品”之“过更”，当然不再是交钱三百代替三日之役，而只能是交钱代替“月为更卒”之役。服虔注《汉书·刘濞传》时已指出“以当为更卒，出钱三百，谓之过更”。如淳谓交两千钱代替更卒之役谓之践更是错的。

《说文》：“践，履也，从足戋声。”“践”即亲自前往之意，“践更”即亲自服更役。《史记·游侠列传》云郭解“乃阴嘱尉史曰：‘是人吾所急也，至践更时脱之。’每至践更，数过，吏弗求”。《汉书·刘濞传》云吴“以盐铁故，百姓无赋，卒践更，辄予平贾”。服虔云：“以当为更卒，出钱三百，谓之过更。自行为卒，谓之践更。吴王欲得民心，为卒者雇其庸，随时月予平贾也。”《盐铁论·禁耕》：“故盐冶之处，大傲皆依山川，近铁炭，其势咸远而作剧。郡中卒践更者多不堪，责取庸代。”这儿的“践更”都是“自行为卒”之义。但后人仍从如淳说，如晋灼注“卒践更老，辄予平贾”云“谓借人自代为卒者官为出钱，雇其时庸平贾也”。颜师古亦是其说。这显然不合情理：官为雇人代役者出钱，那些自行服役者却没有任何赏赐，势必没有人自行服役；而“借人自代为卒者”只能是少数富人，平民怕都是要自行服役的，刘濞何以收买民心？所以“卒践更者，辄予平贾”的正确解释是按“平贾”给予服役者庸费，使之有所收益，以收买民心。至此，可以得出结论：“卒更”是更役名称，即“给郡县一月而更也”[1]，“践更”是自行服役，“过更”是交钱代替一月之役，所交之钱即为更赋。

既然更赋是一月役的代役钱，那么钱数应该是相等的，但据上引，服虔和如淳注赋钱有三百和两千之分，如淳注《汉书·沟洫志》河平三年诏“卒治河非受平贾者，为著外繇六月”时又云“律说，平贾一月，得钱二千”。这该如何解释？有的学者虽然指出了汉代没有戍边三日制度，却因没有解决这一问题而陷入自我矛盾之中。

更赋额是官府根据劳动力的市场价格制定的“平贾”（即官价）征收的，而劳动力的价值决定于劳动生产率的变化，即取决于生活所必需的生活资料价值的变化。两汉四百余年历史，物价变动甚大，以谷米而论，目前所知者最高每石万钱，最低每石五钱，劳动力的庸价也必然上下浮动，官府的“平贾”也必然不断变化。服虔说“随时月予平贾”，苏林说“平贾，以钱取人作卒，顾其时庸之平贾

〔1〕《汉书》卷二十四上《食货志》上，颜师古注，第1137页。

也"[1],这"随时月""顾其时庸"都说明"平贾"随时间变动。两汉物价变动趋势是越来越高,东汉高于西汉,劳动力价格亦然。《汉书·平帝纪》载元始元年"天下女徒已论,归家,雇山钱月三百"。如淳曰:"已论者,罪已定也。令甲,女子犯罪,作如徒六月,雇山遣归,说以为当于山伐木,听使入钱雇功值故谓之雇山。"应劭曰:"旧刑鬼薪,取薪于山,以给宗庙,今使女徒出钱雇薪,故曰雇山也。"师古曰:"如说近之,谓女徒论罪已定,并放归家,不亲役之,但令一月出钱三百以雇人也。"注家对"雇山"渊源解说有异,但都谓"雇山"是出钱代役,每月三百钱。这是犯人一月苦役的代役钱,普通百姓一月庸值不会超过此数。但到东汉后期,一月庸值则远不止此。崔寔《政论》云:"夫百里长吏……一月之禄得粟二十斛,钱二千……假令无奴,当复取客。客庸一月千,刍膏肉五百,薪炭盐菜又五百……"这儿的"客庸一月千"不包括饮食之费,否则不止此数,较西汉一月三百钱高出两倍多。此为第一点。

第二,"平贾"既然是官价,在统治者比较开明、对农民剥削尚有一定限度时,这个"平贾"还是比较"平"的;但在主昏臣谬、政治乖乱时,横征暴敛已为合法,"平贾"也就不平了。东汉后期,政治黑暗,贪污成风,以至于卖官鬻爵、搜刮民财之风盛行,作为各项赋敛之一的更赋,当然不会按什么"平贾"征收,而是决定于统治者的主观愿望,因此,把更赋数量定在两千是不足为怪的。因此,笔者以为三百钱是西汉的更赋额,两千钱是东汉后期的更赋额。如淳所引之律是东汉后期之律,据以注前汉之事,遂至误解。假如退一步说两千钱也是西汉一月代役钱,则上举"天下女徒已论,归家,雇山钱月三百"是无法解释的。一个罪犯一月苦役的代役钱是三百,一个良家百姓一月代役钱却两千,天下绝无此理。如淳不解三百钱和两千钱的关系,遂把周代"使民之力岁不过三日"解为汉戍边制度,说三百钱是三日戍边役代役钱,两千是一月役代役钱;为弥合戍边三日和戍边一年的矛盾,又谓一年是代人戍边者的居边期限。看似天衣无缝,若勘以史实,则破绽百出。

"外徭"含义的再探讨

《汉书·卜式传》云卜式以牧羊致富,献钱二十万予官,汉武帝为褒其忠义,"赐式外徭四百人"。苏林曰:"外徭谓戍边也。一人出钱三百谓之过更,式岁得十二万钱也。一说在徭役之外得复除四百人也。"师古曰:"一说是。"按汉武帝时,尚少数百口之家的大家族,卜式家人口更少,说在徭役之外得复除四百人显然不对。现代学者遂谓外徭为戍边,卜式所得是四百人"戍边三日"的代役钱,并举上引《汉书·沟恤志》如淳、孟康、颜师古对外徭的解释为

[1] 《汉书》卷二十九《沟恤志》,苏林注,第1690页。

佐证,有的论者则以此说明汉代有“戍边三日”制度。[1]笔者以为外徭是泛指室外徭役,不是戍边之役的代称,卜式所得不是四百人三日戍边的代役钱,而是四百个劳动力。理由如下。

第一,《汉书·惠帝纪》云惠帝即位大赦天下,“上造以上及内外公孙耳孙有罪当刑及当为城旦舂者,皆耐为鬼薪白粲”。应劭注云:“城旦者,旦起行治城;舂者,妇人不预外徭,但舂作米;皆四岁刑也。”这儿的“外徭”显然不是戍边,而是修城之役,相对舂米之役曰“外徭”。《汉书·贾山传》载贾山上文帝疏云:“陛下即位,亲自勉以厚天下,捐食膳,不听乐,减外徭卫卒,止岁贡。”贾捐之所云是文帝五年以前的事,还没有采用晁错募民实边之议以省戍卒(晁错议在十一年,十三年曾除戍卒令),《文帝纪》文帝二年诏曰“今纵不能罢边屯戍,又饬兵厚卫,其罢卫将军军”。比照这两段文字和贾捐之上疏的时间背景,可知其“外徭”也非指戍边之役,而是泛指各项土木工程等役。他们都是汉初人,其说较孟康、苏林可信。上引孟康、颜师古注“卒治河者为著外徭六月”为卒治河有功,免除六月戍边之役是不对的,治河属于劳役,戍边属于兵役,二者性质不同,岂可互抵?所以这儿的“外徭”也应是指其他劳役。

第二,汉武帝赐臣下财物时,都是直接说明多少钱、金、帛等,其他历代皇帝也多如此。如果武帝“赐式外徭四百人”是赐十二万钱的代名词,则不合武帝赏赐时的用语惯例,说赐钱十二万不是更简单明白吗?如果说是赐给卜式四百名戍卒,则在对外用兵之关键时刻更不可能,也从无史例。故这“外徭四百人”不能以十二万钱释之,也不能以四百戍卒释之。

第三,卜式是靠牧羊致富自愿献钱予官而获赐的,他缺少的并不是钱。卜式以一人之力牧羊致富,一次即予官二十万,如果他率领一批人牧羊,其致富将更快,予官也将更多。汉武帝有见于此,才“赐式外徭四百人”,即四百名从事各种劳役的人,如官奴隶、刑徒,供卜式驱使,卜式所得是四百个劳动力。这样理解才合情理和史实。有的史家虽然否定了汉代有戍边三日之制,但仍释“外徭”为戍边,谓卜式所得“如戍卒可以过更,当然是卜式得戍卒一年的工资。否则亦是赐当戍边的四百人为卜式工作一年,卜式所得的是四百人一年的劳动”[2]。此解显然不通。戍边一年的工资是多少?按每月三百钱计,四百人一年工资高达一四四万,这在当时用兵匈奴、财政困难的情况下是不可能的,而汉武帝更不会赐四百戍卒予卜式。故谓卜式所得是四百个人是对的,但这四百人不是戍卒。

---

〔1〕 上揭罗镇岳《试析西汉男子“屯戍一岁”与“戍边三日”》文。

〔2〕 上揭劳干《汉代兵制及汉简中的兵制》文。

结论

综上所述,可总结如下:汉代不存在役龄男子每年戍边三日的制度;“外徭”是泛指各类室外徭役,而非专指戍边;所谓“更有三品”实为二品;卒更是月为更卒之意,不是服役方式;服役方式有二,自行服役曰践更,交钱代役曰过更;更赋是一月役的代役钱,其数量因时而异,在西汉为三百钱,东汉为两千钱。

刘秀罢兵与更役制度废止问题*

东汉初年，刘秀精兵简政，先后罢郡国兵和边地戍卒，压缩中央禁军。《后汉书·光武帝纪》云：建武七年诏“今国有众军，并多精勇，宜且罢轻车、骑士、材官、楼船士及军假吏，令还复民伍”。二十二年，“诏罢边郡亭候吏卒”。《百官志》载并西汉京师八校尉为五校尉云：“中兴省中垒，但置中候以监五营。胡骑并长水，虎贲主轻车。”于此稍前，又省内郡都尉。《百官志》云：“中兴建武六年，省诸郡都尉，唯边郡往往置都尉及属国都尉。”刘秀的上述措施对东汉兵役制度有何影响？目前的有关论著大多认为刘秀废止了西汉的更戍役制度，即废止了秦汉以来的役龄男子轮番做卫士、戍卒、郡兵的制度，废除了地方军。如贺昌群先生认为都尉和郡兵之罢“是对西汉以来更役戍役制度的解除”，罢戍卒说明“屯戍一岁的更戍制度，此时在边郡亦然告一结束”，并省诸校尉以后，京师卫士“乃出于招募而来的商贾惰游子弟或农民，并不是依据更役制度征调的”，此后募兵制代替了征兵制。〔1〕漆侠先生云刘秀罢兵以后，“诸郡常备的武装力量就废除了”，而“都试和地方正卒的废除，不能不说明战国以来的全民兵役制已经从根本上崩溃”〔2〕。张晋藩等先生亦云刘秀罢兵之后“原来的正卒和戍卒都改由中央招募而来的职业军队担任”〔3〕。如此等等，不一而足。目前高校通行的历史教科书也多持此说。笔者认为，这些说法均有误解，刘秀只是改革兵政，没有改革兵役，现论如下，并商之于同仁。

一、刘秀是暂时地部分地罢遣地方兵

第一，诏令明言：“令国有众军，并多精勇，宜且罢轻车、骑士、材官、楼船士及军假吏。”“宜”“且”用法甚多，此处均作动词“罢”之副词。“宜”为可以、

---

* 刊《南都学坛》1989年第1期，原标题是《论刘秀罢兵的几个问题》。

〔1〕 贺昌群：《东汉更役戍役制度的废止》，《历史研究》，1962年第10期，收入氏著《汉唐间土地所有制研究》，上海人民出版社，1964年。

〔2〕 漆侠：《秦汉农民战争史》，生活·读书·新知三联书店，1979年，第124页。

〔3〕 张晋藩：《中国法制史》卷一，人民大学出版社，1981年，第182页。

应该之意;"且"为姑且、权宜之意。[1]结合上文,"宜且罢"是说因国有众军,并多精勇,现在不需要很多的地方军,可以解散一些,根本不能理解为从此废除了地方兵。

第二,东汉一代,无论是镇压内郡人民起义,还是用兵少数民族,均以郡兵为主,如据《后汉书》诸帝本纪的统计,从光武帝到灵帝,内郡太守将兵征讨计十六次,边郡太守将兵征讨计二十四次,所将之兵均云郡兵。但这些郡兵是否如人们所说的那样是出于招募?

在汉武帝时期,于征兵制之外出现了募兵、刑徒兵、外族兵,此后一直是诸种集兵方式并存,后者的比重日趋增加。由于士兵来源不同,为示区别,遂在士兵前面冠以不同名号:征发的郡兵或因兵种称为材官、轻车、骑士、楼船,统称为郡兵,或称某郡卒,如河内卒等;征发的戍边者或因职役名为田卒、障卒、燧卒等,统称为戍卒;招募的兵士或因其武技而称为佽飞、射士、勇敢、奔命等,统称为应募士,或简曰应募、募士;应募戍边者据汉简亦称募士或募卒;刑徒兵则称为弛刑、弛刑徒;外族兵则以族而名,如胡骑(匈奴)、羌骑等,或曰属国骑。东汉承西汉之旧,也在不同来源的士兵前面冠以不同名称。如《后汉书·吴汉传》(下引此书,只列篇名)云:"建武十一年春,(吴汉)率征南大将军岑彭等伐公孙述……将南阳兵及弛刑、募士三方人溯江而上。"《马援传》云建武二十四年,马援"率中郎将马武、耿舒、刘匡、孙永等,将十二郡募士及弛刑四万余人征五溪"。《明帝纪》永平元年"募士卒戍陇右,赐钱人三万"。史文把南阳兵和弛刑、募士分列,说十二郡募士,不说十二郡兵或士卒,说募士卒,不说发士卒,就是因为征兵和募兵、刑徒兵性质不同,要区别对待。这说明东汉所云之郡兵是征兵而非募兵。

有的学者认为,东汉之郡兵都是临时征集的农民,而不是西汉的常备军。其实秦汉的征兵制是预备兵役制,"即现役期限短,但退为预备役后,将来还要在一定期限内再次应征入伍"[2]。男子在役龄之内除两年现役(一年郡兵,一年戍卒或做卫士)外,都是国家的预备兵,在家耕种,要随时应征。汉武帝用于周边各族的军队,按当时人口推算,绝大多数是在家务农的役龄男子。因此,东汉临时征集郡民为兵,根本不是刘秀废除地方兵后的新制,而是按祖制行事。

东汉时代,地方无疑是有常备兵的。《百官志》说罢都尉之后,"并职太守",就是要郡守训练郡兵,管理军务,否则是没有必要说"并职太守"的。《李固传》云顺帝永和年间,"泰山盗贼,屯聚历年,郡兵常千人,追讨不能制"。李固为太守之后"悉罢遣归农,但选留任战者百余人,以恩信招诱之"。这千余

---

〔1〕 杨树达:《词诠》,中华书局,1979 年。

〔2〕 恩格斯:《军队》,《马克思恩格斯全集》卷十四,人民出版社,1974 年,第 43 页。

郡兵是太守直接指挥的，都是征郡民充任，至于所属各县则还自有其武装，是以当时郡兵总数远不止千人。又如《敦煌太守裴岑记功碑》云："惟永和二年八月，敦煌太守云中裴岑将郡兵三千人诛呼衍王等。"[1]这三千人当然只能是郡兵的一部分。《廉范传》云廉范为云中守，"会匈奴大入塞，烽火日通。故事，敌人过五千人，移书旁郡"。这儿的"故事"是边郡通制，则边郡常备兵必在五千以上，方可抵住匈奴骑兵偷袭而不求救于别郡。只是东汉一代，地方兵训练不精，战斗力低下而已，这待下文详论。

第三，从当时的历史背景看，刘秀不可能废除地方常备兵。建武六七年间，刘秀虽然占领了关中、关东地区，东汉政权已具规模，但全国远未统一；隗嚣割据天水、陇西，公孙述称帝巴蜀；卢芳盘踞雁门、太原，以匈奴为援；东方亦未巩固，只有河西窦融是刘秀的同盟，而隗嚣、公孙述兵多将广，兼得地势之利，联合对抗刘秀，鹿死谁手，难以料定。刘秀正积聚力量，欲平陇蜀。在这用兵之际，刘秀怎会把地方兵全部废掉？"国有众军"不足征战时，何处调援？

从当时的形势看，刘秀罢遣的应是那些归附的诸军阀的旧部。东汉政权是在统一各地割据武装中发展起来的，这些军阀既经降汉，其武装即被收编，但他们并没归心，仍想有朝一日重温旧梦。如桓谭语刘秀云："臣伏观陛下用兵，诸所降下，既无重赏以相恩诱，或至掠虏，夺其财物，是以兵长渠帅，各生狐疑，党辈连结，岁月不解。"[2]这对新生的东汉政权是个潜在的威胁，刘秀在集中兵力，统一陇蜀之前，不能不有所顾虑。建武三年，冯异定三辅时，曾"诛豪杰不从令者，褒赏降附有功劳者，悉遣其渠帅诣京师，散其众归本业，威行关中"[3]。建武五年，耿弇平齐，张步归降，"弇勒兵入据其城，树十二郡旗鼓，令步兵各以郡人诣旗下，众尚十余万，辎重七千余辆，皆罢归乡里"[4]。这些表明对安定三辅和齐地收到了良好的效果。刘秀乃用冯异、耿弇的经验，于大举进攻陇蜀的前夕，解散那些不可靠的军队，釜底抽薪，消除隐患。史实证明，刘秀此举是有远见的。建武八年，刘秀亲征隗嚣，战幕刚开，关东即乱，"颍川盗贼寇没属县，河东守兵亦叛，京师骚动"[5]。刘秀只好班师，先平叛乱。这些"盗贼"即原来的割据势力。《东观书》载杜林语云："张氏(即张步)虽皆降散，犹尚有遗脱，长吏制御无术，令得复炽……小民负县官不过身死，负兵家灭门殄世。"[6]就在这次叛乱事件中，投降东汉居住洛阳的张步就

〔1〕 翁方纲：《两汉金石记》卷六。

〔2〕《后汉书》卷二十八《桓谭传》，中华书局，1965年(下同)，第960页。

〔3〕《后汉书》卷十七《冯异传》，第64页。

〔4〕《后汉书》卷十九《耿弇传》，第712页。

〔5〕《后汉书》卷一下《光武帝纪》下，第54页。

〔6〕《后汉书》卷一零五《五行志三》注引，第3305页。

"将妻子逃奔临淮,与弟宏、兰欲招其敌众,乘船入海,琅邪太守陈俊击斩之"[1]。这是在耿弇、刘秀两度罢兵之后的情景,否则将更为严重。这一方面说明东方割据势力并没有最后消除,另一方面说明刘秀不可能把所有的地方兵都罢掉,只能解散那些"兵长渠帅"的旧部,其余的郡兵是不能解散的,所以才发生了河东守兵叛乱的事,琅邪太守陈俊才能击斩张步。建武十一年,举兵攻蜀时,才能调"南阳、武陵、南郡兵,又发桂阳、零陵、长沙委输棹卒,凡六万余人,骑五千匹,皆会荆门"[2]。当然,刘秀之罢地方军,客观上有增加农业劳动力的效果,利于生产的恢复,但这并非刘秀的出发点。目前的论著,只强调这一点,而不论其政治原因,是有失偏颇的。

既然刘秀是暂时地、部分地罢遣地方兵,目的是消除兵变隐患,那么说刘秀没有废除地方常备军,没有废除男子当郡兵的兵役义务是没有什么问题的。

二、并省诸校尉和轮番为卫士的制度无关

第一,西汉制度,卫士归卫尉统领,守卫皇宫和诸帝陵寝,是为南军,均调内郡之民轮番充任,一岁一更。汉武帝所设之八校尉,代替原中尉所领的北军,是中央禁兵的主体,宿卫京师,外兼征战;其来源异于卫士,有外族兵,如胡骑等;有选募,如射声越骑等;有征自三辅,如步兵等。张维华先生指出"这样的兵士,是长期屯扎于各城门内外的,也是以兵为职业的长屯兵,与更番入卫之卫士不同"[3],实为的论。既然北军八校尉和南军卫士的建制、来源、职能均异,二者没有统属关系,则并省八校尉为五校尉和更番为卫士的制度是无关的。

第二,《三国志·魏书·王朗传》注引《魏名臣奏》云:

> "旧时(东汉)虎贲、羽林、五营兵及卫士,并合虽且万人,或商贾惰游子弟,或农野谨钝之人。虽有乘制之处,不讲戎阵,既不简练。又稀更寇虽(当是难之误),名实不符,难以备急。有警而后募兵,军行而后运粮;或乃兵既久屯,而不备营佃,不修器械,无有贮聚,一隅驰羽檄,则三面并荒扰,此亦汉氏近世之失而不可式者也。"

这一段话被视作东汉废除更番为卫士制度的重要依据,被作为"东汉一代卫士制度中已废除更役制的明证"[4],其实这是对奏文的误解所致。

---

〔1〕《后汉书》卷十二《张步传》,第 500 页。

〔2〕《后汉书》卷十七《岑彭传》,第 661 页。

〔3〕张维华:《汉史论集》,齐鲁书社,1980 年,第 101 页。又劳干《试论汉代的卫尉与中尉兼论南北军制度》对南北军后的建制论述颇详,载《劳干学术论文集甲编》,台湾艺文印书馆,1976 年版。拙作《试论汉代中尉,执金吾和北军的演变》对西汉北军发展有详细论述。

〔4〕贺昌群:《东汉更役戍役制度的废止》。李孔怀亦据此认为"国家卫士不再由农民依据更役戍役制役调而来,而是由国家从商贾惰游子弟或农民中临时招募而来",见《东汉的政治制度与军阀割据》一文,刊《中国史研究》1981 年第 2 期。

秦文列举了三个系统的京师兵：五营（即五校）兵、卫士和虎贲、羽林，分别属于北军、卫尉和光禄勋；这“万人”即由这三个系统的人员组成；而这“万人”又可分为两种身份：农民和商贾惰游子弟。这根本不能说明卫士制度中的更役制被废除。

虎贲（虎贲原名期门，平帝改称虎贲）、羽林是郎官的一种，始于汉武帝，由六郡良家子和从军死事之子充任，是皇帝侍卫，父死子继，世袭其职。《百官志》“虎贲中郎将”条注引荀绰《晋百官表注》云：“虎贲诸郎，皆父死子代，汉制也。”《太平御览》卷二四二《职官部·羽林监》引《汉官仪》云：“羽林，父死子继，与虎贲同。”而为郎是入仕门径之一，如《汉旧仪》规定：“期门骑者……比郎从官……迁补吏属。”甘延寿即以期门郎“稍迁至辽东太守”。羽林郎亦然，赵充国即以羽林补假司马。东汉亦然，《和帝纪》永元元年注引《汉官仪》云：“羽林郎出补三百石丞尉，自占丞尉，小县三百石，其次四百石，比秩为真，皆所以优也。”故羽林、虎贲不是卫士，而是现职武官的后备军。五营兵原是京师的禁兵，但因优游少事，随皇帝出行，耀武扬威，如《汉官仪》云“旧选羽林郎旄头被发为前驱，今但用营士”，其地位远非普通士兵可比。《刘般传》云刘般于永平十一年兼屯骑校尉，“时五校尉官显职闲而府寺宽敞，舆服光丽，伎巧毕给，故多以宗室肺腑居之。每行幸郡国，般常将长水胡骑从”。其官如此，其兵亦殊，久之遂为世袭之兵。《西羌传》云安帝元初二年，“遣任尚为中郎将，将羽林、缇绮、五营子弟兵三千五百人，代班雄，屯三辅”。“五营子弟兵”正说明了五营兵亦可世袭，因为虎贲、羽林、五营士地位特殊，有诸多好处，人们都想跻身其间以自我炫耀，统治者遂出售其职以敛财。如安帝永初三年，“三公以国用不足，奏令吏人入钱谷得为关内侯、虎贲、羽林郎、五大夫、官府吏、缇绮，营士（即五营士）各有差”〔1〕。其后桓帝、灵帝都有类似诏令，那些商贾惰游子弟遂藉此涌入虎贲、羽林、五营之中。当然，这种现象绝非始于永初三年，而是早已存在，三公之奏议不过使既成事实合法化而已。

但是，卫士没有虎责、羽林、五营士的优越地位和好处，虽在帝辇之下，但役事甚苦，守卫皇宫陵寝，昼夜巡行，风雨无阻，没有任何自由，更无随侍天子行幸郡国之机运。〔2〕《礼仪志》注引《周礼》云：“府吏以下，有胥有徒。”郑玄注云“此谓民给徭役，若今卫士矣”。郑玄把东汉之卫士比作先秦之胥徒，可见其役事之艰苦、地位之低下。这些卫士只能征发农民充任，那些商贾惰游子弟是不会来服此贱役的。这就是这“万人”之中农野谨钝之人的由来。要指出的是，“农野谨钝之人”和商贾惰游子弟远非这“万人”的全部，其中还当有世兵和少数民族兵，如乌桓胡骑等，秦文只举这两种人旨在强调其不任战事，

---

〔1〕《后汉书》卷五《安帝纪》，第213页。

〔2〕卫士职役可参见《汉旧仪》《汉官解枯》《汉书·韦玄成传》。

军事素质差。

第三，东汉卫士轮番调自郡县，史有明文。上举郑玄说的“此谓民给徭役，若今卫士矣”，即说明人民要给卫士之役。《和熹邓皇后纪》云永初三年“旧事岁终当飨遗卫士，大傩逐疫……”《东平宪王苍传》云建初三年“帝飨卫士于南宫”。《礼仪志》有“飨遗故卫士仪”专条，云：“百官会，位定，谒者持节引故卫士入自端门，卫司马入蟠钲护行……毕飨，观以角牴、乐阕罢遣，劝以农桑。”此制始于西汉，《汉书·盖宽饶传》云宽饶为卫尉司马，“及岁尽交待，上临飨罢卫卒，卫卒数千人叩头自请，愿复留共更一年，以报宽饶厚德”。同书《王尊传》云成帝“正月行幸曲台，临飨罢卫士”。如淳注“诸卫士更尽得代去，故天子自临而飨之”。这些说明东汉和西汉一样，仍轮番征调郡民充当卫士。当然，这并非说卫士全由征调而来，也可能有的出于招募，但这至多说明征发和招募并存，不能说废止了一岁为卫士的制度。

三、罢“亭侯吏卒”不等于废止“屯戍一岁”

汉代戍卒的征发量均以实际需要为准，而不拘于应服边戍者的数额。如汉文帝初年，于北边加强戒备，人民役事甚苦，后接受晁错募民实边建议，于十三年一度“除戍卒令”[1]，“丁男三年而一事”[2]，大大地减少了戍卒的征发量。武帝时北方边防线加长，汉匈战事不断，戍卒量就大得多，最多者如元鼎元年，为防西羌和匈奴联合攻汉，于“上郡、朔方、西河、河西开田官，斥塞卒六十万人戍田之”[3]。这六十万人远不止应服边戍者，而含那些服过边戍者在内。宣帝时，汉匈和解，北边“自敦煌至辽东，万一千五百余里，乘塞列燧有吏卒数千人”[4]。这数千人只不过是应服边戍者的少部分。东汉建武初年，不断增加北边兵力。如建武七年，杜茂屯田晋阳广武；九年令朱祜、王常、侯进分屯常山涿郡、渔阳，王霸为上谷守屯兵如故；十四年令马成屯常山、中山；等等。[5]至建武二十二年，匈奴连遭旱蝗，“赤地数千里、草木尽枯，人畜饥疫，死耗大半”，又遭乌桓袭击，不得已而北徙，“幕南地空”[6]。东汉北边威胁一时解除，遂罢“亭侯吏卒”，与民休息。这和汉文帝之除戍卒令、宣帝之减戍卒数量一样，都是由实际需要决定的，都是轻徭薄赋的措施，根本得不出废止戍边一岁的结论。

刘秀罢亭侯吏卒也是暂时的，以后随军情变化而又有恢复。如明帝之置

〔1〕《史记》卷二十二《汉兴以来将相名臣年表》，中华书局，1959 年，第 1127 页。
〔2〕《汉书》卷六十四下《贾捐之传》，中华书局，1962 年(下同)，第 2832 页。
〔3〕《汉书》卷十四下《食货志》下，第 1173 页。
〔4〕《汉书》卷六十九《赵充国传》，第 2989 页。
〔5〕 分别见于《杜茂传》《王霸传》《马成传》。
〔6〕《后汉书》卷八十九《南匈奴传》，第 2942 页。

度辽营、宜禾都尉，章帝徙陇西南部都尉戍索西城、“悉复诸亭侯”[1]，等等。和西汉不同的是，西汉戍卒的日常防务由边郡都尉直接管理，太守监督节制。东汉则杂以中央直接指挥，如度辽营即由中央命度辽将军统率。但边郡太守、都尉亦司其事，如上举金城南部都尉即为一例。又如《西羌传》云和帝时西羌迷唐部平，在大小榆谷等各地进行大规模屯田，其中有金城西部都尉曹凤“将徙士屯龙耆。后金城长史上官鸿上开置归义、建威屯田二十七部”。长史也是太守之下的领兵之官，是为边郡太守负责戍卒之证。从西汉武帝始，戍边杂以弛刑徒和募兵，东汉时代弛刑徒和募兵戍边多于西汉，但并非全以弛刑徒、募兵戍边，如和帝永元元年邓训用兵西羌迷唐等部后“罢屯兵各令归郡，唯置弛刑徒二千余人，分以屯田”[2]。这些归郡之屯兵就是征发来的郡民，才罢之归郡。《陈忠传》云安帝元初三年陈忠上言：“孝宣皇帝旧令：人从军屯及给事县官者，大父母死未满三月，皆勿徭。请依此制，太后从之。”“从军屯”即戍边，这是就郡民戍边而言的，否则募兵和弛刑徒是不存在徭的问题的。《五行志》云安帝建光元年“是时羌反久未平，百姓屯戍，不解愁苦”。“百姓屯戍”即指郡民屯驻戍边。因此，东汉虽然用许多刑徒、募兵戍边，但并没有完全代替郡县民戍边的制度。

四、“王旅不振”不是刘秀罢兵的结果

东汉后期，军队训练不精，不任战事，《百官志五 · 州郡》注引应劭《汉官》云：

> “自郡国罢材官、骑士之后，官无警备。实启寇心，一方有难，三面救之，发兵雷震，烟蒸电激，一切取办，黔首嚣然。不及讲其射御，用其戒誓，一旦驱之以即强敌，犹鸠鹊捕鹰鹯，豚羊弋豺虎，是以每战常负，王旅不振。张角怀挟妖伪，遐迩摇荡，八州并发，烟炎绛天，牧守枭裂，流血成川。尔乃远征三边殊俗之兵……不教而战，是谓弃之，迹其祸败，岂虚也哉。”

《后汉书 · 郑太传》载郑太对董卓云：

> “光武以来，中国无警，百姓优逸，忘战日久，仲尼有言，不教民战，是谓弃之，其众虽多，不能为害。”

荀悦《申鉴》云：

> “今国家忘战日久，每寇难之作，民瘁几尽，不教民战，是谓弃之，信矣！”

以上诸人论述，特别是应劭诸语，被认为是刘秀废除地方常备军的有力证据。通过上文所论可以得知这当然是不对的。事实上，“王旅不振”是东汉后期的

---

[1] 详见《后汉书 · 西域传》《西羌传》。
[2] 《后汉书》卷一六《邓训传》，第611页。

情况,东汉前期王旅还是很强的,如和帝用兵北匈奴即是例证。那么,能否说这是刘秀罢都尉,"省都试之役"的结果?答案也是否定的。因为第一,都尉罢后,"并职太守",这儿的并职太守即并都尉训练、考核、轮代郡兵等职事于太守,因为郡守本来就是郡兵的最高统帅,有发兵权,有领兵权,都尉只是其副佐,协理军务(今人有据"并职太守"四字出发,认为郡守掌兵始于刘秀,并将其作为汉末军阀割据的原因之一,实属误解)。这说明"不教民战"并非制度使然,刘秀虽罢都尉,并未废除地方官的武职,"教民战"在制度上仍是郡守职责之一。至于事实上的不教民战,是另外一回事。第二,都试是一年一度的对郡兵的大演习、大考核,于每年八月举行。罢都试之后,不再有考课优劣之比,当然要影响军训质量,但这不等于"不教民战"。第三,如果"王旅不振"是由罢都尉、省都试、平时"不教民战"所致,那么士兵在经过一段时间的实战训练之后,军事技能也该掌握,军事素质也该提高了,为什么在数十年的对羌作战中连吃败仗?相反,张角所率的黄巾军从未经过军事训练,却把官军打得落花流水。显然,说东汉"王旅不振"是罢都尉、罢都试、"不教民战"的结果是难以成立的。应劭、荀悦、郑太所云只不过是表面现象罢了。

影响战争胜负的因素是多样的,主要的可分为人和物两个方面。恩格斯说:"军队的全部组织和作战方式,以及与之有关的胜负,取决于物质的即经济的条件,取决于人和武器这两种材料,也就是取决于居民的质与量和取决于技术。"[1]所谓人的质量,一是指将帅的素质——指挥才干、作战意识、个人意识和应变能力,二是指士兵的素质——士气状况、军事技能等;物的因素主要是指武器装备和军需补给。在其他条件一定的情况下,将帅作用是主要的,军队训练、组织方式、作战能力往往取决于将帅。恩格斯在《欧洲军队》中叙述英国军队时说,"不列颠军队的战斗素质由于军官在理论和实践方面的无知而大大降低了",又云"不列颠军队在克里木失利,一半是由于它的所有军官不称职"[2]。下面即根据恩格斯的启示,简单地讨论一下东汉"王旅不振"的原因,以正视听。

第一,东汉的太守令长是郡县兵的最高统领,但太守令长多以察举入士,而察举的依据主要是儒学,这些人只知经学章句、如何能获誉乡里以求显达,不知武备方略;更重要的是这些人在观念上轻视武事。《马融传》云安帝时,邓太后临朝,"而俗儒世士以为文德可兴,武功宜废,遂寝蒐狩之礼,息战阵之法,故猾贼纵横,乘此无备。融乃感激,以为文武之道,圣贤不坠,五才之用,无或可废,元初二年上《广城颂》以讽谏"。先秦时代,春猎曰蒐,冬猎曰狩,田猎的目的是讲武练兵,"蒐狩之礼",即讲武之礼,以督促武事。这是说因"俗儒世士"典权,连讲武的仪式也废了。这是就中央而言的,但地方太守令长大

---

〔1〕《反杜林论》,引自《马克思恩格斯选集》卷三,人民出版社,1972 年,第 210 页

〔2〕 马克思、恩格斯:《马克思恩格斯全集》卷十一,人民出版社,1976 年,第 485—486 页。

多是这样的“俗儒世士”。故刘秀罢都尉后，虽然“并职太守”，却因其不谙战阵，不屑武事而废其职，这就是“不教民战”的原因。

既然太守令长不晓战阵之法，不知理兵之道，而汉制以太守令长将兵临敌，那么结果只能是失败。王符《潜夫论·劝将》云：“孙子曰：‘将者，民之司命，而国家安危之主也。’是故诸有寇之郡，太守令长不可以不晓兵。今观诸将，既无断敌合变之奇，又无明赏必罚之信，然其士兵又甚贫困，器械不简习，将恩不素结，卒然有急则吏以暴虐发其士，士以所拙遇敌巧，此为将吏驱怨以御仇，士卒缚手以待寇也。”又云：“夫将不能用其士，士不能用其兵，此二者与无兵等，无士无兵，而欲合战，其败负也，理数也然。故曰：其败者，非天之所灾，将之过也。”这儿的将即指太守令长，“器械不简习”说明郡县各有器械，百姓应简习而没简习；以“不晓兵”“无断敌合变之奇”之太守令长为将帅，率领“器械不简习”之士兵，外加兵将矛盾尖锐，军无斗志，而这些太守令长每每临敌又“皆奴怯畏惧不敢击”，这样的将帅指挥这样的军队焉有不败之理？

第二，不重军功之赏，士兵没有作战积极性，是“王旅不振”的另一重要原因。征兵是义务兵，要使士兵奋勇作战，必须有相应的赏赐。司马迁说过：“壮士在军，攻城先登，陷阵却敌，斩将搴旗，前蒙矢石，不避汤火之难者，为重赏使也。”〔1〕可谓一语中的。秦国军队之所以强于六国，就是因为有一套严密的军功赐爵制。汉武帝之所以取得赫赫武功，与之重赏战功不无关系。如李广利征大宛归来，爵至海西侯，“军官吏为九卿者三人，诸侯相、郡守二千石百余人，千石以下千余人，奋行者过其望，以谪过行者皆绌其劳，士卒赐值万金”〔2〕。因此之故，在伐匈奴的战争中才有众多的私自从军者。

但是，刘秀立国，一反西汉文武并重的方针，“偃武兴文”，以“柔道”治天下，“退功臣而进文吏，戢弓矢而散马牛”〔3〕。元功宿将封侯食邑而不典权，“是时列侯唯高密（邓禹）、固始（李通）、胶东（贾复）三侯与公卿参议国家大事”〔4〕。大力选拔儒士充任各级官吏。还在硝烟弥漫之时，刘秀就采求缺文，先访儒雅，拼集以儒士为主的统治班底。这就大大降低了武臣的地位，影响了将士的作战主动性。《杜诗传》载杜诗曾上书刘秀：“今若使公卿郡守出于军垒，则将帅自励；士卒之复，比于宿卫，则戎士自倍……陛下诚宜虚缺数郡以俟振旅之臣；重复厚赏，加于久役之士。如此则缘边屯戍之师，兢而忘死；乘城拒塞之吏，不辞其劳，则烽火精明，守战坚固。”但“帝惜其能，遂不许之。”刘秀何尝不晓得这些？但这正是他所要避免的。因为重用功臣，不利于

〔1〕《史记》卷一二九《货殖列传》，第3271页。

〔2〕《史记》卷一二三《大宛列传》，第3178页。

〔3〕《后汉书》卷一下《光武帝纪》下，第85页。

〔4〕《后汉书》卷十七《贾复传》，第667页。

强化皇权。任用儒士,一方面可使之感恩戴德,忠于自己;另一方面文士重文轻武,以之为地方长吏,有利于改变前朝和战乱中形成的尚武之风,使人民各安本业。《华阳国志·公孙述刘二牧志》云:

"建武十八年,刺史郡守抚恤失和,蜀郡史歆,怨吴汉之掠蜀也,拥郡自保,世祖以天下始平,民未忘兵而歆倡之,事宜必克,复遣汉平蜀,多行诛戮。"

因为"天下始平,民未忘兵而歆倡之",就再遣吴汉杀掠蜀中,正说明刘秀重文轻武的目的是要人民忘兵,以防人民推翻他这个新的受命之主。综观前朝的农民起义,大都发生于关东地区,秦和新莽均亡于关东义军之手;东汉既建都于无形势之险而有四战之地的洛阳,就不能不考虑前车之鉴。秦统一天下,曾尽收民间兵器;汉武帝时因"盗贼"繁多,公孙弘也建议"禁民不得挟弓弩",但这些措施均没能阻止农民造反。刘秀遂用釜底抽薪的方式,偃武兴文,从思想上解除人民反抗的念头;使民忘兵,从技术上解除人民的反抗能力;不赏战功,从心理上使人民不屑武功,从而收长治久安之效,用心可谓良苦矣。杜诗未谙刘秀心底,建议重用功臣,当然不会被采纳。

刘秀之偃武兴文,对当时安定社会、加强君权是有一定成效的,但因此降低了军人的社会地位,影响了士兵的作战积极性则是刘秀未曾料到的。如果说这一影响在东汉前期还不突出的话,那么随着时间的推移,政治的腐败到东汉后期就十分严重了。王符在总结东汉对羌战争屡遭失利的原因时说:"上不闻吊唁嗟叹之荣名,下又无禄赏之厚实,节士无所劝慕,庸夫无所贪利,此其所以人怀沮懈,不肯复死者也","历察其败,无他故焉,皆将不明于变势,而士不劝于死敌也……士进有独死之祸,退蒙众生之福。此其所以临阵亡战,兢思奔北者也"[1]。王符以当时人论当时事,所言均指军政问题,和兵役制度并无联系,这虽和刘秀重武轻文的治国方针有联系,但和罢郡国兵并无什么渊源,这比应劭简单地把东汉末期"王旅不振"的原因归结为刘秀罢车骑材官士要具体、深刻得多。

汉家军队曾据以为恃的坚甲利刃、劲弩长戟之优势到东汉后期也不存在了。这一方面是因为民族交往的加强,使中原先进的冶铁、铸造技术不断地传到周边各少数民族,特别是北边的各游牧民族;另一方面,东汉内部政治腐败,官营作场所造兵器质量低劣,不堪使用,崔寔在《政论》中即曾指出当时主管制造兵器的官吏贪污盗窃、偷工减料,所造兵器不堪使用的状况,以至于"边民敢斗健士,皆自作私兵,不肯用官器"。崔寔慨叹说:"凡汉所以能治胡者,徒擅铠弩之利也,铠则不坚,弩则不利,永失所恃矣。"在冷兵器时代,兵器的优劣与战争胜败并无太大的关系,羌人反抗东汉时所用兵器也十分低劣,

---

〔1〕 王符著,汪继培笺,彭铎校正,《潜夫论笺》卷五《劝将》,中华书局,1979年,第248、249页。

仍能取胜，崔寔所论是有失偏颇的。但这说明兵器粗劣影响了战争胜负，已受时人的关注，同时从此也可以窥见“王旅不振”的深层原因，即政治的腐败。

军事是政治的继续，东汉后期，外戚专政，宦官弄权，吏治败坏，政治黑暗，反映到军事领域即将帅无能，贪生怕死，军政不修，兵无斗志，这虽然和刘秀重文轻武之治国方针有关，但更主要的还是政治腐败的结果，后人不审，谓为刘秀改革兵制所致，是难于成说的。

五、东汉的全民兵役制是否“从根本上崩溃”

东汉一代，募兵、刑徒兵、少数民族兵的数量远多于西汉，在军队中的比重逐步加大，但是否如人们所认为的那样，自刘秀而后征兵制就从根本上崩溃了呢？募兵、刑徒兵、外族兵是因此而被大量使用的吗？这些问题，上文已有涉及，答案是否定的。下面再予补充。

众所周知，东汉有好几部记载汉代典章制度的专书，最重要的也是最常为人们所引用的是卫宏的《汉旧仪》和应劭的《汉官仪》。但是有一点往往被人们所忽视，即这两部书著成之时代不同，反映的不完全是同一时期的制度。卫宏生在东汉之初，曾为刘秀任作议郎，所作《汉旧仪》四篇“以载西京杂事”，所记是西汉制度。应劭生当灵献之世，著《汉官仪》于建安年间，是时“旧章湮没，书记罕存，劭慨然叹息，乃缀集所闻，著《汉官礼仪故事》，凡朝廷制度，百官典式，多劭所立”〔1〕。《汉官仪》即《汉官礼仪故事》之简称。但这两部书对兵役制度的记载是相同的，只有个别文字上的差异，《汉官仪》(括号内为《汉旧仪》与之异者)云：

> “民年二十三为正，一岁(而)以为卫士，一岁为材官骑士，习射御骑驰战阵。八月，太守、都尉、令、长、相、丞、尉会都试，课殿最。水家(《旧》作处)为楼船，亦习战射行船，边郡太守，各将万骑，行障塞烽火追虏，置长史一人(掌兵马)，丞一人，治兵民(治民)，当兵行长(史)领，置部尉(《旧》作部都尉)千人司马、侯、农都尉，皆不治民，不给卫士，材官、楼船年五十六老衰，乃得免为民就田(《旧》作为庶民就田里)。”

《汉官仪》既是缀集所闻而成，其中当然有采择《汉旧仪》一书者，不乏西汉制度，如都试之制东汉就没有严格进行以至于逐步废止，上引应劭《汉官》(即《汉官仪》之简称)所云刘秀罢车骑材官诸语也说明了两汉兵制有异，在《汉官仪》一书中本来应是有记述的，只是这两部书均无全本，难晓其详罢了。但是《汉官仪》和《汉旧仪》所记述的人民二十三为正(即为正卒)，五十六老免之制是相同的，而人民自为正迄老免都有服兵役的义务，这是全民兵役制的基本

〔1〕《后汉书》卷四十八《应奉传》附《应劭传》、卷七十九下《儒林传》，第1613页、2577页。

特征。《论衡·射短》云:“文吏自谓知官事,晓簿书。问之曰:‘晓知其事,当能究达其义,通见其意否?’文吏必将罔然。问之曰:‘古者诸侯,各专国土,今置太守令长,何义?……一岁使民居更一月,何据?年二十三傅,十五赋,七岁口钱二十三,何缘?’”王充的这一段话是批评文吏自以为通晓典章制度,实际上只知其然,不知其所以然。说明东汉人民仍是二十三岁傅籍为正卒,开始服兵役和劳役。有的学者断章取义,认为到了王充时代,一般文吏已不知“一岁使民居更一月”“年二十三傅”为何意,从而说明更戍制早已废止〔1〕,这显然是错的。照此理解,不仅废止了更戍制,而且人民的口钱、算赋也废除了,显然不合文义。《三国志·魏书·崔琰传》云琰“少朴纳,好击剑,尚武事,年二十三,乡移为正,始感激,读《论语》《韩诗》”。崔琰生在汉末,“乡移为正”亦是汉制。“移为正”即移其名于役籍。为正卒,即开始服兵役和服劳役。〔2〕《刘平传》云刘平为全椒长(建武末年)“政有恩惠,百姓怀感,人或增资就赋,或减年从役”,“减年从役”即谓到免老年龄而不愿免役,而云未到老免年龄继续服役,说明东汉亦有老免之制,当是五十六岁。这些役龄男子都要应征当兵;其史例鉴多,史文所云之“郡兵”都是征发而来。其服役长短亦以实际需要为准,如桓帝时,羌战连年,男子大都从军,只有妇女田耕,《五行志》有当时童谣云:“小麦青青大麦枯,谁当获者妇与姑。丈人何在西击胡,吏买马,君具车,请为诸鼓咙胡。”又云:“公为吏,子为徒,一徒死,百车乘。”所谓“公为吏,子为徒”即“父既为军吏,其子又为卒徒往击之也”。这和秦始皇时之“丁男披甲,丁女转输”,汉武帝时之“父斗伤于前,子斗伤于后”何其相似!这些征戍之父子,击胡之“丈人”,都是应征入伍的,这说明东汉仍然存在全民兵役制。

六、结束语

东汉之初,战乱始定,户口锐减,“什存一二”;当务之急是精兵简政,以减轻人民的负担,与民休息,以恢复生产。刘秀罢兵是精兵简政的措施之一,和汉高祖五年之“兵皆罢归家”性质相同,和兵役制度并无关系。尽管东汉的征兵制已逐步瓦解,更番为郡兵、卫士、戍卒的制度日趋松散,逐渐为募兵、刑徒兵、少数民族兵所代替,但这一过程早在西汉中期就开始了,并非始于刘秀。而征兵制的瓦解,则是由封建经济关系的演变、对周边各族进行战争时的军事要求、封建政治的变化等因素决定的。这一问题笔者在《论秦汉兵役制度的演变》一文中有详细论述,此不赘言。

---

〔1〕 贺昌群:《秦汉间土地所有制形式与农民起义的关系》,《东汉更役戍役制度的废止》,前揭氏著《汉唐间土地所有制形式研究》一书。

〔2〕 对秦汉正卒含义有不同理解,一般解为郡兵或卫士。笔者认为正卒是役龄男子的通称,指隶名军籍的男丁。详见拙作《秦汉正卒辨析》一文,《中国史研究》,1988 年第 1 期。

试论战国山林管理制度与私营工商业的发展*

战国时代，是土地国有制占主导地位的历史时期，山川林泽、池沼湖泊等非耕地和普通耕地在法律意义上均归封建国家所有。各国对耕地包括可垦而未垦的荒地在内的管理方式是一致的，都采用国家授田制，将土地分配给农民耕种，征之以税。但对山林资源包括池沼湖泊、丘陵荒滩等非耕地在内的管理方式则有不同，大体而言，可分为两种方式：一种是按“相地而衰征”的方式授予农民；另一种是全部由官府垄断，农民不得自由使用。前者以齐、楚为代表，后者则以秦国为代表。这两种不同的管理方式，对各自经济结构，特别是对私营工商业的发展，产生了不同的历史影响。对此，史学界尚未论及，故撰本文，以就诸高明。

一

在谈齐楚的山林管理制度之前，先要就“相地而衰征”的含义略作说明。“相地而衰征”是春秋时期管仲在齐采取的一项税制改革，也是田制改革的措施。《国语·齐语》云：

> “桓公曰：‘伍鄙若何？’管子对曰：‘相地而衰征，则民不移；政不屡旧，则民不偷；山泽各致其时，则民不苟；陆、阜、陵、墐，井田畴均，则民不憾……’”

韦昭注“相地而衰征”云：“相，视也。衰，差也。视土地之美恶及所生出，以差征赋之轻重也。”今人以此为据，认为“相地而衰征”就是根据土地质量好坏、产量高低，定出不同数量的田税（租）等级。今按：这个理解是错误的。这是田税的发达形态，春秋战国时的田税制并非如此。春秋时期征收的是定额税，按单位面积交纳固定数量的田税（租），国家授田之后，农民不管种与不种、产量如何，都要交纳固定数量的田税（租），直到战国时代依然如此。如秦律《田律》规定“入顷刍稿，以其受田之数，无豤（垦）不豤，顷入刍三石，稿二石”。其余各国和秦制相同，种也要交，不种也要交，根本不存在按土质优劣、产量高低定不同田税数量的问题，春秋时代更不存在这个问题。因此，“相地而衰征”之“衰”不是指农民所交纳的田税的数量等级，而是指实际授予各家

* 原刊《苏州大学学报》1994年第2期。

的土地数量等级而言。由于征收定额租，相同数量的土地因其质量不同而产量有别，田税负担就不平均，就出现"民移"现象，弃劣就好。管仲为改变这一状况，根据土地质量差别，在授田时以总产量为统一标准，耕好地者少授，耕劣地者多授，以土地数量多寡调节其质量差别所造成的产量差别，使耕劣地者的总产量和好地者相同，从而使田税负担相等，这样陆、阜、陵、瑾等丘陵荒野和盐碱低洼之地也可以授之于民，征之以税，与平原沃野相同。《周礼·大司徒》云："不易之地，家百亩；一易之地，家二百亩；再易之地，家三百亩。"《周礼·遂人》云遂人之职是"辨其野之土，上地、中地、下地，以颁田里。上地夫一廛，田百亩，莱五十亩，余夫亦如之。中地夫一廛，田百亩，莱百亩，余夫亦如之。下地夫一廛，田百亩，莱二百亩，余夫亦如之"。之所以要加倍、再倍授予，或者于百亩之外加授五十亩、百亩、二百亩莱田(即荒地)，就是以土地数量调节其质量的差别；因为无论是耕不易之地或一易、再易之地，或者是上地、中地、下地，交纳的田租数额是相同的。这正是"相地而衰征"的实践。关于这个问题，本文不予详说，只要了解"相地而衰征"的含义就行了。〔1〕

人类对自然资源的开发是随着生产力的发展而日益深化的。"相地而衰征"的范围在开始施行时期仅指那些已开垦和可垦而未垦的耕地，但随着生产力的进步，逐步扩大到山川林泽等非耕地。这是历史的必然，因为山川林泽等非耕地虽然归国家所有，但并不能不向农民开放，不能禁止农民使用，最多是定时开放而已。否则，其结果是自然资源得不到必要的开发，也增加不了国库的收入。相反，若将山川林泽等非耕地也像普通耕地那样授之于民，征之以税，既可富民，又可富国。《管子·乘马》云：

> "地之不可食者，山之无木者，百而当一；涸泽，百而当一；地之无草木者，百而当一；樊棘杂处，民不得入焉，百而当一；薮，镰缠得入焉，九而当一；汎山，其木可以为材，可以为轴，斤斧得入焉，九而当一；汎山，其木可以为棺，可以为车，斤斧得入焉，十而当一；流水，网罟得入焉，五而当一；林，其木可以为棺，可以为车，斤斧得入焉，五而当一；泽，网罟得入焉，五而当一。命之曰地均。"

《管子》之书是稷下诸公的文集，各篇内容有先后，晚者至战国后期才成文，但《乘马篇》的时代较早，至迟也成文于春秋战国之际，是以齐国的史实作为现实基础的。以往人们对此大都感到不可理解，现在明白了"相地而衰征"的含义之后，就不难明白这一段记述正是管仲"相地而衰征"的发展。这百而当一、十而当一、五而当一就是指不同类型的山林丘陵沼池湖泊盐碱荒地和良田之比，因为

〔1〕 战国时代的土地制度和"相地而衰征"的详细内容，请参阅笔者与田昌五师合撰之《战国土地制度与社会经济结构》一文(收入田师著《中国古代社会发展史论》，齐鲁书社 1992 年版)和拙作《"相地而衰征"新探》一文(见本集)。

在当时的生产力条件之下，这些非耕地产出甚低，故而以良田的十倍、百倍的数量授予平民。当然，其时是否就是按这个比例进行分配，难以肯定，但其基本思想是可以肯定的。临沂银雀山汉墓竹简《田法》有云[1]：

"……循行立稼之状，而谨□□之美亚(恶)之所在．以为地均之岁……□巧(考)参以为岁均计，二岁而均计定，三岁而一更赋田，十岁而民毕易田，令皆受地美亚(恶)□均之数也……邑之名山林，可以为田器及可以为国大器者，县不得之制也。恒山林□□□者，县得制之……大材之用焉，五而当一。山有木，无大材，然后斤斧得入焉，九而当一；秃……□□蒹(镰)缨得入焉，十而当一。秃尺(斥)津□……罔(网)不得入焉，七而当一。小溪浴(谷)古(罟)罔(网)得入焉，百而当一。美霃(沈)泽蒲苇……□□石，百而当一。"

断简残编，文意凌乱，但从简文中不难看出以下三段内容。第一，山林池沼和耕地一起，都是"地均"的对象，都要授予农民。第二，为避免苦乐不均，(耕劣地者劳动量大，起码在理论上如此)把耕地分为上、中、下三种授予农民(即赋田)，受田民之间要定期轮换，耕下等地者是再倍授予，要三年才能把新授土地轮种一遍，而后换种好地，故三年一更赋田。九年之后，每一农户都将上、中、下三种土地耕种一遍，第十年再重新开始，故十年而民毕易田。第三，山林池沼是土地资源的一部分，故也用"相地而衰征"的办法授予农民，由县负责。因为县是地方最高政府。但国君要控制那些最重要的名山林，以供宗室和军国之用，由中央设官管理，即"县不得之制也"。县只能把那些普通山林和池沼不毛之地，区别其产出价值，按百而当一，九而当一，七而当一，五而当一的比例，折合成良田，授给农民。这些山林池沼，不在还授"更赋"之列，和可耕地不同。这正是管仲"相地而衰征"的延续。《田法》是战国时齐国之物，其内容和《管子》一书一样，也是稷下诸公的作品，并非齐国的法律文书，实际制度是否如此，也不敢肯定，但设计的目的是指导实践，供人君选择，必以现实为基础，否则脱离现实也就失去了意义。其中关于授田的论述和战国通行的授田制度基本吻合，故其关于山林池沼的分配制度的记述无疑是符合实际的。这也反过来说明了我们对管仲"相地而衰征"的理解的正确性。

楚国把山林池沼折合成良田也是在春秋时期，而晚于齐国。《左传》襄公二十五年云：

"楚蒍掩为司马，子木使庀(治)赋，数甲兵。甲午，蒍掩书土田，度山林，鸠薮泽，辨京陵，表淳卤，数疆潦，规堰猪，町原防，牧隰皋，井衍沃；量入修赋，赋车籍马，赋车兵、徒兵、甲盾之数。既成，以授子木，礼也。"

---

[1] 银雀山汉墓竹简整理小组：《银雀山汉墓竹简(壹)》，文物出版社，1985年，146页。

司马是主兵之官,《荀子·王制》云"司马知师旅、甲兵、乘白之数"。蒍掩为司马,所治之赋是指兵赋,征赋的依据是土地。《周礼·大司马》云:"凡令赋,以地与民治之。上地食者参之二,其民可用者家三人;中地食者半,其民可用者二家二人。"土地清楚了,民数和军赋就都清楚了。故蒍掩治赋的措施是"书土田",即进行土地调查和登记。但是对"度山林……"这段话的含义,注家的理解,分歧甚大,影响最广泛的是杜预注,现集其注文如下〔1〕:

书土田:"书土地之所宜。"

鸠薮泽:"鸠,聚也。聚成薮泽,使民不得焚燎坏之,欲以备田猎之处。"

辨京陵:"绝高曰京,大阜曰陵,别之以为冢墓之地。"

表淳卤:"淳卤,埆薄之地;表异,轻其赋税。"

数疆潦:"疆界有流潦者,计数减其租入。"

规堰豬:"堰豬,下湿之地,规度其受水多少。"

町原防:"堤防间地,不得方正如井田,别为小顷町。"

牧隰皋:"水厓下湿,为刍牧之地。"

井衍沃:"衍沃,平美之地,则如《周礼》制以为井田。"

杜预是个章句学者,他没有从总体上把握这段传文的意思,而是从字面上注释传文,尽管某些注释为我们的理解提供了方便,但在总体上违背了蒍掩治赋的原义。蒍掩"书土田"的目的是根据各种土地质量和产出制定出一个征赋通则,而不是规划全国土地的用途;负责土地规划,统一其用途者不是司马的权限,而是司空的职责;至于说"辨京陵"为"别之以为冢墓之地","规堰豬"为"规度其受水多少","牧隰皋"为"水厓下湿,为刍牧之地",和军赋毫无关系,纯属望文生义。今人多据此理解传文,当然难得确解,杆格难通。

最早对蒍掩治赋作出正确解释的是东汉前期人贾逵,指出"书土田"的目的是使"赋税差品",其注云:〔2〕

"山林之地,九夫为度,九度而当一井也;
薮泽之地,九夫为鸠,八鸠而当一井也;
京陵之地,九夫为辨,七辨而当一井也;
淳卤之地,九夫为表,六表而当一井也;
疆潦之地,九夫为数,五数而当一井也;
堰豬之地,九夫为规,四规而当一井也;
原防之地,九夫为町,三町而当一井也;
隰皋之地,九夫为牧,二牧而当一井也;

〔1〕《左传正义》,阮元校刻,《十三经注疏》,中华书局,1980年影印(下同),第1885—1986页。
〔2〕《十三经注疏》,第1986页。

衍沃之地，百亩为夫，九夫为井。”

在这里，贾逵以九夫为井也就是一方里(周里)为标准，把各种非耕地都折合成良田而后征之以赋。这是正确的，尽管其折算比例不一定如此。不同的土地，其物产种类和多寡有别，要征之以赋就要使收入和支出有一个共同的标准。按周制的传统，井是征军赋的基本单位，同时是测算土地面积的基本单位，治赋要“以地与民治之”，当然要以井为统一标准，把山川林泽等非耕地、低洼盐碱地统一折算为平原沃野，按良田产量征之以赋。这和齐国“相地而衰征”的办法是相同的。但是，晋人杜预、唐人孔颖达囿于《周礼》关于授田的不易、一易、再易之说，认为贾注于经传无证而不采其说。如孔颖达批评贾逵云：“案《周礼》所授民田不过再易，唯有三当一耳，不得以九当一也。山林、薮泽、京陵、堰豬，本非可食之地，不在授民之限，虽九倍与之，何以充税而使之当一井也？且以度、鸠之等皆为九夫之名，经、传未有此目，故杜(预)不云其说。”囿于经说是经学家为学之弊，经传所无者不等于其时无此制度，方里而井是测算土地山林的基本单位，“度、鸠之等”只能以九夫为名；正因为山林薮泽本不在授田之限，蔿掩治赋为扩大赋源，才把它纳入授田范围。孔颖达的批评显然不能成立。现在学人囿于杜豫之说，是应予纠正的。明乎此，我们可以明确地得出结论：楚制和齐制相同，也是把山林池沼折合成良田授予农民使用。

秦国在商鞅变法之前，山林管理制度不详。商鞅变法之后，建立起了系统的山林管理制度，其总方针是“一山泽”，把山川林泽完全置于官府的控制之下。云梦睡虎地秦简《田律》云[1]：

“春二月，毋敢伐材木山林及雍隄水。不夏月，毋敢夜草为灰，取生荔、麛(卵)鷇，毋□□□□□□□毒鱼鳖，置穽罔(网)到七月而纵之。唯不幸死而伐绾(棺)享(椁)者，是不用时。邑之新(近)皂及它禁苑者，麛时毋敢将犬以之田。百姓犬入禁苑中而不追兽及捕兽者，勿敢杀；其追兽及捕兽者，杀之。河(呵)禁所杀犬，皆完入公；其他禁苑杀者，食其肉而入其皮。”

从这段律文可以看出，山川林泽均归国有，其管理制度则分两种。一种是划作禁苑，供官家植树狩猎和牧养马牛，无论何时何地都不允许平民入苑狩猎采伐，即使是一条犬入禁苑捕兽也格杀勿论。秦律中有《厩苑律》专篇，对官府厩苑的类别、管理，马牛的牧养、繁殖、死亡、使用都有详细规定。另一种是规定普通山林川泽只在规定的时间内对农民开放，除了家有死人，急需木料做棺材之外，不是开放季节一律不准进山。显然，这和齐、楚的山林管理制度

[1] 睡虎地秦墓竹简整理小组：《睡虎地秦墓竹简》，文物出版社，1978年，第26页。

有着质的差别:在齐、楚,尽管在法律上山林川泽也属国有,但因为折合成良田授给农民,国家不再收回,农民是永久性占有;而秦国由于始终由官府垄断,农民没有自由使用山林资源的权利,更谈不上占有权。

二

齐、楚、秦三国的山林管理制度已如上述,至于三国山林管理制度产生差别的原因,则要从三国的历史传统和社会变革的历史条件说起。

齐、楚采取"相地而衰征"的方法,把山林池沼授予农民,是与其重商传统分不开的。齐太公始封于营丘,"地泻卤,人民寡",故太公修政"因其俗,简其礼,通工商之业,便鱼盐之利"[1],使桑麻女功、鱼盐之利闻名诸侯。春秋时期,奴隶制社会结构解体,旧的工商食官的体制瓦解,私营手工业、商业兴起,人口也迅速增加;原来的宗族城市国家开始向封建领土国家转变,领土意识日益增强,那些本来无所归属的山川林泽变成了国家领土的一部分,那些丧失其政治地位的国人和挣脱了宗族奴隶制枷锁的野人开始散居四野,开发山林川泽、池沼湖泊、丘陵荒滩这些渺无人烟之地以谋生。封建领土国家要兼并邻国,扩大领土,争霸天下,就要加强对人口和社会财富的控制。因此之故,齐桓公重用管仲,进行社会改革,首先是整顿社会秩序,"三其国而五其鄙",使士、农、工、商各司其职;而后是发展经济,采用"相地而衰征"的办法加速垦荒;同时,为适应客观形势,也为了扩大税源,又因齐国重工商的传统,除了把重要的山林控制在官府手中保证军国需要外,把普通山林川泽也折合成良田授给农民,放手鼓励农民去因地制宜种桑麻、营果木,或畜牧养殖,各安其所。这正是管仲"设轻重鱼盐之利"的基础。

楚在西周时期只是一个蕞尔小邦,到春秋发展为江汉流域的一个大国,其自然资源极为丰富,盛产金、银、铝、铅、丹砂等矿产,更有各种珍禽异兽如犀、象等,还有品种繁多的竹木蔬果以及珠、玑、玳瑁等各种产品,这些商品畅销中原各国,商业发达,因而形成重商传统。《左传》成公十二年,楚晋订盟,其中重要的一条就是"交贽往来,道路无壅",包括商人往返在内。外国商人不仅可以自由出入楚境,贩卖土特产,而且能自由出入贵族之家。因此之故,楚人对山林川泽等自然资源十分重视。本来这些自然资源属于国家所有,但人人可以自由使用,没有统一的管理措施,国家无以税之;禁止人民使用则断了人民生计,必遭普遍反对。故蒍掩治赋,定出统一的征赋标准,把这些非耕地也纳入征赋范围,折合成良田,授给平民,既扩大了税源,又强化了管理。

而秦国的历史状况和齐楚则有不同。秦立国关中,本重稼穑,立国不久,也

---

〔1〕《史记》卷一二九《货殖列传》,卷三十二《齐太公世家》,第3255、1480页。

轻农而好商。《史记·货殖列传》云关中自虞夏到西周都“好稼穑,殖五谷,地重重为邪。及秦文、德、缪居雍,隙陇、蜀之货物而多贾。献公徙栎邑,栎邑北却戎翟,东通三晋,亦多大贾”。但是秦国的好商传统没能像齐楚那样延续下来,到了商鞅变法就被打断了。因为从春秋后期开始,特别是在战国前期,东方各国迅速强大,而秦则趋于衰落。到商鞅变法之前,秦国由春秋时代的霸主之一演变为不与诸侯会盟、被东方各国视为夷狄的弱国,处于被动挨打的境地。故商鞅变法,为改变被动挨打的状况,首先是强化对全国人力物力的控制,垄断土地山林等自然资源,把人民缚着于土地之上,限制私商的发展,推行农战为本的政策,因为商人周流天下,重财利,轻家国,无益于农战政策的推行。而商人势力之所以能迅速发展,就是因为能自由使用山林川泽等自然资源。“隙陇、蜀之货物”,主要是指该地土特产,将其置于官府垄断之下以后,私人没有随意开采的自由,在很大程度上堵塞了私商的财富之源,从而收到抑商之效。

说到这里,还有一个问题必须回答,即抑商理论和政策的提出并非始于商鞅,李悝在魏作尽地力之教、作善平籴之法就是为了抑商,防止商人囤积粮食以牟暴利。李悝也曾指出“雕文刻镂,害农事者也;锦绣纂组,伤女功者也。农事害则饥之本也;女功伤则寒之源也。饥寒并至,而能不为奸邪者,未之有也……故上不禁技巧则国贫民侈”[1]。在《管子》一书中也有许多抑“末”的论述,一些理论和措施也曾不同程度地在各国施行过,但只有秦国施行得最彻底,特别是“一山泽”。这是为什么?答案是多种多样的。笔者以为最根本的是秦国社会结构的特殊性为实施“一山泽”提供了基础。

“一山泽”就是禁止生产资源私有化,实行国有化,由官府发展各种手工业生产和畜牧业以满足军国需要。这首先要有相应的劳动力,没有劳动力,“一山泽”之后也不能开发,并不能收富国强兵之效。这个条件在当时只有秦国具备,其余各国都不具备。众所周知,东方各国的社会演变,是通过自下而上的社会变革的方式进行的。这在春秋时代即已开始,原来的一些奴隶主宗族贵族在社会变革中,先转化为封建贵族地主,而后展开新一轮的化家为国的变革过程,到战国最终完成了由奴隶制社会向封建制社会的飞跃,原来的宗族奴隶绝大部分获得解放,成为封建国家授田民,虽然仍有一些官奴隶可供官府役使,但数量有限,并不能负担国家必需的各种手工业的生产任务。当时齐、楚等国都有其官府手工业,其中的工匠大都是征自民间,属于服徭役性质,或者是雇佣个体工匠,可见官府控制的劳动力之少。而秦则不同,秦国没有经过自下而上的社会变革,直到战国初年封建生产关系才产生,商鞅变法之前,宗族奴隶制在社会结构中依然占有较大比重。商鞅变法自上而下采取封建化措施,把旧的奴隶制宗

[1] 《说苑》卷二十《反质》。赵善诒:《说苑疏证》,华东师范大学出版社,1985年,第604—605页。

族国家转变为封建君主专制国家，打击旧宗族势力，剥夺宗族贵族的奴隶和田产，化归国有，原来宗室所拥有的奴隶也转化为官奴隶，因而秦国有众多的官奴隶。秦孝公和商鞅是没有解放奴隶的意识的，也不会主动地把奴隶变为国家授田民，当然更不会白养活这些奴隶，而要使他们从事生产活动，为官府创造财富，就要有相应的生产资料，所以采取“一山泽”的措施，从而实现劳动力和生产资料的结合。这个问题，说来话长，这里仅稍加提示，以深化我们对战国山林管理体制与社会发展的关系的认识，详论留待另文。

三

现在再谈齐、楚、秦三国的山林管理制度的历史影响。要而言之，它导致了工商业发展的严重不平衡：齐、楚促进了私营工商业的发展，也同时促进了私营奴隶制经济的发达；秦则抑制了私营工商业的发展，促进了官营经济包括手工业、农业、畜牧业、林业的发展，较多地保留了官营奴隶制经济。

先谈私营工商业的不平衡问题。我们稍加留意就不难发现，战国时代的富商巨贾，著名的矿冶业主、畜牧业主绝大部分是六国人，秦国人很少；至于六国贵族投身于商品经济的大潮之中，在秦更是绝无仅有。如楚国的鄂君启，身为封君，手下有一支庞大的商队，并因其贵族身份，持有楚王颁发的金节，持节可免去一百五十只船和五十辆车子所运载的货物的商税，每辆车子的运载量相当于十匹马或十头牛的驮运量或者二十个挑夫所运的物资，这仅是免税部分，鄂君启商队的实际规模怕不止于此，所贩运的货物除了“金革启箭”等军需物资之外，无所不有。[1]鄂君启所运物资的详细状况虽然因资料限制不太清楚，但可以肯定，并不完全是自然生产的土特产，还包括了楚地精美的手工业产品在内，可以肯定，鄂君启还拥有自己的手工业工场，从事各种生产、生活用品和工艺品的生产。再如齐国，宗族贵族无不经商，如孟尝君身为齐相，有薛作封邑，不可谓不贵不富，依然放贷于薛，每年利息就达十万。[2]秦始皇统一全国，把齐宗室迁往边远之地，但不久，他们又重操旧业，到汉初都成为关中名贾。这在秦国是不可想象的，其根源就在于山林管理制度的差异。这些大贵族之所以能兼营工商业，同时又作为大工商主，和那些由平民而成为矿冶业主、渔盐业主、畜牧业主的人一样，都因为拥有相应的山林池沼。这些山林池沼，除了贵族因其身份受封之外，大都是由官府折合成

〔1〕 鄂君启节铭文见徐中舒编：《殷周金文集录》，四川辞书出版社，1984 年。

〔2〕《史记》卷七十五《孟尝君列传》：孟尝君命冯驩至薛收债，冯驩“至薛，召取孟尝君钱者皆会，得息钱十万。乃多酿酒，买肥牛，召诸取钱者，能与息者皆来，不能与息者亦来，皆持取钱之券书合之。齐为会，日杀牛置酒。酒酣，乃持券如前合之，能与息者，与为期。贫不能与息者，取其券而烧之。曰：‘孟尝君所以贷钱者，为民之无者以为本业也。所以求息者，为无以奉客也。今富给者以要期，贫穷者燔券书以捐之。诸君强饮食。有君如此，岂可负哉。’坐者皆起，再拜”。

良田授予的;这些非耕地虽不能生产粮食,但有丰富的土特产和矿产资源,可以发展畜牧、养殖、种植业,有着巨大的经济价值。生产一旦进步,这个价值就会被发现和开发出来,涌现出众多的私营工商业主。在秦国,不存在这个前提,私营工商业就难以发展起来。

对于秦国私营工商业的发展特点,长期以来流行着这样一种观点:秦私营工商业之所以不发达,是因为商鞅变法对私营商业主执行"收孥"政策的缘故。《史记·商君列传》云"事末利及怠而贫者,举以为收孥",就是把"事末利"(即经商的人)和"怠而贪者"都没为官奴隶。今按这个理解无论在逻辑上还是史实上都是不通的。私营工商业是社会经济发展的必然产物,是社会经济的有机组成部分,把商人都没为奴隶,社会经济无法正常运转。"农、工、商,国之常食官也",对此,商鞅及其后学都是清楚的,认为是不能禁止的。商鞅变法,仅是抑制私商势力,防止农民弃农经商,采取的都是经济上的重税措施,根本不存在把私家商人都没为官奴隶的问题。《商君书·垦令》是商鞅变法时发布的经济改革的命令,有二十条促民垦荒的措施,其中有四条是抑制私家商人的。一是"使商无得籴",即禁止买卖粮食,囤积居奇以牟利。二是"贵酒肉之贾,重其租",使酒肉等消费品卖不出去,迫使商人放弃此项经营。三是"重关市之赋",即加重关税和市税,减少商人利润收入。四是"以商之口数使商,令之厮、舆、徒、重(僮)者必当名",加重商人的徭役负担,"使农逸而商劳"。这四条都是经济手段。果如人们所理解的那样,这些规定根本就没有必要。事实上,商鞅变法之后,秦国仍有私营工商业的活动,只是政府的管理比较严格而已。秦律中有《金布律》专门规定了商贾在贸易活动中的行为准则,商人们被专立户籍,也按五家为伍的方式编制起来,相互监督,他们出入秦境,到四方贩运水陆珍奇入秦,如李斯在《谏逐客书》所说的那样,官府并不予禁止和限制,根本不存在把"事末利"者没为奴的问题。因此,笔者以为,人们对"事末利及怠而贪者,举以为收孥"的理解是错的。收孥的对象不是"事末利"和"怠而贫者",而是"贫者",而贫的原因是"事末利"和"怠"。等立联词"及"联结的是"事末利"和"怠",构成"贫"的定语,"贫者"才是"举以为收孥"的对象。"及"不是联结"事末利"和"怠而贫者",使其构成"举以为收孥"的并列对象。这样理解既符合古汉语规则,更符合历史的逻辑和事实,符合商鞅变法的原旨。商鞅变法执行抑商政策,目的是使"商贾之人无繁"。一方面奖励耕织,"耕织致粟帛多者复其身",提高农民的地位;一方面采用重税手段减少商业利润收入,降低经商致富对农民的诱惑,同时规定把经商破产至贫者和那些不事产业四处流浪的人(这些"怠而贫者"实际是流氓无产者,在战国时期此类人甚多)没为官奴隶,使经商带有一定的风险,从而使农民放弃从商之心而一心农亩,也迫使那些不事产业的浮游之辈弃旧图新,转而求富。正是在这些措施的共同作用之下,秦国形成了尚富重利、刻薄寡恩的社会风气,构成了秦文化的独特景观。

此外,商鞅变法之“抑末”是指抑制私营商业,并不排斥私人手工业生产。在变法后的秦国,也存在着各种工匠,经营手工业、商业等非农业致富的也同样受到官府的重视,如“乌氏倮畜牧,及众斥卖,求奇缯物,间献遗戎王,戎王什倍其偿,与之畜,畜至用谷量马牛。秦始皇帝令倮比封君,以时与列臣朝请”。又如巴寡妇清,“其先得丹穴而擅其利数世,家亦不赀。清,寡妇也,能守其业,用财自卫,不见侵犯。秦皇帝以为贞妇而客之。为筑女怀清台”[1]。乌氏倮是畜牧主兼商人,巴寡妇清及其先人都是工矿主兼商人,他们都因其富而受到秦始皇的礼敬。秦始皇的作为正是秦人重财尚富传统的体现,说明了秦政府对待工商业者的一贯态度,这为我们正确理解“事末利及怠而贫者,举以为收孥”这一措施提供了很好的说明。当然,我们并不能据此得出秦国的私营工商业也像关东一样发达的结论。因为这两人致富毕竟是秦统一前后的事,巴寡妇清的父祖辈致富较早,毕竟处于边远地区。而在最富庶的关中地区,自商鞅变法一百余年以来一直没有产生大工商主,在号称天府,盛产“卮、姜、丹砂、石、铜、铁、竹木之器”[2]的巴蜀地区,百余年来也只出现了世擅丹穴之利的巴寡妇清一家。故寡妇清和乌氏倮的事例没有普遍性,不能说明秦私营工商业发达。其根本原因只能是山林川泽的管理措施所致,国家垄断生产资料,私营工商业当然发展不起来。

明乎此,我们对秦汉之际私营工商业的衰而复兴就容易理解了。秦始皇统一天下之后,怕六国的大工商主和宗室贵族(大部分也是工商主)为乱地方,把他们迁离原籍,剥夺其财产,置于关中、巴蜀、陇西边远地区,他们的生产活动被迫中止,私营工商业势力受到严重打击。但秦始皇统一全国五年之后,又下令“使黔首自实田”[3],就是允许农民自由垦荒,国家放弃对山林荒地的垄断权。农民自由垦荒,开采山林(禁苑除外)不再需要经过官府的批准,那些被剥夺了资本迁离原籍的六国工商主因此而重操旧业,迅速致富,发达起来。这些“迁虏”原来的资本虽然被剥夺,但他们的生产技术、生产经验犹在,他们善于因地制宜,知道那些荒凉不毛之地,看似艰苦,不宜农业,但可以经营畜牧业、矿冶业,仍可迅速致富;“使黔首自实田”之后,他们遂趁机把这些资源占为已有。如“蜀卓氏之先,赵人也,用铁冶富。秦破赵,迁卓氏。卓氏见虏略,独夫妻推辇,行诣迁处。诸迁虏少有余财,争与吏,求近处,处葭

[1] 《史记》卷一二九《货殖列传》,第3260页。

[2] 《史记》卷一二九《货殖列传》,3261页。

[3] 《史记·秦始皇本纪》始皇三十二年《集解》引徐广语。史学界通行的解释是把“自实田”解为自己申报登记实际占有的土地。我们认为此解不合原意,这儿的“实”字是个动词,无申报之意;秦和汉初屡有徙民实边、实边县的记载,故“自实田”之“实”也应解作充实之意,而战国时代土地国有为主,农民没有私自占田的自由,新耕土地官府均有案可稽,也不存在向官府申报私自占田的问题。我们认为“自实田”是允许自由开垦荒田的意思。

萌。唯卓氏曰：'此地狭薄。吾闻汶山之下沃野，下有蹲鸱，至死不饥。民工于市，易贾。'乃求远迁。致之临邛，大喜，即铁山鼓铸，运筹策，倾滇蜀之民，富至僮千人，田池射猎之乐，拟于人君”。卓氏之“富至僮千人”是汉初的事，但这是在秦就开始的，致富的原因，一是他保留了原来的技术和经验，二是占有了临邛的铁山，这和“使黔首自实田”的颁布执行是分不开的。秦朝类似事例甚多，如和卓氏俱居临邛的程郑，“山东迁虏也，亦冶铸，贾椎髻之民，富埒卓氏”。又如南阳孔氏，“梁人也，用铁冶为业，秦伐魏，迁孔氏南阳，大鼓铸，规陂池，连车骑，游诸侯，因通商贾之利，有游闲公子之赐与名，然其赢得过当，愈于纤啬，家致富数千金。故南阳行贾尽法孔氏之雍客”。至于那些畜牧主、种植业主，则更离不开独占山林。司马迁谓“陆地牧马二百蹄，牛蹄角千，千足羊，泽中千足彘，水居千石鱼陂，山居千樟之材。安邑千树枣；燕秦千树栗；蜀、汉、江陵千树桔；淮北、常山以南，河济之间千树荻，陈夏千亩漆，齐鲁千亩桑麻，渭川千亩竹”〔1〕。这些都是以独占山林为前提的。这些大种植园主、畜牧业主、矿冶业主的出现都是从秦朝开始的，与秦始皇的允许自由占田是分不开的。秦始皇的本意是发展农业，结果工商业也因此衰而复兴。

秦亡汉兴，西汉承秦之旧，承认原来的土地关系为合法，“复故爵田宅”，同时进一步“开关梁，驰山泽之禁”〔2〕，工商业因此迅速繁荣。汉武帝时期，为抑制土地兼并和解决国家财政困难，采取盐铁官营政策，在一定程度上由国家垄断山泽资源，打击私营工商业，取得了一定的成效。但这时土地私有制已占主导地位，国家不可能重新垄断自然资源，私营工商业也不可能从根本上得到抑制，故不久之后，私营工商业又重新发展起来。

战国时代，各国都存在着官、私奴隶制经济成分，主要使用于手工业生产领域，但这两种经济成分在各国经济结构中的比重并不相同。国营工商业发达的，国营奴隶制经济就发达；反之，则私营奴隶制经济较发达。据现有资料分析，秦国官营奴隶制经济最为活跃，奴隶被大量使用于官营农业、手工业、商业、畜牧业等生产领域之中，而以手工业为主，这和前面指出的国家垄断生产资料和占有奴隶正相一致。而私营奴隶制经济主要存在于六国的私营工商业领域中，因为随着生产规模的扩大，劳动力需求量不断增加，购买奴隶充当劳动力是最好的办法。所以我们看到那些大工商业主无不拥有众多的奴隶。秦朝灭亡之后，原来的官营工商业不复存在，官奴隶获得了解放，残存的奴隶制度主要存在于私营工商业领域中。这个问题，笔者有专文论述，这里不予详说了。

---

〔1〕《史记》卷一二九《货殖列传》，第3272，3277－3278页。

〔2〕《史记》卷一二九《货殖列传》，第3261页。

“叚门逆旅”新探*

云梦秦简所记《魏户律》和《魏奔命律》是魏安釐王二十五年(公元前 252 年)颁布的对“叚门逆旅,赘壻后父”的惩罚性规定。其文分别云:

“告相邦:民或弃邑居壄(野),入人孤寡,徼人妇女,非邦之故也。自今以来,叚(假)门逆吕(旅)、赘壻后父,勿令为户,勿鼠(予)田宇。三枼(世)之后欲士(仕)士(仕)之,乃(仍)属其籍曰:故某虑赘壻某叟之乃(仍)孙。”

“告将军:叚(假)门逆旅,赘壻后父,或率民不作,不治屋室,寡人弗欲。且杀之,不忍其宗族昆弟。今遣从军,将军勿恤视。享(烹)牛食士,赐之参饭而勿鼠(予);攻城用其不足,将军以堙豪(壕)。”[1]

据律文,对“叚门逆旅,赘壻后父”的惩罚措施一是不予田宅、不予立户,二是三代以内不得入仕,三是遣送军中服苦役。对此,史学界没有什么分歧。但是对“叚门逆旅”的身份则有不同的认识。睡虎地秦墓竹简整理小组注谓“叚门,读谓贾门,商贾之家。逆旅,客店”。把“叚门逆旅”解释为商贾和开客店的人。[2]这是目前通行的解释。另一种看法认为:“古书中不仅没有称商贾之家为贾门的例子,而且像把商贾写作商叚或把贾人写作叚人者也从未见过”,认为“叚门即监门”,“监门是一种最贫贱之人”,“是一批脱离生产的游民”。[3]这个问题不仅是正确理解律文的关键,而且还牵涉到对魏国和秦以及战国时代的工商政策的认识,实有深入探讨的必要。笔者认为,说“叚门逆旅”是商贾之家和开旅店者固然不能成立,但叚门也不是监门,而应另加探讨。

先谈商贾之家的问题。训“叚门”为商贾之家的依据是《诗·大雅·文王》的郑笺和毛传。《诗》云:“穆穆文王,于缉熙敬止。假哉天命!有商孙子。”毛传云:“假,古雅反,固也。”郑笺云:“坚固哉,天为此命之。使臣有殷之子孙。”陈奂《读毛氏传疏》引《广雅》:“假,固也。”“假、贾、固声并近,假之读为固,犹贾之读为国矣。”今人遂据此论定“叚门逆旅”为贾门逆旅[4]。若就同

---

* 原刊《中国史研究》1997 年第 4 期。

〔1〕 睡虎地秦墓竹简整理小组:《睡虎地秦墓竹简》,文物出版社,1978 年,第 293 页。

〔2〕 详论此说者为杨禾丁,《叚门与监门》,《中华文史论丛》,1983 年第 3 辑。

〔3〕 参见吴荣曾:《监门考》,《中华文史论丛》,1981 年第 3 辑。

〔4〕 杨禾丁:《叚门与监门》,《中华文史论丛》,1983 年第 3 辑。

音通假来说，训“叚”为贾，未必不可，但是“叚”字在律文中是否一定读如贾，“叚门”是否为“贾门”的通假，必须参以旁证，而事涉工商政策的法律条文必须合符当时的历史逻辑，仅据训诂学上有“假贾固声并近”就断定“叚门”为“贾门”是值得怀疑的。第一，诚如反对者所指出的那样，在先秦、秦汉的所有典籍中，书“贾门”为“叚门”者从未见过，“叚”之读为“固”也仅《诗》毛传和郑笺一例(陈奂《读毛氏传疏》并未举出新的有力证据)，其依据不充足。第二，“叚门逆旅”之被惩处是因为“弃邑居野，入人孤寡，徼人妇女”，“率民不作，不治屋室”，而商贾之家无农夫之苦，有阡陌之得，其生活、收入远较农民富足，根本无须“弃邑居野”，也不存在什么“不治屋室”的问题，说“叚门”为商贾之家和律文不合。第三，魏国地处中原，是东、西、南、北商旅必经之地，都城大梁更是商业都会之一，大工商业主不乏其人，如秦统一后就曾将世以冶铁为业的大梁孔氏迁于南阳。商业早已成为国民经济的支柱之一，安釐王怎么可能下令将商贾之家遣送军中服役？律文明言“且杀之，不忍其宗族昆弟”，说明遣送军中者仅是某些个人，不存在商贾之家的问题。

人们释“叚门逆旅”为商贾之家和开旅店的人，大都是和商鞅变法所推行的抑商政策联系起来考察的，以商鞅变法推行的“事末利及怠而贫者，举以为收孥”[1]作为解读这两条律文的前提。再联系到秦始皇曾谪发有市籍者等南戍五岭的史实，遂以为“叚门逆旅”必为商贾之家、开旅店者无疑，因为魏国是法家思想发源地，和秦国的施政方针有一致之处。这种推理固然有其合理性，但对前提的理解就是错误的。商鞅变法仅是重农抑商，而非除商，采用的是加重工商业者的徭役赋税负担的经济手段，而非用行政手段将私营工商业者统统没为官奴隶；收孥的对象是“贫者”，而非“事末利”者和“怠而贫者”，“及”所联结的是致贫的两个原因——“事末利”和“怠”，即将“事末利”而贫和“怠”而贫这两类人没为奴隶。商鞅及其后继者明白，对国民经济发展来说，农、工、商是缺一不可的，“农商官者，国之常食官也，农辟地，商致物，官法民”[2]，怎能将“事末利者”统统没以为奴？那样谁来“致物”？秦律有管理市场的严密规定，其中既有官营工商业管理，也有私营工商业管理，李斯《谏逐客书》中所罗列的四方珍奇大都是私营商人贩卖到秦国市场的。至于魏国，在李悝变法时虽然重农，但并未打击工商业者，仅仅采用“平籴法”平抑一下粮价，防止谷贱伤农而已。怎能想象，在李悝变法一个多世纪之后，在商业高度发达的情况下，安釐王会下令将商贾之家遣送从军呢？唯一合理的解释只能是律文所说的“叚门逆旅”不是指商贾之家。

现在谈“监门”问题。训“叚门”为“监门”的依据一是文献中有监门逆旅

---

〔1〕《史记》卷六十八《商君列传》，中华书局，1959年，第2230页。

〔2〕影印诸子集成第五册《商君书·弱民》，中华书局，1980年，第36页。

联称者,如《荀子·劝学》有“是故监门逆旅,农夫陶人,皆得学焉”。二是文献中有将监门写作“阚门”者,阚通敢,而敢、古音通,古、贾音通,假、贾音通,所以假门通监门,从而判定“秦简中的叚门逆旅,也即文献中的监门逆旅”,监门是“一部分贱民的别称”,“他们是一批脱离生产的游民”〔1〕,被遣送军中服役。此说否定“叚门”为商贾之家是正确的,但训“叚门”为“监门”不能不说是为迎合文献中“监门逆旅”之称而作的牵强之词,对“监门”性质的理解更是站不住脚的。

所谓监门,即看守门户的人。《周礼·地官·司门》云:“祭祀之牛牲系焉,则监门养之。”郑注:“监门,门徒。”先秦之徒,或指刑徒,或指奴隶,或泛指平民。有的论者即谓门徒即贱民,显然不能成立。按《周礼》,官署无论大小各有徒若干,《天官·冢宰》属下“胥十有二人,徒百二十人”。郑注:“此民给徭役者,若今卫士矣。胥读如谞,谓其有才智为什长也。”汉代制度,卫士由丁男轮流充任,期限一年,郑玄以汉代卫士喻《周礼》之徒,至少说明《周礼》之徒不是“贱民”而与普通平民相类,胥、徒相同,胥是徒之有才智可任什长者。当然,《周礼》之徒并非就是“民给徭役者”,郑玄仅打个比方而已,实际上徒是周官衙署编制的一部分,是固定的公职人员,是臣僚之底层,属于吏阶层。贾公彦《疏》云:“《礼记·王制》云下士视上农夫,食九人,禄足以代耕,则府食八人。史食七人,胥食六人,徒食五人,禄其官并亚士,故号庶人在官者也。郑玄若今卫士者,卫士亦给徭役,故举汉法况之。”徒是食禄者,是“亚士”。监门是徒的一种,也属食禄之“亚士”,不能以“贱民”视之。《战国策·齐策四》有齐宣王和颜斶相见的一段故事,在谈到士的地位时有云“今夫士之高者乃称匹夫,徒步而处农亩,下则鄙野监门闾里,士之贱也亦甚矣”。论者举此说明战国时代“监门闾里”者之鄙贱,其实是不妥的。这段话是说明士的身份地位相对于西周来说大大降低,不能和过去相比。在西周,士是贵族阶层的一部分,是不屑于充任吏职的,有着天然的种种特权,而到了战国,士已没有这些特权了,只能凭其才干和机遇,或出将入相,或隐身山林,或充当小吏,有的甚至去做里监门这样的小吏,做一个士已没有什么值得骄傲的特权了,和普通农夫没有什么两样。《史记·郦生陆贾列传》云郦食其“家贫落魄,无以为衣食业,为里监门吏,然县中贤豪不敢役,县中皆谓之狂生”。明言里监门是“吏”,但《汉书》本传将“吏”字置于“然”字之下,作“为里监门,然吏县中贤豪不敢役”。有的论者谓班固之所以将“吏”字置于“然”字之下,是因为里监门不是吏。〔2〕事实正相反。班固此举是为了进一步说明郦食其之“狂”。司马迁仅谓郦食其做里监门之后,县中贤豪不敢役,班固则谓“吏”县中贤豪不敢

---

〔1〕 参见吴荣曾《监门考》,《中华文史论丛》,1981年第3辑。
〔2〕 参见吴荣曾《监门考》,《中华文史论丛》,1981年第3辑。

役,这儿的“吏”不是名词,而是动词,是指“吏于”县的贤豪,指不仅普通贤豪,就是在县衙中为吏的贤豪也不敢役。战国秦汉时代,吏有高低,里监门是吏之低者。

战国时代,城乡居民均按什伍编制,按里划分居住区,每里均有圩墙,一方面是出于安全考虑,一方面是为了控制里民,设专人看管里门,按时开闭门户,盘查出入人等,是为里监门,当时所说的监门大都指里监门。但是,在当时里是国家最基层的权力单元,然而又是十分重要的权力单元,几乎国家的所有政令法律都要由里来实施,因而虽然里吏地位低,其权力却很关键。就目前所见,综合言之,其职权范围约有如下数端。一是登记户口,分派徭役。秦简《傅律》有关于户口登记不实、诈老诈小等对里典、里老的处罚规定,原因就在于里吏负有登记户口、分派徭役的任务。二是受理诉讼,调解纠纷,维持一里治安。《周礼》中有州长、党正、族师、闾胥等“掌其戒治”“宣读邦法”的规定,所云即以战国史实为基础。秦简《封诊式》有里典、公士协助乡吏勘察本里居民案发现场的程序规定,包山楚简第22、23号简文中有“里公”接受诉讼的记载。三是组织生产。秦简《厩苑律》云每年要定期评比耕牛的饲养和使用状况,“里又课之,最者赐典日旬;殿,治(笞)卅”。这里的典即里典。四是教化里民。这在《周礼》中多有记载,而以《管子·立政》言之最详:“一道路,博出入,审闾闬,慎筦键。筦藏于里尉,置闾有司,以时开闭,闾有司观出人者,以复于里尉。凡出入不时,衣服不中,圈属群徒不顺于常者,闾有司见之复无时。”里尉、里典等是里的主吏,闾有司即里监门,职责是开启门户,观察出入行人,发现有非法者或举止行为不合道德规范者立即报告里尉,由里尉转告其家长,先进行教育,教育不听者则予惩罚;反之,发现孝悌忠信之辈也要报告乡里长吏予以表彰。所有这些,不仅体现着当时里的职能的重要,也说明里监门的地位。他们是固定的公职人员,是吏而非“贱民”,更不是什么“脱离生产的游民”。明乎此,我们就不难看出将“叚门”理解为监门之误了,如“叚门”果为监门,把他们送往军中服役,由谁来掌筦键、观出入?监门既是固定的职役,缘何会“弃邑居野”“率民不作”?他们本来就不以农事为业,不存在什么“率民不作”的问题。

纵观中国古代政权结构,里吏的地位有一个从高到低的变迁过程。在西周时代,里是“国人”居住区,其长吏由贵族担任,称“里君”“里人”,直接对周天子、诸侯负责,其地位甚高。到战国,县成为地方最高政府,里成为最基层权力机构,其职能、地位虽然大为降低,但和汉代相比依然重要得多,里吏的地位相应地也高于汉代。今人之所以认为战国里监门是“贱业”,执监门之职者为“贱民”,大都是受后世观念影响所致,而没有历史地看问题。

按律文,“叚门逆旅,赘壻(婿)后父”都是“民”的一部分,被遣送从军服役的原因是他们不务正业,不事生产,他们不是没有从事生产的条件而是不愿生产,有地也不耕种;从"三世之后欲仕仕之"的规定看,这一部分人追求的是入仕,才有"三世之后欲仕仕之"并注明其昔日劣迹以儆效尤的必要。所以,这儿的"叚门"之"叚"当读如本字,假者借也,"叚门"即借居或寄于他人之门也,"入人孤寡"即此之谓也。在云梦秦简中,假字屡见,均为借义,如"假百姓公器""假铁器""假百姓甲兵"等,都是借的意思。这在文献中更是习见,如《春秋》桓公元年"郑伯以璧假许田"。《公羊传》谓"其言以璧假之何?易之。易之,则其言假之何?为恭也"。以璧易地而言假是出于礼仪的需要,假即借。《孟子·尽心上》有"久假不归"。《庄子·至乐》有"生者假借也"。《韩非子·定法》有"今知而弗言,则人主尚安假借矣"。假、借二字音同字通,假为初文,借为后起,训诂学上的假借之说即因此而来。所以,仅从训诂学的角度来说,释"叚门"为本字也是确凿无疑的。

战国时代,社会变动剧烈,公子王孙一夜之间可沦为平民,平民也可一夜之间平步青云,到处充满了机遇,也存在着风险,追求富贵是社会的普遍风尚,既有读书负剑者周游四方,也有游手好闲者各处游荡,社会上始终存在着一个游民群。其高者依附执政者门下,周旋于权贵之间;其低者则借居闾里之中,寄于平民之家。而在战争的年代,丁壮死于战场者甚多,孤寡之家普遍存在,对劳动力的需求为这些游手好闲者的寄居提供了现实基础,他们无须受田地治产业就可以获得生存的条件,甚至乘机霸占所寄之家的田宅财产。云梦秦简《日书》中的"寄人""寄客"的记载透露了这一历史信息。如"寄人,毋以戊辰、己巳入寄人,寄人反寄之。辛酉、卯、癸卯入寄之,必代当家""凡五丑不可入寄者,不出三岁,必代寄焉""子、卯、午、酉不可入寄者及臣妾,必代居室""毋以辛酉入寄者,入寄者必代居其室,己巳入寄者,不出岁亦寄焉"等。《说文》:"寄,讬也","讬,寄也"。寄、讬互训。"寄人""寄者"即寄讬于他人之家的人。"入寄"即接受"寄者"留居家中。这些"寄人"或因略识文字、见多识广,或者本来就有图人家产之心,故而有霸占主人财产妻女的事情出现,即简文说的"代当家""代居室",这和魏律说的"入人孤寡,徼人妇女"正相一致。战国时代,这种现象并非个别,而是普遍现象,所以才有供那些"入寄"之家择日"入寄"的《日书》产生,以警惕"寄者"的不轨行为,防止引狼入室。据此,我们可以肯定地说"叚门"和"寄人"有相通之处,均为无业游民。

透过《日书》的"寄人"可知"叚门"的性质,那么是否能认为"叚门"就是"寄人"?安釐王所惩罚的对象是否包括寄人在内?答案还不能肯定,还有一个"逆旅"问题没有解决。目前一般的看法是将"叚门逆旅"分训,谓叚门是假门,逆旅是逆旅,逆旅就是开旅店者,并援商鞅变法曾"废逆旅"为证。这也是出于对商鞅变法"废逆旅"的误解。《商君书·垦令》云"废逆旅,则奸伪躁心私交疑农之民不行,逆旅之民无所于食,则必农"。一般观点认为这儿的"废逆旅"即废弃、取缔逆旅,迫使经营逆旅者归农。这是不能成立的。前已指出，商鞅变法后的秦国，商品经济依然很发达，四方客商出入秦国者不绝如缕，司马迁之所以指出栎阳西贾巴蜀、北却戎翟，目的就在于说明秦地商业贸易不可或缺，哪里有商人，哪里就有逆旅，即使没有商人，逆旅也不能取缔，因为总有行人的，行人总要投宿。所以不能把“废逆旅”理解为取缔、废弃逆旅。笔者认为，这儿的“废逆旅”之“废”是指官府营建逆旅，因为“废”的本意是置。

《说文》：“废，屋顿也。”段注：“顿之言钝，谓屋钝置无居之者也。引申之，凡钝置皆曰废。《淮南·览冥训》：‘四极废。’高注：‘废，顿也。’古谓存之为置，弃之为废；亦谓存之为废，弃之为置。《公羊传》曰：‘去其有声者，废其无声者。’郑曰：‘废，置也。’于去声者为废，谓废留不去也。《左传》‘废六关’，王肃《家语》作‘置六关’。《淮南子》：‘舜葬苍梧，不变其肆。’高注：‘不烦市井之所废。’《庄子》曰：‘废一于堂，废一于室。’《仲尼弟子列传》‘子贡好废居，与时转货’。《货殖列传》作‘废箸鬻财’。徐广曰：‘箸，犹居也，读如貯。’废之为置，如徂之为存、苦之为快、乱之为治、去之为藏。”废有置、弃二解，其初义为何？我以为以置为是。废字从广从发，《说文》：“广，因厂为屋也，从厂，象对刺高屋之形。凡广之属皆从广，读若俨然之俨。”段注：“谓对面高屋森耸上刺也，首画象岩上有屋。”又云：“发，疾发也。”段注：“《诗》曰：‘一发五豝。’引申之为凡作起之称。”因此，废之为字，系六书之指事，指作起也。因此，《垦令》“废逆旅”之“废”当解置逆旅，是指官府设置逆旅以控制之。本来逆旅多私营，秦人好贾成风，现在官府设置逆旅，官营和私营并举，官府可运用行政权力在登记往来客商和严格户籍管理的过程中，指定客商投宿官营逆旅，限制秦民出游，从而使私营逆旅客源减少，无钱可赚，收到“逆旅之民无所于食则必农矣”的效果。商鞅变法抑制私营工商业的基本方针就是在加重工商业者赋税负担的同时，垄断资源发展国营工商业，秦律中的一系列手工业生产、市场管理的规定已充分说明了秦官营工商业的发达，在官营工商业中是包括逆旅业在内的。因此，将魏律的“叚门逆旅”分训，说安釐王将经营逆旅业者也遣送从军服役是不能成立的。笔者认为，“叚门逆旅”之“叚”是动词，指的是借居于逆旅者，他们不事产业，东游西荡，甚至入寄孤寡人家，“微人妇女”，占人田产，既败坏社会风气，又影响国家税源和役源的准确性和稳定性，故而遣送军中服役以示惩处。他们东游西荡、不务产业大都是个人行为，和其他家庭成员无涉，安釐王才有“且杀之，不忍其宗族昆弟”之语。

说《二年律令》“平贾”及其他

张家山汉墓竹简《二年律令・田律》云:“刍稿節(即)贵于律,以入刍稿时平贾(价)入钱。”[1]整理小组注“平贾”云:“平价,平均价格。”今按:此解非是,“平贾”不是“平均价格”,而是官府定价,体现的是官府对物价的干预和控制,也是为了满足官府的经济需求,只适用于与官府有关的经济活动过程特别是税收征徽中。探讨这一问题,将有助于认识政府权力与社会变迁的关系。[2]

作为法律用语,内涵和外延有着明确的限制。从字面上看,谓“入刍稿时平贾(价)入钱”之“平贾”为“平均价格”似无不可,但深入分析则大成问题。“平贾”之“平”固然有平均之意,但同时也有着“公平”“公正”之意。所以,从字面看,“平贾”起码有着“平均价格”和“公平价格”双重含义,以单意训多意,违背了训诂学的基本原则。而从技术层面看,这“平均价格”如何确定、由谁确定、时空范围多大,都含混不清,容易产生歧义,故不足为训。

从律文行文看,尽管在文意上可以用“平均价格”解释“入刍稿时平贾(价)入钱”的“平贾”的意思,但在其他律条中则很难用“平均价格”理解。如《盗律》规定:“诸盗□,皆以罪(?)所直平贾论之。”[3]律文虽然缺失漫漶,大意还是清楚的:根据“平贾”确定赃物数量而后量刑。用“平均价格”解释这儿的“平贾”显然牵强:打击盗窃、确定赃物价值,按照既定标准执行是秦汉法律的基本原则,不存在根据市场行情确定物品“平均价格”而后认定赃物总价再判刑的程序。果如此,既影响审判效率,也会给司法腐败提供制度支持,官吏可以此为由上下其手,这和汉初沿袭秦朝的轻罪重刑、严惩犯罪的司法原则是相违背的。又如《传食律》规定:

“使非有事,及当释驾新成也,毋得以传食焉,而以平贾责钱。非当发传

---

〔1〕 张家山二四七号汉墓竹简整理小组:《张家山汉墓竹简(二四七号)》(释文修订本),文物出版社,2006年(下同),第41页。

〔2〕 关于“平贾”的代表性研究,参见宋杰:《西汉的“平贾”》,《首都师范大学学报》,1998年第2期;温乐平:《从张家山汉简看西汉初期平价制度》,中国秦汉史研究会编,《秦汉史论丛》第九辑,三秦出版社,2004年7月;安忠义:《从“平价”一词看汉秦汉时期的平价制度》,《敦煌学辑刊》,2005年第2期。

〔3〕《张家山汉墓竹简(二四七号墓)》,第20页。

所也,毋敢发传食焉。"〔1〕

按照规定,"使非有事,及当释驾新成"并不在传食范围,但是官府已经传食,则要按照"平贾"计算追缴,所谓"以平贾责钱"就是按照"平贾"折合成钱而后追缴。这儿的"平贾"显然不是所消耗物品的"平均价格",而是官定价格。传食物品本是官府所有,其价格多少早已确定,根本不存在按照"平均价格"计算的问题。

《赐律》为我们理解"平贾"是官府定价提供了实例。《赐律》规定:

"赐衣者六丈四尺、缘五尺、絮三斤,襦二丈二尺、缘丈、絮二斤,绔(袴)二丈一尺、絮一斤半,衾五丈二尺,缘二丈六尺、絮十一斤。五大夫以上锦表,公乘以下缦表,皆帛裹;司寇以下布表、裹。二月尽八月赐衣、襦,勿予裹、絮。二千石吏不起病者,赐衣襦、棺及官衣常(裳)。郡尉,赐衣、棺及官常(裳)。千石及六百石吏死官者,居县赐棺及官衣。五百石以下至丞、尉死官者,居县赐棺。

官衣一,用幔六丈四尺,帛裹,毋絮;常(裳)一,用幔二丈。

吏各循行其部中,有疾病色(?)者收食,寒者段(假)衣,传诣其县。

□□□□□室勿以鄉(饗)者,赐米二石、一豚、酒一石。

一室二肂在堂,县官给一棺;三肂在當(堂),给二棺。

赐棺享(椁)而欲受赀者,卿以上予棺钱级千、享(椁)级六百;五大夫以下棺钱级六百、享(椁)级三百;毋爵者棺钱三百。

诸当赐,官毋其物者,以平贾(价)予钱。"〔2〕

《赐律》是赐予衣物、饮食、丧葬用品的专门法律,社会各阶层,根据身份等级,所赐物品的数量多寡、质量区别、赐予程序,都有规定。官府无物赏赐或不便赐实物,则将应赐之物按照"平贾"折算成钱赐给当事人,即"诸当赐,官毋其物者,以平贾(价)予钱"。这儿的"平贾"就是官府定价,衣物、酒食、棺椁都有"平贾";官府无物可赐时,固然按照"平贾"赐钱;当事人不愿接受实物,官府也可以按照"平贾"赐钱。律文给出了部分物品的"平贾"数量,即"赐棺享(椁)而欲受赀者,卿以上予棺钱级千、享(椁)级六百;五大夫以下棺钱级六百、享(椁)级三百;毋爵者棺钱三百"。这"卿以上予棺钱级千、享(椁)级六百;五大夫以下棺钱级六百、享(椁)级三百;毋爵者棺钱三百"就是官府确定的不同身份的人所使用的棺、椁的"平贾"。现有律文虽然没有衣物酒食的"平贾"规定,但是,从逻辑上判断,也应有相应规定,只是律文不全,不知其详而已。尽管在君主专制时代,前主所是著为律、后主所是疏为令,律令随着君主的意志可以随时变动,但是律令文本一经形成,还是有着相对的稳定性和

〔1〕《张家山汉墓竹简(二四七号墓)》,第40页。

〔2〕《张家山汉墓竹简(二四七号墓)》,第49页。

权威性的，法律规定的"平贾"同样如此，绝不能简单地训为"平均价格"。

《田律》也给我们理解"平贾"的含义提供了佐证。《田律》规定：

"入顷刍稿，顷入刍三石；上郡地恶，顷入刍二石；稿皆二石。令各入其岁所有，毋入陈，不从令者罚黄金四两。收入刍稿，县各度一岁用刍稿，足其县用，其余令顷入五十五钱以当刍稿。刍一石当十五钱，稿一石当五钱。"

"刍稿节(即)贵于律，以入刍稿时平贾(价)入钱。"〔1〕

刍稿是田税的构成部分，以顷为征收单位。每顷交纳刍三石、稿二石；因为上郡土地质量差，每顷少收刍一石。在实际征收过程中，各县根据实际需要，可以征收实物，也可以征收铜钱，实物和铜钱的折算比例是刍一石十五钱，稿一石五钱。这"刍一石当十五钱，稿一石当五钱"就是全国刍稿的"平贾"——官定价格，而不是全国刍稿的"平均价格"。当然，官府定价和市场物价是有距离的，特别是西汉前期，商品经济发达，区域经济差别甚大，不同地区之间的物价自然有差别，不同季节的物价也有波动。而法律规定的"平贾"是全国的统一标准，难免造成不同地区农民实际负担的不平，所以，各地官府还要根据实际情况确定物品价格。也就是说，"平贾"并非一成不变，也不是只有一个"平贾"，而是因时因地而异。所以，《田律》规定"刍稿節(即)贵于律，以入刍稿时平贾(价)入钱"。这"入刍稿时平贾(价)"就是季节性调整之后的官府定价，"刍稿節(即)贵于律"之"律"就是指"刍一石当十五钱，稿一石当五钱"的法定价。《金布律》规定：

"有罚、赎、责(债)，当入金，欲以平贾(价)入钱，及当受购、偿而毋金，及当出金、钱县官而欲以除其罚、赎、责(债)，及为人除者，皆许之，各以其二千石官治所十月平贾(价)予钱，为除。"〔2〕

这条律文规定了黄金按照"平贾"折合成铜钱的三种情况：第一种是罚金、赎罪、还债；第二种是受赏、赔偿；第三种是为自己和他人免除罚金、赎刑、债务。黄金和铜钱均"各以其二千石官治所十月平贾(价)予钱"。其时十月为岁首，无论案件发生、执行于哪一个月，都按照二千石所在地年初所定的比价折算。

文献对平贾记载多有〔3〕，注家对平贾进行过种种说明。《史记·吴王刘濞列传》云刘濞"居国以铜盐故，百姓无赋。卒践更，辄与平贾"。《索隐》谓："汉律，卒更有三，践更、居更、过更也。此言践更辄与平贾者，谓为践更合自

〔1〕《张家山汉墓竹简(二四七号墓)》，第41页。

〔2〕《张家山汉墓竹简(二四七号墓)》，第67页。

〔3〕《管子·揆度》有云："马之平贾万也，金之平贾万也。"论者或谓在春秋时代已经有了平贾制度。笔者以为，这是对《管子》成书时代误解所致。《管子》一书系稷下诸公文章汇编，到了汉代才最终成书，有些篇章晚至汉初才问世，将揆度篇的内容和社会背景综合分析，该篇应是战国末年或汉初作品。

出钱，今王欲得人心，乃与平贾，官雠之也。”《索隐》对“践更”的理解是错误的，“践更”不是“合自出钱”而是自行服役。吴王为了赢得民心，按照平贾付给服役者工钱。[1]《汉书·沟洫志》谓成帝时“治河卒非受平贾者，为著外繇六月”。苏林注：“平贾，以钱取人作卒，顾其时庸之平贾也。”如淳云：“律说，平贾一月，得钱二千。”《索隐》和苏林解释的是平贾的运用条件，如淳说的则是平贾的数量，都没有说明何谓平贾。《汉书·食货志下》谓王莽设司市师：“诸司市常以四时中月实定所掌，为物上中下之贾，各自用为其市平，毋拘它所。众民卖买五谷布帛丝之物，周于民用而不雠者，均官有以考检厥实，用其本贾取之，毋令折钱。万物卬贵，过平一钱，则以平贾卖与民。其贾氐贱减平者，听民自相与市。”按《周礼·天官·小宰》之职有“听买卖以质剂”。郑司农云“质剂，谓市中平贾，今时月平是也”。《周礼·地官·质人》谓“质人掌成市之货贿、人民、牛马、兵器、珍异”。郑玄注：“成，平也。会者平物价而来主成其平也。人民，奴婢也。珍异，四时食物也。”王莽制度是模仿《周礼》而来，区别在于西汉和东汉都是按月定平贾，王莽以“四时中月”定平贾。但是，这些文献都不能说明所定平贾就是“平均价格”，司市师所定平贾怕也不是什么市场价的“平均价格”。《周礼》中质人的任务不是简单的确定平均价格，而是在买卖双方之间主持公正，确定一个双方都能接受的公平价格，目的是保证买卖公平。这些，传统经学家们已经指出过，无须多说。

现在要说明的，是汉代实行平贾制度的目的。传统经学观点认为，《周礼》质人以及相关市场管理人员的职务体现了市场公平原则，是王政的体现。现代学者也大都沿着公平、公正的思路理解汉代的平贾制度，上举“平均价格”就是沿着这一思路的结果。但是，仔细分析，这是理想化的理解，并不符合历史实际，忽视了平贾制度的实质是为了保证国家利益，而不是为了保证买卖双方的公平交易。且不去细究《周礼》关于物价管理规定的目的是促进买卖公平、促进贸易，还是为了强化对市场的控制；是历史的客观存在还是后世学者理想化的安排。从上举律文可知，所谓平贾，均发生在与官府的经济往来中，官府收税、赏赐、赔偿，在官府不需要实物或实物不足时，就按照平贾折合成铜钱。在这一折合过程中，是以保证国家利益为前提的。如《田律》规定的“刍稾節(即)贵于律，以入刍稾时平贾(价)入钱”，说明了“平贾”政策的这一目的性。律文只规定“刍稾節(即)贵于律，以入刍稾时平贾(价)入钱”，没有规定在刍稾“贱”于律时是否也“以入刍稾时平贾(价)入钱”。这“以入刍稾时平贾(价)入钱”之“平贾”肯定高于“刍一石当十五钱，稾一石当五钱”的法定比价，否则没有必要专门规定“以入刍稾时平贾(价)入钱”。其余律文中

---

〔1〕 参见拙文《汉代更赋辩误》，《徐州师范院学报》，1987年第2期，见本集。

关于"平贾"的规定都应作如是解。如《金布律》规定:"亡、杀、伤县官畜产,不可复以为畜产,及牧之而疾死,其肉革腐败毋用,皆令以平贾偿。入死、伤县官,贾以减偿。""亡、毁、伤县官器财物,令以平贾偿。入毁伤县官,贾以减偿。"[1]其目的都是保证官府利益。市场价格上扬,"平贾"水涨船高;市场价格降低,"平贾"未必降低。至于吴王刘濞和成帝按平贾付钱给服役者工钱则各有原因,刘濞为的是收揽人心,成帝则是因为治河艰难而奖赏之,二者都是官府行为。

汉代商品经济发达,货币流通广泛,赋税徭役货币化趋势明显,除了人口税、资产税征收货币以外,田税、更役都在向货币形态转化。而除了西汉前期曾经弛山泽之禁以外,国家始终控制着最主要的经济资源,从汉武帝开始盐铁业一直由国家垄断经营,农民最主要的生产工具和生活必需品必须向官府购买。所以,无论是计算个人资产以便征税,还是计算官有物品以便索赔,都要有一个标准价格,这个标准价格就是平贾。但是这个平贾绝对不是市场私人之间的交易价格,而是官府的执行价格,即官府在征收赋税、出卖专卖产品、计算司法赔偿时执行的价格。至于民间买卖,依然是随行就市,根据市场行情或高或低,而不是按照平贾交易,认为平贾制度是当时市场贸易的通行制度是不符合事实的。云梦秦律《金布律》规定"有买及卖也,各婴其贾;校物不能一钱者,勿婴"[2]。"各婴其贾"即明码标价,保证价格公开,买卖公平,童叟无欺。这所婴之"贾"是商人自定的价格,而不是所谓的平贾。有的论者认为这是秦朝实行平贾制度的体现,是不能成立的。因此之故,司马迁才总结说"夫用贫求富,农不如工,工不如商,刺绣文不如依市门。此言末业,贫者之资也"[3]。之所以如此,就在于运用价格差致富的速度远高于农民和手工业者。所谓"日游都市、操其奇赢"之"奇赢"就是善于贱买贵卖、赚取价格差。司马迁还具体把当时的商人分为"贪贾""廉贾"两大类,"贪贾三之,廉贾五之"。这"三之""五之"都是相对于其成本而言的,贪贾利润率是三分之一,廉贾为五分之一,无论是三分之一还是五分之一,都富甲一方,和"千乘之家"相当。[4]显然,这些凭靠"依市门"而可以和"千乘之家"相比肩的富商大贾们不是按照"平贾"经营的,而他们都是合法致富,并且成为社会效法的榜样,人们趋之若鹜,正说明其时之商品贸易定价是自由的。

由于平贾具有官府专属性,在实际执行过程中,自然朝着有利于官府的方向倾斜,征收赋税自不待言,在政府采购时更是如此。居延汉简记载的因

---

〔1〕《张家山汉墓竹简(二四七号墓)》,第 68 页。

〔2〕睡虎地秦墓竹简整理小组:《睡虎地秦墓竹简》,文物出版社,1978 年,第 57 页。

〔3〕《史记》卷一百二十九《货殖列传》,中华书局,1959 年(下同),第 3274 页。

〔4〕《史记》卷一百二十九《货殖列传》,第 3274 页。

违反平贾制度、虚报购买价格而被指违法的两个事例即从反面说明了这一点。简文云：

“二月戊寅，张掖太守福、库丞承熹兼行丞事敢告张掖农都尉、护田校尉府卒人：谓县律曰：臧它物非钱者，以十月平贾计。案戍田卒受官袍衣物，贪利贵贾，贳予贫困民，吏不禁止，浸益多，又不以时验问。”(4·1)

“国安籴粟四千石，请告入县官，贵市平贾石六钱，得利二万四千，又使从吏高等持书请安，安听入马七匹，贵九□□□□□三万三千，安又听广德姐姊夫弘请为入马一匹，贵一千钱，贾故贵，登故。”(20·8)[1]

这两个事例都说明了平贾只适用于官有物资的买卖。第一个事例是戍卒、田卒擅自卖出廪于官府衣物的事情。官府发放衣物给戍田卒的目的是使戍田卒们安心戍边，这些衣物属于官物，是非卖品。而有的戍卒见市场价高，私自卖掉衣物，这属于盗窃行为，所卖衣物应视为赃物，要“以十月平贾计”而后赔偿。“十月平贾”是高还是低于戍卒实卖价格，不得而知，但是可以肯定的是：十月平贾和卖出衣物时的市场价是有出入的。第二个事例记载的是为官府购买粮食和马匹过程中运用平贾制度牟取私利的事。为官府购买粮食、马匹，无论市价如何，都只能按照平贾支付。而国安按高于“市平贾”每石六钱的价格将四千石粮食申报入库，个人牟利二万四千钱。在登记购买马匹时，国安又收受人情，故伎重演，把远贵于平贾的马匹登记入官，从中牟利。简文“国安籴粟四千石，请告入县官，贵市平贾石六钱，得利二万四千”，正说明“国安籴粟”的实际价格是“市平贾”，即官定价格，而市场买卖自有其价格；国安实际支付的是平贾，而申报入库的是市价，每石比平贾高六钱，从中得利二万四千；马匹虽然不是国安买的，但国安明明知道该马匹高过平贾甚多，仍然予以登记。这些都是违法行为，所以被弹劾。这里要指出的是，国安购买粮食的市价如果低于平贾，国安只需按照平贾申报入库就可以牟利了，不必要高出平贾六钱入库；如果不存在市价高于平贾的事实，国安报价格就没有任何的依据。所以，我们完全可以得出结论：粮食市价高于平贾，国安以平贾买入四千石粮食，却以市价上涨、难以平贾购买为借口而按市价报账，试图套取公款，结果被揭发。

明白了平贾的性质和适用范围、平贾和市价的关系以后，关于平贾制度对农民生产和生活的影响就不难理解了。笔者丝毫不怀疑在吏治清平时期，平贾制度对农民、私营工商业发展起着积极作用，有利于稳定市场秩序、减轻农民负担。但是因为平贾制度以官府为本位，是为了保证官府利益，在吏治败坏时就为贪官污吏贪赃枉法、盘剥民财提供了制度的可能。至于凭此盘剥

[1] 谢桂华、李均明、朱国炤：《居延汉简释文合校》，文物出版社，1987年，第4、33页。

百姓的手法则多种多样，如征收赋税时故意提高"平贾"数额增加税收以中饱私囊；以平贾为依据低价强购百姓物品；经营垄断行业时则高价出售产品；等等。鲍宣曾谓西汉末年的农民生活于"七亡七死"的境地之中，谓"阴阳不和，水旱为灾，一亡也。县官重责更赋租税，二亡也。贪吏并公，受取不已，三亡也。豪强大姓，蚕食亡厌，四亡也。苛吏徭役，失农桑时，五亡也。部落鼓鸣，男女遮迣，六亡也。盗贼劫略，取民财物，七亡也"〔1〕。七亡之中，六项是人祸。人祸的主题是官吏盘剥，"县官重责更赋租税""贪吏并公，受取不已""苛吏徭役，失农桑时"是根本。这固然是吏治败坏的结果，但更有着制度上的必然。县官何以公然地"重责更赋租税"？"贪吏并公，受取不已""苛吏徭役"何以公然风行？原因固然多样，而平贾制度则为那些乡官里吏的贪残提供了制度支持，当国家对农民的剥削由实物形态和劳役形态转化为货币形态时，都是按照"平贾"计算的，而这个"平贾"是官府确定的，即使农民知道自己一年应该交纳多少田税、人口税和应当服多少徭役，但是当折合成货币交纳时经过"平贾"的转换，农民的实际负担就增加了；更何况农民根本不清楚究竟哪些钱应该缴纳、哪些不应该缴纳，一切都由"县官"说了算。而在实际执行过程中，各级官吏层层加码，乡官里吏也不例外。贡禹特别指出"农夫父子暴露中野，不避寒暑，捽屮(草)杷土，手足胼胝，已奉谷租，又出稿税，乡部私求，不可胜供"〔2〕。所有赋税徭役都通过乡官里吏征调，每家每户赋税多少、徭役长短、折合成多少铜钱，都由乡官里吏说了算，自然可以上下其手了。《后汉书・百官志五》谓大乡置有秩、小乡设啬夫，"皆主知民善恶，为役先后，知民贫富，为赋多少，平其差品"。"乡部私求，不可胜供"就是这一制度的逻辑必然。

至于官府向农民收购或出售物品时压低、抬高物价的事实，《盐铁论》中贤良、文学指出的盐铁官营中存在的问题具有典型性。《盐铁论・禁耕》记载文学语云"故盐冶之处，大傲皆依山川，近铁炭，其势咸远而作剧。郡中卒践更者，多不堪责取庸代。县邑或以户口赋铁，而贱平其准"。盐铁并不是均匀地分布在所有郡县的，有的郡县有盐铁，有的郡县没有盐铁。有盐铁的郡县，盐铁也都分布在山川林泽等非农耕区，农民要长途跋涉去煮盐开矿，徭役负担沉重；不能自行服役的，要按照官府规定交钱代役。没有盐铁矿的郡县，官府就按照户口数强行购买生铁，故意压低收购价，"贱平其准"就是指"平贾"。反过来，当官府向农民出售铁器时，则无论质量好坏、是否适用，一律按高价卖出。《盐铁论・水旱》贤良云："今县官作铁器多苦恶，用费不省，卒徒烦而力作不尽……今总其源，一其价，器多坚硁，善恶无所择。吏数不在，器难得。

〔1〕《汉书》卷七十二《王贡两龚鲍传》，中华书局，1962年(下同)，第3088页。
〔2〕《汉书》卷七十二《王贡两龚鲍传》，第3074页。

家人不能多储，多储则镇生。弃膏腴之日，远市田器，则后良时……贫民或木耕手耨，土耰淡食。铁官卖器不售，或颇赋于民。”官府垄断盐铁，不仅增加农民徭役负担，更使产品质量低劣，而价格很高。因为路途遥远，既不方便购买，买来也不能使用，放的时间稍微长一些还会锈蚀毁坏。农民无奈，以至于退回到“木耕手耨，土耰淡食”的状态。铁官生产的铁器卖不出去，就强行摊派，农民买也得买，不买也得买，而且得按照统一的官价买，所谓“一其价”之“价”就是“平贾”。“颇赋于民”就是按照“平贾”强行出售给农民。仅此而论，盐铁官营，农民不仅劳役负担加重，经济负担也加重了——“平贾”然也。

明白了平贾的性质和适用范围，我们对平贾制度的历史功能就能辩证地分析，而不是囿于传统思维了。明乎此，或许有助于我们把握秦汉时代平贾制度对于社会经济运行的影响。

张家山汉简所见汉初矿业税收制度试析*

——兼谈西汉前期“弛山泽之禁”及商人兼并农民问题

西汉建立之后，尽管刘邦继承了秦朝的抑制商人势力的政策，“令贾人不得衣丝乘车，重税租以困辱之”〔1〕，但是，其抑制的程度较秦朝已大为放松。史称汉兴，“海内为一，开关梁，弛山泽之禁，是以富商大贾周流天下，交易之物莫不通，得其所欲”〔2〕。大批的工商业主迅速崛起，疯狂兼并农民的土地，成为突出的社会问题。当然，从制度层面说，这“海内为一，开关梁”在秦朝就已经完成了，汉代之“富商大贾，周流天下，交易之物莫不通，得其所欲”固然是“海内为一，开关梁”的结果，但与“弛山泽之禁”更有着内在的关联，是“弛山泽之禁”使得手工业者、商人有条件从事商品生产。这是众所周知的事实，无须详说。但是，这些私营手工业主、商人是怎样利用“弛山泽之禁”发家致富的，为什么私营工商业的发达必然导致个体农民的破产，这些在以往的论述中均泛泛而谈，缺少深刻的、科学的探讨。〔3〕这一方面是认识不足，另一方面是资料缺乏，难以使论述具体化。张家山汉简的面世为我们从税收制度的层面了解这一历史真相提供了依据，现试析如下，就教于方家。

一

先看张家山汉简关于私营矿冶业主税收的规定。《张家山汉墓竹简·二年律令·金布律》(下引律文只出篇名)云：

“诸私为卤盐，煮济、汉，及有私盐井煮者，税之，县官取一，主取五。

* 原刊《史学月刊》2003年第3期。原标题为“张家山汉简所见西汉矿业税收制度试析”，不准确，现改为“张家山汉简所见汉初矿业税收制度试析”，特此说明。

〔1〕《汉书》卷二四下《食货志》下，中华书局，1962年(下同)，第1153页。

〔2〕《史记》卷一二九《货殖列传》，中华书局，1959年(下同)，第3261页。

〔3〕目前所见所有关于西汉前期私营工商业发展原因的论述，都是将其归结为汉初无为政治之下社会安定、经济复苏和“弛商贾之律”的结果，只有田昌五先生、漆侠先生主编的《中国封建社会经济史》在分析汉初商业政策的同时，从政治体制(即郡县与封国并行的体制)方面入手，指出在分封制度之下，“诸侯王往往鼓励商人从事大规模的商业活动，为其聚敛财富，以满足奢侈生活的需要，或为其反叛汉室构筑物质基础”(《中国封建社会经济史》第一卷，齐鲁书社、文津出版社，1996年，第437页)。从税收层面分析其原因，则因资料的限制，迄今尚无人论述。

采银租之，县官给橐，□十三斗为一石，□石县官税□□三斤。其□也，牢橐，石三钱。租其出金，税二钱。租卖穴者，十钱税一。采铁者五税一；其鼓销以为成器，有（又）五税一。采铅者十税一。采金者租之，人日十五分铢二。民私采丹者租之，男子月六斤九两，女子四斤六两。”〔1〕

这是吕后二年颁布实行的对私营煮盐、采银、冶铁、采铅、采金等矿冶业的税收规定，因为简文漫漶简略，因此个别词句的含义尚不清楚，但主要内容是清楚的。

首先要说明，两汉时代，租、税不分，作为动词使用的租和税都是收取的意思，律文“……及有私盐井煮者，税之……采银租之”之“税之”“租之”都是指收税。据律文，不同行业、不同经营方式的征税方式和征税额不同。上举内容，一是对盐业主的税收规定。规定了三种情况：经营卤盐即海盐、井盐和在济水、汉水流域煮盐者，都是“县官取一，主取五”。这儿的“县官”是国家的代称，“主取五”之“主”当是盐田或盐井的所有权人。盐田或盐井的拥有者不直接经营煮盐业，将其租给他人经营，官府明令经营者将产值的五分之一交给国家、十分之五交给矿主。这是一种承包经营方式，至于那些直接经营者纳税多少，因简文不全，不得而知。二是对采银业主的税收的规定。分三种情况：使用官府提供的橐和自备橐者，分别按产值交纳不同比例的税收，用官橐者比例大，自备橐者比例小（尽管因为简文残缺，不知道具体的税收数量，但其含义还是能够推知的）；若将银矿出租或者出卖则“十钱税一”。律文“租其出金，税二钱”所指不明，详情待考。三是对冶铁采铅业的规定。只从事冶铁不从事铁器加工者收五分之一的税，若冶铁兼营铁器制造业，再征收五分之一的累进税；向采铅业主收十分之一的税收。四是对采金和采丹业的规定。因为黄金和丹砂系贵重矿产，故采用按人征收定额税制：采金者按人按天计算，每天每人收黄金“十五分铢二”，即十五铢二分；采丹则按人按月收取，男子每月六斤九两，女子每月四斤六两。

按律文，对采金和采丹者税收数量的确定是方便的，按人计算就行了，有一个算一个。对采银业主之“租卖穴者”的税收额也好确定，出租或卖出多少钱都有案可稽，按其钱数“十钱税一”就行了。〔2〕但是像对煮盐者之“县官取一、主取五”、对“采铁者五税一；其鼓销以为成器，有（又）五税一。采铅者十税一”的具体税收数字的确定就没有那么简单了，因为只有税率是不够的，还

〔1〕 张家山二四七号汉墓整理小组：《张家山汉墓竹简（二四七号墓）》，文物出版社，2001年（下同），第192页。

〔2〕 按张家山汉简，土地买卖、转让要经基层相关官吏办理地籍、税籍、户籍的变更手续，其簿籍包括户主变动、土地数量、税收数量等内容。矿井本是土地的组成部分，其出租买卖也要办理更籍手续，要注明其价格，故而按钱计税简便易行。参见拙作《张家山汉简所见西汉授田制度和田税征收方式》，《江海学刊》，2003年第3期。

要有基数。这个基数从何而来？这在律文中缺少明晰的规定，但从文献中可以寻得答案，这就是自我申报，根据申报的数字按率而税，也就是“占租”制。《盐铁论·水旱》贤良语云“故民得占租鼓铸煮盐之时，盐与五谷同价，器和利而中用”。这儿的“占租”之“占”就是推测、揣度的意思。《史记·货殖列传》云：“诸贾人末作赊贷买卖，居邑稽诸物，及商以取利者，虽无市籍，各以其物自占，率缗钱二千而一算。”《索隐》云：“按：郭璞云‘占，自隐度也’。谓各自隐度其财物多少，为文簿送至官也。”《汉书·昭帝纪》始元六年“秋七月，罢榷酤官，令民得依律占租，卖酒升四钱”。师古注“占谓隐度其实，定其词也”。《汉书·食货志》云汉武帝令“诸贾人……各以其物自占，率缗钱二千而算一。诸作有租及铸，率缗钱四千算一”。师古注云“占，隐度也。各隐度其财物多少，而为名簿送之于官也”。这在先秦时代已然。《墨子·号令》有云“度食不足，令民各自占家五种石升数，为期……期尽匿不占，占不悉，令吏卒微得，皆斩”。这儿的“令民各自占家五种石升数”就是命令平民自己申报家中粮食数量，过期不报或者故意隐瞒，一经发现即予斩首。云梦秦简《编年记》记载秦王政十六年七月墓主喜“自占年”。张家山汉简《户律》规定“民皆自占年。小未能自占，而毋父母、同产兄为占者，吏以□比定其年。自占、占子、同产年，不以实三岁以上，皆耐”[1]。这儿的“占”都是申报的意思，“自占”即自我申报，含勘验、核实等内容。汉昭帝之“罢榷酤官，令民得依律占租”是指废除汉武帝实行的榷酤制度，恢复执行汉武帝以前的工商管理制度。明乎此，我们可以得出结论，所谓的占租制是一种以个人申报为基础的定额税制，不论实际产值或者营业额多少，税收数量一经确定是不变的。这一方面便于征税，另一方面也有利于调动工商业者的积极性。因为“占租”是“隐度其财物多少”，官府按其所“占”的数字收税，工商业者难免一方面少报，另一方面千方百计地增加产值，追求利润的最大化，客观上刺激了工商业的发展，当然，这也有导致税源流失之弊。但在恢复经济、发展生产是首要任务的西汉初期，付出这点代价是难免的，也是值得的。西汉前期工商业的迅速崛起与其税收的杠杆作用是有着内在联系的。

谈到汉初工商业及“占租”制度时，不能忽视高利贷者及高利贷资本的活动，也就是史书屡见的“子钱家”及其经济活动。《史记·货殖列传》云：“吴楚七国兵起时，长安中列侯封君行从军旅，赍贷子钱，子钱家以为侯邑国在关东，关东成败未决，莫肯予。唯无盐氏出捐千金贷，其息什之。三月，吴楚平。一岁之中，则无盐氏之息什倍，用此富埒关中。”无盐氏在别的高利贷者因时局未定不敢贷钱时大胆出手，三月之间获利十倍而成为关中巨富。其余错失

〔1〕《张家山汉墓竹简(二四七号墓)》，第 177 页。

良机的“子钱家”仍然是家财万贯，太史公概述其富有和社会地位云：“子贷金钱千贯……此亦比千乘之家。”[1]这些“子钱家”是专业的高利贷者，除此之外，那些矿冶业主、畜牧业主、种植业主以及从事买贱卖贵的行商坐贾也从事高利贷活动。《史记·货殖列传》云：“鲁人俗俭啬，而曹邴氏尤甚，以铁冶起，富至巨万。然家自父兄子孙约，俯有拾，仰有取，贳贷行贾遍郡国。邹鲁以其故多去文学而趋利者，以曹邴氏也。”效法曹邴氏者，当然包括学习其赊贷的方法在内。这些高利贷经营者也是按“占租”的方式交税的。《汉书》卷十五《王子侯表》云：“旁光侯殷……元鼎元年（前116年），坐贷子钱不占租，取息过律，会赦，免。”在“占租”的同时，还必须按律取息，旁光侯刘殷就是因经营高利贷逃税和利息太高而被夺爵。不过，高利贷资本更难通过“自占”而得实情，漏税更是普遍的事实。这当然不是汉武帝时才定的法律，而是汉初延续下来的。

从事商品生产的除了这些矿冶业主之外，还有众多的畜牧业主、种植业主、渔业主，如太史公在《史记·货殖列传》中总结说：“陆地牧马二百蹄，牛蹄角千，千足羊，泽中千足彘，水居千石鱼陂，山居千章之才。安邑千树枣；燕、秦千树栗；蜀、汉、江陵千树橘；淮北、常山以南，河济之间千树萩；陈、夏千亩漆；齐、鲁千亩桑麻；渭川千亩竹；及名国万家之城，带郭千亩亩钟之田，若千亩卮茜，千畦姜韭：此其人皆与千户侯等。然是富给之资也，不窥市井，不行异邑，坐而待收，身有处士之义而取给焉。”这些人虽然不经营矿冶、煮盐，但其生产的性质和矿冶煮盐相同，都属于商品生产，在汉初合奏了一曲商品经济进行曲。只是这些种植业主和畜牧业主的税收方式和那些矿冶业主不同，他们的身份和专门从事矿冶业者不同，更多的还是农民，他们不是用“占租”的方式交纳定额税，而是按其土地面积交纳田税或者叫作田租（其时租税合一）。当然，这个纳税的土地面积比其实际面积要少得多，其获利当然不是农耕所能望其项背的，这是汉初畜牧业、种植业、渔业崛起迅速的制度原因。这一点下文再说。

西汉前期工商业势力迅速崛起，除了税收制度的因素以外，还与当时的货币政策和货币制度有关。按西汉货币制度承秦而来，仍然以黄金为上币，铜钱为下币，《二年律令》所记载的对相关犯罪的罚金处罚都是直接规定黄金若干两就说明了黄金的上币地位。开放山泽，允许私采黄金就等于货币私营化。至于铜钱，汉初本来是允许私铸的。《汉书·食货志》云刘邦曾“以为秦钱重难用，更令民铸荚钱”。这荚钱是由民间铸造的，后来又予以禁止。汉简《钱律》规定：

[1]《史记》卷一二九《货殖列传》，第3274页。

"盗铸钱及佐者，弃市。同居不告，赎耐。正、典、田典、伍人不告，罚金四两。或颇告，皆相除。尉、尉史、乡部、官啬夫、士吏、部主者弗得，罚金四两。"

"智(知)人盗铸钱，为买铜、炭，及为行其新钱，若为通之，与同罪。"

"捕盗铸钱及佐者死罪一人，予爵一级。"

"诸谋盗铸钱，颇有其器具未铸者，皆黥以为城旦舂。智(知)为及买铸钱具者，与同罪。"〔1〕

凡是盗铸钱币者要处以弃市之刑，盗铸未遂者黥以为城旦舂；家人不揭发者、基层官吏、同伍邻居不能及时揭发或者不能予以缉拿归案要各以其责受罚。主动揭发则免罪，捕获送官者有赏。这就出现了这样的矛盾现象：黄金和铜钱都是法定货币，允许采金和冶铜，黄金可以作为货币流通，采铜者却不能把铜加工成铜钱直接流通。而货币，无论是黄金还是铜钱，都是最直接的财富，既是流通手段，更是贮藏手段，都是人们追求的对象，私铸货币，既可以流通，也可以贮存，较出卖铜材及其制品获利更为快捷，必然导致私铸货币的泛滥，《钱律》的规定从反面说明了这一点。而黄金也好，铜钱也好，都是称量货币，其流通和贮藏价值都是以其质量为基础的。私人冒险盗铸，必然以次充好以获取最大的利润，其结果是铜钱的质量参差不齐，影响市场秩序，不如在强化管理的同时允许私铸铜钱，市场这只看不见的手自然会把那些劣质钱币淘汰掉。所以，到"孝文五年，为钱益多而轻，乃更铸四铢钱，其文为'半两'。除盗铸钱令，使民放铸"〔2〕。从此以后，人们更加张扬地追逐财富，可以用包括铸钱在内的各种方法致富了。这就进一步导致了山川林泽的开发和货币资本的膨胀。

从上述可以推知，除了那些专营高利贷的"子钱家"之外，这些拥有"千足彘""千亩漆""千树橘""千树荻"者都需要以有大片土地为基础，就是那些"子钱家"，在其起家之初，若要有相应的实力，也需要有一定量的土地作为基础。矿冶业主也必须拥有矿山的所有权才能世代从事矿冶业。那么，他们是通过什么方式获得这些土地的？那些煮盐、冶铁、采银、采金等矿冶业主又是怎样取得矿山所有权的？这是一个看似简单而实则未必的问题，值得予以特别的注意，只有揭示其真相才能深入把握汉代经济结构的变迁。因此，必须重新认识西汉土地制度才能抓住历史的真相。

二

关于西汉土地制度，前贤时哲论述甚多，普遍的看法是认为西汉实行土

〔1〕《张家山汉墓竹简(二四七号墓)》，第160—161页。

〔2〕《汉书》卷二四下《食货志》下，中华书局，1962年，第1153页。

地私有制,这些工商业主的土地是通过各种方式兼并而来的。这是对的,有其事实依据,但还不全面,除了兼并这一途径之外,还有授田一途为前贤时哲所未道。正是这种授田制,使得上举矿冶业主、种植业主、畜牧业主、渔业主拥有了土地所有权。也正是这种授田制度使个体农民必然地成为工商业主的兼并对象。

授田制本是战国通制,但各国具体标准有异,秦朝统一后才予以整齐之。云梦秦简《田律》规定"入顷刍稿,以其受田之数,无豤(垦)不垦,顷入刍三石,稿二石"[1]。这是统一后的授田和征税制度。授田以顷为单位,每夫一顷;征税也以顷为单位,无论耕种与否、收成如何,都要按顷交纳固定数量的税收。秦始皇大规模地迁徙六国宗室、东方工商豪强都是以授田为基础的。把他们迁离原籍,徙往关中、西北、巴蜀地区,编为授田民,授之以土,征之以税,役之以徭,置于国家的控制之下,以防止其在原籍为乱。到秦始皇三十一年,"使黔首自实田"[2],此后国家对农民占田垦荒的限制可能有所松动,但土地制度的主体依然是国有制。[3]西汉立国伊始,刘邦即下诏"民前或相聚保山泽,不书名数,今天下已定,令各归其县,复故爵田宅"[4],即承认秦朝土地关系的合法性,表明西汉延续了秦朝的授田制度。但是,人们囿于董仲舒的论述——"至秦则不然,用商鞅之法,改帝王之制,除井田,民得买卖,富者田连阡陌,贫者无立锥之地"[5],认为秦朝是土地私有制的时代。即使云梦秦简问世以后,人们也认为《田律》所说的"以其受田之数"云云至多是个过渡制度,不具有普遍意义;"使黔首自实田"就是让农民自行申报所占土地,只要申报,即承认其占有合法,表明此前是农民可以自行垦荒占田的。所以,秦朝是土地私有制的时代,西汉更是土地私有制的时代。但是张家山汉简的公布,说明西汉完全继承了秦朝的授田制度。汉简《田律》云:

"田不可田者,勿行;当授田者欲受,许之。"

"田不可垦而欲归,勿受偿者,许之。"[6]

这儿的"行"即授的意思,行田即授田。《吕氏春秋·乐成》云"魏氏行田也百亩,邺独二百亩,是田恶也"。行田百亩就是每夫授田一百亩。汉律规定,只准许将能够耕种的土地分给农民,不允许把不可垦的土地分给农民;当农民

---

〔1〕《张家山汉墓竹简(二四七号墓)》,第27—28页。

〔2〕《史记》卷六《秦始皇本纪》裴骃,《集解》引徐广语,第251页。

〔3〕对"使黔首自实田"的理解,学界有不同意见,或认为是让农民自我申报所垦土地数量,国家承认其申报数量为合法,释"实"为申报;或认为是允许农民自己垦荒,释"实"为充实。详参拙作《周秦社会结构研究》,西北大学出版社1996年初版,1998年再版,第157—160页。

〔4〕《汉书》卷一下《高帝纪》下,第54页。

〔5〕《汉书》卷二四上《食货志》上,第1137页。

〔6〕《张家山汉墓竹简(二四七号墓)》,第165、166页。

自己主动要求那些不可垦的土地时，可以满足其要求。当农民要了不可垦的土地无法经营、要求把土地归还政府而不要求另外授田时，官府可以收回。其授田标准，庶人是每夫一顷，有军功爵者按爵位高低增加授田。汉简《二年律令·户律》云：

“关内侯九十五顷，大庶长九十顷，驷车庶长八十八顷，大上造八十六顷，少上造八十四顷，右更八十二顷，中更八十顷，左更七十八顷，右庶长七十六顷，左庶长七十四顷，五大夫廿五顷，公乘廿顷，公大夫九顷，官大夫七顷，大夫五顷，不更四顷，簪袅三顷，上造二顷，公士一顷半顷，公卒、士五（伍）、庶人各一顷。司寇、隐官各五十亩。”[1]

这段律文规定了各个等级的占田标准和授田次序。按其社会等级可分为三大类别：军功爵者、庶人、特殊人群。军功爵的第一级公士可占田一顷半，第十九级占田九十五顷。从第一级到第十九级之间又分为三个大的级差：从关内侯到左庶长是高爵，级差两顷；从左庶长到公大夫为第二个级差，级差悬殊，五大夫较左庶长一级之差，占田少四十九顷，公乘较五大夫少五顷，公大夫较公乘少十一顷；公大夫以下大约就是低爵了，级差也是二顷。公卒、士伍、庶人的身份有所区别，但在占田数量上都是一顷；司寇、隐官是特殊人群，较庶人减半占田。如所周知，二十级军功爵制施行于秦，统一之后，有爵位者主要是原秦国人，关东地区的绝大多数人口，无论是六国官僚贵族还是富商巨贾，通通成为庶人；刘邦虽然率关东子弟也就是所谓的“诸侯子”起义反秦，但其统一天下依靠的是秦人之力，其所授军功爵的主体自然以秦人为主，这是其继承秦制、“复故爵田宅”的原因之一。也就是说，汉初有军公爵的特权阶层只占全国人口的一小部分，主要是随刘邦入关的“诸侯子”和帮助刘邦统一天下的秦人，绝大多数人口如关东地区的社会各阶层都在庶人之列，他们的授田标准都是一顷。军公爵者的授田就是在这一标准之上依次增加的。晁错所说的“今农夫五口之家，其服役者不下二人，其能耕者不过百亩”[2]是当时的普遍形态，这百亩就是指授田的一般标准。也就是说，无论那些六国宗室之后、地方大姓豪强在秦朝统一之前曾经有多少土地，到了汉初，和在秦朝一样，都是国家的授田民，都必须按标准授田。

西汉的授田是可以买卖、继承、转让的，《户律》云：

“受田宅，予人若卖宅，不得更受。”

“代户、贸卖田宅，乡部、田啬夫、吏留弗为定籍，盈一日，罚金各二两。”[3]

[1] 《张家山汉墓竹简（二四七号墓）》，第175—176页。
[2] 《汉书》卷二十四上《食货志》上，第1132页。
[3] 《张家山汉墓竹简（二四七号墓）》，第177页。

田宅授予之后即归个人所有，卖出者不得再授；买卖田宅时基层官吏要及时办理相关手续，拖延不办超过一天者，就要受罚。西汉前期的那些富商巨贾确实可以通过买卖等手段兼并土地，传统看法是正确的。但是，若从当时的历史背景分析，仅此还远远不够。因为汉初地广人稀，已垦和可垦的良田甚多，农民所受者自然是以良田为主，所卖者也是良田，那些矿冶业主、煮盐业主、种植业主、畜牧业主所拥有的大片的矿山、池沼、盐井、草场等从何购买？如果有人出卖，那又是从何而来？是否也是通过授田而来？如果是由授田而来，和良田有无区别？笔者的答案是：这些矿山草场等既有通过买卖兼并而来的，更有通过授田制度直接获得者，这是汉初工商业迅速兴起的前提和基础。

众所周知，土地有可垦和不可垦之分，可垦地质量又有高低上下之别，不同类别、不同质量土地的产量不同，农民所付的劳动量就不同，而国家的税收则是统一的标准，按顷定额。那么，授田时自然不能只考虑每夫一顷这一数量标准，还要考虑到质量的因素。否则，谁也不会主动要那些“不可田”的土地，上举律文“当受田者欲授，许之”的规定也就失去了意义。要解决这一矛盾，其措施只能是以土地数量的多寡调节其质量的不足，就是良田是每夫一顷，劣田则增加授田数量，农民仍然按一顷良田的标准交纳田税（田租）。上举《吕氏春秋·乐成》的“魏氏行田也百亩，邺独二百亩，是田恶也”就是其先例。在战国时代，不独魏国如此，各国皆然，其增加的授田数量不是简单的标准良田的一倍，而是根据土地质量，或一倍，或二倍、三倍、五倍等，具体数量则由各国政府决定。如《周礼·地官·大司徒》云“不易之地家百亩，一易之地家二百亩，再易之地家三百亩”，《遂人》云“上地夫一廛，田百亩，莱五十亩”“中地夫一廛，田百亩，莱百亩”“下地，夫一廛，田百亩，莱二百亩”，等等，都是就可耕地而言的。至于那些山川林泽等非耕地，其授田的数量标准就不仅仅是增加一百亩或者二百亩了。《管子·乘马》云：

> “地之不可食者，山之无木者，百而当一；涸泽，百而当一；地之无草木者，百而当一；樊棘杂处，民不得入焉，百而当一；薮，镰缠得入焉，九而当一；蔓山，其木可以为材，可以为轴，斤斧得入焉，九而当一；汎山，其木可为棺，可以为车，斤斧得入焉，十而当一；流水，网罟得入焉，五而当一；林，其木可以为棺，可以为车，斤斧得入焉，五而当一；泽，网罟得入焉，五而当一。命之曰地均。”

银雀山汉墓竹简《田法》也有着和《乘马》相近的“地均”之法[1]，反映的也是东方列国的情况，这里不去列举。这些记述虽不是各国的法律制度，各国在

---

〔1〕 银雀山汉墓竹简整理小组：《银雀山汉墓竹简》，文物出版社，1985年，第146页。

授田过程中未必如此整齐划一，但确实反映了当时的一般状况，用土地数量的增减调整土地质量的差异则是各国通制。这些山川林泽虽不宜农耕，但有丰富的矿产资源和其他经济资源，可以从事矿冶业、畜牧业、种植业，战国时代私营手工业、商业因此而得到空前的发展。〔1〕

在战国各国中，秦国和关东六国不同。秦自商鞅变法之后，严格推行授田制度，但为一民于农战，加强对人口的控制，积聚粮食以供战争需要，授给农民的是可垦之地，千方百计地使民“垦草”，《商君书·垦令》通篇论述的都是这个主题，置山林川泽于国家控制之下，发展国营工商业，限制私营工商业的发展，对私营工商业“重租税以困辱之”，更禁止农民弃农经商。统一之后，为强化对关东地区的控制，秦始皇迁徙豪强，原关东地区的富商大贾的经营活动因此而中断，私营工商业遭受空前打击。但是，秦始皇之徙豪并不是要禁止私营工商业，只要在其法定的秩序之下，经营矿冶业也好，畜牧业也好，都是允许的，并且予以嘉奖。如“乌氏倮畜牧，及众斥卖，求奇缯物，间献遗戎王。戎王什倍其偿，与之畜，畜至用谷量马牛。秦始皇令倮比封君，以时与列臣朝请。而巴寡妇清，其先得丹穴而擅其利数世，家亦不赀。清，寡妇也，能守其业，用财自卫，不见侵犯。秦皇帝以为贞妇而客之，为筑女怀清台”；又如“蜀卓氏之先，赵人也，用铁冶富。秦破赵，迁卓氏。卓氏见虏略，独夫妻推辇，行诣迁处。诸迁虏少有余财，争予吏，求近处，处葭萌。唯卓氏曰：‘此地狭薄。吾闻汶山之下，沃野，下有蹲鸱，至死不饥。民工于市，易贾。’乃求远迁。至之临邛，大喜，即铁山鼓铸，运筹策，倾滇蜀之民，富至僮千人，田池射猎之乐，拟于人君”〔2〕。因为秦始皇明白，他统治的是一个全新的泱泱大国，不能完全照搬原来秦国的制度和政策，要做适当的调整，要调动农民的生产积极性，发展生产，鼓励致富，这样才能做万世之主。要调动农民的生产积极性，就要使农民有必要的生产资料，放松对农民从业的限制，在授田的过程中，只要受田者愿意，也可以授予那些不宜农耕的山川林泽。乌氏倮区区一个牧民，畜牧所需的大片土地即由此而来，作为迁虏的卓氏就是通过这一途径获得矿山的使用权而得以“即铁山鼓铸，运筹策，倾滇蜀之民”的。以往论者多认为秦始皇虽然“上农除末”，但并不完全也不可能完全禁止私营工商业，在“上农除末”的同时也鼓励扶持部分工商业主，但都没有深究和回答乌氏倮和卓氏之辈是如何获得土地和矿山的所有权的。现在，这个问题涣然冰释了。

---

〔1〕 关于战国授田制度及其与工商业发展的关系，参阅拙作：《周秦社会结构研究》，第125—147、352—359页；田昌五、漆侠主编：《中国封建社会经济史》第一卷第二章第一节、第三章第二节，齐鲁书社、文津出版社，1996年。

〔2〕《史记》卷一二九《货殖列传》，第3260、3277页。

西汉立国后，改秦政为汉政，为了恢复经济和缓和社会矛盾，“弛山泽之禁”。这“驰山泽之禁”的主要内容就是把山林川泽折合成良田授给个人。那些愿意接受“不可田”之田的人除了五口之家、百亩之地的个体小农之外，也包括了那些有军功爵位的人在内，更有战国秦朝延续下来的工商世家。如果说个体农民因其所受土地数量有限因而所接受的山川林泽数量不多的话，那么那些军功爵者，高者封侯食邑，低者也田连阡陌，自然也有相应的山川林泽，他们或者直接经营矿冶业、畜牧业、种植业，或者出租给他人，坐收租金，上引“诸私为卤盐，煮济、汉，及有私盐井煮者，税之，县官取一，主取五”，就是针对这种经营方式而规定的。至于那些六国时代的工商世家，随着秦朝的灭亡而重返故里，自然因制度之便而要求授予那些不可垦之地而拥有大片的矿产资源；就是被刘邦迁往关中的六国宗室、地方豪强、富商巨贾们也是如此，如刘邦在立国之初接受刘敬建议迁徙六国之后，于关中的第三年又“徙齐楚大族昭氏、屈氏、景氏、怀氏、田氏五姓关中，予利田宅”〔1〕。这些大姓不仅曾是六国宗室之后，更是一方巨贾，有着过人的经商意识和经商经验，他们见汉家江山已经稳固，复国的理想不可能实现，与其为了复国与汉家为敌而抱恨终生，不如效法卓氏的成功经验专心求富而逍遥，发扬原有的经商传统，乃一方面因汉家的优惠而获得良田美宅，另一方面又可借授田之机选择山川林泽而重操旧业。西汉初年的富商大贾们大多是因此而起家的。

三

司马迁曾形象地指出：“用贫求富，农不如工，工不如商，刺绣文不如依市门，此言末业，贫者之资也。”〔2〕在经济残破到“天子不能具纯驷，将相或乘牛车”〔3〕的西汉初年，弛商贾之律，开山泽之禁的目的是恢复经济，在尽可能短的时间内解决民生问题。这个目的是达到了。史称至武帝即位时，“汉兴七十余年之间，国家无事，非遇水旱之灾，民则人给家足，都鄙廪庾皆满，而府库余货财。京师之钱累百巨万，贯朽而不可校。太仓之粟陈陈相因，充溢露积于外，至腐败不可食。众庶街巷有马，阡陌之间成群，而乘牸牝者摈而不得聚会”〔4〕。这是大家所熟知的事实。但是，就在这经济繁荣的背后，则是弃农经商的普遍化，商业资本和高利贷资本迅速吞噬着个体农民的财产，导致农民的破产，原来以军功爵为基础的等级社会处于解构之中。对此，晁错有着极为深刻的概括：

---

〔1〕《汉书》卷一下《高帝纪》下，第66页。
〔2〕《史记》卷一二九《货殖列传》，第3274页。
〔3〕《汉书》卷二四上《食货志》上，第1127页。
〔4〕《史记》卷三十《平准书》，第1420页。

"今农夫五口之家,其服役者不下二人,其能耕者不过百亩,百亩之收不过百石。春耕夏耘,秋获冬藏,伐薪樵,治官府,给徭役;春不得避风尘,夏不得避暑热,秋不得避阴雨,冬不得避寒冻,四时之间,亡日休息;又私自送往迎来,吊死问疾,养孤长幼在其中。勤苦如此,尚复被水旱之灾,急政暴赋,赋敛不时,朝令而暮改。当具有者半贾而卖,亡者取倍称之息,于是有卖田宅鬻子孙以尝债者矣。而商贾大者积贮倍息,小者坐列贩卖,操其奇赢,日游都市,乘上之急,所卖必倍。故其男不耕耘,女不蚕织,衣必文采,食必粱肉;亡农夫之苦,有阡陌之得。因其富厚,交通王侯,力过吏势,以利相倾。千里游敖,冠盖相望,乘坚策肥,履丝曳缟。此商人所以兼并农人,农人所以流亡者也。"〔1〕

晁错这段话,重点说明:第一,个体小农的基本形态是五口之家、百亩之地;第二,小农劳作辛苦,收入甚微,为完成国家的赋税徭役时常落入高利贷的陷阱而破产;第三,商贾通过鬻贱卖贵和高利贷剥削,牟取暴利而致富。这些为学术界所熟知,本文不予重复。本文要分析的是造成这一结果的制度原因。

从晁错的评论可知,农民"卖田宅鬻子孙以尝债"的原因是陷入高利贷的陷阱,之所以陷入高利贷的陷阱则是因为国家"急政暴赋,赋敛不时,朝令而暮改。当具有者半贾而卖,亡者取倍称之息"。而农民之所以要出卖实物或者借高利贷交纳赋税是因为国家收取的是货币而非实物。以往对此是不知其详的,汉简给我们提供了直接的说明。《田律》规定:

"入顷刍稿,顷入刍三石;上郡地恶,顷入刍二石;稿皆二石。令各入其岁所有,毋入陈,不从令者罚黄金四两。收入刍稿,县各度一岁用刍稿,足其县用,其余令顷入五十五钱以当刍稿。刍一石当十五钱,稿一石当五钱。"

"刍稿即贵于律,以入刍稿时平贾入钱。"〔2〕

征收刍稿以顷为单位,每顷刍三石、稿二石,上郡土地质量差,产量低,每顷少收刍一石。交纳实物时要交新收的庄稼茎叶,不得用陈草充数。刍稿的具体征收措施由各县负责制定,根据具体饲养量确定实物征收量,其余按每顷五十五钱的数量征收铜钱。刍一石折合十五钱,稿一石折合五钱。当刍稿的市场价高于法定价格时则由各县自行制定"平贾",再按所谓的"平贾"把实物折合成铜钱征收。按刍、稿是庄稼的茎叶,用作饲料,能用作精饲料的为刍,用作粗饲料的为稿,其性质是田租的组成部分。按汉代的田租在实物上表现为两种形态,一是谷物,二是庄稼茎叶,后者是为刍稿,前者是习惯上说的田租。但二者都是基于土地的正式税种,性质都属于田租。所以文献中总是把谷

〔1〕《汉书》卷二四上《食货志》上,第1132页。
〔2〕《张家山汉墓竹简(二四七号墓)》,第165—166页。

租、刍稿并称,如《汉书·贡禹传》谓"农夫父子,暴露于中野,不避寒暑,锄草耙土,手足胼胝。已奉谷租,又出稿税。乡部私求,不可胜供"。《后汉书·光武帝纪》载刘秀于建武二十二年(公元46年)九月诏"其令南阳勿收田租、刍、稿";中元元年(公元56年)诏"勿出今年田租、刍、稿";同书《和帝纪》和帝永元九年(公元97年)六月诏"今年秋稼为蝗虫所伤,皆勿收租、更、刍、稿";永元十六年(公元104年)七月"诏令天下皆半入今年田租、刍、稿";同书《安帝纪》安帝延光元年(公元122年)二月诏"复济阳今年田租、刍、稿"。律文规定刍、稿征收货币,谷租也不例外。《金布律》云:

> "官为作务、市及受租、质钱,皆为缿,封以令、丞印而入,与参辨券之,辄入钱缿中,上中辨其廷。质者勿予券。租、质、户赋、园池入钱县道官,勿敢擅用,三月一上见金、钱数二千石官,二千石官上丞相、御史。"〔1〕

官府在从事手工业生产和商业经营活动、收租和抵押等活动收钱时,都要将钱放在特制的盛钱的容器中(即缿,是小口大腹的专用陶器),在其口上用令、丞之印封之,除了抵押钱之外,其余都要用一分为三的券书登记明白,把中间的券书交到县廷。无论是租钱、质钱、户赋还是园池之钱,县道收取之后都不得擅自动用,每三个月要把黄金数、铜钱数上报中央主管部门二千石官吏,然后由二千石官上报丞相、御史大夫。这里"官为作务、市及受租"之"租"可能是指市租;但是,下文的"租、质、户赋、园池入钱县道官"之"租"和户赋并列,则无疑是指田租,起码包括了田租在内。由于《金布律》是货币管理的专门法令,以货币形态交纳的刍、稿自然也适用。则这里的"租、质、户赋、园池入钱县道官"之"租"应是指以货币交纳的谷物、刍、稿的通称。《户律》云:

> "民宅园户籍、年细籍、田比地籍、田命籍、田租籍,谨副上县廷,皆以箧若匣匮盛,缄闭,以令若丞、官啬夫印封,独别为府,封府户;节(即)有当治为者,令史、吏主者完封奏(凑)令若丞印,啬夫发,即襍治为,臧(藏)□已,辄复缄闭封臧(藏),不从律者罚金各四两。"〔2〕

这是关于农民住宅、户口、土地、税收等籍簿的管理和使用的法律规定,田租单立簿籍,其内容自然包括了谷物、刍、稿的明细。刍、稿、谷物都属于田租,其多寡都在田租籍中著明。明乎此,对个体小农的破产原因就可以有深一层的把握了:如所周知,小农的生产结构是男耕女织式的,其产品除了谷物及其茎叶就是有限的纺织品和家禽、家畜,而田租是按顷征收定额租,其形态是实物和货币并举;而在汉初的和平年代,军事不兴,徭役不举,国家对实物需求量有限,货币自然成为田租的主要形态。《户律》云:

---

〔1〕《张家山汉墓竹简(二四七号墓)》,第190页。
〔2〕《张家山汉墓竹简(二四七号墓)》,178页。

“卿以下，五月户出赋十六钱，十月户出刍一石，足其县用，余以入顷刍律入钱。”〔1〕

凡是“卿以下”(即二十级军功爵中左庶长以下)的人(按汉简中的卿是二十级军功爵之第十八级大庶长到第十级左庶长的统称，“卿”以下即指“卿”之最低爵左庶长以下的爵位)，五月每户出赋十六钱，十月每户出刍一石，满足县里需要就可以了，其余的全部按照上举每顷刍三石、稿二石的标准和实物与铜钱的比价折合成铜钱征收。按左庶长是第十级爵位，其以下第九级五大夫可以授田二十五顷，应交纳刍七十五石、稿五十石，而官府实际只收刍一石，其余均按律收钱，可见货币田租比重之大。就是授田百亩的小农，其货币田租也高出实物田租两倍以上。为了交租，农民必须通过市场出卖农副产品换取足够的货币。而官家“赋敛不时，朝令而暮改”，随时随地要钱，赶上秋收，粮价下跌，农民也得贱价卖出，当春天无物可卖时只好借高利贷，最终沦入卖儿卖女的悲惨境地。

事情尚未止于此。田租虽然是按顷计算，但在征收时则按户进行，上举户律“十月户出刍一石，足其县用”云云即是例证。农民有地也好、无地也好，丰收也好、歉收也好，都必须如数交纳。按制度，土地一经授予即归私有，可以买卖，可以转让，在发生土地转移时，基层政府要办理相应的过户手续。〔2〕但是，在“网疏而民富，役财骄溢，或至兼并豪党之徒，以武断于乡曲”的社会里，基层政权为豪强大姓所控制，田租赋税的征收自然向大姓豪强的利益倾斜，农民无地或者土地不足一顷者也要按户按顷交纳，农民的田税负担要比法律规定的重得多，这更加速了农民破产的进程。也就是说，西汉前期个体农民的破产固然是军功地主、工商业者、高利贷者疯狂兼并的结果，但更有着田租赋税的制度因素，是赋税制度加速了工商业者兼并农民的进程，把农民推进了高利贷者的虎口。从主观上讲，汉初君臣确实是重农的，但是，恰恰是税收制度的弊端导致了晁错所说的“法律贱商人，商人已富贵矣；尊农夫，农夫已贫贱矣”的结果。晁错正是看到了货币地租对农民的不利，使农民不得不舍本逐末以满足国家税收需要，才上《贵粟疏》，指出“欲民务农，在于贵粟；贵粟之道，在于使民以粟为赏罚。今募天下入粟县官，得以拜爵，得以除罪。如此，富人有爵，农民有钱，粟有所渫。夫能入粟以受爵，皆有余者也；取于有余以供上用，则贫民之赋可损，所谓损有余补不足，令出而民利者也”〔3〕。以

〔1〕《张家山汉墓竹简(二四七号墓)》，第168页。

〔2〕关于土地买卖、户主变更的过户手续，汉律有明确的规定，如《户律》云：“代户、贸卖田宅，乡部、田啬夫、吏留弗为定籍，盈一日，罚金各二两。”(《张家山汉墓竹简》第177页)详情参阅拙作《西汉授田制度与田税征收方式新证》，见本集。

〔3〕《汉书》卷二四上《食货志》上，第1133页。

往人们都用晁错的《贵粟疏》说明汉初农民生活的艰苦，说明小农经济的脆弱，现在，明白了汉初的工商政策、土地制度以及工商税和田租的征收方式之后，对晁错《贵粟疏》的理解就深刻得多了。因为“贵粟”，不仅可以“损有余补不足”，使农民的负担间接地减轻一些，还可以减少一些谷贱伤农的影响，切实地增加农民的收入，调动农民的生产积极性，减少弃农经商的发生。当然，其作用是极其有限的。

在以小农经济为国民经济基础的社会里，不存在商业资本转化为产业资本的条件，工商业者特别是那些大商人的财富是靠“积贮倍息”和“坐列贩卖，操其奇赢，日游都市，乘上之急，所卖必倍”[1]积累而来，也就是靠不停地流通来增殖的；随着财富的不断增加，必然要有一部分退出流通领域以货币的形态贮藏起来。但是，把货币贮藏起来是不能增殖的，要实现这一部分财富的增殖，在当时的条件下，只有两种选择：一是购买土地，土地既能生息，又是最有保障的财富；二是转化为高利贷资本，通过重利盘剥以增加货币数量，最终还是把货币投向土地。所以，无论做出何种选择，其结果都是兼并农民，导致农民的破产。而高利贷资本对农民的盘剥尤其严重，直接导致小农经济的瓦解。因为商业资本不能转化为产业资本，破产农民也就不可能转化为产业工人，其出路只有两条：要么成为奴隶，要么离乡背井。原来以授田制为基础、以军功爵制为等级的社会结构因此而处于激烈的变动之中，两极分化严重，原来的社会等级在财富的冲击之下而处于混乱之中，这是后来汉武帝一系列经济制度和政策变革的深层原因。这些众所周知，无须详说，本文只是从税收制度的层面揭示这一变动的根源而已。

---

〔1〕《汉书》卷24上《食货志》上，第1132页。

汉初货币制度变革与经济结构的变动*

——兼谈张家山汉简《钱律》问题

西汉前期货币制度的变动经历了三个阶段。刘邦称帝之初,沿用秦朝货币,旋因"秦钱重难用,更令民铸荚钱"[1];吕后二年,"行八铢钱",六年"行五分钱"[2]。到汉文帝五年,"为钱益多而轻,乃更铸四铢钱,其文为半两,除盗铸钱令,使民放铸"[3]。景帝中元六年,"定铸钱伪黄金弃市律"。根据应劭的解释,这是关于铸造假钱和假黄金的惩处规定,只是对汉文帝货币质量法律规定的重申,没有涉及钱币铸造权问题。[4]汉武帝时代将铸币权收归国家,直到由上林三官统一铸造发行五铢钱,汉代货币制度才稳定下来。关于汉武帝时代货币制度的变革,人们论述甚多,本文略而不论。本文只讨论刘邦到文帝时期的币制变动问题。

关于西汉前期币制的变动,因为资料的限制,在目前所有论著中只是简单地一语带过,没有任何深入的分析。2001 年,张家山汉简《二年律令·钱律》及相关法律公布以后,立即引起学者极大的关注,对其内容做了相应的探讨。[5]但是,就目前发表的成果来看,学者们对汉初货币制度的研究只是局限于对《二年律令》解释的层面,对其变革的原因和作用缺乏基本的分析,也没有指出其时效性;更没有将西汉前期货币制度与当时政治、经济结构的变

* 原刊《苏州大学学报》2006 年第 3 期。

〔1〕《汉书》卷二十四下《食货志下》,中华书局,1962 年(下同),第 1152 页。

〔2〕《汉书》卷三《高后纪》,第 97、99 页。

〔3〕《汉书》卷二十四下《食货志下》,第 1153 页。

〔4〕《汉书》卷四《景帝纪》,第 148 页。应劭注释云:"文帝五年,听民放铸,律尚未除。先时多作伪金,伪金终不可成,而徒损费,转相诳耀,穷则起为盗贼,故定其律也。"按应劭注释,"定铸钱伪黄金弃市律"是因为制止造假黄金不能成功,导致"转相诳耀,穷则起为盗贼"。此解是不能成立的。因为既然黄金无法假冒,就不存在"转相诳耀"的问题,拿着假的东西和技术向谁炫耀?人人都知道这"黄金"是假的,还有谁会要?所以,正确的理解应该是社会上造假黄金的太多,而黄金是法定的上币,以假充真,有暴利可图,人人起而仿效,导致市场流通混乱,这才"定铸钱伪黄金弃市律",即加重对铸造伪金者的惩处,一律弃市。从行文看,造假钱币者可能要处以弃市刑。汉文帝除盗铸钱令以后规定铸造假钱者处以黥刑(详下文),景帝加重了铸造假钱和伪金的量刑。

〔5〕对张家山汉简《二年律令·钱律》的论述,主要有李均明:《张家山汉简与汉初货币》,《中国钱币》,2003 年第 2 期;闫晓君:《试论张家山汉简钱律》,《法律科学》,2004 年第 1 期。

动联系起来分析，故为此文，以补充前贤时哲的不足。

一

在讨论汉初货币制度变动之前，首先要对秦朝统一货币制度与经济结构变动的关系做一个必要的说明。

《史记·平准书》谓“及至秦，中一国之币为二等：黄金以镒为名，为上币；铜钱识曰半两，重如其文，为下币。而珠玉、龟贝、银锡之属为器饰宝藏，不为币，然各随时而轻重无常”。即统一以后，币分二等，黄金为上币，以镒为单位（二十两为镒）；以铜钱为下币，重为半两，文、重一致；货币的铸造和发行由国家垄断。原来形、质各异的战国货币至此退出流通领域。这些众所周知，无须多说。

关于秦朝统一币制的历史意义，现代史家都给予了充分的肯定，认为货币统一以后，改变了战国时期各国货币形制、质量、重量、单位各不相同的状况，简化了商品流通过程中货币换算等环节，避免了货币换算的困难，有利于商品经济的发展，也便于赋税的征收。[1]这固然正确，但并不全面。且不说秦朝统一币制的实践结果如何——即是否促进了商品经济的发展和全国经济交流，就以理论上的逻辑分析而论，统一币制和商品经济发展之间也不一定有必然联系。这一方面取决于制度设计的主观目的，另一方面取决于经济结构的特点。从制度施行的主观目的来说，如果秦始皇是为了便于全国商业贸易而统一货币，我们自然可以得出促进商品经济发展的结论；但如果是为了加强对经济发展的控制，打击各地工商业主的牟利行为，把货币统一作为加强中央集权措施的组成部分，作为国家控制经济资源的手段，那么统一货币则未必会促进商品经济的发展。秦朝统一货币的目的是后者而非前者，其目的是用秦国的经济模式统一六国的经济发展，无论在理论上还是实践效果上，都沉重地打击了私营工商业。

六国和秦国经济结构的最大不同是私营工商业发达，无论是贵族还是地方豪强几乎都占有相当的土地和山川林泽等经济资源，在长途贩运、贱买贵

---

〔1〕 翦伯赞先生认为秦朝统一货币、度量衡等是“为了适应商业交换全面发展的要求”，在经济制度统一的条件下，“中国的商业交换，便开始了以全国为规模而活动的历史阶段”。见氏著《秦汉史》，北京大学出版社，1983年，第35—39页。翦老的观点是以秦朝政权代表商人地主利益为基础的。现代学者对秦朝政权的阶级属性的认识虽然不同于翦老，但对统一货币制度对经济交流的促进作用都予以充分肯定。代表性意见如林剑鸣先生认为“币制统一以后，克服了过去使用、换算上的困难，便利了各地商品交换和经济交流”。见氏著《秦史稿》，上海人民出版社，1981年，第374页。这是学界普遍观点，不一一备举。关于秦朝统一货币在经济学上的理论意义，以傅筑夫先生分析的最为全面深刻，文长不引，详情请见氏著《中国经济史论丛》（下），生活·读书·新知三联书店，1980年，第513—515页。

卖的同时，经营矿冶、煮盐、畜牧和经济作物种植业等商品生产。而秦国从商鞅变法以来，一直抑制私营工商业，私营工商业在国民经济中的比重远远小于六国，《史记·货殖列传》所列举的战国以前的商人、手工业者没有一例是秦人就是明显的例证。其原因，除了秦国厉行抑制私营工商业的政策以外，主要的还在于国家严格控制山川林泽等自然资源，吏民均没有使用山川林泽的自由，无法像六国那样便利地从事诸如煮盐、矿冶、畜牧和经济作物种植业，进行商品生产。[1]统一以后，以前无古人、后无来者自居的秦始皇，视秦制为圣制、秦法为圣法，自然将秦国的法律制度推行全国，统一货币自然是情理中事，那些贵族和工商业主的货币、珠宝被迫退出流通领域，更不能像以往那样凭借其技术和资源私铸钱币以牟利，其聚敛财富的能力被大大地削弱了，其正常的商业经营也因此而中断或者受到限制。此外，授田制度的统一对东方私营工商业更产生根本性的影响。

众所周知，授田是战国通制，其基本标准都是每夫百亩，区别在于秦和六国对山川林泽的处理方式以及军功赐田制有所不同。秦为一民于农战，国家严格控制山川林泽，授予农民的大都是可垦地，官府设置禁苑、牧苑等开发山川林泽，农民只能在规定的时间内按照规定的条件使用山川林泽。在这种体制之下，农民即使想弃农经商，也因为经济资源的限制而难以进行。而六国则不同，对山川林泽的管理模式有异于秦，不是由官府垄断山川林泽统一经营，而是将其中的一部分折合成良田授给农民，起码在齐国是如此，如银雀山汉墓竹书《田法》在叙述“地均”之法时云：

> “邑之名山林，可以为田器及可以为国之大器者，县不得之制也。恒山林□□□者，县得制之……大才之用焉，五而当一。山有木，无大材，然后斤斧得入焉，九而当一，秃……□□蘼(镰)缧得入焉，十而当一。秃尺(斥)津□……罔(网)得入焉，七而当一。小溪浴(谷)古(罟)罔(网)不得入焉，百而当一。美雳(沈)泽蒲苇……□□石，百而当一……百而当一。”[2]

所谓“地均”之法就是在授田过程中用授田数量调节土地质量差别，以使农民的收入和赋役负担相一致，防止农民因为土地质量差别而苦乐不均。《管子·乘马》也有相同的记载，也称之为“地均”之法，内容更加详细。简义虽然没有明确说明这“五而当一”“十而当一”的具体内容，但从《田法》和《管子·乘马》的总体内容来看，这里的“五而当一”“十而当一”的“一”是一个授田单位，就是一顷。因为这些山林川泽土质瘠薄，所以增加授予数量，或五倍，或十倍，以

---

[1] 关于战国时期秦与六国经济结构的差别，参见田昌五、臧知非：《周秦社会结构研究》，西北大学出版社，1996年(下同)，第141—144、352—365页。

[2] 银雀山汉墓竹简整理小组：《银雀山汉墓竹简(壹)》，文物出版社，1985年(下同)，第146页。

至于百倍地授给农民，以调节其质量的差异。齐国有重渔盐桑麻的历史传统，姜尚在立国之初，就因地制宜地发展渔盐桑麻之利。田氏代姜以后，这一经济传统没有改变。在生产力不够发达的条件下，这些山林川泽的经济价值不大，但在生产力发展到一定程度以后，这些山林川泽的经济价值就远非普通农田可比了。山川林泽不适宜农耕，但适宜矿冶、煮盐、种植、畜牧业，齐国的私营工商业因此而迅速发展起来。

上举“地均”之法，并不是齐国特有的制度，而是六国通制，《周礼》所说的土地制度，无论是“九夫为井”还是“十夫为沟”，其基本原则都是用授田数量调节其质量的差异，只是在所谓的井田制之下，所授土地限于可耕地而没有涉及山川林泽而已。当然，银雀山竹书《田法》和《管子·乘马》一样，并不是政府颁布的法律，而是学者的自我设计，并不能视为国家法令。但是，其时之学者进行制度设计的目的是供执政者采择，设计内容不能脱离现实太远，否则就失去了现实意义。所以，虽然齐国的山川林泽和良田的折合比例或许和《田法》《管子》有出入，但其基本精神不会有本质的不同。如楚国，早在春秋时期就采取了与齐国相似的制度。《左传》襄公二十五年云：“楚蒍掩为司马，子木使庀赋，数甲兵。甲午，蒍掩书土田：度山林，鸠薮泽，辨京陵，表淳卤，数疆潦，规堰豬，町原防，牧隰皋，井衍沃，量入修赋，赋车籍马，赋车兵、徒兵、甲盾之数。既成，以授子木。”司马是主兵之官，“庀赋”即整顿土地人口、确立军赋数量。所谓“书土田”即登记土地。蒍掩根据土地质量，把土地分为九类，最后确定“赋车籍马，赋车兵、徒兵、甲盾之数”。至于如何登记、如何计算，注家是见仁见智，其中以杜预和贾逵最有代表性，而以贾逵注解更接近于事实。贾逵认为，蒍掩治赋的方式就是将九种土地按照一定比例折合成井田，按井征收军赋。九夫为井，井九百亩，而山林、薮泽、京陵、淳卤……之地，土质瘠薄，自然不能和良田等同，就增加土地面积，如“山林之地，九夫为度，九度而当一井也；渊泽之地，九夫为鸠，八鸠而当一井也；京陵之地，九夫为辨，七辨而当一井也；淳卤之地，九夫为表，六表而当一井也；疆潦之地，九夫为数，五数而当一井也；堰豬之地，九夫为规，四规而当一井也；原防之地，九夫为町，三町而当一井也；隰皋之地，九夫为牧，二牧而当一井也。衍沃之地，百亩为夫，九夫为井”。这里，贾逵把度、鸠、辨、表、数、规、町、井都解释为名词，是不同土地的面积单位名称，不知其训诂依据何在，这里不去追究。把九夫为井作为基本标准，把各种土地都按照质量好坏折合成井田而后确定军赋，尽管折合比例不一定如贾逵所说的那样，其思路无疑是正确的，和《管子·乘马》、银雀山竹书《田法》的基本精神正相一致。[1]降至战国，每夫百亩的授田制普

---

〔1〕 关于楚国蒍掩治赋的分析，参见田昌五、臧知非：《周秦社会结构研究》，第114—118页。

遍化以后，当这些山林川泽逻辑地折合成良田授给农民，工商业自然发展起来。

所以，我们有理由说，六国的工商业主有相当一部分是凭借其在授田过程中获得的山川林泽而发展起来的。若从土地占有方式上看，这些工商业主的资源是通过授田的合法途径得来的；若从占田数量上看，这些工商业主的实际占田数量远远超过了他们应该占有的数量标准。秦朝统一授田制度，这些工商业主没有尺寸之功，没有任何爵位，只能按照每夫百亩的标准占有土地，多出的部分要收归国有，必然丧失其原来的生产条件，其商品生产因此而中断。

六国工商业主按照政治地位可以分为身份性和非身份性两类。上述工商业主是非身份性的，而各国宗室贵族也兼营工商业，并因为其政治特权广占土地和山川林泽而富甲一方，他们则是身份性工商业主。在统一之后，他们沦落为庶人，也没有资格占有其原来的土地，其原有的土地被收归国有，其原来的商品生产也中止了。所以，仅从土地制度的层面分析，无论是身份性工商业主还是非身份性工商业主，在统一以后都无法继续其原来的经济活动。

六国的工商业主以及豪强大姓，在因为新的土地制度的推行而丧失其商品生产条件的同时，又因为新货币制度的推行，其手中的钱币、珠宝不能流通，想通过贱买贵卖以牟利也不可能，原来的商业贸易因此萎缩。因此之故，抛开六国宗室贵族亡国之恨不谈，就从经济利益的角度看，这些贵族也必然地和普通工商业主、豪强大姓们结成反秦联盟，抵制秦朝法律制度的实行。所以，秦始皇才大规模地迁徙豪强，把他们统统迁离原籍，最后把商人或者曾经是商人，父母、祖父母是商人的也统统迁离原籍，发配岭南。〔1〕所以，无论在理论上还是在实践上，秦朝统一并非必然地促进全国的经济交流，其统一货币更没有促进商品经济的发展。因为秦朝实行的各项经济措施的客观结果是将六国的经济结构统一到秦国的模式中来，即使秦始皇在主观上没有改变六国经济结构的企图，并非一味地“上农除末”，不采取迁徙豪强、谪发商人这样的极端手段消除地方不安定因素，六国的工商业发展也因为新授田制的推行、生产条件的丧失而难以为继，而统一货币制度，则进一步萎缩了六国地区的经济贸易。所以，不能由理论到理论、想当然地认为秦朝统一货币制度就一定促进经济交流和商品经济的发展，商品经济是否发展、发展程度如何，并不取决于货币制度本身，而取决于经济结构和经济政策。

---

〔1〕《汉书》卷四十九《晁错传》云：“先发吏有谪及赘婿、贾人，后以尝有市籍者，又后以大父母、父母尝有市籍者，后入闾，取其左。”

二

明白了秦朝统一货币的历史真相和功能以后，我们对西汉前期的经济结构和货币制度的变迁就好理解了。

随着秦朝的灭亡，由国家控制的货币的铸造和发行处于真空状态，重返故里的工商业主，包括部分六国贵族在内，自然地运用其传统资源和技术，铸造货币以牟利，同时也适应市场交换的需要。布衣出身的刘邦集团了解民间疾苦，知道民心向背，明白如果继续秦朝的货币制度，打击民间铸币行为，可能引发新的矛盾，既不利于新生政权的稳定，国家也没有足够的财力铸造和发行货币以满足恢复经济的迫切需求。故而，建国伊始，刘邦即将私人铸币合法化。《史记·平准书》云："汉兴……齐民无藏盖。于是为秦钱重难用，更令民铸钱。"《汉书·食货志》则明确记载刘邦令民所铸之钱为"荚钱"，云："汉兴，以为秦钱重难用，更令民铸荚钱。"金属货币是称量货币，其铸造质量和发行数量受到金属拥有量的制约，其购买能力也由货币的重量和质量所决定。秦朝统一货币的目的是强化国家对经济的控制，以其强大的政治力量和对资源的垄断，发行半两钱，实重和文重一致，质量和重量都有保证。但是，货币在流通过程中，其购买力又是按照钱文显示的重量计算的，在交换过程中，实重小于文重的钱币可以获取更多的利益，私铸轻钱就成为牟利最快捷的途径。所以，盗铸的钱币实重自然小于半两，至于私铸钱币的实际重量必然五花八门，又不利于经济交换的正常进行。既然国家没有足够的财力发行新货币，禁止私铸不仅不利于经济恢复，还会引起新的动乱，不如统一货币重量、承认私铸为合法，故"更令民铸荚钱"。荚钱重量是三铢，只有秦半两钱的四分之一，而文重仍然是半两，因为其形如榆荚而名荚钱。深入认识这一举措的意义，还要从汉初的政治形势说起。

刘邦称帝之初，欲定都洛阳，娄敬认为不能定都洛阳，因为洛阳虽然曾经是西周的都城，有交通上的便利，但时代不同，不能效法西周，因为周成王、康王是在其列祖列宗多年经营的基础之上，在已经赢得人心的前提下才定都洛阳的，而刘邦取天下的方式不同于周，也就不能效法古人。娄敬对刘邦说：

> "陛下起丰沛，收卒三千人，以之径往，卷蜀汉，定三秦，与项籍战荥阳，大战七十，小战四十，使天下之民肝脑涂地，父子暴骸中野不可胜数，哭泣之声不绝，伤夷者未起，而欲比隆成康之时，臣窃以为不侔矣。且夫秦地被山带河，四塞以为固，卒然有急，百万之众可具。因秦之故，资甚美膏腴之地，此所谓天府。陛下入关而都之，山东虽乱，秦故地可全而有也。"[1]

[1] 《汉书》卷四十三《娄敬传》，第2119—2120页。

这实际上是委婉地说你刘邦的天下不是从秦人手中夺来的，而是夺了六国宗室的胜利成果。秦朝灭亡固然与陈胜、吴广起义点起的燎原大火有关，但秦朝并非亡于农民起义，而是六国的复国运动，项羽就是这场复国运动的代表。刘邦和项羽的正面之争，韩信从侧面出兵燕赵、攻灭田齐，都是刘邦和六国贵族在争夺天下。那些失去胜利果实、复国梦想破裂的六国宗室之后固然对出身卑微的刘邦集团心生怨恨，就是那些阵亡士卒的家属们，对新建立的汉家政权也心存不满，一句话，刘邦缺少建都洛阳的社会基础。而关中，不仅有地势之利，更有深厚的人心基础。早在刘邦入关之时，就和关中父老"约法三章"，并令关中吏民"皆按堵如故"，已经赢得了关中人心，关中吏民都盼望着刘邦做关中王。及项羽入关，纵火焚烧咸阳以报亡国之恨时，关中吏民更是怀念刘邦。在以后的楚汉战争中，关中吏民坚定不移地支持刘邦，刘邦才能屡败屡战，取得最后胜利。所以，娄敬这番话，虽然只说了关中有地理优势，但和上文对照，已经暗示刘邦，建都关中有人心基础。人和与地利合一，当然有利于巩固对天下的控制。这也提出了另一个问题，就是巩固天下的核心问题是如何防止六国宗室之后复国。刘邦采用两项措施，一是分封宗室子弟为王，授予这些王以治民全权，以紧急应付可能出现的动乱。二是迁移六国宗室和豪强大姓于关中，防止他们相互勾结，为害汉家江山。分封同姓王是效法西周，而迁移豪强和六国宗室则是效法秦始皇。但是，刘邦之迁移豪强和秦始皇的区别在于，秦始皇在政治上打击六国豪强大姓势力的同时，在经济上也剥夺其财产。而刘邦则采用赎买的政策，这也是娄敬出的主意，娄敬劝刘邦"夫诸侯初起时，非齐诸田，楚昭、屈、景莫与。今陛下虽都关中，实少人。北近胡寇，东有六国强族，一日有变，陛下亦未得安枕而卧也。臣愿陛下徙齐诸田，楚昭、屈、景、燕、赵、韩、魏后，及豪杰名家，且实关中。无事，可以备胡，诸侯有变，亦足率以东伐。此强本弱末之术也"〔1〕。"备胡"是次要的，防止六国宗室与豪强联合起来像反对秦朝那样反对自己才是主要的。所以刘邦立即接受了娄敬的建议，于九年十一月"徙齐楚大族昭氏、屈氏、景氏、怀氏、田氏五姓关中，与利田宅"〔2〕。这五姓只是代表，实际迁徙的远远不止这五姓，而包括了六国豪强工商业主，以及开国功臣二千石以上人家，司马迁谓"汉兴……徙豪杰诸侯强族于京师"〔3〕。刘邦在平定淮南王英布以后表白自己论功行赏时曾说"吏二千石，徙之长安，受小第室"〔4〕。可见，刘邦移民的对象不止于六国宗室。

---

〔1〕《汉书》卷四十三《娄敬传》，第 2123 页。

〔2〕《汉书》卷一下《高帝纪》，第 66 页。

〔3〕《史记》卷一百二十九《货殖列传》，中华书局，1959 年(下同)，第 3261 页。

〔4〕《汉书》卷一下《高帝纪》，第 78 页。

但是,刘邦将豪强大姓移往关中以后,不是像秦始皇那样把他们的财产剥夺之后流放到巴蜀和西北地区[1],而是将他们安置在京师附近,"与利田宅"。按西汉和秦朝一样,实行授田制度,土地和住宅都由国家按照身份高低授予,普通平民每夫一顷土地、一区住宅;有军功爵位者再根据爵位高低增加授田,最低一级爵位公士授田一顷半、住宅一区半,最高一级列侯授田一百零五顷、宅一百零五区。这儿的一顷是国家认定的良田,对于劣质土地和那些山川林泽如何处理,汉初的法律未见规定,但从逻辑上分析,应是和战国一样,增加授田数量以调节质量,因为汉初的田税(当时租、税合一,也可以称为田租)和战国一样都是以顷为单位的定额税,无论耕种与否、收成如何,对于庶人而言,土地一经授予,必须如数交纳额定的田税。[2]这些被迁徙的人,没有任何爵位,而且大部分曾经是刘邦争夺天下的对手,刘邦完全有理由把他们流放到边远地区,按照庶人的待遇授给他们田宅就很不错了。但是,刘邦吸取了亡秦的教训,不是把他们流放到边远地区,而是把他们置于帝辇之下,且"与利田宅"。这儿的"与利田宅"不能简单地理解为按照授田制度规定标准授给他们优质土地和位置好的住宅,而是不局限于制度标准,多授予土地住宅,以示汉家对他们的优抚之意,让他们安心关中。立国伊始,面对满目疮痍的社会现实,刘邦把恢复经济放在首位,其重要措施就是放宽对私营工商业的控制,所谓"开关梁、弛山泽之禁"云云,就是放松对山川林泽的控制,允许私人使用,出现了"富商大贾周流天下,交易之物莫不通"[3]的一片繁荣的商业景象。这些富商大贾的主力就是被迁移的工商业主、豪强大姓。这些豪强大姓本来就有经商的传统和经验,在复国梦想已经破灭的时候,只有集中力量追求财富,发挥其特长经营工商业。

工商业的发达,对货币的需求增加,必然导致民间盗铸行为的泛滥,盗铸的主力就是那些有实力、有技术、有经验的工商业主,其中也包括那些被迁移关中的豪强大姓。上已指出,铜钱虽是称量货币,其价值决定于其自身的重量和质量,但作为一般等价物,在流通过程中,其价值和价格是分离的,人们是按照铜钱的面值计算价格的,因而盗铸的铜钱重量要小于文重才能使利益最大化,所以汉初民间铸币的重量轻于半两。站在国家的立场,私人铸币是对国家权力的破坏,以轻充重、以次充好更为国家所不许。但是,在汉初的历

---

〔1〕 秦汉时代,广义的关中包括巴蜀地区在内,《史记》卷七《项羽本纪》云项羽、范增"疑沛公之有天下……乃阴谋曰:'巴、蜀道险,秦之迁人皆居蜀。'乃曰:'巴、蜀逸亦关中地也。'故立沛公为汉王,王巴、蜀、汉中"。《汉书》卷二十八《地理志下》云"定襄、云中、五原,本戎、狄地,颇有赵、齐、卫、楚之徙"。这儿的"赵、齐、卫、楚之徙"是指秦朝迁移赵、齐、卫、楚等国的豪强大姓。

〔2〕 关于西汉授田制度,参阅拙作《西汉授田制度与田税征收方式新论》,《江海学刊》,2003年第3期,见本集。

〔3〕《史记》卷一百二十九《货殖列传》,第3261页。

史条件下，刘邦如果禁止私人铸币，打击私人铸币行为，首当其冲的是那些被迁移关中的豪强大姓，显然在政治上不利于汉政权的稳定。他们已经失去了故国和家园，把他们迁往关中“与利田宅”的目的就是以怀柔的方式满足他们的经济需求以防止他们为乱地方。如果因为私铸钱币将他们绳之以法，显然是在政治上把他们推往汉王朝的对立面，制造新的不稳定因素，他们必然千方百计逃离关中，挣脱中央政府的控制。在当时的条件之下，这些豪强大姓若逃离关中，虽然不至于像在秦朝那样发起复国运动，但仍然增加关东地区动乱的可能性，甚至会壮大诸侯王国的力量，威胁着中央政权的安全。

上已指出，刘邦称帝以后，在剪灭异姓王的同时，又将关东大部分地区封给宗室子弟为王，授予他们治理王国的军政全权。全国四十余郡，中央直接控制的包括京师地区在内只有十五个。刘邦的初衷是希望他们拱卫中央，同心同德，保卫刘家江山千秋万代。但是，刘邦深知权力之争的残酷，对这些宗室子侄未来的动向充满着不安，担心自已死后发生内乱，刘邦对吴王刘濞的告诫反映了刘邦真实的心态。将六国豪强贵族置于帝辇之下，“与利田宅”，放松对工商业的限制，实际上也是对同姓王的防范，防止这些同姓王利用这些豪强大姓的财力和社会影响力对抗中央。娄敬说的“强本弱末”之“末”不完全是针对六国之后，而是包含了同姓王国在内的。

三

汉初的货币制度，到吕后二年发生改变，即禁止私铸。《汉书·高后纪》云：“行八铢钱。”应劭注谓“本秦钱，质如周钱文曰半两，重如其文，即八铢也。汉以其太重，更铸荚钱，今民间名榆荚钱是也。民患其太轻，至此复行八铢钱”。按秦汉衡制，二十四铢一两，半两十二铢〔1〕，秦钱文重和实重相等，应劭谓吕后发行的八铢钱是恢复秦钱显然是错的。但是，吕后之“行八铢钱”在货币铸造和发行权方面确实恢复了秦制。张家山汉简《二年律令·钱律》关于货币种类、质量、铸造、流通有着详细的规定：

“钱径十分寸八以上，虽缺铄，文章颇可智（知），而非殊折及铅钱也，皆为行钱。金不青赤者，为行金。敢择不取行钱、金者，罚金四两。”

“故毁销行钱以为铜、它物者，坐臧（赃）为盗。”

“为伪金者，黥为城旦舂。”

“盗铸钱及佐者，弃世。同居不告，赎耐。正典、田典、伍人不告，罚金四两。或颇告，皆相除。尉、尉史、乡部、官啬夫、士吏、部主者弗得，罚

〔1〕《史记·平准书》“更令民铸钱”《索隐》顾氏按：“《古今注》云‘秦钱半两，径一寸二分，重十二铢’。”这是标准钱，直径和重量相一致，直径一寸二分，重十二铢，直径八分的标准钱币重量最多八铢，而不可能是半两（即十二铢）。

金四两。”

“智(知)人盗铸钱,为买铜、炭及为行其新钱,若为通之,与同罪。”

“捕盗铸钱及佐者死罪一人,予爵一级。其欲以免除罪人者,许之。捕一人,免除死罪一人,若城旦舂、鬼薪、白粲二人,隶臣妾、收人、司空三人以为庶人。其当刑未报者,勿刑。有(又)复告者一人身,毋有所与。诇告吏,吏捕得之,赏如律。”

“盗铸钱及佐者,智(知)人盗铸钱,为买铜、炭及为行其新钱,若为通之,而能颇相捕,若先自告、告其与,吏捕,颇得之,除捕者罪。”

“诸谋盗铸钱,颇有其器具未铸者,皆黥以为城旦舂。智(知)为买铸钱具者,与同罪。”[1]

《钱律》即吕后在发行八分钱时颁布的货币管理法。根据整理者的注释,“十分寸八”即十分之八寸,也就是八分,“钱径十分寸八”就是吕后发行的八分钱。根据上举律文,吕后《钱律》的基本内容有如下几项:第一,规定铜钱和黄金的质量标准和法币地位,将铜钱的重量由刘邦时代的三铢改为八铢,再次明确二者都是主币,不得选择黄金而拒绝使用铜钱。第二,打击制造“伪金”和毁钱为器的行为,保护黄金和铜钱的货币价值和功能。第三,由国家铸造货币,严厉打击盗铸行为。盗铸及其协助人员、使用盗铸钱币者一律弃市,家人知情不举者“赎耐”,同伍以及基层相关小吏不检举者罚金四两;县、乡负责官吏没有及时抓捕者罚金四两。盗铸未遂者“黥为城旦舂”。第四,对检举、追捕盗铸及其同谋的有功人员赐予爵位,允许用所赐爵位免除罪人。抓到一个盗铸者及其同案犯一人,赐爵一级;可以用爵位赎免罪人,可以赎免死罪一人,城旦舂、鬼薪、白粲二人,隶臣妾三人。案件已经判决但还没有上报终审者不再上报。此外,终身免除举报人的徭役义务。第五,盗铸或者协助盗铸人员自首或者协助抓捕其他案犯,免除自身责任。

云梦秦律《封诊式》有举报拘捕盗铸钱的案例,云:“某里士伍甲、乙缚诣男子丙、丁及新钱百一十钱、容(镕)二合。告曰:‘丙盗铸此钱,丁佐铸。甲、乙捕索其室而得此钱、容(镕),来诣之。’”[2]丙是主犯,丁是从犯,无论主从,一律送官究治。上举汉简《钱律》显然是秦律的发展,极大地丰富了我们对秦律的认识,同时也说明了吕后打击盗铸钱币的力度。

《史记·平准书》谓刘邦放铸榆荚钱以后,“不轨逐利之民,蓄积余业以稽市物,物踊腾粜,米至石万钱,马一匹则百金”。一句话,是钱多轻滥,物价上涨,刺激了工商业主操纵市场的投机行为。吕后之颁布《钱律》,禁止私铸,就是针对这一形势的。显然,颁布《钱律》对当时经济形势的影响是冲击性的。

---

〔1〕 张家山汉墓竹简整理小组:《张家山汉墓竹简(二四七号墓)》,文物出版社,2001年,第159—161页。
〔2〕 睡虎地秦墓竹简整理小组:《睡虎地秦墓竹简》,文物出版社,1978年,第252—253页。

原来的荚钱在法律上成为非法，不能继续流通，工商业主手中的荚钱也就失去其货币功能，因为禁止私铸钱币，想铸轻为重也不可能。所以，吕后《钱律》必然受到工商业主的反对和抵制。同时，就当时的政治形势而言，其《钱律》的施行范围和效果都是有限的，这不仅是因为工商业主的抵制，更因为当时中央法律在诸侯王国效力有限。

上已指出，汉初诸侯王拥有治理封国的全权，有相当大的自主性，在经济上除了向中央象征性地交纳"献费"以外，所有收入都归王国所有，诸侯王受封以后也将封国作为自己的私产在经营，千方百计地壮大国力，如招徕人口、发展经济，那些不见容于中央政府的关东士人也都投靠在诸侯王门下，施展自己的抱负，为王国兴旺发达出谋划策。从张家山汉简《贼律》《津关令》等律文来看，起码在吕后时期，中央政权和诸侯王国俨然是国与国的关系，中央严禁马匹、物资、人口私自出关，严禁诸侯王国人在关中购买马匹，在中央与诸侯王国边境上有城塞亭障等军事设施，并不时发生军事摩擦。〔1〕所以，从理论上说，王国应该执行汉法，但在实际上，王国莫不自行其是，因地制宜地治理国家。《汉书・荆燕吴传》谓"会孝惠、高后时天下初定，郡国诸侯各务自拊循其民。吴有豫章郡铜山，即招致天下亡命者盗铸钱，东煮海水为盐，以故无赋，国用饶足"。"郡国诸侯各务自拊循其民"说明地方有较大的便宜处事权，王国就更加自专了。所以吴王刘濞能够"即招致天下亡命者盗铸钱，东煮海水为盐，以故无赋，国用饶足"。容纳逃亡人员是违法行为，而刘濞是公开地"招致天下亡命者"并且"盗铸钱"。这"盗铸钱"是司马迁站在中央立场上就吕后《钱律》规定而言的，就当时吴国来说，铸钱是公开的合法行为。其他王国可能没有吴国这样公开，但绝不排除自行铸钱的存在。在这个政治格局之下，中央禁止铸钱的施行范围不过局限于中央直辖郡县而已。那些在中央地区受到打击、无法铸钱以牟利或者因为铸钱而犯法者自然地逃往诸侯王国，其结果是为渊驱鱼，客观上壮大了诸侯王国的力量。

吕后发行的八分钱较刘邦荚钱重得多，铸造成本高，国家没有足够的铜，其发行量自然有限，市场流通的数量有限，钱重物轻，会产生物贱伤农的结果。所以吕后六年，"行五分钱"，即改八分钱为五分钱。应劭说这五分钱即"所谓荚钱者"。显然，应劭的理解是错误的，班固说得很明白，荚钱是刘邦发行的三铢钱。按照上引《钱律》推算，八分钱重八铢，五分钱重量应是五铢，其文重仍然是半两。改八分钱为五分钱，仅仅是钱币重量的改变，并没有改变国家铸币的性质。到汉文帝时正式允许私人铸币。《汉书・文帝纪》云五年"四月，除盗铸钱令。更造四铢钱"。应劭注云"文帝以五分钱太轻小，更作四

〔1〕 参阅臧知非：《张家山汉简所见汉初中央与诸侯王国关系论略》，《陕西历史博物馆馆刊》第10期，三秦出版社，2003年。

铢钱,文亦曰半两,今民间半两钱最轻小者是也”。《食货志》记载稍详,云“孝文五年,为钱益多而轻,乃更铸四铢钱,其文为半两。除盗铸钱令,使民放铸”。按五分钱重量为五铢,重于新发行的四铢钱,所以应劭说的“文帝以五分钱太轻小”“乃更铸四铢钱”,于理不通。“为钱益多而轻”之钱并不是指吕后发行的五分钱。《史记·平准书》云“至孝文时,荚钱益多,轻,乃更铸四铢钱。其文为半两,令民纵得自铸钱”。“荚钱益多,轻”而“更铸四铢钱”,说明荚钱小于四铢,这儿的荚钱只能是刘邦时代的三铢钱。其时距离吕后发行八分钱已经十一年,使用五分钱也有七年,而民间却越来越多地使用荚钱。显然,这些荚钱不是国家铸造发行的,而是民间私人铸造。面对这个形势,文帝有两种选择:一是严格执行盗铸钱令;一是因势利导,索性使私人铸币合法化。文帝选择了后者。这是有其深刻的政治、经济原因的。

文帝以外藩入继大统,执政的首要任务是稳定朝政、收揽人心。这除了重赏剪灭诸吕的功臣和优抚刘氏宗室以外,就是在深层次上消除秦朝留下的苛政,放手发展经济,矫治以往弊政。众所周知,打击私营工商业是秦朝经济政策的特点之一,垄断铸币、严惩盗铸是其重要手段,也是招致六国豪强宗室反对的重要原因。因此之故,刘邦才“令民铸钱”,这既是恢复经济的需要,也是收揽人心的举措。吕后之收回铸币权,在一定程度上恢复秦朝制度,限制了工商业主的牟利途径,同时也影响了私营矿冶业的发展,必然引起工商业主的不满。所以文帝即位以后,力行节俭,顺从民望,“宫室苑囿车骑服御无所增益,有不便,辄弛以利民”〔1〕。所谓“弛以利民”即放松对苑囿的控制,允许农民开发使用,不和民争利。这“弛以利民”之“民”是泛指,包括那些富商大贾在内。放松对苑囿的控制,获利最大的当然是那些财大势大的工商业主和大大小小的军功地主。文帝以重农自居,即位伊始就亲开藉田,以作为天下表率,但是现实则是“民或不务本而事末”〔2〕。正说明文帝时私营工商业势头迅猛,私铸钱币必然普遍。按照《钱律》严格执行,私铸钱币者无论主从一律死刑,则犯法者众,显得法律残酷,同时会把那些不轨逐利之民推向诸侯王国,仍然起不到禁止私人铸币的作用。与其禁而不止,不便于民,不如“除盗铸钱令”,将私人铸币合法化,这样不仅符合减轻刑罚的仁义之道,那些工商业主也不会因为铸币的限制而逃往诸侯王国,同时也有利于山林资源的开发使用。

文帝之“除盗铸钱令”,并非放弃国家对货币铸造和流通的监管责任,所除者是国家对铸造钱币的垄断,但钱币的质量则有着严格的规定,禁止掺杂使假。也就是说,国家虽然允许私人铸造钱币,但私人铸币必须严格按照国

〔1〕《汉书》卷四《文帝纪》,第134页。
〔2〕《汉书》卷四《文帝纪》,第118页。

家规定的标准执行。贾谊在上文帝书中透露了这一历史信息：

“法使天下公得雇租铸铜锡为钱，敢杂以铅铁为它巧者，其罪黥。然铸钱之情，非殽杂为巧，则不可得赢；而殽之甚微，为利甚厚。夫事有召祸而法有起奸。今令细民人操造币之势，各隐屏而铸作，因欲禁其厚利微奸，虽黥罪日报，其势不止。乃者，民人抵罪，多者一县百数，及吏之所疑，榜笞奔走者甚众。夫县法以诱民，使入陷阱，熟积于此！曩禁铸钱，死罪积下；今公铸钱，黥罪积下。为法若此，上何赖焉？”[1]

按吕后《钱律》，“为伪金者，黥为城旦舂”。“伪金”是指假黄金。黄金和铜钱都是法定货币，制作假黄金者“黥为城旦舂”，则铸造劣质钱币者应该与“为伪金者”同罪。贾谊说的“敢杂以铅铁为它巧者，其罪黥”即本于此。说明文帝虽废除吕后《钱律》的内容，但犯法违禁者并没有因为“除盗铸钱令”而有减少，只是量刑不同，由原来的死刑变为黥刑而已。“曩禁铸钱，死罪积下；今公铸钱，黥罪积下”，以前是冒死罪盗铸钱，现在虽然可以公开铸钱，但因为所铸钱币质量问题被处以黥刑者更多。铸钱合法而非法者更多，等于“县法以诱民”。这正说明文帝时对货币质量要求严格。当然，其效力仅局限于朝廷直属郡县，各王国的货币铸造情况中央是无法过问的。

法律规定和实际执行总是有一定距离的。文帝颁行四铢钱以后，原来的荚钱、五分钱、八分钱以及秦的半两钱并没有退出流通领域，都在继续使用。贾谊指出：

“又民用钱，郡县不同：或用轻钱，百加若干；或用重钱，平称不受。法钱不立，吏急而一之乎，则大为繁苛，而力不能胜；纵而弗呵乎，则市肆异用，钱文大乱。苟非其术，何向而可哉！”[2]

贾谊是站在法令统一、令行禁止的立场上分析文帝除盗铸钱令的利弊的。认为允许私铸的目的是解决钱文混乱这一问题，用四铢钱取代其他货币，结果导致郡县用钱轻重不同，即使严格执法，也难以实现统一货币的目的，相反会导致新的混乱形成。

贾谊也明白，简单地像以往那样禁止私人铸钱既不能解决钱币的盗铸和掺杂使假问题，也不能解决货币紊乱的问题，因为只要民间有铜，铸造钱币的基础存在，就不可能杜绝盗铸现象。因而贾谊提出把所有铜都收归国家，禁止私人采铜。由于民间无铜可用，私人铸钱自然根除，国家统一铸币，钱币轻重成色数量都由国家掌握，物价轻重也就好控制了，同时那些离开土地以采铜为业的人也不得不回到土地上去；此外，铜是贵金属，国家用来赏赐臣下，区别贵贱，同时铸造兵器，增强国力，提高反击匈奴的力量。从理论上说，贾

---

〔1〕《汉书》卷二十四下《食货志下》，第1153—1154页。

〔2〕《汉书》卷二十四下《食货志下》，第1154页。

谊的建议有其一定的合理性和可行性，后来汉武帝统一由上林三官铸造、发行五铢钱和贾谊的主张有一定的相通之处。但在当时来说，贾谊的建议无疑是书生之论，不具备实现的基础。首先，文帝治国在经济上是农商并重，而采铜、冶铁、煮盐同为生财之道，国家垄断采铜，其他矿冶业何以处之？怎能确定无法采铜的农民就一定回到土地上而不是转而采金挖银或者炼铁煮盐？其次，在当时的政治格局下，中央号令在诸侯王国最多是有限实行，无伤于王国实际利益者，诸侯王们或者执行，或者则自行其是。若中央禁止私人采铜，诸侯王国则放任私铸，那些工商业主、弃农经商者必然逃往诸侯王国，这是汉文帝所最不愿意看到的。所以，贾谊的建议只能停留在书面上，“上不听”。

四

文帝治国以重农见称，躬耕藉田、劝民农耕、减免田税、减轻徭役等一系列措施，目的都是减轻农民负担。但是，若比较而言，文帝时期更是私营工商业的黄金时期。众所周知，西汉立国以后，力矫秦朝之弊，曾放宽对私营工商业的限制，“开山泽之禁，弛商贾之律”。但这是笼统而言的，从刘邦立国到文帝时期，西汉的工商业政策还是有变化的，刘邦立国伊始曾采取放任的工商业政策，后来又有所限制，惠帝、吕后时又有所放松，即“复弛商贾之律”。这一个“复”字说明了以往曾经弛而复紧。这“复弛商贾之律”的内容不详，但有一点是可以确定的，就是国家开放山川林泽。张家山汉简《二年律令·金布律》云：

> “诸私为卤盐，煮济、汉，及有私盐井煮者，税之，县官取一，主取五。采银租之，县官给橐，□十三斗为一石，□石县官税□□三斤。其□也，牢橐，石三钱。租其出金，税二钱。租卖穴者，十钱税一。采铁者五税一；其鼓销以为成器，有（又）五税一。采铅者十税一。采金者租之，人日十五分铢二。民私采丹者租之，男子月六斤九两，女子四斤六两。”〔1〕

这是吕后二年以前颁布的对私营煮盐、采银、冶铁、采铅、采金等矿冶业的税收规定，因为简文漫漶和简略，个别词句的含义尚不清楚，但主要内容是明白的。据律文，不同行业、不同经营方式的征税方式和征税额不同。按上举内容，分类言之有四种情况。一是对盐业的税收规定。无论是煮海水为盐，还是井盐或者以其他方式煮盐，税收都是“县官取一，主取五”。这儿的“县官”是国家的代称，“主取五”之“主”当是盐田或盐井的所有权人。盐田或盐井的拥有者不直接经营煮盐业，将其租给他人经营，官府明令经营者将产值的五

〔1〕张家山汉墓竹简整理小组：《张家山汉墓竹简（二四七号墓）》，第192页。关于律文的解释，参阅拙作：《张家山汉简所见西汉矿业税收制度试析——兼谈西汉前期“弛山泽之禁”及商人兼并农民问题》，《史学月刊》，2003年第3期。

分之一交给国家，十分之五交给矿主。这是一种承包经营方式，至于那些直接经营者纳税多少，因简文不全，不得而知。二是对采银业主的税收的规定。分三种情况：使用官府提供的橐和自备橐者，分别按产值交纳不同比例的税收，用官橐者比例大，自备橐者比例小；若将银矿出租或者出卖则“十钱税一”。律文的“租其出金，税二钱”所指不明，详情待考。三是对冶铁采铅业的规定。只从事冶铁不从事铁器加工者收五分之一的税，若冶铁兼营铁器制造业，再征收五分之一的累进税；向采铅业主收十分之一的税收。四是对采金和采丹业的规定，因为黄金和丹砂系贵重矿产，故采用按人征收定额税制：采金者按人按天计算，每天每人收黄金“十五分铢二”即十五铢二分；采丹则按人按月收取，男子每月六斤九两，女子每月四斤六两。

无论税收方式如何和税收数量多少，都表明一个事实，即在吕后时代，国家山川林泽是向私人开放的，只要按章纳税，就可以开采。因此之故，铸造钱币禁而难止，贾谊才提出国家要从源头杜绝盗铸钱币的可能性，收回矿山的开采权，并把所有的铜都控制在国家手中。而文帝“除盗铸钱令”的时候，山川林泽自然继续向私人开放，而私人铸币合法化，工商业主直接铸造钱币，既可以通过流通领域如购买田宅牟利，也可以贮藏的方式积聚财富，国家的徭役赋税都可以用钱币交纳，从而获得更多的人身自由，使国家对自身的控制弱化。[1]一句话，有了钱就有了一切。在这个现实面前，拜金主义必然风行。而当时田税征缴是实物和货币并举，货币的比重要大于实物，一心务农者必须出卖实物以完税，结果是一年四季，受尽辛苦，收获很少，还要受到商人的剥削，农民自然是想方设法地“弃本逐末”，加入到矿冶采铜的大军之中，贾谊说的“今农事弃捐而采铜者日蕃，释其耒耨，冶熔炊炭，奸钱日多，五谷不为多”[2]，并不是文学性的夸张，而是普遍性的社会存在。不过，贾谊所说的“冶熔炊炭”仅是农民“释其耒耨”的目的之一，远非全部。铸造钱币并非人人可为，更要受到资源的限制，当全社会都铸造钱币时，钱币数量激增，其购买力下降，自然会贬值，这是市场规律使然。所以，农民离开土地以后，并不一定都像贾谊说的那样“冶熔炊炭”，而是有着更多的选择。《史记·货殖列传》曾概括地叙述了西汉前期各地的畜牧、种植、矿冶的发展盛况以及那些名都大邑之中富商巨贾的财富状况，形象地说明了当时经济结构的多样性，如谓：“陆地牧马二百蹄，牛蹄角千，千足羊，泽中千足彘，水居千石鱼陂，山居千章之材。安邑千树枣，燕、秦千树栗；蜀、汉、江陵千树橘；淮北、常山已南，河济之间千树萩；陈、夏千亩漆；齐、鲁千亩桑麻；渭川千亩竹，及名国万家之城，带

〔1〕 西汉前期田税制度和国家对居民的控制，参阅拙作《西汉授田制度与田税征收方式新论》，《江海学刊》，2003年第3期；《秦汉里制与基层社会结构》，《东岳论丛》，2005年第6期。

〔2〕《汉书》卷二十四下《食货志下》，第1155页。

郭千亩亩钟之田,若千亩卮茜,千畦姜韭:此其人皆与千户侯等。"[1]这儿的"千"是泛指其多,所谓的"千足羊""千足彘""千树荻""千亩桑麻"等并非就是一千亩。这些畜牧、种植业主起码有相当一部分是由农民转化而来,从身份上说,他们也是农民的一部分,区别在于他们进行生产的主要目的不是自身消费,而是出卖,其生产的是商品,他们是商品生产者,已经和一般意义上的农民不同了。

经营种植业、畜牧业是要有资源的,这"千石鱼陂""千亩漆""千亩桑麻""千亩竹"等大片的山林川泽要永久性地固定在私人名下才能成为私产,才能使这些人成为和"千户侯等"的豪富。这些山川林泽从何而来?国家"弛山泽之禁"是否意味着个人可以无偿使用山川林泽?答案是否定的。从张家山汉简《二年律令》以及其他文献和简牍资料来看,西汉的人口管理和基层行政制度十分严格,和秦朝没有差别,所有人口都被编制于户籍之上、固定于相应的里内,按照身份,分区居住,出入行止,相互监督,同伍连坐,里民们起码在制度规定上是没有行动自由的。如果"弛山泽之禁",农民可以自由使用山川林泽,其居住和生活形态相应改变,无法监视其出入,也不存在统一时间开、关里门的问题,则意味着对基层行政管理系统的否定,这在逻辑和事实上都不可能。[2]所以,确定这些山川林泽的来源,还要从授田制度上找根源。上已指出,早在战国时代,授田制度的基本原则是"相地而衰征",即用土地数量的多少调节质量的差异,良田按标准授予,每夫百亩,质量差的土地则加倍、再倍,直至五倍、十倍以上。西汉授田制由战国、秦朝发展而来,仍然沿用"相地而衰征"的办法调节土地质量差异问题。法律所规定的庶人授田一顷,有军功者依次增加授田数量,最低一级公士授田一顷半,最高一级关内侯授田一百零五顷,都是指良田而言,那些居住在盐碱瘠薄之地、山林池沼地区的农民自然要因地制宜,增加其实际授田面积。在"弛山泽之禁"的条件下,国家放松对山林的控制,将山林折合成良田授予农民,顺理成章。张家山汉简《二年律令·田律》规定:"田不可田者,勿行,当受田者欲受,许之。""田不可垦而欲归,毋受偿者,许之。"[3]"田不可田者,勿行"是针对负责授田的官吏说的,防止地方官吏在授田过程中强行以次充好、欺压百姓。但是,如果农民自愿要那些"不可田"之地,是允许的。农民接受那些不能耕种的土地以后,如果退还,也是允许的,但是不得再要求授予新的土地。有此规定,说明现实中确实有农民主动要求授予那些"不可田"的土地。这些"不可田"的土地不会毫无用处,不能耕种,一定有别的经济价值,否则,不会有人主动要求授予。在授

〔1〕《史记》卷一百二十九《货殖列传》,第3272页。
〔2〕参见拙作:《秦汉里制与基层社会结构》,《东岳论丛》,2005年第6期。
〔3〕张家山汉墓竹简整理小组:《张家山汉墓竹简(二四七号墓)》,文物出版社,2001年,第165、166页。

田过程中，这些“不可田”的土地当然不会按照每夫一顷的标准授予，而是增加其数量。授田的目的是收税（租），无论耕种与否，只要将土地记人名之下，就要按顷交纳田税（租），换句话说，那些国有荒地、山川林泽，只有授予农民以后，官府才能实现其经济价值，否则是无从征税的。所以，当农民主动要求授予这些“不可田”的土地的时候，官府自然会满足其要求的。人们要这些“不可田”的土地做什么？唯一合理的解释是从事非农业生产，能渔则渔，能牧则牧，上述各种畜牧、种植诸业迅速发展起来了。当然，也不排除这些种植、畜牧、养殖业主也会通过其他方式从官府获得山川林泽的使用权，如像上举矿冶业主之有偿使用矿山、盐田那样，由于产业性质的差异，主要的可能还是通过授田的方式获得。因为在授田制之下，土地一经授予就归个人所有，国家是不再收回的，只有通过授田的途径才能将这些资源变成个人永久的私产。所以，我们有理由说，西汉前期工商业的兴盛，和当时的土地制度是有内在关联的。在“用贫求富，农不如工，工不如商，刺绣纹不如依市门”已经成为社会共识的条件下，国家既允许私人铸币，又放松对山林川泽的控制，人人可以各尽所能追逐富厚，有条件的农民自然地通过受田或者其他方式，获得新的经济资源，从事商品生产，弃农经商成为时代的必然。这些已经超出了本文主题，这里不予多说，只要明白文帝之“除盗铸钱令”的意义不仅仅是使私人铸币合法化，同时也意味着进一步“弛山泽之禁”，导致经济结构的迅速变化就行了。

文帝“除盗铸钱令”对经济结构的另一个影响是加速了工商业者对普通授田民的兼并进程。尽管人人都明白“用贫求富，农不如工，工不如商，刺绣纹不如依市门”这个道理，但在农业社会里，“以末致富，以本守之”更是保持其财富的最佳手段。当然，这里的“以本守之”并不是说经营农业，而是指用经营工商业赚来的钱购买土地，从而使财富增殖。所以，达官显贵也好，工商业主也好，无不以兼并土地为能事。

张家山汉简所见西汉初期马政及相关问题*

云梦秦简表明，秦对马匹的饲养和管理，起码自商鞅变法以来就以法律的方式纳入了政府的管理系统之中，全国各地有数量众多的厩苑，从中央到地方都有专门的管理机构，有专门的法律如《厩苑律》等规范马匹的饲养、训练和使用。西汉建立之后，萧何曾采摭秦法之“宜于时者，作律九章”[1]。《晋书·刑法志》谓萧何所作之九章律就是在李悝首创、商鞅继之以入秦的六章律的基础之上增加《兴》《厩》《户》三篇而成。[2]尽管云梦秦简说明秦律远非如后世所理解的由商鞅带到秦国的六篇，汉律九章中的《厩律》也非萧何首创，秦律早已有了《厩苑律》在先，萧何所编次之律也只是汉律的草创阶段，但是，就以萧何草创之汉律而论，有《厩律》专章是符合历史事实的，其中当有系统的马政规定，这反映了汉初君臣对养马业的重视以及马政的重要。惜乎在传世文献中，汉代之《厩律》律文不存，我们不知其详，后人只能从零星的相关记载中窥视其只鳞片爪而已。张家山汉简《二年律令》的面世，为我们了解西汉初年马政提供了可能，并对把握汉初政治形势有所启发。

一

出土的《二年律令》颁布于吕后二年，共有二十七种律和一种令，即《津关令》，总计二十八种，其中虽然未见文献所记载的萧何所编次的《厩律》，但在其他篇章中则反映了汉初马政的一斑。现就其记载的汉初马政的主要内容撮述如下。

第一，明确规定马匹的饲养方式和饲料标准，马匹的用途不同，标准亦异。《二年律令·金布律》(下引律文只出篇名)云：

“马牛当食县官者，犙以上牛日刍二钧八斤；马日二钧□斤，食一石十六斤，□□稿□。乘舆马刍二稿一。犕、□食之各半其马牛食。仆牛日刍三钧六斤，犊半之。以冬十一月禀之，尽三月止。其有县官事不得刍牧者，夏禀之如冬，各半之。”

---

* 原刊《史林》2004年第6期。

〔1〕《汉书》卷二十三《刑法志》，中华书局，1962年(下同)，第1096页。

〔2〕《晋书》卷三十《刑法志》，中华书局，1974年，第922页。

“□□马日匹二斗粟、一斗菽(?)。传马、使马、都厩马日匹菽(?)一斗半斗。”〔1〕

因简文缺字,有的文意难以解释准确,但律文总体意思是完整的。律文说明,马牛的饲养方式分为圈养和放牧两种,在冬季和初春即十一月到三月是圈养期;其余春、夏、秋三季均为放牧期。在有事官府、无法放牧时才从官府领取饲料饲养,但用料量均较冬季减半。冬季的用料量,根据马、牛年齿和用途而有不同。三岁以上(即犙以上)的牛每天用刍(禾秆,相当于精饲料)六十八斤,马一天用刍大约也是六十八斤(不知所缺简文的具体数字,大约和犙用刍相当),另外用“食一石六斤”,乘舆马的刍、稿比例是二比一;两岁以下(即□)的牛和一岁以下的马饲料减半〔2〕;驾车的牛(即仆牛)饲料是三钧六斤,犊减半。一般的马匹用料量是每天粟二斗、菽一斗;传马、使马、都厩马只规定用菽一斗半,而没有规定粟的多寡,应当也是二斗,因为传马、使马、都厩马是国家常规公务用马,为保证其奔跑速度,其用料量要高一些,所以增加半斗菽。

第二,放牧是马牛的主要饲养方式,在放牧季节,马、牛所到之处,各地吏民不得有任何伤害行为,若畜群糟蹋庄稼则由放牧人按价赔偿并处罚放牧人。《田律》云:

“诸马牛到所,皆毋敢穿穽,穿穽及置它机能害人、马牛者,虽未有杀伤也,耐为隶臣妾。杀伤马牛,与盗同法。杀人,弃市。伤人,完为城旦舂。”〔3〕

这是针对公共牧场而言的。随着牧业的发展,官私之间、私人与私人之间争夺牧场是必然现象;人们为了防止畜群糟蹋庄稼,也会采取相应的防范措施,从而伤害畜群和放牧人,而所有这些均在制止之列。凡是在放牧马牛的地区设置陷阱以及其他能伤害人畜的狩猎工具者,无论是否对人畜造成伤害,全部“耐为隶臣妾”;杀伤马牛者以盗窃论处,杀人者弃市,伤人者“完为城旦舂”。

对畜群糟蹋庄稼的赔偿及对责任人的处罚见于《田律》。《田律》云:

“马、牛、羊、彘彘、彘食人稼穑,罚主金马、牛各一两,四彘彘若十羊、彘当一牛,而令挢(?)稼偿主。县官马、牛、羊,罚吏徒主者。贫弗能偿者,令居县官;□□城旦舂、鬼薪白粲也,笞百,县官皆为偿主,禁毋牧彘。”〔4〕

私人马、牛、羊、猪吃掉和损毁他人庄稼时,除了赔偿他人损失之外,还要对牲

---

〔1〕张家山汉墓竹简整理小组:《张家山汉墓竹简(二四七号墓)》,文物出版社,2001年(下同),第189—190页。

〔2〕律文“犕、□食之各半其马牛食”,整理小组注云“缺字右从玄,当为马字别体”。《说文》:“马一岁也……读若弦。”《张家山汉墓竹简(二四七号)》,第190页。

〔3〕《张家山汉墓竹简(二四七号墓)》,第167页。

〔4〕《张家山汉墓竹简(二四七号墓)》,第167页。

畜主人处以罚金，罚金数量按马牛头数计算，一头牛、一匹马罚金各一两，四只𤜱彘、十只彘、十只羊折合一头牛。若是公家畜群，则对放牧人处以罚金，并赔偿庄稼主人的损失。家贫无力赔偿他人损失者，则在官府服劳役，由官府代为赔偿；若放牧人是城旦舂、鬼薪、白粲等刑徒，没有财产赔偿他人，则笞一百，由县官代赔。因为猪不好管理，破坏性大，故禁止放养。

第三，在使用和饲养过程中，马牛丢失、伤亡者，按价赔偿。《金布律》云：

> "亡、杀、伤县官畜产，不可复以为畜产，及牧之而疾死，其肉、革腐败毋用，皆令以平贾(价)偿。入死、伤县官，贾(价)以减偿。"[1]

这儿的"畜产"主要是指马牛等大牲畜，马牛无论是因病而死，还是被故意杀死，或是管理不善而丢失，都要按官定的价格(即"平贾")赔偿；如果其皮、肉还能使用，把皮肉交公之后再行估价，从应赔金额中扣除。这条律文系沿袭秦简《厩苑律》而来。秦律云：

> "将牧公马牛，马牛死者，亟谒死所县，县亟诊而入之，其入之其弗亟而令败者，令以其未败直(值)偿之……其大厩、中厩、宫厩马牛也，以其筋、革、角及其价钱效，其人诣其官。其乘服公马牛亡马者而死县，县诊而杂买(卖)其肉，即入其筋、革、角，及索入其贾(价)钱。钱少律者，令其人备之而告官，官告马牛县出之。"[2]

秦律对马牛死亡赔偿的规定，根据死亡发生的不同情况而不同。一是在一般性的放牧过程中马牛死亡者，把死亡的牲畜交到当地县政府并说明情况，由该县验明，把死亡马牛收归官府即可；若因没有及时报告导致牲畜腐败，则由放牧人按照没有腐败的价格赔偿官府，这是对其没有及时报官而导致马牛尸体变质这一过失的惩罚。二是如果是大厩、中厩、宫厩等朝廷直属牧苑的马牛在牧所死亡，由放牧负责人把出卖的肉、筋、角、皮革送到官府。三是马牛驾车外出时死亡，则由所在县将肉全部卖出，将所卖价钱和筋、角、皮革上缴，如果所卖价钱低于规定数目，则由该驾车人赔足并向主管官府报告，由主管官府通知所在县销账。显然，秦律的规定不仅较汉律详细，而且更合理一些。汉律是不论原因如何、故意与否，只要有伤亡和丢失，都要按官定的价格赔偿；即使及时上交的死亡的马牛没有腐败变质，只要其卖出价钱低于官价，就要补足。这显然有不合理之处，因为马牛的死亡虽然有过失的因素，但也有因自然疾病、误食有毒植物以及老衰而死者，与故意及过失无关，全部令牧人按价赔偿显然失之于苛刻。这大约是汉律过于简约所致，也许是出土律文不全，其他规定尚未见到。

第四，马身上都烙有专门的标识并有名字，马的身高、颜色、年齿都要登

---

〔1〕《张家山汉墓竹简(二四七号墓)》，第191页。
〔2〕睡虎地秦墓竹简整理小组：《睡虎地秦墓竹简》，文物出版社，1978年，第33页。

记造册，禁止关中平民私自买马出关。关中各县若因公买马，由所属郡守、内史批准和登记。《津关令》云：

“禁民毋得私买马以出扜关、陨关、函谷关、武关及诸河塞津关。其买骑、轻车马、吏乘、置传马者，县各以所买名匹数告买所内史、郡守，内史、郡守各以马所补名为久久马，为致告津关，津关仅以籍、久案阅，出。诸乘私马入而复以出，若出而当复入者，出，它如律令。”〔1〕

关中是京畿所在，为保证京畿安全，禁止百姓买马出扜关、陨关、函谷关、武关以及沿黄河各渡口等关隘。律文中的“县各以所买名匹数告买所内史、郡守”之“县”是指关中的县而言，关中各县需要购买马匹充作运输、交通、通讯工具，先将需要购买的数量上报购买地的郡守或者内史，并分别起好名字（律文之“名匹数”即马的名字和数量），由该郡守或者内史将新买的马匹打上烙印标识（律文“久久马”之“久”通“灸”），然后行文津关官吏，津关官吏根据行文建立档案，据之以检查马匹出入。

私人马匹不得出关是指不准把马匹私自运出关外，而不是禁止私人拥有马匹。在关中以及巴蜀地区，即中央所辖郡县，私人可以拥有马匹，但要在官府登记，接受检查。《奏谳书》有案例云：

“蜀守献：大夫犬乘私马一匹，毋传，谋令大夫武窬舍上造熊马传，箸其马职（识）物，弗身更，疑罪。廷报：犬与武共为伪书也。”〔2〕

这是蜀郡上报廷尉的一则案例：大夫（第五级爵）犬有私马一匹，没有登记，无传（即通行证）无法通行，就和大夫武合谋以穿墙盗窃的方式盗得上造熊的传，并把熊的马识打在犬的马身上，但是整个过程都是大夫武操作的，犬没有亲自动手，对犬应如何定罪，请廷尉裁定。廷尉的裁定是犬和武一样都以伪造文书罪论处。《贼律》云“为伪书者，黥为城旦舂”〔3〕。即将犬和武都黥为城旦舂。私人马匹可以出入关塞，但是，出关之后必须返回。律文谓“若出而当复入者，出，它如律令”即此之谓。

第五，中央所辖关外郡县买马关中，要由各郡守先把要购买的数量通报关中的郡守或内史，由关中郡守、内史登记并行文津关。《津关令》云：

“相国议，关外郡买计献马者，守各以匹数告买所内史、郡守，内史、郡守谨籍马职物、齿、高，移其守，及为致告津关，津关案阅，津关谨以传案出入之。诈伪出马，马当复入不复入，皆以马贾（价）讹过平令论，及赏捕告者。津关吏卒、吏卒乘塞者智（知），弗告劾，与同罪；弗智（知），皆赎

---

〔1〕《张家山汉墓竹简（二四七号墓）》，第208页。
〔2〕《张家山汉墓竹简（二四七号墓）》，第218页。
〔3〕《张家山汉墓竹简（二四七号墓）》，第135页。

耐。御史以闻，制曰：可。"[1]

律文"计献马"之"计"是指一年一度的上计，"献"是指随上计而献给中央的物品，"计献马"可以解作运送上计时所献物品的马，也可解为上计献给中央的马。本文笼统看作是上计所需的马匹。关外各郡因上计需要而买马关中，则由买马的郡守把需要购买的马匹数量告诉关中的郡守或者内史，由该郡守或内史把所售马匹的标识（即律文之"职物"）、身高、年齿、颜色等登记造策，转给买马的郡守，并且另外行文通知津关，津关官吏即根据该文书检查出入马匹是否合法。与文书不合者，禁止出入关。不当出关而出关、出关之后应当返回而没有返回，一经发现即按"马贾（价）讹过平令论"，并赏赐检举揭发和拘捕有功人员。津关官吏没有发现或者虽然发现而未予揭发，"皆赎耐"。

在谈到关外郡县买马关中的规定时，还有一个特例要做说明。《津关令》有云：

"廿一，丞相上长信詹事书，请汤沐邑在诸侯，属长信詹事者，得买骑、轻车、吏乘、置传马，关中，比关外县。丞相、御史以闻，诏。"[2]

《汉书·百官公卿表》云"长信詹事掌皇太后宫，景帝中元六年更名长信少府"，"列侯所食曰国，皇太后、皇后、公主所食曰邑"。列侯所食之国以及皇太后、皇后、公主所食之邑和县、道平级。律文所述是丞相致长信詹事之书，所云之汤沐邑应是皇太后即吕后自己的食邑。因为吕后身份特殊，故特许其"得买骑、轻车、吏乘、置传马，关中，比关外县"。至于其他的如皇后、公主以及列侯食邑在关外者是不适用此令的。

第六，家在关外而任职朝廷的某些官吏因其任职需要可以买马关中，但不得流失关外。《津关令》云：

"相国上中大夫书，请中大夫，谒者、郎中、执盾、执戟家在关外者，得私置马关中。有县官致上大夫、郎中，中大夫、郎中为书告津关，来，复传，津关谨阅出入。马当复入不入，以令论。相国、御史以闻，制曰：可。"

"相国、御史请郎骑家在关外，骑马即死，得买马关中人一匹以补。郎中为致告买所县道，县道官听，为致告居县，受数而籍书马职（识）物、齿、高，上郎中。即归休、徭使，郎中为传出津关，马死，死所县道官诊上。其诈贸易马及伪诊，皆以诈伪出马令论。其不得□及马老病不可用，自言郎中，郎中案视，为致告关中县道官，卖更买。制曰：可。"[3]

执盾、执戟、郎、郎中、谒者等在参议朝政的同时主要是任宫廷侍卫官，主要职责是守卫宫门、出充车骑，于公务是离不开马的，家在关外，自然允许其私人

---

〔1〕《张家山汉墓竹简（二四七号墓）》，第208页。

〔2〕《张家山汉墓竹简（二四七号墓）》，第209页。

〔3〕《张家山汉墓竹简（二四七号墓）》，第207—209页。

买马关中，律文“得置马关中”之“得”说明不同于一般人私买马匹，而是制度赋予他们的权利，只要符合程序就行了。这说明这些人虽然任职朝廷，但所需马匹是自备的，这样才有“骑马即死，得买马关中人一匹以补”的规定，买马的程序是先由当事人上报主管部门，主管部门行文卖出马匹的县道官，该县道官再行文买马人原籍县道官，告知所购马匹详情。若这些郎官如执盾、执戟、郎等人因探亲回乡、公务出差要乘马出入关，主管官吏如郎中等要行文津关以检查之。如果马匹在关外死亡，由当地县道官检查是否属实、查明死因，上报中央相关部门。如果马匹老弱不能使用，要由本人说明，主管官吏核实，行文关中县道官，再行卖出旧马，另购新马。

第七，严格限制诸侯王买马关中。《津关令》云：

> “十六，相国上长沙丞相书言，长沙地卑湿，不宜马，置缺不备一驷，未有传马，请得买马十，给置传，以为恒。相国、御史以闻，请许给买马。制曰：可。”
>
> “廿二，丞相上鲁御史书言诸侯居长安，请得买马关中。丞相、御史以闻，制曰，可。”
>
> “丞相上鲁御史书，请鲁中大夫谒者得私买马关中，鲁御史为书告津关，它如令。丞相、御史以闻，制曰，可。”
>
> “丞相上鲁御史书，请鲁郎中自给马骑，得买马关中，鲁御史为传，它如令。丞相、御史以闻，制曰，可。”〔1〕

上举律文是针对长沙国和鲁国而言的。长沙王是西汉唯一的一个异姓王，但对朝廷始终是忠贞不贰。《史记·惠景间诸侯年表序》谓“长沙王者，著令甲，称其忠焉。昔高祖定天下，功臣非同姓疆土而王者八国。至孝惠时，惟独长沙全，禅五世，以无嗣绝，竟无过，为藩守职，信矣”。因为长沙国对朝廷忠诚如一，又因其国家不产马，连通讯、驾车用的马匹都没有，故特许其买马关中。鲁侯是指鲁王张偃。张偃是鲁元公主和张敖之子，《史记·汉兴以来诸侯王年表》谓惠帝七年“初置鲁国”，高后元年“鲁元公主薨，赐谥为鲁元太后，子偃为鲁王”。《汉书·高惠高后文功臣表》“宣平侯张敖”条下云“高后二年侯偃为鲁王，孝文元年复为侯”。据此，律文说的“鲁侯”是鲁王张偃，“初置鲁国”时张偃的爵位是鲁侯，鲁元公主死后，因吕后的关系，在谥鲁元公主为太后之后，封张偃为鲁王。因为吕后的关系，特许鲁国买马关中，并和长沙国一样，作为制度来执行，所谓“得买马关中”“它如令”就是指买马时按规定的程序办就行了，无须再经报批。也就是说，在通常情况下，王国、侯国禁止在关中买马，如有特殊需要，则须特批。无论哪一种情况，都要登记在案，接受检查。

---

〔1〕 前揭书《张家山汉墓竹简》，第209—210页。

《津关令》有云：

> “御史请出入津关者，诣如传□□吏(?)里□长物色□暇见外者及马职(识)物关舍人占者，津关谨阅，出入之。县官马勿职(识)物，与出同罪。制曰：可。”〔1〕

因简文漫漶缺漏，律文不能精确解读，但关于马匹出入关的登记检查制度还是能够窥见一二的，即出入关的人员自行提交出入关的证件，关吏把出入关人员所交的证件与津关所存证件以及马匹的特征及标识进行核对，核对无误后，予以放行。若将没有标识的官家马匹放行，以私放马匹出关罪论处。这是包括王国、侯国在内的。

二

从上举律文来看，西汉马政的一个突出特点是在继承秦朝严格登记管理制度的同时，在马匹的流动上严格控制私人拥有马匹数量，禁止马匹出关。之所以如此，是因为马匹不仅是生产、交通、通讯工具，而且还是当时最为重要的军事装备，是决定骑兵多寡、强弱的前提，是决定汉家能否有效防御匈奴南下的前提。汉高祖七年，刘邦亲征匈奴，率大军三十二万追击匈奴，因为都是步兵，又中了匈奴的诱敌深入之计，刘邦所率的先头部队被匈奴三十万骑兵围于平城白登山，饥寒交迫，达七日之久，差一点做了匈奴的阶下囚，后因陈平用贿赂的办法，买通匈奴单于的夫人，劝说单于网开一面，刘邦才得以突围成功。〔2〕在这七天中，刘邦目睹了匈奴骑兵的威武雄壮，而匈奴为了向汉朝示威，特意用四种相同颜色的战马分列白登山的四面，更使刘邦感到震撼，深深感到步兵相对于骑兵的劣势，明白要想有效阻止匈奴，必须有足够强大的骑兵，必须有足够的马匹，才能发展骑兵。〔3〕所以，国家必须将马匹置于严格控制监管之下，一旦发生战事，才能迅速有效地征为国用。对此，人们是不难理解的。但是，若仔细思考，就不难发现，问题并不那么简单。律文所说的扜关即《汉书·地理志》的江关，在今重庆奉节县境内，陨关在今湖北陨县境内，函谷关在今河南灵宝县东北，武关在今陕西商南县南，均位于关中平原的东面和南面〔4〕，关外除少数几个郡之外，都是诸侯王的领地，禁止流往关外也就是禁止流往诸侯王国。此外，对黄金、铜以及黄金、铜材制品等流往诸侯王国也明令禁止。《津关令》云：

---

〔1〕《张家山汉墓竹简(二四七号墓)》，第207页。

〔2〕《汉书》卷九十四上《匈奴传》上，第3753—3754页。

〔3〕参见田昌五、漆侠主编：《中国封建社会经济史》第一卷，齐鲁书社、文津出版社，1996年，第22—33页。

〔4〕谭其骧主编：《中国历史地图集》，第二册，中国地图出版社，1982年，第29—30,5—6,15—16页。

“制诏御史，其令扜(扞)关、陨关、武关、函谷关、临晋关，及诸其塞之河津，禁毋出黄金，诸奠黄金器及铜，有犯令。”

“制诏御史，其令诸关，禁毋出私金□□。或以金器入者，关谨籍书，出复以阅，出之。籍器，饰及所服者不用此令。”〔1〕

禁止黄金以任何理由和方式流往关外，任何人出入官津都要严格检查。关外吏民自身携带金、铜等器物入关，入关时由关吏登记在案，出关时核对无误再放行。原来已经登记在册和身上的装饰、服饰使用的黄金装饰品不用登记检查。值得注意的是对“诸奠黄金器及铜”的理解问题。根据注释小组注，简文“奠黄金器”之“奠”可能是“填”之通假，即镶嵌黄金的器物。今按“奠”是象形字，在金文中指盛酒的容器，是置酒祭祀的意思，后来引申为祭祀，《说文》直接解释为“置祭也”。所以这儿的“诸奠黄金器及铜”应该是指祭祀用的黄金制品和铜制品，即关东郡县或者诸侯王国人员无论是因公还是因私死于关中，将遗体运回原籍时，都不得以祭祀的方式将黄金和铜带出关外，出关时，要经过严密的检查之后才能放行，法律对此有专门规定。《津关令》云：

“制诏相国、御史，诸不幸死，家在关外者，关发索之，不宜，其令勿索，具为令。相国、御史请关外人宦为吏若徭使，有事关中，不幸死，县道各属所官谨视收敛，毋禁物，以令若丞印封椟槥，以印章告关，关完封出，勿索。椟槥中有禁物，视收敛及封。”〔2〕

在此令颁布之前，所有家在关外而病死关中的官吏在出关时都要开棺检查，后来以开棺检查有违人情而更改。即家在关外而为吏或者因公事在关中而不幸死亡者，在收敛时，由当地县、道政府派官员监视进行，防止死者家属或随员把金、铜等物品放在棺材中带出关外，在确认无违禁品后，以县令、县丞之印加封，并行文津关，说明已经检查无误，不必再开棺验视了。律文因缺简，无法知道若棺材中有违禁物品对死者家属或者随员以及监视“收敛”的县道官员的惩罚内容，但仅此已可见对金、铜等物品出关禁止之严格。

和马匹、黄金、铜等财物相比，对人口之流往诸侯王国，控制更严。《奏谳书》中的一则案例可以从侧面说明这一点：

“十年七月辛卯朔癸巳，胡状、丞熹敢谳之。刻(劾)曰：临淄狱史阑令女子南冠缴(缟)冠，详(佯)病卧车中，袭大夫虞传，以阑出关。今阑曰：南齐国族田氏，徙处长安，阑送行，取(娶)为妻，与偕归临淄，未出关得，它如刻(劾)。南言如刻(劾)及阑。诘阑，阑非当得取(娶)南为妻也，而取(娶)以为妻，与偕归临淄，是阑来诱及奸，南亡之诸侯，阑匿之也，何解？阑曰：来送南而取(娶)为妻，非来诱也。吏以为奸及匿南，罪，毋解。

〔1〕《张家山汉墓竹简(二四七号墓)》，第206页。

〔2〕《张家山汉墓竹简(二四七号墓)》，第207页。

诘阑:律所以禁从诸侯来诱者,令它国毋得取(娶)它国人也。阑虽不故来,而实诱汉民之齐国,即从诸侯来诱也,何解? 阑曰:罪,毋解。问,如辞。鞫:阑送南,取(娶)以为妻,与偕归临淄,未出关,得,审。疑阑罪,毄(系)它县论,敢谳之。人婢清助赵邯郸城,已即亡,从兄赵地,以亡之诸侯论。今阑来送诸侯徙者,即诱南。吏议:阑与清同类,当以从诸侯来诱论。或曰:当以奸及匿黥舂罪论。

十年八月庚申朔癸亥,大(太)仆不害行廷尉事,谓胡啬夫谳狱史阑,谳固有审,廷以闻,阑当黥为城旦,它如律令。"[1]

这是发生在汉高祖十年的一宗案例。基本案情是一位叫作南的女子,本是战国时齐国贵族田氏之后,被汉迁往长安,由临淄狱史阑护送。到长安后,阑娶南为妻,又给南戴上缟冠,让南假装生病,躺在车中,冒用大夫虞的过关凭证(即传),企图混出关外,结果被发现。几经审讯,认定阑娶南为妻违背了"它国毋得娶它国人"的规定,属于非法婚姻,阑偕南而归,属于引诱朝廷人口。而对南而言,南随阑出关是逃亡,阑则是隐匿逃亡人口,并引入婢清亡至诸侯的成例为据。最后对阑的犯罪性质的认定仍有分歧:一是认定为"从诸侯来诱"罪;二是以"奸及匿"罪黥为城旦春。按《二年律令·贼律》"来诱及为间者,磔"[2]。若认定为"从诸侯来诱"罪,对阑的量刑要重得多。最后廷尉的裁决是"阑当黥为城旦,它如律令"。对于阑犯罪性质的分歧这里不去讨论,本文引此案例的目的,仅仅是说明刘邦在实行分封制以"惩戒亡秦孤立之败"的同时,对分封制所带来的分裂的潜在威胁已有所考虑,并且在制度上以法律的方式加以防范,所谓"来诱及奸"就是其措施之一,是指引诱朝廷人口到诸侯王国,其方式包括以婚姻的方式、以家属的名义将关中人口带往关东。此外,禁止人口"亡至诸侯",同时规定"它国毋得娶它国人"。这"来诱及奸"作为一条完整的律文虽然见于《二年律令》之《贼律》,但无疑是始行于刘邦时期的。

综合以上诸内容,汉初不仅禁止马匹,更禁止人口以及黄金、铜及其制品流往诸侯王国,这为我们了解汉初中央和诸侯王国的关系,以及汉初的地缘与政治的关系提供了新的启示。

三

众所周知,刘邦之立都关中的理由之一就是关中有关塞凭依,有地势之利。刘邦刚称帝时,囿于其核心集团的乡土观念,本来想建都洛阳,是在娄敬和张良的劝说之下移都咸阳的。其理由有两条,一是"陛下起丰沛,收卒三千

[1] 《张家山汉墓竹简(二四七号墓)》,第214—215页。
[2] 《张家山汉墓竹简(二四七号墓)》,第133页。

人，以之径往，卷蜀汉，定三秦，与项籍战荥阳，大战七十，小战四十，使天下之民肝脑涂地，父子暴骸中野，不可胜数，哭泣之声不绝，伤痍者未起，而欲比隆成康之时，臣窃以为不侔矣"。西周因商纣失政而以德得天下，得到了东方诸侯的倾心归附，故以洛阳为成周以抚循东方。而刘邦是在占据巴蜀、关中即秦故地的基础之上从六国宗室手中夺得天下的，无论是失败的六国贵族，还是普通民众，都谈不上对刘邦这个新任天子的归心，不应该效法成康做法，建都于洛阳。二是"秦地被山带河，四塞以为固，卒然有急，百万之众可具。因秦之故，资甚美膏腴之地，此所谓天府。陛下入关而都之，山东虽乱，秦故地可全而有也。夫与人斗，不扼其亢、拊其背，未能全胜。今陛下入关而都，按秦之故，此亦扼天下之亢而拊其背也"[1]。这关中地势之利是当时人的共识，如项羽入关之后，就有人向他建议"关中阻山河四塞，地肥饶，可都以霸"。但项羽见"秦宫室皆以烧残破，又心怀思欲东归，曰'富贵不归故乡，如衣绣夜行，谁知之者！'"拒绝了这一正确建议。[2]对这地势之利，刘邦未尝不知，真正打动刘邦的应是第一条理由，关东人心不附，而关中则有着良好的人心基础。早在初入关中时，刘邦即向关中父老表明了自己的目的是"为父兄除害，非有所侵暴"的政治态度，通过"约法三章"约束自己部下对关中父老的"侵暴"行为，使关中"吏民皆案堵如故"，"使人与秦吏行致县乡邑告谕之，秦民大喜，争持牛羊酒食献享军士"。而刘邦则是"让不受，曰'食粟多，不欲费民'。民又益喜，唯恐沛公不为秦王"[3]。从而打下了良好的社会基础，得到了因秦朝崩溃、对六国军队疑惧不安、彷徨无所归依的秦地吏民的拥护。[4]这是刘邦据秦之地、用秦之民东向争天下得以成功的基础，也是娄敬说的"卒然有急，百万之众可具"的现实依据。也就是说，刘邦立国的统治基础在关中，防患重点是关东。

正是基于上述认识，立都关中之后，刘邦立即采取两项措施加强对关东的控制。一是继续秦朝的釜底抽薪的办法，迁关东豪强及六国宗室之后于关中，也就是人们常说的"徙豪"。但西汉的"徙豪"与秦朝不同，秦朝采取的是剥夺政策，即视六国豪强为"迁虏"、罪犯，是亡国之奴，将其流放于西南、西北地区，没收其土地、财产；而刘邦则用赎买政策，把六国豪强迁于关中帝辇之下，予以良田美宅，既防止其为乱关东，又抚慰其心，争取其对新政权的支持，

---

〔1〕《汉书》卷四十三《娄敬传》，第2119—2120页。

〔2〕《史记》卷七《项羽本纪》，中华书局，1959年，第315页。

〔3〕《汉书》卷一上《高帝纪》上，第23页。

〔4〕关于"约法三章"的性质和功能，参阅拙文《从"约法三章"看秦与六国的心理隔阂》，《山东社会科学》，1991年第2期。

扩大新政权的统治基础。[1]二是剪除异姓王，分封同姓王。史称“汉兴之初，海内新定，同姓寡少，惩戒亡秦孤立之败，于是剖裂疆土，立二等之爵。功臣侯者百有余邑，尊王子弟，大启九国”[2]。这九国均分布于关东地区。其目的是希望以骨肉血缘关系维系刘氏江山的稳定，通过像当年西周那样以分封的方式实现对关东地区的有效控制，防止秦朝“内无骨肉本根之辅，外无尺土藩翼之卫”[3]历史教训的重演。

但是，“徙豪”也好，分封同姓王也好，在刘邦的时代，都是为了防范六国宗室之后的。娄敬所说的“山东虽乱，秦故地可全而有也”，就是对六国贵族之后为乱而言的。其理由已如娄敬所言，刘邦更明白，自已本来力小势微，借助六国宗室之后的力量，因为楚怀王的安排，加之以人谋得当，而率先入秦。其最终取得天下，成为秦始皇式的大丈夫，是兼并以项羽为代表的六国宗室之后的反秦成果的结果。六国宗室起兵的目的是报亡国之恨，消灭秦朝，恢复故国；随着秦朝的灭亡，他们的亡国之仇是报了，复国梦也实现了，起码是部分地实现了。但是，最终的结果是被刘邦摘走了胜利的果实，已经恢复的国家又化为乌有。随着大汉的建立，那些当年在反秦斗争中浴血奋战的六国宗室之后自然把不满的矛头指向新政权，如何有效实现对关东地区的统治逻辑地成为治国的首要问题。但是，我们从上述马政及相关诸措施来看，刘邦及其后继者并没有随着六国贵族之被迁和同姓王国的建立而放松对关东地区的防范，只是防范的对象变了，由原来的六国贵族之后和豪强大姓变成了同姓诸侯王。这为我们深入思考刘邦对分封制的认识提供了新的思路。

对于刘邦之分封同姓王持否定意见者，认为是“错误地总结了教训”，“在异姓诸侯王一个个被消灭的同时，同姓诸侯王又被一个个地立起。所以，中央集权同地方割据势力之间的矛盾，并未得到彻底解决”[4]。持肯定意见者，则认为“汉初的分封不是历史出现了局部的倒退，而是促进了历史的发展。汉初的统治者纠正王朝权力过分集中于中央的弊政，实行地方分权的政策，在当时形势下基本是正确的”[5]，各有其历史依据。但是，上说均忽略了刘邦在分封制与郡县制问题上的矛盾心态。刘邦微时，看到秦始皇出游威武雄壮的阔大场面，曾感叹说“大丈夫当如此也”，其理想就是当一个秦始皇式的大丈夫，这不仅仅是为了像秦始皇那样威武雄壮地周游全国，而更希望像

〔1〕 关于秦汉“徙豪”政策的异同，参阅田昌五、安作璋主编：《秦汉史》，人民出版社，1992年，第96页。

〔2〕《汉书》卷十四《诸侯王表》，第393页。

〔3〕《汉书》卷十四《诸侯王表》，第393页

〔4〕 林剑鸣：《秦汉史》上，上海人民出版社，1989年，第280、282页。

〔5〕 王云度：《秦汉时期的中央集权与地方分权》，中国秦汉史研究会：《秦汉史论丛》第四辑，西北大学出版社，1989年，第9页。

秦始皇那样掌握着全国的权力。但是,当登上皇帝的宝座之后他才发现,要建立一个完全意义上的家天下,要集权于一身,有着相当的困难。继续秦朝的郡县制,则不仅那些出生入死、随他打天下的功臣们不乐意,就是六国地区的吏民也不愿接受。秦朝不顾六国与秦文化传统的差异,以秦法统一全国,强行矫其习俗,使六国之民格外地感到秦法的酷烈,是六国民众盈粮影从,响应陈胜、吴广起义,追随六国宗室之后的深层原因。[1]对此,刘邦是十分明白的。若全面推行郡县制,势必像过去那样也要统一法律,而在当时的条件下,也只有秦律可供使用,其核心集团所熟悉的也只有秦律,这势必招致关东地区吏民对汉家江山新的不满,难收长治久安之效。此外,如果只实行郡县制,郡县守令大都要由功臣出任,因为刘氏的现状是"同姓寡少",不足以出掌地方大权。而刘邦对其功臣是心有疑虑的,他不仅对非丰沛集团出身的异姓诸侯王心存疑虑、必欲除之而后快,就是对其丰沛集团的核心人物也心存戒蒂,如萧何之被下狱、张良之要从赤松子游,均因刘邦之怀疑而起。如果以功臣出掌关东地方守令,他们一旦有变,和地方势力相结合,关东同样不复汉有。因此之故,刘邦在剪灭异姓王之后,正式推行封国与郡县双轨制,"尊王子弟,大启九国"。这"尊王子弟,大启九国"是在"同姓寡少"的条件之下建立刘氏家天下唯一可能的选择。从实践来看,诸侯王们拥有治理其王国的全权,他们可以根据各地文化传统、风俗习惯,也就是我们现在所说的社情民意的要求,变通治国,稳定秩序,从而拱卫皇室。西周就是这样用分封的办法稳定东方的。

然而,尽管刘邦希望通过效法西周分封制度巩固刘氏家天下,但是,西周也确实是因为诸侯力量的强大而衰亡的。刘邦对李斯关于郡县制与分封制的利弊分析不一定知道,但是,他对分封制的弊端是清楚的,深知当这些诸侯王的势力发展起来之后,纵然是宗室子弟,同样也会成为中央政权的威胁。刘邦封刘濞为吴王之后,"召濞相之,曰'若状有反相'。独悔,业已拜,因拊其背,曰'汉后五十年,东南有乱,岂若耶?然天下同姓一家,慎毋反'"[2]。通过相面得出刘濞会反叛云云固属小说家言,或是后世美化刘邦之词,但这说明了刘邦对分封之弊的认识。刘邦平定淮南王英布之后,在返回途中,回到阔别十余年的家乡,与家乡父老子弟君民同欢,在酒酣耳热之际,乘兴高歌"大风起兮云飞扬,威加海内兮归故乡,安得猛士兮守四方"[3]。在志得意满之中透出几分苍凉,体现了刘邦对巩固大汉江山的深深忧虑,这忧虑是包括

〔1〕参见拙文:《周秦风俗的认同与冲突——秦始皇"匡饬异俗"探论》,秦始皇兵马俑博物馆编:《秦文化论丛》第十辑,三秦出版社,2003年。

〔2〕《汉书》卷三十五《荆燕吴传》,第1903—1904页。

〔3〕《汉书》卷一下《高帝纪》下,第74页。

了对同姓王的不信任在内的。

既然同姓王也有背叛的可能，就要未雨绸缪，防患于未然，所以要严格关塞，既在军事上防止不测，又在经济上防止关中人力、物力外流。张家山汉简表明这绝非过虑。在事实上不仅存在着诸侯王千方百计地招降纳叛、壮大国力的事实，而且还经常有直接出兵侵扰汉地、抢夺汉民财物以及汉地吏民叛逃诸侯王国的事情。张家山汉简《贼律》云：

> "以城邑亭障反，降诸侯，及守乘城亭障，诸侯人来攻盗，不坚守而弃去之若降之，及谋反者，皆腰斩。其父母、妻子、同产，无少长皆弃市。其坐谋反者，能偏捕，若先告吏，皆除坐者罪。"〔1〕

《捕律》又云：

> "捕从诸侯来为奸者一人，拜爵一级，有（又）购二万钱。不当拜爵者，级赐万钱，又行其购。数人共捕罪人而当购赏，欲相移者，许之。"〔2〕

律文的规定，正反映事实的客观存在。律文说明：在汉与诸侯王国的边境线上设有城障等军事设施，派有军队驻守，其任务是防止汉民叛逃诸侯王国，还击诸侯王来犯；诸侯王国之派人到关中诱骗人口、刺探军情并非偶一为之，所以有严刑和厚赏的两手予以制止。如果担负着守土职责的边境军吏卒背叛汉朝、投降诸侯王国，或者当诸侯王国人来进攻、偷盗时，抗击、缉拿不力甚至临阵脱逃，或主动投降、内外勾结谋反，统统腰斩。其父母、妻子、兄弟连坐弃市。能够主动揭发他人的谋反、叛逃等罪行，或者主动参与抓捕者，可以免除连坐之责。凡是抓捕一名诸侯王国间谍者，拜爵一级，再赏钱二万；不当拜爵者，则增加赐钱一万；如果是多人共同捕得罪犯，允许把赏赐的爵位和钱集中给其中的某一个或者是某几个人。结合上引《奏谳书》之"律所以禁从诸侯来诱者，令它国毋得取（娶）它国人也""诱汉民之齐国"诸语，可知汉与诸侯王国在观念上和事实上都是国与国的关系，在经济、军事各个方面都存在着激烈的冲突。

贾谊曾分析汉初汉与诸侯王国的关系云：

> "所谓建武关、函谷、临晋关者，大抵为备山东诸侯也。天下之制在陛下，今大诸侯多其力，因建关而备之，若秦时之备六国也。岂若定地势，使无可备之患，因行兼爱无私之道，罢关一通，天下无以区区独有关中者。所为禁游宦诸侯及无得出马关者，岂不曰'诸侯得众则权益重，其国众车骑则力益多'？故明为之法，无资诸侯。于臣之计，疏山东孽诸侯，不令似一家者，其精于此矣。岂若一定地制，令诸侯之民，人骑二马

〔1〕《张家山汉墓竹简(二四七号墓)》，第133页。
〔2〕《张家山汉墓竹简(二四七号墓)》，第153页。

不足以为患，益以万夫不足以为害。"〔1〕

贾谊是为了向文帝论证其"众建诸侯以少其力"的主张而说这段话的。武关、函谷关、临晋关，在战国时代已经设立了，是秦国遏制山东六国的屏障。贾谊说的"建武关、函谷、临晋关者，大抵为备山东诸侯也。天下之制在陛下，今大诸侯多其力，因建关而备之"云云意思是指这武关、函谷关、临晋关在秦朝统一之前是为了防备山东诸侯而设，可是陛下还是应该用它们作为保护关中的屏障，因为诸侯势力膨胀了，必须加强这些关塞的建设，增加其守备力量，保卫中央安全，同时规定禁止马匹出关、禁止关中士人到诸侯王国交游仕宦，也禁止诸侯王国士人和关中士人相互交往，理由是"无资诸侯"，即不能为诸侯王国提供力量。贾谊认为，除此之外，完全可以用其他更好的办法解决山东诸侯势力坐大的问题，这就是"众建诸侯以少其力"，即把山东诸侯王的子孙们也分封为王，其封地就从其原有封地中分割，分而治之，也就是"疏山东孽诸侯，不令似一家"，使其力小势微。那时，就是让这些诸侯之民一人有两匹马，关中人口到诸侯王国的人再多，每个王国给他增加一万人，也不足以威胁中央的安全。到那时，就可以拆除关防，使天下真正地"通于一"，实现"一通"的理想了，到那时，陛下就不会仅有区区关中一隅，而是真正的天下。贾谊是第一个系统分析诸侯王国对中央政权危害的人，我们对贾谊的主张长短、建议是否完全可行，置而不论，从其议论中则可以获悉：自刘邦以来始终没有放松对诸侯王国的防范，并且，随着时间的推移、诸侯王势力的坐大，这种防范日益严密。可以说，西汉前期发展养马业、严格马政、发展骑兵，固然是为了防范匈奴，但也是为了防范关东的诸侯王，后者的意义可能更重要一些。

〔1〕 贾谊：《新书·一通》，《贾谊集校注》，人民文学出版社，1996年，第111—112页。

王杖诏书与汉代养老制度*

汉代的养老是以法律的形式强制执行的,不仅仅包括在经济上对那些丧失劳动能力和部分丧失劳动能力的高年群体的赡养,而且包含了政治上对高年群体的尊崇在内,赋予高年老人以一定的政治特权。其意义不仅在于一般的优抚老人,更在于建立一个政治伦理系统以巩固汉家统治。分析其发展和施行状况,有利于对汉代社会的深入把握。对此,前贤时哲曾结合 1957 年于武威出土的"王杖十简"和 1981 年在武威发现的"王杖新简"有所论述〔1〕,但尚不够深入,有些亦不准确,故于前人研究的基础之上再论如下,以期对两汉社会结构有进一步的把握。

一

汉代养老制度的建立可溯源于高祖二年的立三老诏。汉二年初,刘邦在军事上还定三秦,向东略地的同时,在政治上"施恩德,赐民爵",下诏减免巴蜀、关中农民租税,"举民年五十以上,有修行,能帅众为善,置以为三老,乡一人。择乡三老一人为县三老,与县令丞尉以事相教,复毋徭戍。以十月赐酒肉"〔2〕。这不是一般意义上的养老的开始,其目的是利用高年的社会号召力和智谋稳定社会秩序、咨询地方政务,其每年十月赐酒肉的面非常狭窄,人数有限,只限于这些三老,是对这些县乡三老参与政务、稳定社会的奖励,而非赈济年老贫乏。但是,这毕竟开了奖励高年的先河,对社会舆论和风俗有着不可替代的导向作用,视之为养老制度形成的开始是可以的。〔3〕至文帝,才

* 原刊《史林》2002 年第 2 期。

〔1〕 中国科学院考古研究所、甘肃博物馆编:《武威汉简》,文物出版社,1964 年,第 120—147 页;武威县博物馆:《武威新出王杖诏令策》,甘肃省文物工作队、甘肃博物馆编:《汉简研究文集》,甘肃人民出版社,1984 年,第 34—61 页。

〔2〕《汉书》卷一《高帝纪》,中华书局,1962 年(下同),第 33—34 页。

〔3〕 学术界曾把汉二年的高祖诏作为汉代实行养老制度的开始,余以为意有未达。因为养老是对老年群体的整体优恤,而不是仅仅就老年群体中的极少部分成员的特殊照顾而言;汉高祖的立三老诏不是对老年群体的赡养优恤,而是以选立三老的形式稳定乡里秩序,故而不能视为汉代养老制度的开始,只能视为汉代建立养老制度的开始。视汉高祖立三老诏为汉代实行养老制度开始者见甘肃省博物馆、中国科学院考古研究所:《武威汉简》,文物出版社,1964 年,142 页;武威县博物馆:《武威新出王杖诏令册》,甘肃省文物工作队、甘肃博物馆编:《汉简研究文集》,甘肃人民出版社,1984 年,第 4—61 页。

有完全意义上的尊养高年之举。文帝元年诏云:“老者非帛不暖,非肉不饱。今岁首,不时使人存问长老,又无布帛酒肉之赐,将何以佐天下子孙孝养其亲?今闻吏禀当受鬻(粥)者,或以陈粟,岂称养老之意哉!具为令。”[1]“吏禀当受鬻(粥)者,或以陈粟”说明在文帝下诏以前是存在向老年人发放粟米制度的,只是制度不具体,官吏执行不力,甚至以次充好,把积年陈粟发放给老人,高年生活没有真正地得到保障。故文帝才要求以“令”的形式规定养老的具体实施标准。《汉书·文帝纪》云:“有司请令县道,年八十已上,赐米人月一石,肉二十斤,酒五斗。其九十已上,又赐帛人二匹,絮三斤。赐物及当禀鬻米者,长吏阅视,丞若尉致。不满九十,啬夫、令史致。二千石遣都吏循行,不称者督之。刑者及有罪耐以上不用此令。”这儿的“令”是皇帝诏令的具体化,是法律的补充规定,亦即杜周所说的“前主所是著为律,后主所是疏为令,当时为是,何古之法乎?”[2]“令”和“律”具有同等的法律效力。文帝所定之令,较高祖有着较大的补充:从指导思想上说,文帝之诏令纯粹是为了养老和敬老,而年八十以上者均是赐爵赐帛对象,其目的是“佐天下子孙孝养其亲”,“称养老之意”,而不是高祖时期只限于三老咨政事和收人心;在内容上,文帝不仅规定具体的赏赐粟帛的数目,而且强调了实施程序和施用范围(即施用于“刑者及有罪耐以上”之外的所有高年老人)。后继诸君对此更是反复强调,加大优抚的力度。如武帝建元元年诏云:“古之立教,乡里以齿,朝廷以爵,扶世导民,莫善于德。然则于乡里先耆艾,奉高年,古之道也。今天下孝子顺孙愿自竭尽以承其亲,外迫公事,内乏资财,是以孝心缺焉。朕甚哀之。民年九十以上已有受鬻法,为复子若孙,令得身率妻妾遂其供养之事。”这“受鬻法”大约就是文帝所定之“令”,按颜师古的理解就是“给米粟以为糜粥”;武帝又明令年九十以上“复子若孙”,即颜师古所说的“有子即复子,无子即复孙也”,也就是免除其所有子孙的赋役,使之全力以赴地孝养老人。元狩元年遣使者巡行天下,“赐县三老、孝者帛,人五匹;乡三老、弟者、力田帛,人三匹;年九十以上及鳏寡孤独帛,人二匹,絮三斤;八十以上米,人三石”[3]。这里的三老、孝弟、力田属于乡官系统,赐帛是对他们的奖励,因三老、孝弟、力田都是年长者为之,故而赐三老、孝弟、力田帛也有一层养老的意思在内;赐年八十米、年九十者帛和絮则纯粹是出于养老的目的,均是在原“受鬻法”的规定之外追加的临时行为。在《汉书》诸帝本纪中,类似记载甚多,不再缕述。但是,赐帛赐粟的目的是倡导养老尊老的社会风气,鼓励百姓以孝为先,而所有的法律政令均掌握于各级官吏手中,不仅普通平民不知其详,就是那些官吏

---

〔1〕《汉书》卷四《文帝纪》,第113页。

〔2〕《汉书》卷六十《杜周传》,第2659页。

〔3〕《汉书》卷六《武帝纪》,第156、174页。

执行起来也会打折扣。同时，把赐粟帛和复除的对象局限于八十、九十以上的老人，数量有限，激励的效果也有限，这就要在制度上加以完善，放宽养老条件，方便普通平民遵守和执行，遂有汉宣帝赐老者以王杖并赋予受杖者以政治特权的诏令的颁布和执行。

二

1957 年，在甘肃武威磨咀子十八号汉墓中曾出土授予老人“王杖”诏令简册共十枚，习称“王杖十简”；1981 年武威县文物管理委员会在进行文物调查时，征集到出土于磨咀子汉墓的“王杖诏书令”木简二十六枚，较 1957 年出土的王杖十简内容更加丰富，编联完整，序号清楚，补充了“王杖十简”的不足。〔1〕现即综合“王杖十简”（简称“十简”）和新发现的王杖简（简称“新简”）分析汉代养老制度的状况。

按“新简”明确记载三个年号和日期，按原简号顺序排列依次是建始元年九月甲辰、本始二年、元延三年正月壬申。“十简”记载的则是建始二年令和和平元年的一个案例。按历史顺序本始是宣帝年号，建始、和平、元延均为成帝年号。按简文内容的性质来看，简文所述的内容并不相同，本始、和平、元延诸令均指授王杖而言，而建始令则是成帝对传统的养老制度的改进。现在先谈成帝的建始令。武威新简第一至第六号简文云：

“制诏御史：年七十以上，人所尊敬也，非首、杀伤人，毋告劾，它毋所坐。年八十以上，生日久乎？　第一

年六十以上毋（无）子男为鲲（鳏），女子年六十以上毋（无）子男为寡，贾市毋租，比山东复。复　第二

人有养谨者扶持，明著令。兰台令第卌二　第三

孤、独、盲、珠（侏）孺，不属律人，吏毋得擅征召，狱讼毋得毄（击）。布告天下，使明知朕意。　第四

夫妻俱毋（无）子男为独寡，田毋租，市毋赋，与归义同；沽酒醪列肆。尚书令　第五

臣咸再拜受诏。建始元年九月甲辰下　第六”

成帝即位，按惯例“大赦天下”〔2〕，简文所述就是“大赦天下”的惠政之一。建始令强调三点。一是年七十者即有司法免刑特权，不是首恶和故意伤人罪即

〔1〕中国科学院考古研究所、甘肃博物馆编：《武威汉简》，文物出版社，1964 年，第 140—147 页；武威县博物馆：《武威新出王杖诏令册》，甘肃文物工作队、甘肃博物馆编：《汉简研究文集》，甘肃人民出版社，1984 年，第 4—61 页。下引简文不再加注。

〔2〕《汉书》卷十《成帝纪》，第 302 页。

不追究法律责任。从“年八十以上，生日久乎”的语气看，这是成帝首次把老年人的司法免刑特权由八十岁降到七十岁。二是明确鳏、寡、孤、独的含义及优抚措施，鳏夫寡妇免除终身赋役，经商免税，并要有人照顾其生活；孤、独、盲人、侏孺属于限制行为能力的当事人，官吏不得擅自征召讯问，诉讼时不得刑讯。三是对那些特殊家庭，“夫妻俱无子男”者（这儿是指再婚家庭）“为独寡”，给予更多的优抚，与归附的少数民族一样，免去田租、市税，允许其自由开店卖酒。从汉文帝十三年首次明确下诏“赐天下孤寡布帛絮各有数”[1]开始，赐孤寡粟米布帛者代代多有，据《汉书》诸帝纪，从文帝十三年到平帝元始年间，赐孤寡布帛粟米者有三十余次，成帝建始元年遍赏吏民时，也包括了赐“鳏寡孤独钱帛各有差”[2]在内。但从简文可知，成帝对鳏寡孤独的优抚并不止《汉书》所记，在赐予钱物的同时，明令免其税赋徭役。后者比前者更具有实际意义，前者只是临时性的，后者则是长期的；前者属于治标，后者则带有治本的意义在内。

“新简”的第七到第十一简记述的是宣帝本始二年令，其内容是赐高年王杖的诏令，曾受到论者的高度重视，并将其看作汉代养老制度完善的标志，但若仔细分析，二者虽有联系，还是有所区别的，不能混为一谈。简文云：

“汝南太守谳廷尉，吏有殴辱受王杖主者，罪名明白。　　第七

制曰：谳何，应论弃市。云阳白水亭长张熬，坐殴抴受王杖主，使治道，男子王汤告之，即弃市。　　第八

高皇帝以来至本始二年，朕甚哀怜耆老。高年赐王杖。　　第九

上有鸠，使百姓望见之，比于节；吏民敢骂詈长者，逆不道。　　第十

得出入官府节第，行驰道中；列肆贾市，毋租，比山东复。　　第十一”

这道诏令内容在“十简”的建始令中也有抄录，较之“新简”，本始令在“比山东复”之后多出“有旁人养谨者长养扶持，复除之”的规定，“比山东复”作“如山东复”[3]，其余相同。简文中的“朕”系宣帝自称，本始二年，宣帝出于对耆老的同情，实行王杖制度，杖首为鸠，其长九尺，凡年七十以上持鸠杖，相当于节，是权力的象征，可以自由出入官府，行走驰道；经商不征市税；像当年追随

〔1〕《汉书》卷四《文帝纪》，第125页。

〔2〕《汉书》卷十《成帝纪》，第302页。

〔3〕王杖十简明确记述发布诏令的时间是建始二年九月甲辰，简文有“制诏丞相御使：高皇帝以来制本二年，朕甚哀老小，高年授王杖”云云。论者结合“新简”本始二年的记载，认为王杖“十简”的“本二年”就是新简的本始二年之误，“新简”和“十简”所抄写的同是宣帝本始二年的诏令，见武威县博物馆：《武威新出王杖诏令册》，甘肃省文物工作队、甘肃省博物馆编：《汉简研究文集》，甘肃人民出版社，1984年，第4—61页。

汉高祖打天下又定居于关中的关东吏民那样终身免除赋役。〔1〕吏民如有"骂殴詈辱者"按"逆不道"罪论处。云阳白水亭长张熬"殴抴(击)受王杖主,使治道",被平民王汤告发,查证属实;大约是新法刚刚施行,地方长吏对"弃市"的判决可能觉得太重,或有争议,故汝南太守上报廷尉,廷尉又奏宣帝;宣帝裁定这没有什么好争议的,"应论弃市"。从此以后,凡犯此令者一律弃市。要说明的是,宣帝所说的"耆老"并非一般意义上的年长者,而是高年群体中的少部分人(详下),宣帝是希望通过授予这少部分人以王杖进一步提倡良好的养老风气。

制度规定和实际执行总是有距离的,而制度本身再详尽也不可能穷尽所有事物,更何况事物本身是千变万化的。王杖令尽管对非礼杖主行为规定了严厉的惩罚措施,但仍有违犯者。"新简"第十二至十八号记载了一个上书成帝的自诉性的案例,尽管其中第十五简缺失,案例情节不完整,但大体案情尚明白,颇能说明这一问题。案例云长安县敬上里公乘广是王杖主,广并没有犯过当判处"耐司寇"以上的罪,乡吏却传召广讯问对质,广可能还受到责骂。广认为这是奇耻大辱,而乡吏违背了王杖条令,也没有受到应有的惩罚;在广看来,王杖既然没有实际意义,不如不要;所以广直接上书成帝"愿归王杖,没入为官奴"。这"愿归王杖,没入为官奴"当然是自诉的策略,成帝接诉状后下诏云:

"问何乡吏,论弃市,毋须时。广受杖如故。　　第十九"

按汉制,死刑于秋冬举行,这个乡吏犯了大逆不道罪,故"论弃市,毋须时",不必等到秋决,广受王杖如故。正因为地方吏民违反王杖令者时有发生,有损于法律的尊严,不利于尊老养老制度的执行,成帝在建始二年、元延三年又两次下诏重申王杖令。武威新简记元延三年重申对殴辱杖主的惩处云:

"元延三年正月壬申下　　第七

〔1〕对简文中的"比山东复"("十简"作"如山东复")一语学者始终未得其解。陈梦家先生首注:"王杖十简"谓"如山东复"是"盖在山东地区曾有一特殊律令,凡非亲属(即旁人)而能养谨老人者得享复除之权,山东地区之规定乃是一种例外,因通常之例,唯有直系子孙得因供养老人而享复除之权……华山以东地区多水旱灾,或因此而有变通之特例,即非直系子孙而供养受鬻法之老人者,亦得复除之"。见中国科学院考古研究所、甘肃博物馆:《武威汉简》,文物出版社,1964年,第145—146页。武威县博物馆在《武威新出王杖诏令册》文中谓"比山东复者,指市卖不收租税,如山东之免除赋役一样从事"。见《汉简研究文集》,甘肃人民出版社,1984年,第39页。今按:陈梦家先生的解释既违背了律文原义又缺乏基本的事实支持,显然不能成立。至于谓"如山东一样免除赋役从事"等于什么也没说。笔者以为,这儿的"比山东复"的山东是一个特殊的人群,即随刘邦入关反秦打天下定居关中的山东吏民。《汉书·高帝纪》:汉五年诏云"诸侯子在关中者,复之十二岁,其归者半之"。"诸侯子"即山东吏卒。十一年又"令士卒从入蜀汉关中者皆复终身"。这些士卒即五年诏之"诸侯子"。简文"比山东复"即比照这些入蜀汉关中之山东士卒,免除赋役。

制诏御史：年七十以上杖王杖，比六百石，入官府不趋；吏民有敢殴辱者，逆不道。　　第廿一。

弃市　　令在兰台第卌三　　第廿二”

新出第二十三、二十四、二十五、二十六号简分别抄录了汝南郡男子王安世、南郡亭长司马护、长安东乡啬夫田宣、陇西男子张汤诸人坐“桀点”“击留”“殴辱”“折伤王杖”等罪被弃市的案例，以作为判决时的参照。

东汉建立后，王杖制度更加严格化。《后汉书·礼仪志》(中)云：“仲秋之日，县道皆案户比民。年始七十者，授之以王杖，铺之以糜粥。八十、九十，礼有加赐。王杖长九尺，端以鸠鸟为饰。鸠者，不噎之鸟也，欲老人不噎。是月也，祀老人星于国都南效老人庙。”按汉制，确定人口数量多少是国家赋税徭役的根本，故而每年都要“案户比民”，进行人口登记，其登记时间两汉有所不同，西汉应是在春季三月份，东汉改在八月，也就是《礼仪志》所说的“仲秋之日”。〔1〕登记之后，掌握了确切的人口数，也掌握了人口年龄结构，确定高年人数，到七十者即授予王杖。有的不到七十岁也可授予王杖。出土王杖十简的十八号墓墓主幼伯生于西汉平帝元始五年(公元 5 年)，至东汉永平十五年(公元 72 年)年六十八岁就被授予王杖即是一例。这可能是个特例，就制度而言应当是七十岁受王杖。1989 年在甘肃武威柏树乡下五畦大队旱坡的一座约为东汉中期的墓中出土的木简记载诏令云：

“制诏御史：奏年七十以上，比吏六百石，出入官府不趋，毋二尺告劾，吏擅征召长安乡啬夫田顺，坐征召金里老人荣长，骂詈殴。”〔2〕

虽然因简文残缺，诏令全文不详，但这两条诏令显然和上举王杖简文性质相同，仅详略有异而已。这儿虽仅云“年七十以上”而未云授王杖，但从上文“奏年七十以上，比吏六百石，出入官府不趋”诸语来看显然是指授王杖者而言。大约是时授杖已成定例而省略了授杖诸语；长安乡啬夫田顺所犯的就是“征召”王杖杖主之罪；召里老人荣长就是王杖主。文献中也有相关记述。《后汉书·章帝纪》云章和元年“秋，令是月养衰老，授几杖，行糜粥饮食”。同书《安

〔1〕关于汉代户口统计的时间，学术界一般是根据《后汉书·礼仪志》的“仲秋之日，县道接案户比民”和《后汉书·皇后纪序》所说的“汉法常因八月算人”等记载，不加区别地统谓之为八月。但是，细析两汉史料就不难发现，明确记载人口统计时间的都是东汉时事，而西汉则否。相关记载则说明西汉的案比应是春三月。《淮南子·时则训》云“三月官乡”。高诱注谓“三月料民户口，故官乡也”。高诱注是指西汉而言的。《汉书·武帝纪》载元封五年春三月，武帝“还至泰山……因朝诸侯王列侯，受郡国计”。太初元年“春还，受计于甘泉”。天汉三年三月“行幸泰山，修封，祀名堂，因受计”。太始四年春三月“行幸泰山……因受计”。“受计”即接受、审查各郡国的政绩报告，“计”就是“计书”，人口数字是关键内容。三月份统计完之后立即上报中央，故汉武帝总是在三月“受计”。因此，我们可以得出结论：西汉的所谓“案比”是在春季，东汉才改在秋季。

〔2〕武威地区博物馆：《甘肃武威旱滩坡东汉墓》；李均明：《武威旱滩坡出土汉简考述》，《文物》，1993 年第 10 期。

帝纪》云元初四年“秋七月辛丑，诏曰：‘仲秋养衰老，授几杖，行糜粥’”。按《礼记·月令》仲秋七月云“是月也养衰老，授几杖，行糜粥饮食”。章帝、安帝之诏即来源于月令之语，强调执行王杖令赐老人糜粥衣物。

1956 年和 1975 年，分别于四川彭县太平乡和成都市郊土桥出土东汉画像砖和画像石各一方，其内容正形象地展示了当时向王杖杖主“行糜粥饮食”的状况。彭县画像砖刻画一座上有天窗、下有台阶的仓房，窗外一只飞鸟欲飞进房内觅食，房内粮食甚多；粮仓台阶前放置量器；房前右边一位执鸠杖的老人，躬身坐于地面，一只手扶着面前的一个粮袋；中间一人正用量器向袋内倒粮食，显然所倒粮食是从房内取出的；左边则是一位身着长服的主人，端坐于方毡之上，挥手示意。成都市郊石刻的主要内容和彭县画像砖相同，画中也是一座上有天窗的仓房，房前有一人手持器皿刚从房中出来，向房子右边的一位坐于地上的执鸠杖的老者走去，老者面前虽然未见粮袋，但可以推知器皿中为粮食，是送给持鸠杖老人的。只是成都市郊的画面更为丰富，在鸠杖老人的里侧是一棵树，其身后，即画的右半部分，是一两层楼房，楼上两人似在演奏乐器，楼下一人正从门内向外张望。此两图在刚刚被发现时曾被释为“乞贷图”，认为是贫穷农民向地主借贷的写真，1979 年沈仲常先生撰文认为是“养老图”。[1]本文认为沈说甚是，图中持鸠杖老人就是依制度禀糜粥于官府的王杖主。四川南溪二号棺汉画像石描绘的“养老图”的内容更富于神话色彩，画像上半部为天上的人物和瑞兽。下半部左边是端坐于双头兽上的西王母，中间为一门阙，一荷鸠杖老人面门跪坐，门内一人做持物状向老人走去；画的右边紧靠老人的是一头神兽，两位侍从相向而立，侍从中间两位官吏模样的人相互致礼。[2]这墓的主人不是鸠杖老人就是这相互致礼的两人之一，造像的目的要么是宣传其生前所享受的特权，要么是表明其生前之尊老，均表明其应为“养老图”。众所周知，画像砖、石多出土于东汉后期墓葬，其内容都是以写实的手法描摹墓主生前的生活情景，辅以神话传说的内容，上举画像砖说明东汉后期的巴蜀地区继续实行王杖制度，养老政策得到了较好执行。至于儒学发达的中原、山东地区，尊老、养老风气不会逊于巴蜀，养老风气也应该得到严格贯彻。

三

现在讨论授王杖的条件问题。按诏令，年七十以上授王杖，但是否所有

〔1〕 沈仲常：《“告贷图”画像砖质疑》，《考古》，1979 年 6 期；刘志远等：《四川汉代画像砖与汉代社会》，文物出版社，1983 年，第 94—95 页。

〔2〕 中国画像石全集编辑委员会编：《中国画像石全集》卷 7，河南美术出版社、山东美术出版社，2000 年，第 106—107 页。

七十岁以上的人都可以受王杖，享受一系列的政治经济特权和国家优抚呢？对于这一问题，迄今为止，尚无学者深究过，须作一些讨论。笔者以为，授王杖除年龄限制之外，还有其他要求，并非到年龄者都有王杖。因为尊高年、授王杖的目的是树立符合政治统治需要的以孝为中心的社会伦理价值系统，在授予高年王杖以享特权的同时，也应赋予其劝化百姓的义务。只有那些有号召力、受到乡里崇敬的人才能担当这一重任。若仅仅凭借年龄一个标准，怕不合汉家君臣授王杖、尊高年的初衷。汉代以孝治天下，《孝经》是士子必读书，也是社会行为的规范，在讲述事君、事亲诸规范的同时更提出了对每一个人的修身要求。年七十固然因年高而成为尊、养、亲、敬的对象，但老人也应继续其个人修养。所以，仅从逻辑上说，除年龄标准之外，授王杖还应有其他条件，要经过遴选。1993 年在江苏连云港市东海县尹湾汉墓出土的简牍为这一推断提供了佐证。尹湾汉墓一号木牍是西汉末年东海郡郡情总集，记录了全郡行政编制、土地、人口、财政收支等统计数，称为《集簿》。牍文有云：

> “男子七十万六千六十四人，女子六十八万八千一百卅二人，女子多前七千九百廿六。年八十以上三万三千八百七十，六岁以下廿六万二千五百八十八，凡廿九万六千四百五十九。年九十以上万一千六百七十人，年七十以上受杖二千八百廿三人，凡万四千四百九十三，多前七百一十八。”〔1〕

按《集簿》的人口数是按性别、年龄分别统计的，东海郡共有人口男女合计1494196，其中 6 岁以下 262588 人，80 岁以上 33871 人，90 岁以上 11670 人，而“年七十以上受杖二千八百廿三人”。这儿的“受杖”即授王杖的老人，共有2823 人，而不是一年授予王杖的年 70 以上的老人数。从生理角度看，年 70以后，随着年龄的增加，其人数呈递减趋势，年龄越大，人数越少；东海郡 80 岁以上者有 33871 人，90 岁以上者为 11670 人，这 90 岁以上者显然应该包括在80 岁以上的 33871 中；据《集簿》所列 80 岁以上老人数和 90 岁以上老人数，80 岁至 90 岁之间共有人数 22201 人；那么 70 岁以上 80 岁以下的老人数当远远超过 80 岁以上 90 岁以下的老人数量。而《集簿》只列举了授王杖的年70 岁以上的老人数，就是因为并非所有 70 岁以上的人都授予王杖，而只是挑选其中的一少部分人授予；这被授予王杖的 2283 人更不仅仅是 70 岁，而是包括了 80、90 不同年龄段的人。按 80 岁以上老人共有 33871，除去女性，男性老人按一半计算共有 16935 人；若将 70 岁以上至 80 岁以下的男性老人计算在内，则 70 岁以上老人数量起码在三万左右。按《集簿》80 岁至 90 岁老人数是 90 岁以上老人数的两倍，按此比例推算，70 岁至 80 岁的老人至少应是 80

〔1〕 连云港博物馆等：《尹湾汉墓简牍》，中华书局，1997 年，第 78 页。

岁至 90 岁老人人数的两倍,或者接近于两倍,则实际授予王杖的人数不到适龄老人的十分之一。唯一合理的解释,只能是授王杖除了年龄要求之外,还有其他条件限制,要经过挑选之后才能授予,一经授予,杖主享有特权的同时也要承担相应的义务。笔者以为,这些杖主就是那些里父老和乡县三老这一特殊阶层。

汉代正式设三老始于高祖二年,即上文所举刘邦令每乡选择五十岁以上"有修行,能帅众为美"者一人为三老,"与县令丞尉相教,复毋徭戍,以十月赐酒肉"。此后成为定制,每乡置三老一人。《后汉书·百官志五》谓乡三老之职是"掌教化,凡孝子顺孙,贞女义妇,让财救患,及学士为民法式者,皆表其门,以兴善行"。除乡三老之外还有县三老、国三老的设置,这些众所周知,无须赘举。需要补充的是,除了乡以上的三老之外,在乡以下的里还设有"里父老",其功能和乡、县三老相同,主里内教化的同时也有反映民情的责任在内。居延汉简的第五二六·一和四五·一号简有"里父老"和"东利里父老夏圣"的记载。[1]《春秋公羊传》宣公十五年何休注云:

> "在田曰庐,在邑曰里,一里八十户,八家共一巷,中里为校室。选其耆老有高德者,名曰父老,其有辨护抗健者为里正,皆倍受田,得乘马。父老比三老、孝悌官属,里正比庶人在官……春,父老及里正旦开门坐塾上,晏出后时者不得出,莫不持樵者不得入……十月,事讫,父老教于校室。"

何休是在叙述井田制时说这番话的,但也反映了汉代里及里制、里父老的实情。[2]里父老在先秦时期已经存在,《史记》卷一百二十六《滑稽列传》载西门豹治邺为河伯娶妇时三老官属、豪长者、里父老都曾参加典礼。汉代里有父老即先秦传统的延续,要经过遴选而定,除了何休所说的"耆老有高德"这一条件之外,还应有相应的财产限制。"衣食足而知礼节",统治者是知道这个道理的,没有相应的财产就是有"高德"也缺乏足够的影响力;否则,没有一定的财产要求,若有一贫如洗者为"父老",吏民去效法这样的"父老"做什么?难道要吏民去效法他们的贫穷么?显然不可能。按汉代制度,出仕必须达到相应的财产标准,景帝后元二年曾下诏云:"今资算十以上乃得宦,廉士算不必众。有市籍不得宦,无资又不得宦,朕甚愍之。资算四得宦,亡令廉士久失职,贪夫长利。"[3]降低但没有取消仕宦的财产标准。里父老、三老等乡官虽然不属于国家官吏系列,但也要参照选取。1973 年在河南偃师县侯氏公社郑

---

〔1〕 谢桂华、李均明、朱国昭:《居延汉简释文合校》,文物出版社,1987 年,第 644、77 页。

〔2〕 马新:《汉代乡村社会史》,齐鲁书社,1997 年,第 200—225 页;何双全:《汉简乡里志及其研究》,甘肃省文物研究所:《秦汉简牍论文集》,甘肃人民出版社,1989 年,第 145—235 页。

〔3〕《汉书》卷五《景帝纪》,中华书局,1962 年,第 152 页。

瑶大队南村出土的《汉侍廷里父老单买田约束石券》对此提供了直接的证明。券书记载：

> "建初二年正月十五日侍廷里父老弹祭尊于季、主蔬左巨等二十五人共为约束石券里治中，乃以永平十五年六月中造起单，敛钱共有六万一千五百，买田八十二亩。单中其又资次当给唯里父老者，共以客田借与，得收田上毛物谷实自给。即资下不中，还田转与当为父老者，传后子孙以为常。其又物故，得传后代户者一人。即单中皆资下不中父老，季、巨等工假恁田……"〔1〕

从券书可知，里父老是以"资次"轮流出任的，资产达不到标准不能为里父老，集资买田就是为了供应出任里父老者的各项开支。我们虽然不能据此说资产是出任里父老的唯一依据，但我们完全有理由说，达不到财产标准的人，即使是"耆老有高德"、深孚众望的社会贤达，也不可能出任里父老这样的乡官。明乎此，我们对东海全郡只有 2823 位老人受王杖的事就好理解了。这 2823 人就是东海郡的里父老和县乡三老。按东海郡共有 38 个县邑 170 个乡 2534 个里，里置父老一人，乡、县置三老各一人，合计应为 2772 人，与《集簿》所载数字基本一致，《集簿》多出来 51 个受杖人可能是因为有的乡、县不止一个三老。这些父老、三老担负着教化民众向善的责任，参与地方事务，"与县令丞尉以事相教"，有时甚至上书皇帝，在一定程度上起到了上达社情民意的作用。但他们不是国家官吏，不食俸禄，故而在东海郡的《集簿》等文书中遍述上至郡守下至里正的各级官吏而不及三老，里父老更不在《集簿》的统计之内，所以国家要给予特别的尊崇和优待，授予王杖，免其赋役，赐以特殊的政治地位，等等，既是鼓励民间效法其品行，也是对其职责的酬答。正因为这些父老、三老们要训导乡村里落的无行之辈，要参与地方事务，难免产生矛盾和冲突，才召至那些目无王法、行无伦常的吏民的"传召""殴击"，王杖简记载的案例正从反面反映了王杖主的职责和地位。

以往人们在解释王杖诏令时，对授王杖的条件缺乏深入具体的分析，泛泛而谈，以为七十岁以上者都可以获得王杖，把王杖制度和养老制度等同起来。现在，我们可以确定，授王杖者只是老年群体的一少部分，其绝大部分是没有王杖的；实行王杖制度有着尊崇年老者的目的，但这并不是其目的的全部，甚至不是主要目的。其主要目的是使老年人垂范乡里、纯洁风俗、教导乡民；作为官府治民的一个补充，他们是乡民尊敬效法的榜样，也是其他老人模仿的对象。其余大部分七十岁以上的老人是没有王杖主所享有的那些"比六百石，入官府不趋，得行驰道""比山东复"等政治经济特权的。也就是说，两

---

〔1〕 宁可：《关于汉侍廷里买田约束石券》，《考古》，1982 年 2 期；高文：《汉碑集释》，河南大学出版社，1997 年，第 11—14 页。

汉政府对年七十以上高年群体的主体的尊崇和奉养并非以赐王杖的形式实现，而是以不定期地赏赐絮帛粮物、有限地免除其赋税徭役来进行的。这固然是为了解决老年群体生活的实际困难，但更主要的还是向天下表明皇恩浩荡，激励尊老、养老的风气。打开两汉书，赐高年粟帛酒肉的记载甚多，而不统称“三老”，或以“高年”代替“三老”，更未及赐受王杖者粮物多少，而是把高年、三老以及孝悌、力田等分开，区别对待，分别赏赐，这就是因为其身份不同，赏赐的性质不同。对高年而言，是对老年的尊敬与优抚；三老本来属于高年之列，因其受王杖，已有相应的政治、经济待遇，对其另加赐财物属于对其教化乡里的褒奖，故要与赐高年财物分开下诏；而孝悌、力田不一定是高年，他们是因垂范孝行、劝课农桑、劝善化乡里风俗而受到赏赐慰问。其最终目的都是建立和固化亲亲尊尊的伦理价值观，稳定基层社会秩序。

明白了这一点，我们对以往关于上举两幅汉画像的性质的争议就更加清楚了。上已指出，在彭县的画像刚出土时曾有学者释之为“乞贷图”，认为图中的荷杖老人贫穷，乞贷于官府或富贵人家，后经朱仲常先生释为“养老图”，学者多从之。现在我们可以进一步肯定地说，图中描绘的荷杖老人本来是县乡三老或里父老，本来就是乡里的富户。在东汉时代，特别到了东汉后期，宗族大姓操纵乡里已普遍化，无论是乡三老或里父老都出自地方大姓。这些豪强大姓本身就是大地主，因而父老们是不存在贫穷问题的，更不至于穷到以乞贷为生，故而图中的王杖主跪坐于地手扶粮袋，面对官吏承接粮食，并非因其贫穷而露出的“乞怜”状，而是出于对皇恩的感谢所取的谦卑之姿而已；该墓的主人不是端坐图画左侧的官吏模样的人，而是鸠杖老人；描述的是王杖杖主之谨守礼法、教化乡里的德行，以垂范世人。

汉唐土地、赋役制度与农民历史命运的变迁*

——兼谈古代农民问题的研究视角问题

中国自古以来就以农立国,历朝历代的各种各样的发展生产、稳定社会的措施和制度都是围绕着稳定农业、稳定农民、保证税收这个中心问题而展开的。这个问题解决好了,社会就能安定,统治就能巩固;否则社会矛盾就要激化,统治就要崩溃。中国历代王朝兴衰的根源就在于此。然而,历史实践又表明,尽管历朝历代的统治者、思想家为解决农民问题以图长治久安而绞尽脑汁,采取种种措施,却始终摆脱不了农民破产流亡、社会矛盾激化、王朝崩溃的历史宿命。这一历史宿命的深层原因是什么?社会发展有无历史规律?这个历史规律是什么?这些成为现代学者探讨的重要课题。

历史发展有其客观规律,这是马克思主义历史学的共识,探讨这一规律是史学研究的核心任务。但是怎样探讨、认识如何,则见仁见智。在 20 世纪后半叶,受意识形态的影响,人们主要从阶级冲突的层面解释古代王朝兴衰的原因,认为是地主阶级和农民阶级之间的矛盾变迁决定了历史发展的进程。人们普遍的看法是:地主占有绝大多数的土地,农民只占有少量的土地,地主残酷剥削农民,导致农民无法生存而举行起义,导致改朝换代的发生;历代政权都代表地主阶级的利益,是地主阶级实现对农民统治的工具,而每次农民起义,都沉重地打击了地主阶级的统治,在一定程度上解决了农民的土地问题,推动了历史的进步。时间降至 20 世纪 70 年代末期以后,因为意识形态发生了变化,人们对历史上农民起义对历史发展的作用先是怀疑,后是否定,再后是避而不谈,甚至对整个农民命运、农民战争问题都采取了回避的态度。似乎农民不是先进生产力和先进生产关系的代表,其命运如何不值得关注;至于农民起义、农民战争,充其量是改朝换代的工具而已,并无多少积极意义可言,对社会发展的直接影响更多是破坏性的,没有研究意义。这显然是错误的,更无助于问题的解决。农民问题是古代中国所有社会问题的中心,农民战争是社会矛盾的最高表现形式,因为意识形态的原因简单地肯定和否定其作用固然不科学,因为意识形态的原因而采取回避的态度也不是一

---

* 原刊《苏州大学学报》(哲社版)2005 年第 4 期。

个史家应有的态度,而应该在系统总结前人研究过程和结果的基础之上,以马克思主义的方法为指导将研究深入地进行下去。

本文无意于对以往研究的结论作出系统的评析,那远远不是一篇文章所能完成的任务。本文的目的是从国家权力、制度设计的角度,以汉唐时期为例,分析农民历史命运的变迁,揭示社会矛盾与制度运作之间的逻辑联系。笔者以为,从阶级斗争的角度,以土地占有状况为核心,分析社会矛盾和农民战争的根源及其作用,尽管在方法和结论上有其局限性,但是从问题的实质看则抓住了问题的核心,即生产资料所有制问题,也就是土地问题。历朝历代的社会矛盾激化、农民起义确确实实是因为农民破产流亡、走投无路而发生的。但是,农民为什么丧失土地,农民破产的原因是什么,这在以往的研究中似乎是不成为问题的问题,无非是赋役沉重,地主、官僚、工商业主兼并的结果,地主、官僚、工商业主的土地兼并是农民破产的主要根源。这当然没有错。但是,我们还可以进一步追问:就这赋役和土地兼并两大要素而言,对于同一个历史时期的农民问题来说是起着同样的作用还是有着主次之分?为什么在王朝初期、经济凋敝、百废待兴的时候,土地兼并较轻,农民破产者较少,而随着经济的恢复和发展,赋役加重,土地兼并问题就日益突出?农民之丧失土地除了经济规律这只看不见的手在起作用之外,国家的赋役制度又起着什么样的作用?也就是说,赋役制度是维持农民土地的稳定还是加速了农民的破产流亡?深入地探讨这些问题,不仅是揭示历史真相的需要,更是把握制度设计与历史变迁的关系从而总结历史经验的需要。

笔者以为,就汉唐历史而言,按人收田税的赋役制度是农民破产流亡的加速剂,赋役制度的不合理,加速了农民的破产流亡。而赋役和土地问题密不可分,所以要先从土地制度说起。只有准确地把握了汉唐时代的土地和赋役制度的本质,才能科学地把握汉唐农民的历史命运。

一

关于汉唐时期土地制度的性质,从 20 世纪 30 年代以来曾经有过争论,大体上有两种意见,即土地国有制和土地私有制,占主导地位的观点是土地私有制。这一方面是学术研究深入的结果;另一方面和毛泽东对于中国封建社会特点的论述也不无关系。毛泽东在《中国革命和中国共产党》这篇著名文献中曾指出中国"封建社会的主要矛盾,是农民阶级和地主阶级的矛盾","地主阶级对于农民的残酷的经济剥削和政治压迫,迫使农民多次地举行起义,以反抗地主阶级的统治。从秦朝的陈胜、吴广、项羽、刘邦起……直至清朝的太平天国,总计大小数百次的起义都是农民的反抗运动,都是农民的革命战争”。[1]既然地主和农民是两个主要的阶级,当然是土地私有制的社会。抽象地说,这没有错。但是,地主也好,农民也好,都是个历史存在,在不同的历史时期有着不同的存在形态。既然地主阶级和农民阶级是封建社会两大对立阶级,那么也就是说只要当这两个阶级形成并成为社会主要对立阶级的时候就进入了封建社会。那么,人们不禁要问:最早的地主和农民是怎样产生的?他们的土地是怎样获得的?是生产力发展、生产技术进步以后自己开垦的结果还是国家授予的?历史的事实是后者。不仅在刚进入封建社会的战国时代是如此,就是到了封建社会高度发达的唐朝前期依然实行着国家授田制,有相当一批农民的土地来自于官府的授予。也就是说,我国封建社会的土地制度并非如以往所理解的私有制,实际情况要复杂得多。历史的实际是,封建社会的土地所有制是私有和国有并存,在不同历史时期二者所占比重各不相同,处于相互消长的过程之中,从战国到唐朝前期这一特点尤其突出。

本来,在西周时代,土地属于统治宗族所有而呈多级占有形态。[2]至战国,在部分宗族完成新旧蜕变,完成了新一轮的化家为国的历史进程之后,君主集权的领土国家取代了旧的宗族城邦,原来的宗族土地所有制逻辑地转变为封建国家所有制。当然,劳动资料必须和劳动力相结合才能有劳动产品,才能把生产资料变为财富,所以,国家在控制土地的同时,自然地采取相应手段控制人口,用行政力量实现劳动力和劳动资料的结合,国家授田制就应运而生了。

授田制是战国时代普遍的制度,各国的具体细节虽有不同,但共同点则是按人授田,每夫百亩。《周礼》记载的每夫授予土地百亩说,孟子所说的制民之产,以及银雀山汉墓竹简关于授田的记述,等等,都说明授田是战国的普遍制度。商鞅变法,推行军功授田制度,就是在每夫百亩之外增加授田数量以刺激国人参战积极性的,所谓“能得爵(甲)首一者,赏爵一级,益田一顷,益宅九亩,除庶子一人”[3]。这个“益”字就是在正常授田标准之外,增加土地数量。[4]这是商鞅变法时推行的土地制度。云梦秦简《田律》明确规定“入顷刍、稿,以其受田之数,无垦不垦,顷入刍三石,稿二石”[5]。这“受田之数”就

〔1〕 毛泽东:《毛泽东选集》,一卷本,人民出版社,1964 年,第 588 页。

〔2〕 关于西周土地所有制性质,一般观点都认为是国有制或者是王有制,这是似是而非的认识。科学的表述应是宗族所有制,参见田昌五先生:《中国古代社会发展史论·中国古代社会土地问题》,齐鲁书社,1992 年。

〔3〕《商君书》,中华书局,1980 影印诸子集成第五册,第 34 页。

〔4〕 关于战国、秦的土地制度,参见田昌五、臧知非:《周秦社会结构研究》第二章,西北大学出版社,1996、1998 年。

〔5〕 睡虎地秦墓竹简整理小组:《睡虎地秦墓竹简》,文物出版社,1978 年,第 27—28 页。

是指农民从官府领得的土地数，种与不种都要交纳每顷三石和二石的刍、稿税，之所以按顷交纳，就是因为授田以顷为基本数量标准。这是商鞅变法以后制定的法律，秦朝统一后没有实质性的变动。

汉承秦制，刘邦称帝伊始就诏告天下："民前或相聚保山泽，不书名数。今天下已定，令各归其县，复故爵田宅，吏以文法教训辩告，勿笞辱。"[1]即诏告在战乱年代逃亡山林的地主、农民，只要回到原籍，到官府重新登记入籍，即可以合法地拥有原来的土地住宅，这当然是以全面实行秦朝制度为基础的。以往因为资料的限制，加之受西汉是土地私有制时代的这一思维定式的长期影响，人们对刘邦复故爵田宅诏的内涵认识不清，没有意识到汉朝依然实行授田制度。张家山汉简《二年律令》的面世为我们了解西汉授田制度提供了全新的支持。

《二年律令》是吕后二年颁布的二十七种律和一种令，内容极为丰富，对西汉土地制度、赋役制度有着明确的记载。因为是第一次揭示西汉授田制度实况，故对相关内容稍事引证，以便下文的分析。其《田律》对汉初授田制的规定云：

"田不可田者，勿行，当受田者欲受，许之。"

"田不可垦而欲归，勿受偿者，许之。"[2]

律文的"行"即授予，"勿行"即不要把不可垦的土地授给农民。《吕氏春秋·乐成》谓"魏氏之行田也百亩，邺独二百亩，是田恶也"。律文之"行"与"行田"之"行"同义。按《汉书·地理志》，汉代把土地分为已垦、可垦而未垦、不可垦三类，不可垦之地包括山川林泽居邑道路，授给农民的是已垦和可垦地；允许农民自愿接受不可垦的土地，如果无法经营，可以归还政府，但不得要求补偿。授田的基本标准是每夫百亩，有军功者按爵位高低依次增加。《户律》规定(律文中个别异体字、通假字，均隶定为今体字)：

"关内侯九十五顷，大庶长九十顷，驷车庶长八十八顷，大上造八十六顷，少上造八十四顷，右更八十二顷，中更八十顷，左更七十八顷，右庶长七十六顷，左庶长七十四顷，五大夫二十五顷，公乘二十顷，公大夫九顷，官大夫七顷，大夫五顷，不更四顷，簪褭三顷，上造二顷，公士一顷半顷，公卒、士五(伍)、庶人各一顷，司寇、隐官各五十亩。不幸死者，令其后先择田，乃行其余。他子男欲为户，以为其□田予之。其已前为户而毋田宅、田宅不盈，得以盈，宅不比，不得。"[3]

[1] 《汉书》卷一下《高帝纪下》，中华书局，1962年(下同)，第54页。

[2] 张家山二四七号汉墓竹简整理小组：《张家山汉墓竹简(二四七号墓)》，文物出版社，2001年(下同)，第165、166页。

[3] 《张家山汉墓竹简(二四七号墓)》，第175—176页。

这段律文规定了各个等级的占田标准和授田次序。按其社会等级可分为三大类别:军功爵者、庶人、特殊人群。汉初,继续执行商鞅变法时所推行的“名尊卑爵秩等级各以差次,名田宅臣妾衣服以家次”[1]的制度,第一级公士可占田一顷半,第十九级占田九十五顷。从第一级到第十九级之间又分为三个大的级差:从关内侯到左庶长是高爵,级差两顷;从左庶长到公大夫为第二个级差,级差悬殊,五大夫较左庶长一级之差占田少四十九顷,公乘较五大夫少五顷,公大夫较公乘少十一顷;公大夫以下大约就是低爵了,级差也是二顷。公卒、士伍、庶人的身份应有所区别,但在占田数量上都是一顷;司寇、隐官是特殊人群,较庶人减半占田。授田时,要让死者的继承人(律文的“后”即法定继承人)优先选择土地,以示对其不幸的同情,然后再依次授予他人。如果分居立户,即从其原来家庭所占的土地中分割授予(律文“他子男欲为户,以为其□田予之”。“田”之前缺文,含义不明,但从逻辑上分析应是其原家庭所占有的土地,随着立户分居而分割)。那些虽然立户而无田宅或者占田不足者,依律授足;住宅不足者就不再补了。《二年律令·户律》对住宅的授予有着明确的规定,住宅面积方三十步为一宅,按身份等级分配,其等级级差与土地相同,不同的是多了第二十级彻侯,其授予数量是一百零五宅,其余关内侯、大庶长以下至庶人所授住宅数和土地顷数的级差相同。[2]在先秦诸子心目中,理想的田宅比例是百亩田、五亩宅,商鞅变法执行的是百亩田、九亩宅。[3]而西汉沿袭商鞅的授田百亩的同时,住宅面积则有所减少。

战国和秦朝授田的目的是保证劳动力和劳动资料的有效结合,以保证国家的税源和役源,土地一经授予是不再收回的,农民在按规定的数量交纳租税的同时,可以世袭,也可以赠予转让,可以买卖。因而这种授田制度又是土地国有制向私有制的过渡形态,只是在战国和秦朝,其私有化的进程才刚刚开始,土地买卖现象尚不普遍。[4]西汉推行授田制的同时,对土地的转让、继承、买卖则作出了相应的规定,既使土地买卖规范化,也加速了土地私有化的进程。关于土地买卖的规定,《二年律令·户律》云:

> “受田宅,予人若卖田宅,不得更授。”
>
> “代户、贸卖田宅,乡部、田啬夫、吏留弗为定籍,盈一日,罚金各二两。”[5]

农民可以把所受田宅赠人和买卖,但不能重新受田;买卖土地要由基层官吏

---

[1] 《史记》卷六十八《商君列传》,中华书局,1959年(下同),第2230页。
[2] 《张家山汉墓竹简(二四七号墓)》,第176页。
[3] 田昌五、臧知非:《周秦社会结构研究》,西北大学出版社,1996年(下同),第125—132页。
[4] 《周秦社会结构研究》,第155—157页。
[5] 《张家山汉墓竹简(二四七号墓)》,第177页。

办理相关手续，乡啬夫、田啬夫等主管小吏拖延不办则受罚，说明国家对土地买卖的保护和支持。当然，这些主管官吏不仅仅是办个手续那么简单，他们还要审查土地买卖是否合法。《户律》云：

“欲益买宅，不比其宅，毋许。为吏及宦皇帝，得买舍室。”

“孙为户，与大父母居，养之不善，令孙且外居，令大父母居其室，食其田，使其奴婢，毋贸卖。孙死，其母而代为户。令毋敢遂(逐)夫父母及入赘，及道外取其子财。”〔1〕

《置后律》有云：

“寡为户后，予田宅，比子为后者爵。其不当为户后，而欲为户以受杀田宅，许以庶人予田宅，毋子，其夫；夫毋子，其夫而代为户。夫同产及子有与同居数者，令毋贸卖田宅及入赘。其出为人妻若死，令以次代户。”〔2〕

上举律文说明对土地买卖有两点限制：第一，除现任官吏外，购买住宅必须符合身份等级要求，现有住宅没有达到等级标准的，可以买足，但不得超过；第二，只有户主拥有田宅的全部处置权，律文列举的两种情况都说明了这一点。《户律》规定，孙为户主，因为不尽或者没有完全尽到赡养祖父母的义务而被责令出户居住，其祖父母对其土地财产只有使用权而不能“贸卖”；子死，其母代为户主后，也不得驱逐其公婆，不得招夫，不得以其他方式转移财产。《置后律》规定，寡妇为“后”而无子，其夫代为户主；其夫兄弟姐妹及其子女虽然与其夫同居共财，都是同一家庭成员，但无权买卖土地。这既保护了户主的财产处分权，又照顾到继承的权利和义务相一致的原则，也说明汉代既保护土地私有权，同时规范土地买卖，使土地买卖秩序化。

尽管法律对土地买卖有着一定的限制，但土地买卖一经合法，土地兼并的势头必然一发而不可收。由于按等级占田，大大小小的军功地主可以凭借其政治经济特权巧取豪夺庶民的土地；由于只限制购买住宅而不限制购买土地，那些隶名市籍的商人自然因其富厚大肆购买土地，改变其社会地位。而在授田过程中，那些有商品意识或者有其他技能的“庶人”则选择山川林泽以经营经济作物种植，从事畜牧业或者矿冶业而成为富甲一方的工商业主，转而兼并农民；农民从政府所获得的土地难以长久维持而迅速地破产。《汉书·食货志》记载的董仲舒说“富者田连阡陌，贫者无立锥之地”诸语正是这一历史图景的真实写照，而个体农民的迅速破产和田税征收方式又有着直接的联系。

〔1〕《张家山汉墓竹简(二四七号墓)》，第177、178页。
〔2〕《张家山汉墓竹简(二四七号墓)》，第185页。

二

上已指出，授田制度的目的是保证国家税源和役源，其实现方式就是按照人户征收田税和征发徭役。秦简《田律》说的“入顷刍、稿，以其受田之数，无垦不垦，顷入刍三石，稿二石”，这“以其受田之数”之“其”就是指受田人，农民受田于官府之后，无论耕种与否，收成如何，都要以顷为单位交纳规定的刍、稿税。刍、稿税是田税的一种，刍稿按顷交纳，谷物也是如此。因为授田按户籍进行，有名于上则有田于下，只要户籍上有名字，达到法定年龄，就按照身份等级授予土地，除了特权优待以外，凡是授田民，都要以顷为单位交纳田税；官府按照户籍征收田税、征发徭役就行了。这个制度，既保证了国家的税源和役源，又以课税的方式促使农民尽心于耕作，因为国家收的是定额税，交足国家的，剩下的都是自己的，而且政府对那些尽心耕作的农民还有奖励，“耕织至粟帛多者复其身”，粮食和家庭纺织业达到一定产量可以免除徭役。明白了这一点，对战国秦朝农民的性质可以有新的理解：战国秦朝的农民不是后人所理解的自耕农，而是国家的课役农；如果一定要用“自耕农”这个概念的话，那么这个自耕农是国家授田制度催生出来的，仅仅是在生产经营方式上有着后世自耕农的某些特征而已，这个特征就是生产以个体家庭为单位，而不是像唐朝实行两税法以后的自耕农那样种多少地缴多少税，是完全的小私有者。

西汉继续了秦朝按顷计征田税的制度。二年律令《田律》云：

“入顷刍稿，顷入刍三石，上郡地恶，顷入二石；稿皆二石。令各入其岁所有，毋入陈，不从令者罚黄金四两。收入刍稿，县各度一岁用刍稿，足其县用，其余令顷入五十五钱以当刍稿。刍一石当十五钱，稿一石当五钱。”

“刍稿(节)即贵于律，以入刍稿时平贾(价)入钱。”

“卿以下，五月户出赋十六钱，十月户出刍一石，足其县用，余以入顷刍律入钱。”〔1〕

按西汉《田律》关于刍、稿税的征收规定远远丰富于秦律。第一，根据土地质量，调整每顷刍稿数额，如上郡地恶，每顷少收刍一石即是一例。第二，进一步规定刍稿只收新收获的庄稼茎叶，否则罚金。第三，实物和货币并举，二者比例由各县根据需要自行确定；收货币时每顷为五十五钱；刍一石折合十五钱，稿一石折五钱。第四，当刍、稿市场价高于法律规定的价格时，按“平价”折合交纳。第五，明确规定刍、稿按户收取，凡是“卿以下”的所有人等“十月

〔1〕《张家山汉墓竹简(二四七号墓)》，第165—166、168页。

户出刍一石,余以入顷刍律入钱",这"顷刍律"就是"令顷入五十五钱以当刍稿",具体折算标准是"刍一石当十五钱,稿一石当五钱"和"刍稿即贵于律,以入刍稿时平贾(价)入钱"的规定缴刍稿钱。

刍、稿税是田税的一种,除了刍、稿以外,还有谷物,谷物是田税的主要形态,刍、稿、谷物因用途不同而分开征收。那么,刍、稿按顷定额,谷物也是按顷定额。换言之,秦汉的田税都是按顷计算的。这种计税方式在操作层面上虽然简单,但其弊端是显而易见的,在人少地多、国家有充足的土地能够保证授田的需要、农民最少都能拥有一顷之地的条件之下,农民的田税负担才是合理的,也确实能起到以课促垦的作用。但是,随着土地私有化的发展,农民破产严重,必然发生农民交纳的田税数额和实际拥有的土地数量背离的问题,不足一顷也要交纳一顷地的田税,农民的田税负担就沉重得多。尽管在土地转移时,法律规定地方官吏要及时办理更籍手续,以使田租籍和地籍同步转移,但在实际执行过程中,地主豪强勾结官府、转嫁田税、地多者少缴或者不缴田税,地少者甚至无地者必须如数交纳的事实是普遍存在的,农民的历史命运就可想而知了。

更为重要的是,田税按顷计算的同时却是按户征收。在国家看来,授田是依户进行,农民有名于上,就有田于下,按户征收田税,顺理成章。律文云"卿以下,五月出赋十六钱,十月户出刍一石,足其县用,余以入顷刍律入钱",无论是交实物,还是交钱,都是按户进行的。当然,律文所说的征收时间和数量,仅仅是国家的一般规定,征收田税的具体方式在实际执行过程中要复杂得多,究竟什么时间征收、征收什么、每户征收多少、实物和货币各占多少,都由地方政府和官吏具体决定。江陵凤凰山十号汉墓出土的六号木牍是汉文帝时江陵地区平里和稿上里两个里的征收刍稿的原始记录,为我们了解当时刍、稿实际征收情况提供了依据。根据木牍记录,平里和稿上里的刍稿税是按照户和田分开征收的,货币和实物并举,货币比重小于实物;户刍的比重大于田刍。平里刍稿总数三十一石三斗七升,其中户刍是二十七石,占总数的近百分之八十;田刍只有四石三斗七升,刚过总数的百分之二十。稿上里刍稿总数十四石三斗六升,其中户刍十三石,田刍是一石六斗六升,户刍所占的比例大于平里,几达于百分之九十。而根据同墓出土的竹简记载,当地农民土地很少,有姓名的二十五户农民中,最多有地五十四亩,少的仅七亩,除了一户因简文不清无法确知以外,其余二十四户农民平均每户有地二十八亩。[1]这是一时一地的情况,还是全国通制,不得而知,这里不去深究,我们只要明白刍、稿确实是按顷计算、按户征收,国家有统一的数量标准,具体征

〔1〕 李均明、何双全:《散见简牍合辑》文物出版社,1990年,第66—76页。

收方式和程序各不相同,农民的实际负担因时因地而异就行了。刍、稿如此,谷物的征收自不例外。明乎此,我们对汉代农民破产迅速的原因可以有深一步的理解:汉代田税率确实很低,若按亩产量来计算,农民的田税负担确实很轻,但当田税按顷计算、按户征收时,农民的田税负担就不那么轻松了,有地无地、地多地少都要按顷缴税,农民的负担可想而知。这是汉初农民破产迅速的制度因素之一,也是汉文帝以后历代君王都曾采取各种措施解决农民破产问题而收效甚微的深层原因所在。

事情未止于此,田税征收的实物和货币并举制,更加速了农民的破产流亡。田税征收的实物和货币并举对于政府来说简便易行,也利于商品经济的发展。但是,对于普通农民来说,则噩梦远大于福音。众所周知,汉代人口的主体是个体农民,他们既无资本也无能力从事大规模的商品生产,他们中的绝大多数只能靠出卖有限的农副产品换取货币,必然要受到商人的中间盘剥。而"刍一石当十五钱,稿一石当五钱。刍稿即贵于律,以入刍稿时平贾(价)入钱"的规定为增加农民田税负担提供了制度上的保证——当刍稿市场价格低于法定价格时,按法定价格征收,农民实际卖出的刍稿就不止是三石和二石了;当刍、稿的市场价高于法定价格时,则按平价——也就是官定的价格折算;这平价是低于市场价的,若按市场价格折算,农民卖出的实物就少一些,负担也就轻一些,而按平价折算,折合的实物就要多得多。尤其需要注意的是,刍、稿税的交纳没有统一固定的时间,官府想什么时候要就什么时候要,农民就得什么时候交。律文谓"十月户出刍一石,足其县用,余以入顷刍律入钱",也就是说,除了"户出刍一石"于十月收取以外,其余折合货币收取的时间,全由各地官吏说了算。逢秋收刚过,物产丰富之时,物价再低,农民也得出卖农产品,要受谷贱伤农之害;若逢青黄不接,无物可卖,农民只好去借贷缴税,则落入高利贷的陷阱而不能自拔。晁错曾上书文帝云"今农夫五口之家,其服役者不下二人,其能耕者不过百亩,百亩之收不过百石……当具有者半价而卖,无者取倍称之息,于是有卖田宅鬻子孙以偿债矣"〔1〕。这五口之家、百亩之地是授田制之下个体小农的一般形态,他们之所以"当具有者半价而卖,无者取倍称之息"就是为了交纳田税,是田税货币化使他们"半价而卖""取倍称之息"。以往对晁错这段话的理解多不得要领,甚至认为这五口之家、百亩之地、亩产一石不是汉初小农的真实形态,简单地把农民"卖田宅、鬻子孙"的原因归结为商品经济发达的结果,而未见田税制度所起的杠杆作用,现在是应该重新认识的时候了。

田税制度的上述弊端,加速了农民的破产,所以自汉文帝时起,土地兼并

〔1〕《汉书》卷二十四上《食货志》上,第1132页。

就呈加速度的势头向前推进。统治者也意识到这一问题的严重性，起码从汉武帝时开始，就不断地有人提出和采取各种解决土地兼并问题的方案，如限制势家大族的占田数量，用行政手段打击工商业主的势力，甚至直接剥夺工商业主的财产；又如假民公田，移民实边，赋民公田，等等，但都难以解决农民的破产问题。农民丧失土地以后为了逃避田税和徭役，只有离乡背井，或者逃亡山林，或者投到地主势家的门下，依附于势家地主，成为势家地主的依附民。

农民离开原籍，无论是依附于地主，还是逃亡山林，对国家来说都不是好事，因为这意味着国家税源的流失。尽管国家一再强调户口的政绩作用，把户口作为考核地方官的重要指标，但农民不愿申报户口、千方百计隐瞒户口的事实普遍存在，如汉武帝元丰年间，关东地区有流民二百万，其中无名数者多达四十万，从一个方面说明了这个问题的严重性；那些依附于地主的农民中间自然也有许多无名数者。如果说西汉时代离开土地的农民啸聚山林、流亡四方者居多的话，那么降至东汉，无地农民则多投到私人门下成为依附民了。仲长统对东汉后期土地集中，地主拥有成千上万的奴婢、依附民的生动而形象的描述，形象地再现了东汉农民破产、依附关系发展的历史现实。这为学界所熟知，就不再赘引了。这种农民由隶属于国家向私人依附民转变的深层原因之一就是以人户为本的田税制度。

三

明白了汉代土地制度、田税制度的性质和特点以后，对西晋占田课田制以及北魏隋唐均田制的性质和功能以及农民的历史命运，可以有进一步的认识。

西晋统一之后，为了稳定税源，统一土地赋役制度，在严格户籍登记的前提下，按照汉代土地、赋役制度的传统，于太康元年（公元 280 年）颁布了占田课田制和户调制。其内容为：

> "又制户调之式：丁男之户，岁输绢三匹，绵三斤；女及次丁男为户者半输。其诸边郡或三分之二，远者三分之一。夷人输賨布，户一匹，远者或一丈。男子一人占田七十亩，女子三十亩。其外丁男课田五十亩，丁女二十亩；次丁男半之，女则不课。男女年十六以上至六十为正丁，十五以下至十三、六十以上至六十五为次丁，十二以下、六十六以上为老小，不事。"
>
> "凡民丁课田，夫五十亩，收租四斛。"〔1〕

〔1〕《晋书》卷二十六《食货志》，中华书局，1980 年，第 790 页。

这段记载的主要内容有三：一是按户交纳课税，丁男为户主的每户每年交纳绢三匹、绵三斤。同时按人收取田税：丁男按照五十亩的课田数交纳田税四斛，合每亩八升；丁女按照二十亩课田数交纳田税一点六斛；次丁男田税额较丁男减半。二是规定农民占田数字，丁男每人占田七十亩，其中二十亩免田税，五十亩要缴税，称为课田；丁女占田三十亩，其中十亩免税，二十亩缴税，为课田。三是规定了统一的成丁、次丁、老小的年龄标准。

对上述记载个别文字的理解，学界曾有过分歧，如课田包含在占田之中还是在课田之外就有过争议，在明白了汉代授田制以后，这个争议而随之结束。其占田数量，丁男七十亩、丁女三十亩，加起来和一对夫妇占田百亩的西汉标准相同，不可能另外还有七十亩（丁男课田五十亩、丁女课田二十亩）的课田。但无论争议如何，上述三点是清楚的。从这三项内容，不难得出西晋的户调式和占田课田制的目的是以课保税。一个五口之家，男子可以占田七十亩、女子可以占田三十亩，合起来占田一百亩，无论是否占足规定的土地数，收成如何，男子五十亩、女子二十亩合计五斛六斗的田税和三匹绢三斤绵的户调是一定要缴的。实际上，这是汉代每户百亩授田、按顷、按户征收田税的翻版，只是名目和计算方式有所变化而已，汉代按顷计算，西晋是按七十亩计算。汉代亩产定得低，西晋亩产定得高，西晋的田税和户调相加，农民负担总量高于西汉。这在西晋统一初期，政治军事稳定，人少地多的条件下，是有实现基础的，农民只要愿意，基本上可以占足规定的土地数。因为有土地的吸引，那些私人依附民、在战乱中无家可归的流民也愿意占著户籍，政府为了增加税源更会严格户口登记，加强对农民的人身控制，也正是在这一制度的支持之下，国家控制的农民的数量有了较大的增加，小农经济呈现了新的繁荣，这是造成西晋太康年间经济发展的基础。当然，这些隶名于官府的农民，本质上依然是国家的课役农，只是他们拥有了较多的生产自由。

然而，占田课田制并不能保证农民占有土地的稳定性。一方面因为贵族、世家、官僚所拥有的土地数量并不因为占田制度而受到限制，继续拥有大片土地，依然疯狂地兼并农民土地；另一方面因为农民赋税负担沉重不得不卖出土地。随着时间的推移，国家也没有足够的土地分配给新增加的人口，即使在和平年代和正常年景，农民也必然地沦为势家大族的依附民。而随着战乱的发生，更加剧了农民向私人依附民转化的进程。后继的政权，为了保证税源以建立中央集权统治，又继续着前朝的传统，北魏隋唐的均田制就逻辑地实行了。

北魏隋唐均田制的内容较之西汉授田制、西晋占田课田制有着很多变化，但是，其本质并没有改变，即在均田的名义之下保证均税。这里以最为成熟的唐代均田制度为例作个简单的分析。按唐代均田制的基本内容一是严格户口登记；二是计口授田，每一个成年男子授予永业田二十亩，口分田八十亩,永业田世袭传承,口分田则死后要归还国家;三是实行租庸调制,每丁一年交粮食二石为租,绢二丈、绵三两或者是布二丈五尺、麻三斤为调,丁男每年为官府服役二十天,不愿服役者可以交钱代役,称为庸。根据现有资料,均田制从颁布之日起就没有严格执行过,因为各种各样的原因很难按照标准授田,大部分农民实际占田都不满规定的数字。但是,农民无论是否拥有足够的土地,租庸调是必须完成的。所以,均田的目的是按人头均税,只要户籍上保留着丁籍,就必须交纳租庸调,而租庸调的数量总额是以一百亩土地为基数确定的(二十亩永业田,八十亩口分田,合计一百亩),所以,均田制下的农民本质上依然是国家的课役农。法律规定的粮食二石、绢二丈等只是全国统一的租调标准,在实际执行过程中,地方官吏还会以各种理由变相增加农民的负担,而农民还要承担租粮的运费等开支,其实际负担远远不止法律规定的数字。在农民拥有一定的土地、国家赋役相对较轻、吏治比较清明的时候,农民还能维持其基本的再生产;而随着赋役增加,吏治败坏,农民只有卖田宅、鬻子孙,最后离乡背井,转徙他乡。但是,尽管农民流亡严重,户口不实,国家赋税却是必须完成的,官吏的个人需求也必须得到满足,官府依然按照现有户籍所记载的人丁数征收租庸调,那些逃亡人口的租调就由现有人丁分担,又进一步加重在籍农民的负担,加速农民的破产,陷入恶性循环之中。这一矛盾在所谓的开元盛世时期已经很突出了,安史之乱以后,土地兼并更加严重,社会矛盾尖锐,国家再也无力解决农民的土地问题了,按人征收田税制度已经失去其实行的基础,因而不得不历史性地改变按人征收田税的传统,舍人而税地,按地征收田税,两税法登上了历史舞台。

两税法的内容,众所周知,本文不再举证。在这里我们只要明白一点就行了,即改变原来按人征收租庸调的办法,将原来的租庸调归并入地税和户税两大项,其中的户税是传统的人口税的继续,但是是按照资产多少确定户税高低,而不是完全按照人丁数量,地税则是按照土地多少征收的田税。这样使得赋税负担和纳税人实际生产资料以及资产拥有情况在理论上相一致,减轻了无地农民的赋税负担,同时也没有必要严格限制农民的行动自由。所以,两税法的实行,标志着我国古代田税制度的划时代转变,也标志着农民与国家关系的划时代转变。从此以后,国家对农民的人身控制有所弱化,也放弃了用行政分配的方式解决农民土地问题的努力,地主兼并土地再也没有了身份等级上的障碍,大土地所有制迅速膨胀,租佃关系发展起来了。我国农民的历史命运进入了一个新的历史时期,农民不可能像以往那样靠国家分配获得土地,只能靠自己努力了,或者逃到人迹罕至的深山老林开荒以自给,或者设法改变自身命运。否则,只能做地主的佃户。实在走投无路了,就揭竿起义。我们只要留意一下历史上农民起义的口号,就不难发现这样一个现象,即曾经被认为是农民起义最高纲领的“平均主义”口号是由唐末黄巢起义首先提出的。以往人们认为这是农民阶级斗争觉悟提高的表现，直到唐朝末年农民才意识到自己受压迫、受剥削的根源是土地所有制。现在若从制度的层面分析，黄巢起义之所以用“平均”“均平”的口号号召民众，固然因为现实的贫富不均令农民无法生存，还有另一层因素，即向穷苦的农民说明，要获得土地，不能寄希望于官府，只能靠自己。这些都说明，制度直接决定着农民的命运，在过去如此，在现代依然。在社会转型期的今天，总结历史经验，从制度层面思考和解决农民问题尤其重要。

附录:论著要目

（一）著作

《周秦社会结构研究》,与田昌五合著,西北大学出版社,1996 年初版,1998 年再版。

《中国道教发展史纲》,和刘锋合著,(台北)文津出版社,1997 年。

《中国封建社会经济史》,第一卷(全四卷),合著,齐鲁书社、(台北)文津出版社,1996 年。

《吕不韦传》,重庆出版社,1999 年。

《人伦本原:孝经与中国传统文化》,河南大学出版社,2005 年。

《分职定位:历代职官制度》,长春出版社,2005 年初版,2008 年再版。

《大汉高后》,上海人民出版社,2007 年。

《周秦汉魏吴地社会发展研究》,群言出版社,2007 年。

《论语注说》,河南大学出版社,2008 年。

《生存与抗争的诠释:农民战争史研究》,河南大学出版社,2010 年。

《中国第一后:吕后》,漓江出版社,2012 年。

《赋役与秦汉社会控制》,三秦出版社,2012 年。

《泗水、泗阳历史文化研究》,主编,苏州大学出版社,2013 年。

（二）论文

《“事末利及怠而贫者举以为收孥”试析——兼谈秦的抑末政策》,《徐州师范学院学报》,1983 年 3 期。

《“谪戍制”考析》,《徐州师范学院学报》,1984 年 4 期。

《西汉屯戍制的几个问题》,《徐州师范学院学报》,1986 年 4 期。

《论秦汉时期河套地区的开发及其意义》,《西北史地》,1987 年 3 期。

《汉代“更赋”辨误——兼谈“戍边三日”问题》,《徐州师范学院学报》,1987 年 2 期。

《秦汉“正卒”辨析》,《中国史研究》,1988 年 1 期。

《汉代“家兵”初探》,《史林》,1988 年 1 期。

《论刘秀罢兵的几个问题》,《南都学坛》,1989 年 1 期。

《试论汉代的中尉、执金吾和北军的演变》,《益阳师专学报》,1989 年 2 期。

《汉代兵役制度初探》,《山东大学学报》,1990 年 4 期。

《汉代亩制辨析》,《中国社会经济史研究》,1991 年 4 期。

《"初税亩"新探》,《学术界》,1992 年 2 期。

《从"约法三章"看秦与六国的心理隔阂》,《山东社会科学》,1992 年 2 期。

《论县制的起源与古代国家结构的演变》,《中国史研究》,1993 年 3 期。

《秦国社会结构散论》,《秦文化论丛》第三辑,西北大学出版社,1994 年。

《先秦什伍乡里制度新探》,《人文杂志》,1994 年 1 期。

《战国山林管理制度新探》,《苏州大学学报》,1994 年 2 期。

《"提封田"考》,《中国社会经济史研究》,1994 年 1 期。

《齐国行政制度考原》,《文史哲》,1995 年 4 期。

《战国人口考实》,《安徽史学》,1995 年 4 期。

《"相地而衰征"新探》,《人文杂志》,1996 年 2 期。

《春秋公羊学与汉代复仇风气发微》,《徐州师范学院学报》,1996 年 2 期。

《"叚门逆旅"新探》,《中国史研究》,1997 年 2 期。

《汉代田税征收方式与农民田税负担新探》,《史学月刊》,1997 年 2 期。

《吕不韦、吕氏春秋与秦代政治》,《秦文化论丛》第六辑,西北大学出版社,1998 年。

《秦人"受命"意识与秦国历史的发展》,《秦文化论丛》第八辑,西北大学出版社,2000 年。

《韩非、韩非子与秦国政治》,《陕西历史博物馆馆刊》第七辑,陕西人民出版社,2000 年。

《"义不讪上,智不危身"发微——董仲舒春秋公羊学与儒生价值观念的蜕变》,《苏州大学学报》,2000 年 4 期。

《尹湾汉简"提封"释义》,《史学月刊》,2001 年 1 期。

《从"悉召文学方术士甚众"到"焚书坑儒"——秦朝文化政策的转变及其影响再探》,《秦汉文化比较研究》,陕西人民出版社,2001 年。

《"驳而霸"辨析——荀子眼中的秦国政治》,《苏州大学学报》,2002 年 2 期。

《墨了、墨家与秦国政治》,《人文杂志》,2002 年 2 期。

《王杖新简与汉代养老制度新探》,《史林》,2002 年 2 期。

《从三国吴简看汉代田税征收方式》,《史学月刊》,2002 年 5 期。

《汉简"提封"辨疑》,《陕西历史博物馆馆刊》第九辑,陕西人民出版社,2002 年。

《田昌五先生与中国古史分期问题》,《山东大学学报》,2002 年 3 期。

《西汉授田制度与田税征收方式新论——对张家山汉简的初步研究》,《江海学刊》,2003 年 3 期。

《三国吴简“旱田”“熟田”与田租征纳方式》,《中国农史》,2003 年 2 期。

《汉代田税“以顷计征”新证》,《江西师范大学学报》,2003 年 3 期。

《张家山汉简所见西汉矿业税收制度试析》,《史学月刊》,2003 年 3 期。

《两汉之际儒生价值取向探微》,《史学集刊》,2003 年 2 期。

《张家山汉简所见汉初中央与王国关系新探》,《陕西历史博物馆馆刊》第 10 辑,陕西人民出版社,2003 年。

《周秦风俗的认同与冲突》,《秦文化论丛》第十辑,三秦出版社,2003 年。

《张家山汉简所见西汉继承制度初论》,《文史哲》,2003 年 6 期。

《历史与逻辑的统一:田昌五先生史学方法与史学思想初论》,《山东大学学报》,2004 年 3 期。

《道家·黄老·秦汉政治实践与学术发展》,《史学月刊》,2004 年 7 期。

《张家山汉简所见西汉马政》,《史林》,2004 年 6 期。

《从张家山汉简看“月为更卒”的理解问题》,《苏州大学学报》,2004 年 4 期。

《秦始皇会稽刻石与吴地社会新论》,《秦文化论丛》第十一辑,三秦出版社,2004 年。

《农民历史命运的制度分析》,《史学月刊》,2005 年 7 期。

《汉唐土地、赋役制度与农民历史命运变迁——兼谈古代农民问题的研究视角》,《苏州大学学报》,2005 年 4 期。

《秦汉傅籍制度与社会结构的变迁——以张家山汉简二年律令为中心》,《人文杂志》,2005 年 1 期。

《张家山汉简奏谳书所见秦汉主奴关系试析》,《史学新论》,河南大学出版社,2005 年。

《秦汉里制与基层社会结构》,《东岳论丛》,2005 年 6 期。

《秦始皇“书同文字”新探》,《陕西历史博物馆馆刊》第十三辑,三秦出版社,2006 年。

《汉初货币制度变革与经济结构的变动》,《苏州大学学报》,2006 年 3 期。

《赀刑变迁与秦汉政治转折》,《文史哲》,2006 年 4 期。

《简牍所见汉代乡部的建制与职能》,《史学月刊》,2006 年 5 期。

《汉儒价值观念变迁的几个问题》,《史学集刊》,2007 年 1 期。

《龙岗秦简“行田”解》,《秦汉研究》第一辑,三秦出版社,2007 年。

《史律新证》,《史学月刊》,2008 年 11 期。

《秦“以法为教”的渊源与流变》,《江苏行政学院学报》,2008 年 2 期。

《秦汉历史转折的思想史分析》,《江汉论坛》,2008 年 7 期。

《柔道与边防:东汉北方民族问题的政治分析》,《人文杂志》,2008 年 4 期。

《“二年常限”新释》,《秦汉史论丛》第十一辑,吉林文史出版社,2009 年。

《西汉田税“以顷计征”的史实及其他》,《徐州师范大学学报》,2009 年 4 期。

《传统孝道的历史学分析》,《江苏行政学院学报》,2010 年 5 期。

《西楚的由来及其政治意义》,《湖湘论坛》,2010 年 6 期。

《论汉文帝“除关无用传”——兼论西汉前期中央与地方关系的演变》,《史学月刊》,2010 年 7 期。

《说“自占年”》,《史林》,2011 年 1 期。

《汉文帝十三年免除田租新证》,《中国农史》,2011 年 2 期。

《由“理想”到现实:秦汉之际儒生价值观的历史学分析》,《湖湘论坛》,2011 年 3 期。

《深入其中,出乎其外:史学研究中的主体与客体》,《史学月刊》,2011 年 1 期。

《由霸而王:吕氏春秋的学术史分析与历史实践》,《国学学刊》,2011 年 1 期。

《回归本然:朱绍侯先生对中国古代史教材建设的思考与实践》,《史学月刊》,2011 年 11 期。

《究历史规律,通古今之变:田昌五先生学述》,《文史哲》,2011 年 5 期。

《“闾左”新证——以秦汉基层社会结构为中心》,《史学集刊》,2012 年 2 期。

《封禅与文化认同:秦始皇封禅的政治文化学分析》,《秦始皇帝陵博物院院刊》2012 辑,三秦出版社,2012 年。

《战国西汉“提封田”补证》,《史学月刊》,2013 年 12 期。

《项羽与怀王:项羽政治品格的历史分析——以王夫之评论为中心》,《南都学坛》,2013 年 3 期。

《说“市井”:兼谈东周秦汉的城市空间结构与社会秩序》,《河北学刊》,2013 年 1 期。